Gerhard Konzelmann

Verlorener Friede?

Gerhard Konzelmann

Verlorener Friede?

Chancen und Risiken
im Nahen Osten

Herbig

Besuchen Sie uns im Internet unter:
www.herbig-verlag.de

© 2007 by F. A. Herbig
Verlagsbuchhandlung GmbH, München
Alle Rechte vorbehalten
Umschlaggestaltung: Wolfgang Heinzel
Umschlagbild: picture-alliance
Lektorat: Anne Filsinger
Karte: Eckehard Radehose, Schliersee
Herstellung und Satz: VerlagsService Dr. Helmut Neuberger
& Karl Schaumann GmbH, Heimstetten
Gesetzt aus der 11,5/14,1 Punkt Minion
Drucken und Binden: GGP Media GmbH, Pößneck
Printed in Germany
ISBN 978-3-7766-2526-4

Inhalt

Teil II
Eskalationen

Zu diesem Buch

Die Meldungen aus dem Nahen Osten sind in diesen Tagen wieder Schlagzeilen. Die Ereignisse überschlagen sich. Hamas hat in blutigen Auseinandersetzungen die Macht in Gaza übernommen. Die Spaltung der Palästinensergebiete ist so gut wie vollzogen. Die Unionsregierung ist gescheitert. Am 17. Juni wurde gegen den Protest der Hamas in Ramallah eine Notstandsregierung eingesetzt. Ein selbstständiger Palästinenserstaat ist so weit entfernt wie schon lange nicht mehr. Auch im Libanon kam es wieder zu Kämpfen. Am 13. Juni 2007 ist der sunnitische Parlamentsabgeordnete Walid Eido einem Attentat zum Opfer gefallen, im Moment herrscht die Angst, dass sich die Gefechte zwischen kämpferischen Moslems und der Armee auf das ganze Land ausweiten könnten.

Wieder ist eine Chance zum dauerhaften Frieden in der Region vertan. Ein »verlorener Krieg« bietet meist die Möglichkeit zum Neuaufbau, einen Weg zur Verständigung. Ein »verlorener Friede« führt zur Fortdauer der Konflikte, zur Wiederholung der Fehler der Vergangenheit, zu erneutem Blutvergießen. Acht Staaten – Republiken und Monarchien – bilden das Konfliktfeld im Nahen Osten. In ihnen wirken unterschiedliche Kräfte, die den Frieden verhindern. Dieses Buch ist die Geschichte der böswillig oder versehentlich verpassten Friedenschancen.

Einleitung –
Zahlen und Fakten sprechen für sich

Geografisches Kennzeichen des **Libanon** sind zwei beachtliche Gebirgsfalten. Sie verlaufen parallel zur Ostküste des Mittelmeers: das Libanongebirge, seine höchste Erhebung ist 3000 Meter hoch, und der Antilibanon mit 2800 Metern Höhe. Zwischen diesen Gebirgsfalten erstreckt sich die Bekaa-Ebene, die im Süden vom Hermongebirge abgeschlossen wird.

Die Bevölkerungszahl wird auf 3,6 Millionen Menschen geschätzt. Von politischer Bedeutung ist die Religionszugehörigkeit der Libanesen. Auch da sind die Zahlen geschätzt: Man geht von 1,2 Millionen Schiiten, 900 000 christlichen Maroniten, 750 000 Sunniten, 250 000 Griechisch-Orthodoxen und 250 000 Drusen aus. 175 000 Libanesen sind armenischen Glaubens.

Einer ungeschriebenen Tradition folgend steht den Maroniten der Posten des Staatspräsidenten zu, die Sunniten beanspruchen den Ministerpräsidenten und die Schiiten die Funktion des Parlamentssprechers. Alle Religionsgruppen werden bei der Verteilung der Ministerressorts berücksichtigt.

Die Siedlungsgebiete der Religionsgruppen sind voneinander abgetrennt. Die Maroniten bewohnen die Gegend Mount Lebanon ostwärts von Beirut. Die Schiiten beherrschen die Dörfer zwischen den südlichen Stadtteilen von Beirut und der israelischen Grenze. Die Drusen leben abgeschlossen im Schufgebirge südöstlich der Hauptstadt Beirut.

In der jüngeren Geschichte des Libanon sind auch 400 000 Palästinenser von Bedeutung, die als Flüchtlinge aus Israel ins Land gekommen sind. Auch die Palästinenser sind gespalten in Moslems und Christen unterschiedlicher Prägung. Kein Land des Mittleren Ostens weist derart viele Religionsgemeinschaften auf wie der Libanon.

Im Osten des Libanon schließt sich die **Republik Syrien** an. Das Land besteht aus zwei unterschiedlichen Zonen. Die Region im Nordwesten ist gebirgig und wird dem Antilibanon zugeordnet. Die Ebene im Osten wird vom weiten Tal des Flusses Euphrat durchschnitten. Die Bevölkerungszahl wird auf 19 Millionen geschätzt. Von politischer Bedeutung sind die Alawiten, die in der Gegend des Jebel Ansariyeh leben. Der Tradition gemäß stellen die Alawiten den Staatspräsidenten, die oberste Autorität Syriens. Angenommen wird, dass elf Prozent der Gesamtbevölkerung Alawiten sind. Andere bedeutende Religionsgemeinschaften sind: Schiiten, Ismailische Moslems, Drusen, Griechisch-Orthodoxe und Maroniten. Verlässliche Zugehörigkeitsangaben existieren nicht. Auch nicht für die etwa 300 000 Palästinenser (Christen und Moslems). Die Staatsverfassung zieht keine Religionsgruppe einer anderen vor, aber auch ohne Festlegung durch die Verfassung wahren sich die Alawiten ihre Sonderrechte.

Eine gemeinsame Grenze im Osten verbindet Syrien und die **Republik Irak**. Bis zum Ersten Weltkrieg trug das Land der zwei Ströme (Euphrat und Tigris) die Bezeichnung »Mesopotamien«. Die Region im Norden und Osten von Bagdad war einst das Reich Assyrien. Heute ist dieses Gebiet das irakische Kurdistan und wird von Kurden beansprucht.
Die letzte Schätzung der Bevölkerungszahl des Irak stammt aus dem Jahr 2004. Sie nennt 28 Millionen Iraker. Zur Zeit der Regierung von Saddam Hussein wurden Zählungen und Schätzungen die Religionszugehörigkeit betreffend unterlassen. Die zahlenmäßige Überlegenheit der Schiiten durfte nicht erwähnt werden.

Kenner der Situation nehmen an, dass 70 Prozent der Iraker Schiiten sind. Eine Anzahl der Bewohner von Bagdad und Basra sind Sunniten. In der Gegend von Mosul leben Christen. Etwa 2000 Gläubige gehören der katholischen Kirche an. Im innerirakischen Konflikt sind Schiiten (70 Prozent) und Sunniten (30 Prozent) wichtig.

Im Westen grenzt das Zweistromland Irak an das **Königreich Jordanien**. Es ist keine natürliche Grenze erkennbar. Der Hauptteil des Landes besteht aus dem jordanischen Hochplateau. Seit Juni 1967 bildet das tief eingeschnittene Jordantal über eine Strecke hinweg die Grenze zu Israel, denn seither ist das Land westlich des Jordan von Israel besetzt. Die fruchtbarsten Gebiete sind mit der israelischen Eroberung dem jordanischen Königreich verloren gegangen. Geblieben sind ihm weite Wüstengebiete.

Für die Bevölkerungszahl liegt eine offizielle Schätzung der jordanischen Regierung vor: 5,5 Millionen. Die Hälfte davon wohnt im Bereich der Hauptstadt Amman. Die Zahl der Palästinenser in Jordanien beläuft sich auf etwa 300 000. Sie leben konzentriert in den Städten entlang der Straße von Amman nach Aqaba. Obgleich ihnen der König die jordanische Staatsbürgerschaft angeboten hat, warten die meisten Palästinenser auf die Chance der Heimkehr nach Palästina. Sie sind, wie die Jordanier, in der Mehrzahl Sunniten.

Der Staat nennt sich offiziell das »Hashemitische Königreich Jordanien«. Das regierende Haus sind die Hashemiten – sie weisen darauf hin, dass sie in direkter Linie mit der Familie Hashem verwandt sind, zu der einst der Prophet Mohammed gehört hatte. Wichtig ist der Unterschied zu den Schiiten; sie verlangen von ihren Regierenden direkte Abstammung, in gerader Blutslinie über Fatima und Ali vom Propheten Mohammed. Die Könige von Jordanien, dazu gehörte auch Hussein, sind allein Verwandte von Zugehörigen der Sippe Hashem. Die Hashemiten sind nach dem

Ersten Weltkrieg von den Engländern in ihr jordanisches Amt eingesetzt worden.

Die Israelis sind 1948 mithilfe Englands und durch Waffenstill-standsvereinbarungen mit Nachbarstaaten Bürger eines eigenen Landes geworden. **Israel**, eine Republik ohne geschriebene Ver-fassung, ist bis heute auf der Suche nach stabilen Beziehungen. 1950 hat es das israelische Parlament, die Knesset, vorgezogen, »a constitution by evolution« einzuführen; eine Verfassung, die nach und nach entsteht, die sich den Gegebenheiten des jungen, in unruhigen Zeiten wachsenden Staates anpasst. Zur Grün-dungszeit des Staates Israel war alles in Bewegung. Die Zahl der Bürger, Größe und Form des Staatsgebietes veränderten sich. Die Feinde drohten in wechselnder Koalition mit der Zerstörung des jüdischen Staates.

Im Norden Israels stellen Gebirgszüge die Verbindung zu Liba-non her. Israel wird eingeengt durch Syrien, Jordanien und durch die Autonomen Palästinensergebiete. Bis heute kann niemand mit Sicherheit sagen, wie der jüdische Staat wirklich einmal aus-sehen wird.

Am Ende des 20. Jahrhunderts betrug die Einwohnerzahl sieben Millionen. Angenommen wird, dass die Mehrzahl Juden sind. Sie unterscheiden sich in zwei Gruppierungen. Die Ashkenazim stammen von jüdischen Familien aus Mitteleuropa, Nordeuropa oder Osteuropa. Die zweite Gruppe sind Sephardim. Ihre Heimat waren einst die arabischen oder nordafrikanischen Länder. Ge-trennt zu betrachten sind rund 10 000 jüdische Bürger, die aus »gefährlichen Situationen« in Äthiopien in die neue Heimat Israel geholt worden sind.

Die Zahl der Moslems in Israel beläuft sich auf rund 500 000 Gläubige. Sie gehören meist der sunnitischen Glaubensrichtung an. Ihre Zahl verändert sich allerdings. Die Fluktuation hängt davon ab, ob die besetzten Palästinensergebiete zum Territorium des Staates Israel gezählt werden oder nicht. Den Höchststand der Zahl der Moslems erreichte Israel am 31. Dezember 2003: Damals gehörten mehr als eine Million Moslems zu den Bürgern des jüdischen Staates. 15 Prozent der Einwohner waren keine Juden. Damit war der Anspruch gefährdet, Israel sei die Heimat der Juden. Auch Palästinenser waren veranlasst, einen Teil von Israel als ihre Heimat zu betrachten – sie fügten sich ungern. Um diese Zeit war deutlich zu bemerken, dass führende israelische Politiker die palästinensischen Gebiete wieder von Israel abtrennen wollten.

Die **Autonomen Palästinensischen Gebiete** bestehen aus zwei getrennten Territorien. Der Gazastreifen an der Mittelmeerküste – er reicht vom Bereich Ashkalon bis zur ägyptischen Grenze – umfasst nur 365 Quadratkilometer und wird von ungefähr 1,5 Millionen Menschen bewohnt. Sie wurden während der Konflikte mit Israel von Flüchtlingslagern an der Mittelmeerküste aufgenommen. Der Gazastreifen ist bis heute von Flüchtlingslagern geprägt. Hier herrscht eine kriegerische, revolutionäre Mentalität. Ganz anders geartet ist der Charakter der Bewohner des palästinensischen Gebiets am Westufer des Jordan. Sie sind in städtischer Umgebung aufgewachsen, in Jerusalem, Ramallah, Nablus, Jenin, Tulkarem, Bethlehem, Jericho oder Hebron. Die wenigsten haben ein Flüchtlingsschicksal erlebt. Politisch bestimmend ist weniger die Palestinian Liberation Organisation (PLO) als die Honoratioren von Ost-Jerusalem. Im Westufergebiet des Jordan leben mehr als zwei Millionen Palästinenser. Viele sind zur Kooperation mit Israel bereit.
Die Palestinian National Authority (PNA) schätzt die Gesamtzahl der Bevölkerung der Autonomiegebiete auf 3,8 Millionen Menschen. Im Unterschied zu anderen arabisch-islamischen Staaten vermeiden die Palästinenser religiös bestimmte Streitigkeiten, obgleich die Zuordnung zum Islam oder zu christlichen Reli-

gionsgruppen spürbar ist. Die Kampforganisationen Hamas und Fatah tragen keinen religiösen Konflikt aus. Bei den Auseinandersetzungen geht es um den Status von Israel: Fatah erkennt Israel als Staat an, Hamas bekämpft Israel. Beide suchen Kontakt zur Islamischen Universität Gaza – und damit zu Saudi-Arabien.

Das Königreich **Saudi-Arabien** umfasst den größten Teil der Arabischen Halbinsel. Sein Gebiet dehnt sich über 2,24 Millionen Quadratkilometer aus. Die Landschaft in Saudi-Arabien ist abweisend, trotzdem ist dieses Land in der Region am frühesten besiedelt und zivilisiert worden. Königreiche der Frühgeschichte entstanden und sind wieder vergangen – und mit ihnen Religionen.

Die politischen und religiösen Machtzentren haben sich im Verlauf der Jahrhunderte vom Osten nach Westen verschoben. Beendet wurde die Verschiebung mit der Entwicklung des Islam im 7. Jahrhundert abendländischer Zeitrechnung. Mekka und Medina wurden durch den Propheten Mohammed Zentrum eines theokratischen islamischen Staates auf der Arabischen Halbinsel. Im Lauf der Geschichte wurden die Heiligen Stätten Mittelpunkt der islamischen Welt. Wer Mekka und Medina beherrscht, der gilt als »Hüter der Heiligen Stätten«, der besitzt den Anspruch, die höchste Autorität in islamischen Glaubensfragen zu sein. Dazu gehört auch das Recht, den »Heiligen Krieg« auszurufen.

Bis in die 20er-Jahre des vergangenen Jahrhunderts hatte die Familie Hashem den Titel »Hüter der Heiligen Stätten« geführt. Die Hashemiten waren jedoch aus Mekka und Medina durch die Sippe As Saud vertrieben worden. Seither ist der Hass der Hashemiten auf die Sippe As Saud ein stabiler Faktor arabischer Politik. Die Sippe As Saud hat den Vorteil, dass sie ihren Reichtum aus dem Ölgeschäft für politische Zwecke einsetzen kann. Die sunnitischen Moslems – und damit die sunnitisch-orientierten Staaten – gehören zur Gefolgschaft Saudi-Arabiens. Ihr schärfster

Kontrahent ist von der Arabischen Halbinsel durch den Persischen Golf getrennt. Auf arabischer Seite wird er strikt Arabischer Golf genannt.

Dieser Kontrahent ist die **Islamische Republik Iran**, eine von Geistlichen geführte Theokratie. Die Geistlichen und die Bevölkerung sind seit dem Sturz von Schah Mohammed Reza Pahlawi im Frühjahr 1979 schiitisch orientiert. Iran besteht aus einem ausgedehnten Hochplateau, das auf nahezu allen Seiten von Gebirgen eingerahmt wird. Die Bevölkerung von Iran wird auf 70 Millionen Menschen geschätzt. Als der Schah 1979 das Land verließ, lebten 35 Millionen Menschen im iranischen Reich. Seither hat sich die Zahl unter der Herrschaft der schiitischen Geistlichkeit verdoppelt.

Die durch das Gewässer des Golfs getrennten Ölstaaten Saudi-Arabien und Iran beargwöhnen sich gegenseitig. Die Vormachtstellung am Golf beanspruchen beide. Den von den USA geführten »westlichen« Staaten trauen beiden nicht. Saudi-Arabien wird beschuldigt, die islamische Terrororganisation Al Qaida zu unterstützen. Iran weigert sich, Auskunft zu geben über den Stand seiner Atomrüstung – zum Ärger der USA. Die kleinen Fürstentümer am Rande des Persisch-Arabischen Golfs leben in der Sorge, entweder von Iran oder von Saudi-Arabien geschluckt zu werden.

Teil I

Hintergründe

1. Iran und Libanon –
Schiitische Glaubensbrüder

Iran – Der Schah geht, Khomeini kommt

Schiiten übernehmen die Macht   Mit dem Diebstahl von iranischem Staatseigentum begann die Flucht des »Herrschers aller Könige«, Mohammed Reza Pahlawi. Er hatte begriffen, dass sein Volk ihm nicht mehr vertraute. Im Januar 1979 hatte General Robert Huyser, der stellvertretende Befehlshaber der US-Streitkräfte in Europa, im Weißen Palast von Teheran unvermittelt die Frage gestellt: »Majestät, an welchem Tag und zu welcher Stunde verlassen Sie Iran?« Damit wurde deutlich, dass Präsident Jimmy Carter das Vertrauen in seinen bisherigen Partner in der Verfolgung politischer und militärischer Ziele in der Region des Persischen Golfs verloren hatte. Jimmy Carter glaubte offenbar an die Möglichkeit einer fruchtbaren Zusammenarbeit mit dem schiitischen Revolutionsführer Ayatollah Ruhollah Khomeini – der in Neauphle-le-Château bei Paris auf seine Chance für den Einzug in Teheran wartete.

Auf die Frage des US-Generals antwortete Mohammed Reza Pahlawi nicht. Schweigend verließ er den Empfangssaal im Weißen Palast. Von dieser Stunde an galt das Interesse des absoluten »Schahinschah« der Aneignung aller greifbaren Vermögenswerte. Das Konto des Schahs bei der Omran-Bank in der Teheraner Istanbul Avenue belief sich auf 700 Millionen Dollar. General Abbas Garabaghi, der Kommandeur der »Unsterblichen Garde«, bekam Befehl, den Betrag bei der Omran-Bank abzuheben. Die Höhe der Summe befriedigte Mohammed Reza Pahlawi nicht. Die Omran-Bank wurde gezwungen, bei anderen Teheraner Geldinstituten Kredite aufzunehmen, die insgesamt 800 Millionen Dollar betrugen. Am Tag des Abflugs des Schahs war die Omran-Bank bankrott.

Am 10. Januar 1979 war der Hofstaat bereit, Teheran zu verlassen. Der Schah aber zögerte, denn er wollte auch die wertvollsten Preziosen der staatlichen Schatzkammer bei seiner Flucht mitnehmen. Auf seiner Wunschliste fand sich unter anderem die 1797 gefertigte Kianikrone, deren Auftraggeber der Qadscharen-Schah Fath Ali war. Diamanten, Smaragde, Perlen und Rubine funkeln auf dieser Krone. Die Zahl der Edelsteine ist nie wirklich festgestellt worden. Mohammed Reza Pahlawi hatte die Kianikrone nie mit eigenen Augen gesehen. Seit er den Thron Irans 1941 bestiegen hatte, wurde diese Krone im Tresor der Staatsbank verwahrt, denn der Pahlawi-Schah wollte sich nicht die Krone der Qadscharenherrscher aufsetzen. Ihm war deshalb nur ihr Reichtum an Edelsteinen im Gedächtnis geblieben. Er sollte den angemessenen Lebensstandard im Exil sichern.

Mehr Symbolwert maß Mohammed Reza der Pahlawikrone zu. Sie ist 1925 in der Werkstatt des iranischen Juweliers Hadsch Serajeddin entstanden und wird von 3380 Diamanten, 368 Perlen, fünf Smaragden und zwei Saphiren verziert.

Auch das wichtigste Stück des iranischen Staatsschatzes wollte der Schah unter allen Umständen an sich bringen, den Diamanten »Darya e Nur«, das »Meer des Lichts«, den größten rosa getönten Diamanten der Welt. Eine Legende umgibt den Darya e Nur und der Schah glaubte fest daran. Der Diamant habe einst die Krone des Königs Cyrus (559–529 v. Chr.) geziert. Da sich der Schah mit dem Begründer der persischen Dynastie persönlich aufs Engste verbunden fühlte, wollte er diesen Diamanten nicht in der Hand von schiitischen Revolutionären zurücklassen, für die die persische Geschichte erst mit der islamischen Eroberung Persiens im Jahr 637 n. Chr. beginnt.

Auch Kaiserin Farah Diba wollte unter keinen Umständen ohne ihre Lieblingspreziose aus der staatlichen Schatzkammer ins Exil abreisen. Sie verlangte, dass ihre Platinkrone aus den Tresorgewölben geholt werde. Sie war eigens für die Krönungsfeierlichkeiten 1967 von den Spezialisten des Pariser Juwelierhauses van Cleef et Arpels gefertigt worden. Der Körper der Krone besteht aus Platin und ist mit 1469 Diamanten, 100 Perlen, 36 Smaragden und 34 Rubinen verziert.

Mit dieser anspruchsvollen Wunschliste schickte der Schah am 10. Januar 1979 zwanzig Männer der »Unsterblichen Garde« zur Staatsbank in der Ferdusi Avenue in Teheran. Die kleine Truppe fuhr in drei gepanzerten Fahrzeugen durch das Gittertor in den Hof ein. Kommandeur der schwer bewaffneten Einheit war General Abbas Garabaghi.

Im Dienstgebäude der Staatsbank fand der General nur einen der bevollmächtigten Bankdirektoren vor. Dieser bedauerte außerordentlich, dass er den Wunsch des Schahs, die Gewölbe des Tresors zu öffnen, nicht erfüllen könne. Zum Öffnen der Stahltüren sei ein zweiter Bankdirektor mit einem zweiten Schlüssel erforderlich. Dieser zweite Bankdirektor aber sei derzeit nicht aufzufinden. Was General Abbas Garabaghi nicht erfuhr, war, dass sich dieser Bevollmächtigte bereits den schiitischen Aufständischen angeschlossen hatte. Die Männer der »Unsterblichen Garde« und ihr General fuhren wieder zurück in die Unterkünfte im Kasernenkomplex beim Weißen Palast im Norden von Teheran.

Der Schah konnte nicht glauben, das der »Unsterblichen Garde« der Zutritt zum Gewölbe der Staatsbank verweigert worden war. Der Befehl des Schahs lautete: Durchbruch zur Schatzkammer – wenn nötig mit Gewalt.

Der General erschien am nächsten Morgen mit der doppelten Anzahl an Gardesoldaten wieder in der Ferdusi Avenue. Diesmal wurde die Truppe bereits erwartet. Dicht gedrängt standen Frauen und Männer am Gitter der Bankeinfahrt. Männer mit Dreitagebärten, Frauen mit verhüllten Gesichtern umstanden die gepanzerten Fahrzeuge. Mit Fäusten verteidigten sie den Zugang, der zur Gewölbetreppe führte. Zum ersten Mal hörten die Elitegardisten des Schahs den Ruf: »Allahu Akbar« – »Gott steht über allem!« General Abbas Garabaghi konnte sich nicht dazu entschließen, auf die Frauen und Männer schießen zu lassen. Er musste befürchten, dass dann Todesmutige die Panzerfahrzeuge in rasender Wut erkletterten, um die Besatzungen mit den Händen umzubringen. Der General befahl den Rückzug.

Voll Ungeduld wartete Mohammed Reza Pahlawi auf die Meldung, die Schatzkammer sei endlich geöffnet worden. Doch General Garabaghi konnte nur schlechte Nachricht überbringen. Er versprach aber, am nächsten Morgen werde ein neuer Versuch, diesmal mit Bohrgerät und Presslufthämmern, unternommen. Das Versprechen konnte nicht gehalten werden. Der General musste seinen Herrn darauf hinweisen, dass ein Vordringen in die Innenstadt von Teheran für seine Panzerfahrzeuge nicht mehr möglich war.

Mohammed Reza entschloss sich jetzt, selbst einen Überblick über die Situation in seiner Hauptstadt zu gewinnen. Mit dem Hubschrauber, der am Weißen Palast bereitstand, überflog er das Stadtzentrum. Er sah die Masse von schwarz gekleideten Männern und Frauen. Überliefert ist die Aussage des Piloten: Aufgeschreckt verlangte der Herrscher den raschen Rückflug zum Weißen Palast. Erst jetzt war sich der Schah bewusst, dass seine Herrschaft nicht mehr zu retten war.

Rund 2000 Kilometer entfernt – im Libanon – warteten Familien und umfangreiche Sippen auf Nachrichten von der Entwicklung in Teheran. Tausende von einfachen Gläubigen und vom schiitischen Islam überzeugte Intellektuelle hofften darauf, dass der Schah im fernen Teheran bald verschwinde. Die Schiiten nannten den Schah nicht bei seinem richtigen Namen. Für sie war er »Jezid der Neuzeit«, in Erinnerung an den Kalifen Jezid, der den Enkel des Propheten Mohammed, Hussein, hatte töten lassen. Hussein ist der wichtigste der schiitischen Propheten überhaupt. Der Kalif Jezid hatte 680 n. Chr. der schiitischen Ausprägung des Islam mit der Ermordung des Prophetenenkels Hussein ein Ende bereiten wollen. Doch der Tod des Hussein, zum »Shahid«, zum »Märtyrer« erklärt, wurde schon im siebten Jahrhundert westlicher Zeitrechnung zum Fundament des Fortbestands der schiitischen Ausprägung des Glaubens. Alljährlich an Husseins Todestag, es ist der zehnte Tag des islamischen Monats Muharram, gedenken die Schiiten der letzten Stunden im Leben des Märtyrers. Im Libanon ist den Schiiten dieser Trauertag besonders heilig. Wie verhasst den Schiiten 1979 n. Chr. der Schah von Iran war, zeigt sich daran, dass sie ihn mit dem Namen des Husseinmörders Jezid bedachten.

Der Schah hatte keine Energie mehr, seine Herrschaft zu verteidigen. Im Januar 1979 bemerkte Farah Diba, dass ihr Mann in Gedanken versunken am Fenster des Weißen Palastes stand. Farah Diba war der Meinung, ihr Mann grüble darüber nach, dass er zum gehassten Feind aller schiitischen Moslems geworden sei. Von seiner Krebserkrankung wusste die »Schahbanu« nichts. In Wahrheit war die Gewissheit, todkrank zu sein, das Problem, das ihn beschäftigte. Mohammed Reza Pahlawi wusste, wenn er jetzt sein Land verließ, würde er nicht mehr zurückkehren, die Schiiten überall in Arabien würden einen Sieg feiern – vor allem die Schiiten des Libanon, die sich von der Ablösung des Schahs durch den Ayatollah die Auflösung eines Geheimnisses erhofften, das ihr religiöses Bewusstsein seit 1978 gefangen nahm.

Am Morgen des 16. Januar 1979 hatte sich Mohammed Reza Pahlawi damit abgefunden, dass ihm der Besitz der Juwelen des Staatsschatzes verwehrt blieb. Jetzt hatte er es eilig, den Weißen Palast zu verlassen. Er setzte eine Pressekonferenz für die Mitteilung an, dass er sich auf eine Urlaubsreise begeben wolle. Die

20

Journalisten warteten vergeblich auf die Erklärung der Absichten und Pläne des Herrschers aller Könige. Zum Zeitpunkt der Pressekonferenz hatte das Flugzeug des Schahs den Teheraner Flughafen Mehrabad längst hinter sich gelassen.

Zwischen der Flucht des Schahs und der Ankunft des Ayatollah Ruhollah Khomeini vergingen 16 Tage, während denen das Pahlawi-Regime zusammenbrach. Am 1. Februar 1979 war Iran bereit, den hohen Geistlichen zu empfangen.

Nur wenige waren Zeugen, als der Schah sein Reich verließ, aber als Ayatollah Ruhollah Khomeini den Boden des Flughafens Mehrabad betrat, jubelten eine Million Frauen und Männer. Die Einpeitscher von Sprechchören hatten sich auf die Texte geeinigt: »Die Seele des Märtyrers Hussein kehrt zurück« und »Die Tore des Paradieses haben sich geöffnet!«.

Weit entfernt in Beirut, an der Küste des Libanon, warteten Tausende auf die Nachricht von der glücklichen Landung des Geistlichen in Mehrabad. Dass Agenten des verflossenen Schah-Regimes die von Khomeinis Anhängern in Paris gecharterte Maschine der Air France während des Fluges durch einen Anschlag zum Absturz bringen könnten, damit hatte in Teheran und Beirut mancher intelligente Schiit gerechnet. Dass der heilige Mann Flug und Ankunft ohne Schaden überstand, löste in Beirut bei der Mehrheit der Menschen Hoffnung auf eine bessere Zukunft aus. Die Schiiten des Libanon waren sich seit Jahren bewusst, dass sie an Zahl den Sunniten und Maroniten überlegen waren. Doch sie konnten keinen Nutzen aus der numerischen Überlegenheit ziehen. Vor allem die christlichen Maroniten hatten sich nie um die demografische Struktur des Libanon gekümmert. Sie waren von der Überzeugung geprägt, ihr Gott habe ihnen das Libanongebirge samt Umland als ewigen Besitz übereignet. Niemand sonst als die Maroniten hätte das Recht, das Land um das Libanongebirge zu besiedeln.

21

Jetzt aber hatten die Schiiten des Libanon die Möglichkeit, ihre Stärke unter Beweis zu stellen. Weit im Osten, in Iran, hatten Schiiten die Macht übernommen. Ihr Weg an die Spitze eines Staates, hart erkämpft, konnte als Beispiel für andere Länder mit starker Schiitenpopulation dienen. Die Schiiten des Libanon sahen sich knapp vor dem Ziel: Ayatollah Khomeini weist ihnen den Weg.

Über Nacht dominierten Tausende von Khomeiniporträts das Straßenbild der südlichen Vororte von Beirut. An den Lichtmasten der Ausfallstraßen in Richtung Flughafen und Bekaa-Ebene blickte segnend das auf gütig modellierte Gesicht des hohen Geistlichen. Die Augen in Höhlen versunken, zierte ein weißer Vollbart die untere Gesichtshälfte. Die rechte Hand suchte mit weit geöffneten Fingern die Nähe zu Allah.

Der schwarze Turban auf dem Haupt des Ayatollah wies ihn als Mitglied der »Heiligen Familie«, der direkten Nachkommen des Propheten Mohammed aus. Niemand hatte den Anspruch des Ayatollah bezweifelt, dass sich die göttliche Inspiration über Generationen bis hin in unsere Zeit in der Familie erhalten hatte – und dass sie auch weiterhin von Turbanträger zu Turbanträger übertragen und respektiert wird.

Wer das Straßenbild an jenem 1. Februar 1979 in Beirut genauer zur Kenntnis nahm, erkannte neben den Großporträts des Ayatollah ein kleines Poster. Es zeigte einen runden Kopf mit freundlich blickenden Augen und lächelndem Mund. Der Bart an Backen, Kinn und Oberlippe war sparsam. Unter dem schwarzen Turban war eine kleine Locke schwarzen Haares zu sehen. Sein Aussehen gab zu erkennen: Auch dieser Mann gehört zur »Heiligen Familie« der Nachkommen des Propheten Mohammed. Der Name des Mannes auf dem Bild war Sayyed Musa As Sadr. Die Gläubigen nannten ihn Imam Musa As Sadr. Sein Geburtsort war die Heilige Stadt Qum in Iran.

Die Porträts dieses Geistlichen an den Lichtmasten von Beirut zeigten einen Verschwundenen. Rund zehn Monate vor der

22

Ankunft des Ayatollah Ruhollah Khomeini war der Imam zum letzten Mal gesehen worden – am 31. August 1978. Seither hatten die Schiiten des Libanon nichts mehr von Musa As Sadr gehört. Schon im Herbst 1978 rankten sich die ersten Legenden um sein Verschwinden.

Um die Wahrheitsfindung bemühte sich von Anfang an auch Khomeini selbst. Damals hielt er sich noch im französischen Exil in Neauphle-le-Château auf. Im September 1978, als kein Lebenszeichen des Imam nach Beirut gelangt war, hatte sich sein ältester Sohn Sadr Ad Din nach Neauphle-le-Château begeben, um den Ayatollah darüber zu informieren, dass der Geistliche, der in Khomeinis Auftrag 1959 in den Libanon gekommen war, ganz offenbar daran gehindert wurde, der geistliche und geistige Führer der Schiiten in Beirut, im Süden des Landes und im Bekaa-Tal zu sein. Sadr Ad Din erinnerte den Ayatollah daran, dass sein Vater Träger des schwarzen Turban war, und damit ein Verwandter des Ayatollah in der Heiligen Familie. Bei dieser Verwandtschaftsbeziehung bestand die Verpflichtung des hohen Geistlichen, dem niederen Geistlichen zu helfen.

Khomeini schickte in der Tat einen Vertrauten aus seinem Kreis angesehener Geistlicher nach Tripoli. In der libyschen Hauptstadt wurde dem Vertrauten Khomeinis mitgeteilt, Imam Musa As Sadr sei am 1. September nicht zu den Revolutionsfeierlichkeiten des Moammar Al Kathafi erschienen – trotz einer persönlichen Einladung des Revolutionsführers. Niemand wisse, wo sich der Imam derzeit aufhalte.

Am 10. September erfuhren die hartnäckigen Kundschafter des Ayatollah von offizieller libyscher Regierungsseite, Imam Musa As Sadr habe am 31. August Tripoli mit dem Flug Alitalia 881 verlassen. Die italienische Fluggesellschaft dementierte allerdings sofort mit der Feststellung, Alitalia Flug 881 habe den Geistlichen beim Verlassen des Flughafens Tripoli nicht an Bord gehabt. Verärgert über die permanenten Anfragen libanesischer schiitischer Geistlicher, gab das Sekretariat of Foreign Affairs in Tripoli bekannt: »Der Imam ist herzlich in der libyschen Hauptstadt empfangen worden. Auf seinen Wunsch hin sind die Voraussetzungen geschaffen worden, dass ihm und seinen Begleitern am 31. August im Flugzeug der Gesellschaft Alitalia Reisemöglichkeiten zur Verfügung standen.« Das Sekretariat machte damit deutlich, dass mit dieser Verlautbarung die Angelegenheit »Musa As Sadr« für die libysche Revolutionsführung abgeschlossen war. Man wollte vermeiden, dass durch »heimtückische Gerüchte Spannungen in Beirut erzeugt werden, die sich zum Schaden revolutionärer Kräfte im Libanon auswirken«.

Geistliche und schlichte gläubige Schiiten im Libanon aber blieben überzeugt, dass ihr Imam nicht so einfach verschwinden könne, wie sich »ein Salzkorn im Wasser auflöst«. Wer in historischen Zusammenhängen zu denken vermochte, der war überzeugt, dass das Verschwinden des Imam innerhalb der Vorsehung Allahs im Zusammenhang stand zur Entmachtung des Schahs von Iran, die ein halbes Jahr nach dem 31. August 1978 »durch den Willen Allahs die Weltgeschichte in neue Bahnen lenkte«. Die Überzeugung der Schiiten des Libanon wuchs, Imam Musa As Sadr sei von Allah »entrückt« worden; er stehe Allah an einem wichtigen Moment der Weltgeschichte wieder zur Verfügung. Musa As Sadr stand damit in Allahs Ordnung neben dem »Entrückten Zwölften Imam«, der um das Jahr 873 nach abendländischer Zeitrechnung[1] in das Blickfeld der Gläubigen trat.

Der »Entrückte Zwölfte Imam« hatte im Bewusstsein der Menschen im Iran und im Libanon zur Zeit der zwei Pahlawi-Schahs an Bedeutung verloren – obgleich er in der Verfassung des iranischen Reiches als eigentlicher Herrscher verankert war. Der Schah war nach schiitischer Ansicht nichts als der Stellvertreter des »Entrückten Imam«. Mohammed Reza Pahlawi kümmerte sich

---

[1] Es war im 251. Jahr des Islam.

allerdings um diese schiitische Ansicht von der Ordnung der Welt nicht. Er war der Meinung, die von ihm repräsentierte Geschlechterfolge der Herrscher sei älter als die Reihenfolge der Imame.

Khomeinis Lehre der schiitischen Geschichte   Imam Musa As Sadr bildete sich nie ein, er gehöre zu jenen Bevorzugten, die in der schiitischen Lehre von der Heilsgeschichte den Weg ins Paradies weisen dürfen. Ayatollah Khomeini selbst hatte diesen Personenkreis begrenzt und in der »Letzten Botschaft« aufgezählt, im »religiös-politischen Testament des Führers und Vaters der Islamischen Revolution und Begründers der Islamischen Republik Iran«. Die Liste beginnt mit dem Imam Ali Ibn Abu Talib, dem Schwiegersohn des Propheten Mohammed.

Dass der Prophet gerade Ali zur Nachfolge als »Emir der Gläubigen« bestimmt hatte, soll – nach schiitischer Überzeugung – diese Aussage des Propheten belegen: »Wenn ich eines Tages nicht mehr bin, hinterlasse ich euch die zwei wertvollsten Geschenke Allahs. Das sind der Koran und meine Familie.« Verbunden sei diese Aussage mit der Forderung, es dürfe nur jemand aus der Familie des Propheten die Gläubigen Allahs führen – auf der Basis des Koran als ewigem Gesetzbuch. Die Aussage des Propheten wurde zur Lehre, dass die Regierung im Islam in der Hand der »Heiligen Familie« bleiben müsse. Die »Heilige Familie« sollte auf den Weg zum Heil im Sinne Allahs führen.
Zu einem frühen Zeitpunkt der Konsolidierung der Ansprüche der »Heiligen Familie« entstand der Begriff »Shiat Ali« als Bezeichnung der Gesamtheit der Gläubigen, die unzufrieden damit waren, dass sich in Damaskus die Omayyaden als regierende Sippe etabliert hatten. Muawija, aus dem Hause Omayya, hatte sich zum Kalifen aller Gläubigen ernannt. Er sah seine Herrschaft durch die Ansprüche der »Shiat Ali«, zu übersetzen mit »Partei

des Ali«, gefährdet. Im Verlauf von Generationen hat sich aus »Shiat Ali« der eine Name »Shia« abgeschliffen – so werden in arabischer Sprache die »Schiiten« bezeichnet.

Dann starb Ali – der erste Imam – im Alter von 61 Jahren durch Mörderhand. Alis Sohn, Hassan Ibn Ali Ibn Abu Talib, starb ebenfalls als Märtyrer – so erzählt die schiitische Legende. Der dritte der Märtyrer war Hussein, der jüngste Sohn von Ali und der Prophetentochter Fatima. Husseins Gegner auf der Seite der Omayyaden war der Kalif Jezid. Er war fortan die Verkörperung des Bösen, und die Schiiten im ausgehenden 20. Jahrhundert sahen in Schah Mohammed Reza Pahlawi die Wiedergeburt eben jenes Kalifen Jezid.

Mit dem Tod des Imam Hussein hatte Shiat Ali ein festes Fundament erhalten. Der Märtyrertod des Enkels des Propheten gab in seiner Brutalität der Vorstellung Nahrung, der Gläubige habe Leiden zu erdulden – zumindest Mitleid mit dem Schicksal des Hussein. Im Verlauf der Jahrhunderte bildete sich für schiitische Männer die Tradition heraus, sich am Jahrestag des Martyriums des Hussein selbst Schmerzen zuzufügen. Männer peitschen sich, bringen sich mit geschwungenen Ketten Wunden bei; sie vollziehen auf jede nur erdenkliche Art das Geschehen, das vor Jahrhunderten bei der Stadt Kerbela am Euphrat die Shiat Ali gerührt und gepackt hat. Daraufhin hatte sich der Ort, der 90 Kilometer südwestlich von Bagdad am Euphrat liegt, rasch zum heiligsten Platz der Shiat Ali entwickelt.

Nach dem Tod des Hussein musste ein neuer Imam gefunden werden. Die Entscheidung fiel rasch: Vierter Imam wurde der älteste Sohn des Hussein, Ali Ibn Hussein, der von den Gläubigen bald »Zaid al Abidin« genannt wurde, der »Schmuck der Frommen«. Auch dieser Imam wurde getötet – durch Gift.

Der Sechste Imam war Dschafar Ibn Mohammed. Der Befehl des Abbasidenkalifen, das Haus dieses Sechsten Imam anzuzünden, blieb ohne Wirkung. Es geschah ein Wunder. Das hölzerne Baumaterial entzündete sich nicht. Die Shiat Ali sah und sieht darin ein Zeichen von Allahs Gnade.

Die »Heilige Familie« gab dem Imam Dschafar Ibn Mohammed die Bezeichnung Dschafar As Sadiq – der »Vertrauenswürdige«. Er war der Erste, der mit »Imam« angeredet wurde. Sein Vater hatte die Beziehung und den Unterschied zwischen dem »Gesandten Allahs« und einem Imam genau definiert. »Der Prophet Mohammed ist ein Mann, der die Offenbarung Allahs aus den Stimmen der Engel hört. Der Prophet sieht die Engel auch in körperlicher Gestalt vor sich. Der Imam hört ebenfalls die Stimmen der Engel, doch er sieht die Engel nicht. Der Prophet Mohammed hat im Koran zwar die volle Wahrheit verkündet, doch er hat gewisse Geheimnisse für sich behalten. Diese Geheimnisse hatte der Prophet an Ali, den Ersten der Imame, weitergegeben. Ali hat von sich aus einen Vertrauten benannt, der das besondere Wissen des Propheten zu bewahren hatte. Dieser Vertraute war der Zweite Imam, Hassan Ibn Ali. Von nun an war jeweils der nächste Imam Geheimnisträger. Jeder Imam trägt die besonderen Geheimnisse weiter in die nächste Generation.«

Dschafar As Sadiq war in Sorge gewesen, sein eigenes Leben könne erlöschen, und bestimmte deshalb, sein erstgeborener Sohn Ismail werde der künftige Imam sein. Da starb Ismail. Nach Meinung vieler Gläubiger musste der Vater, Dschafar As Sadiq, weiterhin als der rechtmäßige Imam angesehen werden. Eine Minderheit aber sah die Situation anders: Ismail war für sie nun Oberhaupt der »Heiligen Familie«. Ismail sei nicht gestorben, sondern er sei der »Sicht der Menschen entzogen«, er sei »entrückt« worden. Am Tag des Jüngsten Gerichts aber werde er, nach dem Willen Allahs, wieder als Lebender vor den Augen der Menschen erscheinen. Ismail gelte als Siebter Imam, die »Entrückung« habe nichts an seiner heilsgeschichtlichen Stellung und Würde geändert.

Der Sechste Imam, Dschafar As Sadiq, aber war der Überzeugung, Ismail sei eines natürlichen Todes gestorben; er bestimmte deshalb einen anderen seiner Söhne zum Imam. Sein Name war Musa Qazim. Dass er würdig war, Imam zu werden, bewies er durch ein Wunder: Musa Qazim ließ um sich herum Brennholz aufschichten. Als dieser Scheiterhaufen entzündet wurde, berührten die Flammen seinen Leib nicht. Musa Qazim hatte damit jeden Zweifel ausgelöscht: Allah selbst hatte bestätigt, dass er die Kette der Imame fortgesetzt haben wollte. Allah selbst hatte den Siebten Imam als rechtmäßig bestätigt. Während der Regierungszeit von Kalif Harun Al Rashid, er gehörte zum Geschlecht der Abbasiden, wurde auch der Siebte Imam ermordet.

Haruns Sohn Ma'mun hatte bald schon revolutionäre Ideen, denn er hatte erkannt, dass die Shiat Ali und ihre Glaubensrichtung nicht ausgelöscht werden konnten. Ma'mun beschloss, die schiitische Überzeugung von der Sonderstellung der »Heiligen Familie« zur Staatsreligion zu erheben. Als äußeres Zeichen wechselte er die Farbe der offiziellen Abbasidenflagge. Bisher war die Farbe Schwarz gewesen, jetzt aber war Grün für die Flagge vorgeschrieben. Grün war das Farbsymbol der Shiat Ali.

Dieser Wandel vollzog sich zur Zeit des Achten Imam Ali Al Reza. Kalif Ma'mun überraschte durch die Mitteilung, er werde Ali Al Reza zu seinem Nachfolger als Kalif einsetzen. Doch schon wenige Monate später, im Jahr 817 n. Chr., starb Imam Ali Reza – durch Gift aus der Küche des Abbasidenkalifen. Dass der Achte Imam in Persien seine letzte Ruhestätte finden würde, findet man in einer Voraussage, die dem Imam Ali, dem Ersten Imam, zugeschrieben wird: »Einer meiner Nachfahren wird vergiftet werden im Lande Chorasan. Er wird denselben Namen tragen wie ich. Der Name seines Vaters aber wird Musa sein. Wer das Grab besuchen wird, den bedrücken keine Sünden mehr. Weder die bereits begangenen Sünden noch die zukünftigen Sünden werden ihm angerechnet.« Schiiten unserer Zeit sind der Überzeugung, die Pilgerfahrt nach Mashad, zum Mausoleum des Achten Imam Ali Al Reza sei wichtiger für das Heil als der Besuch der Ka'aba in

Mekka. Der volle Name der Stadt lautet: Mashad e Moqqadas –
die Heilige Stätte der Märtyrer.

Auch der Neunte und der Zehnte Imam wurden vergiftet – im
Auftrag des Kalifen Al Mutahid Allahi. Er regierte von 870 bis 892
n. Chr. und hatte schiitische Unruhen zu bekämpfen. Innerhalb
der Shiat Ali waren Kräfte wirksam, die sich nicht auf eine Verbindung mit der herrschenden Sippe der Abbasiden einlassen
wollten. Der Neunte und der Zehnte Imam der Shiat Ali waren
der abbasidischen Intrige nicht gewachsen. Der Elfte aber hatte
geglaubt, er sichere sich dadurch ab, dass er eine Prinzessin aus
Byzanz – also eine Christin – heirate. Aber 873 n. Chr. wurde auch
er vergiftet. Er war der Vater des letzten der Imame in der direkten Nachfolge der »Heiligen Familie«.

Der Sohn des Elften Imam und der Tochter des christlichen Kai-
sers von Byzanz besaß außergewöhnliche Gaben. Bald schon nach
der Geburt habe er laut diese Worte gesprochen: »Heil über
Mohammed und über seine Familie!« Wenn die vielen Legenden,
die den Jungen umgeben, ernst genommen werden, dann muss er
sechs Jahre alt gewesen sein, als der Vater starb – und der junge
Mohammed die Würde des Imam übernahm.

Vom Augenblick an, als der Elfte Imam tot war, verschwand der
Zwölfte Imam. Dies soll sich im Jahr 873 n. Chr. ereignet haben.
Als historische Fixpunkte sind diese Jahreszahlen alle nicht zu
betrachten. Sie sind ungefähre Anhaltspunkte in schiitischer
Geschichte. Der verstorbene Ayatollah Ruhollah Khomeini, heu-
te der wichtigste Lehrer der Abfolge der Ereignisse schiitischer
Geschichte, hat in seinem religiös-politischen Testament »Letzte
Botschaft« diese Belehrung hinterlassen: »Unter Berücksichti-
gung zeitlicher Bedingungen hat sich Imam Mahdi – gemeint ist
der Zwölfte Imam – gemäß göttlichem Willen in zwei Phasen den
Blicken entzogen. Die erste Phase betrifft seine kurzfristige Ver-
borgenheit, die 69 Jahre andauerte. Während dieser Zeit stand der
Imam durch vier aufeinander folgende Vertreter mit der Gemein-

de in direktem Kontakt. Daran schloss sich sein »lang währendes Verborgensein« an, das immer noch andauert, bis der Zeitpunkt anbricht, an dem er sich – gemäß göttlichem Willen – zu erkennen gibt. Damit ist der Zeitpunkt erreicht, an dem das Recht über das Unrecht siegt. Gemäß islamischem Denken stellt das Wiedererscheinen des Entrückten Imam sowie sein weltweiter Kampf das letzte Glied in der Kette der Kämpfe dar, die gegen das Unrecht zu Felde ziehen, damit das Recht siege.«

Der folgende Abschnitt des Textes wird von der Shiat Ali, und besonders von den Organisatoren der Hisbollah im Libanon, als Ermutigung empfunden, den Kampf fortzusetzen – auch in unserer Zeit: »Der Kampf jener, die das Recht gegen das Unrecht verteidigen, wird sich die gesamte Menschheitsgeschichte hindurch fortsetzen. Tag für Tag werden bessere Voraussetzungen für den Sieg des Rechts über das Unrecht gegeben sein.« Im Jahr 873 abendländischer Zeitrechnung ist – gemäß der Lehre des Ayatollah Ruhollah Khomeini – durch die »Entrückung des Zwölften Imam – der Zeitplan des Heils festgelegt, an dessen Ende sich der endgültige Zusammenprall von Gut und Böse ereignen wird.

Die schiitische Heilslehre verbreitete sich zur Zeit des Sechsten Imam Dschafar As Sadiq, der um das Jahr 757 n. Chr. starb. Doch die Glaubenselemente verwandelten sich im Verlauf der Jahrhunderte. Die Historie der Imame war eine Chronik der Märtyrer, die der etablierten Macht der sunnitischen Herrscher zum Opfer gefallen sind. Leiden und Tod der Märtyrer lösten von Generation zu Generation Mitleid und Jammer aus. Veränderung bahnte sich erst mehr als 13 Jahrhunderte nach dem Lebensende der ersten Imame an. Die Imame der Neuzeit entwickelten sich zu kämpferischen Persönlichkeiten. Das Vorbild war Ayatollah Ruhollah Khomeini, der den Kampf gegen seinen Feind aufnahm, gegen Schah Mohammed Reza Pahlawi, der für ihn das Böse verkörperte – der für ihn die Verkörperung des Kalifen Jezid darstellte, den Mörder des Imam Ali.

Libanon – Schiiten kämpfen sich an die Spitze

Musa As Sadr übernimmt die Führungsrolle der Schiiten im Libanon   Die Wurzeln seiner Herkunft beschrieb Imam Musa As Sadr so:»Ich gehöre zu einer Familie, deren Ursprung im Libanon zu finden ist. Ich stamme ab vom Imam Musa Ibn Dschafar – er war der Siebente der Zwölf Imame der Shiat Ali. Meine Vorfahren verließen den Libanon, als die türkisch-osmanische Unterdrückung einen Höhepunkt erreicht hatte, als unsere Bücher verbrannt und unsere Geistlichen getötet wurden. Meine Vorfahren wichen nach Mesopotamien und Iran aus. In beiden Ländern haben wir starke Wurzeln. Ich bin in Iran geboren, wo mein Vater, Sadr Al Din As Sadr, eine religiöse Lehranstalt aufgebaut und geleitet hat – in der Stadt Qum. Meine ersten Studien absolvierte ich in diesem Institut. Mein erstes Diplom der Rechtsfakultät erhielt ich an der Universität Teheran. Die Universität Nedschef im Irak vermittelte mir religiöses Wissen. Nach dem Abschluss der Studien zog ich um in den Süden des Libanon.«

Er war sich seiner Genealogie bewusst, und Khomeini bestätigte, dass Musa As Sadr ein Nachfahre des rechtmäßigen Siebten Imam sei. Sein äußeres Zeichen der Würde war der schwarze Turban, der ihn als Angehörigen der Heiligen Familie auswies. Imam Musa As Sadr bezog eine Aussage des Propheten Mohammed auf sich, die allerdings nur für Schiiten authentisch ist:»Ich und meine Familie sind der Baum des Paradieses. Dieser Baum hat Äste, die bis auf die Erde reichen. Wer diese Äste verehrt, dem ist das Paradies sicher, der findet einen Weg zu Allah.« Wer Musa As Sadr kannte, der ist überzeugt, dass er diese Aussage des Propheten Mohammed auf sich bezog. Er betrachtete sich als »Ast vom Baum des Paradieses« – ihm war damit eine Sonderstellung in der islamischen Heilsgeschichte vorbestimmt.

Der Vater des Musa As Sadr konzentrierte sich auf religiöse Studien und auf die Hierarchie der schiitischen Geistlichkeit; er durf-

31

te sich schließlich Ayatollah nennen. Sein Name war Sadr Al Din As Sadr. Er starb 1953 in der Heiligen Stadt Qum. Musa As Sadr erinnert sich an den Vater: »Er lehnte jede Spur von Wohlstand ab. Ich erinnere mich nicht daran, jemals in seiner Wohnung einen persischen Teppich gesehen zu haben.« Als Geburtsdatum des Musa As Sadr wird das islamische Jahr 1347 angegeben; es entspricht dem Jahr 1928 abendländischer Zeitrechnung.

Der Geistliche war 31 Jahre alt, als er in der libanesischen Stadt Tyr eintraf. Dass er ein Nachfahre des rechtmäßigen Siebten Imam war, brauchte er gegenüber den schiitischen Gemeinden nicht zu betonen. Vom ersten Tag seines Aufenthalts wurde er mit Imam angeredet. Von selbst war die Brücke zur Vergangenheit, zu den Anfängen der Shiat Ali geschlagen.

Der junge Geistliche war in eine Region gekommen, in der das Sprichwort Gültigkeit besaß: »Steuern zu zahlen und zu sterben ist das Schicksal der Schiiten, die gut bezahlten Posten sind für die Sunniten bestimmt.« Imam Musa As Sadr nahm sich 1959 vor, die Situation im Libanon zu verändern – gemäß dem Auftrag, den die frühen Imame der Heiligen Familie hinterlassen haben: den Gläubigen Gerechtigkeit zu bringen.

Nach Tyr kam er auf Einladung eines Verwandten, der Sayyed Abdul Hussein Sharaf Ad Din hieß. Er war der Mufti von Tyr und besaß damit eine hohe geistliche Autorität. Berichtet wird, Sayyed Abdul Hussein Sharaf Ad Din sei enttäuscht gewesen von der mangelnden Intelligenz seiner eigenen Söhne und deshalb habe er sich in der weiteren Verwandtschaft nach einem geeigneten jungen Mann umgeschaut, der den Weg an die Spitze der schiitischen Geistlichkeit im Südlibanon einschlagen könnte. Dem Mufti war bewusst, dass sich die Situation der Schiitengebiete im Libanon verändern musste. Die Sunniten beherrschten das ganze Land. Die Schiiten hatten Steuern zu bezahlen, doch von den Staatseinnahmen flossen nur geringe Beträge in die Gemeindekassen des Südlibanon. Die Straßen und Wege waren in durchweg miserablem Zustand; ebenso die Schulgebäude und Hospitäler. Wer das Küstenland des Libanon von Süd nach Nord durchquerte, dem fiel der Unterschied zwischen dem armen Schiitenland und dem Gebiet wohlhabender Sunniten und christlicher Maroniten auf.

Die Schiiten kämpfen sich an die Spitze des Libanon   Das Gefälle des Wohlstands war schon zu spüren, als die Libanonregion noch nicht unabhängig, sondern französisches Mandatsgebiet (von 1920–1943) war. Nach der Zerschlagung des Osmanischen Reichs – mit dem Ende des Ersten Weltkriegs – hatten die Franzosen die Aufsicht im Land zwischen Mittelmeer und Antilibanongebirge übernommen. Die französische Mandatsverwaltung hatte unterschiedliche Kräfte zu bändigen. Als die französische Verwaltung 1943 dem Libanon widerstrebend die Unabhängigkeit gewährte, da sorgte sie dafür, dass die christlichen Maroniten die stärkste politische Macht darstellten – auch wenn sie zahlenmäßig nicht die Mehrheit bildeten. Eine Volkszählung im Libanon wurde mit dem Argument verhindert, schon zu biblischen Zeiten seien Volkszählungen im Bereich des Heiligen Landes die Ursache von Gottes Zorn und Unglück gewesen. So unterblieb die Feststellung der wahren Kräfteverhältnisse. Die Schiiten waren schon zu Beginn des unabhängigen Staates Libanon der Überzeugung gewesen, dass sie die Sieger einer echten Volksabstimmung gewesen wären. Die Bevorzugung der Maroniten durch die abziehende Mandatsmacht sorgte dafür, dass Argwohn herrschte zwischen Schiiten und Maroniten; die Sunniten – die nicht daran glauben, dass die »Zwölf Imame« eine Sonderstellung in der Heilsgeschichte des Islam einnehmen – waren häufig Verbündete der Maroniten.
Der Libanon sah sich seit dem Jahr 1948 als Teil der arabischen Welt in der Auseinandersetzung mit dem eben entstandenen Staat Israel. Die christlichen Maroniten empfanden allerdings Sympa-

thie für den jüdischen Staat, fühlten sich doch die Christen – genauso wie die Juden – als Minderheit in einer feindlichen islamischen Umwelt. Die Maroniten achteten darauf, dass der kriegerische Konflikt mit Israel nicht ernsthaft geführt wurde.

Obgleich sich inzwischen die Meinung durchgesetzt hatte, dass die Maroniten zu Unrecht den Anspruch darauf erhoben, die Mehrheit der Bevölkerung zu bilden, blieb die Struktur des libanesischen Staates unangetastet. Nach ungeschriebenem Gesetz war die Position des Staatspräsidenten den Maroniten vorbehalten; Ministerpräsident durfte nur ein Sunnit werden; die Position des Parlamentspräsidenten war den Schiiten reserviert. Die Parlamentspräsidenten besaßen nur geringen politischen Einfluss und die Schiiten bildeten nur eine Minderheit in der Runde der Abgeordneten. Die starre Aufteilung der Regierungspositionen setzte sich fort in den mittleren und unteren Verwaltungsrängen. Wer auf einem Posten saß, verteidigte ihn. So scheiterte jeder Versuch, die festgefahrenen Kräfteverhältnisse aufzubrechen: Die Schiiten blieben die Unterprivilegierten.

Nach dem Nahostkrieg 1967 und dem Sieg der israelischen Streitkräfte über ihre arabischen Gegner strömten palästinensische Flüchtlinge aus den nun von Israel besetzten Gebieten Gaza und Jordanwestufer in den Libanon. Hauptsächlich die Schiitengebiete im Südlibanon wurden zum Ziel der palästinensischen Flüchtlinge. Die Schiiten sahen zum ersten Mal eine Chance, ihr politisches Gewicht wirksam werden zu lassen, denn die bewaffneten Palästinenser standen auf ihrer Seite.

Die Kampforganisationen der PLO verloren jedoch bald schon an Popularität bei den Schiiten, denn die Fatah und die Volksfront zur Befreiung Palästinas führten Krieg im israelischen Grenzgebiet. Die israelische Armee schlug zurück und zerstörte die Dörfer der Schiiten. Die Opfer der Vergeltungsschläge verließen ihre Siedlungsgebiete. Die Palästinenser bezogen die Ruinen und bauten sie zu Stellungen für ihre Bewaffneten aus. Die schiitischen

Flüchtlinge aber errichteten sich Bretterbuden in der Region zwischen dem Flughafen Beirut und der Hauptstadt. Notstandsquartiere breiteten sich aus.

Die vertriebenen Schiiten gaben die Schuld an ihrer Notlage den Palästinensern. Die Spannungen zwischen den beiden zu Flüchtlingen gewordenen Bevölkerungsgruppen wuchsen rasch an und förderten die Radikalisierung. Die Palästinenser waren bereits mit Kriegsgerät unterschiedlichen Kalibers bewaffnet; die Schiiten besorgten sich Kalaschnikov-Maschinenpistolen.

Zu den Flüchtlingen der Jahre 1967 und 1968 gehörte auch die gesamte Führung der Palästinensischen Befreiungsbewegung. Arafat und sein Führungsstab bezogen Wohnungen, die in der Hauptstadt südlich der Straße von Beirut nach Damaskus lagen, als Hauptquartiere. Bald schon organisierte Arafat einen eigenständigen Staat Palästina im Süden des Libanon. Die Schiiten waren nun völlig enteignet.

Dominierende Kraft im Lande nördlich der Straße von Beirut nach Damaskus waren die christlichen Maroniten geworden. Sie hatten, mithilfe Israels, eine schlagkräftige Miliz aufgebaut, die »Lebanese Forces« oder »Force Libanaise«. Der politische Chef der Christenmiliz war Sheikh Pierre Gemayel, der militärische Befehlshaber dessen Sohn Beshir Gemayel. Das Ziel der beiden war die völlige Entmachtung der Palästinenserorganisation und deren Kommandeurs Jassir Arafat. Die libanesischen Gegner der PLO verfolgten nicht allein das Ziel, die Palästinenser zu vertreiben, sie hatten auch die Absicht, die Struktur des Libanon in ihrem Sinne zu ordnen. Die Maroniten wollten dafür sorgen, dass der Libanon seine christliche Ordnung beibehielt; die Schiiten setzten sich ein für die gerechte Behandlung des schiitischen Bevölkerungsanteils bei der Verteilung des Wohlstands. An der Seite der Schiiten standen sunnitische Kampfgruppen.

Die Auseinandersetzungen wurden mit Brutalität geführt. Keine Seite schonte Menschenleben. Weder die Lebanese Forces noch die PLO erzielten einen durchschlagenden Erfolg. Allerdings war bald schon zu erkennen, dass die Maroniten einen länger andauernden Bürgerkrieg nicht durchstehen würden. Auf lange Sicht würde die PLO die Niederlage der Maroniten erzwingen. Diese Erkenntnis löste Besorgnis in der syrischen Hauptstadt Damaskus aus. Hafez Assad befahl den Einmarsch der syrischen Armee in den Libanon – zur Unterstützung der Maroniten gegen die Verbände des Jassir Arafat. Kurze Zeit später vollzog Hafez Assad eine Kursänderung. Er glaubte, einen Sieg der Maroniten gegenüber den arabischen Staatschefs insgesamt nicht verantworten zu können. Hafez Assad unterstützte nun die PLO.

Die Situation der Allianzen wurde unübersichtlich und als Folge erlahmten die Kämpfe. Die PLO behielt die Kontrolle im Südlibanon, der inzwischen die Bezeichnung »Fatahland« trug. Auf engem Gebiet waren 15 000 Bewaffnete der Fatah verschanzt. Die Stärke dieses Verbandes beunruhigte wiederum Ministerpräsident Menachem Begin in Israel.

Jassir Arafat lockerte die Spannung durch die einseitige Erklärung eines Waffenstillstands im Südlibanon. Er bekam dabei Unterstützung aus Damaskus. Syrien legte den Grundstock für die Arab Deterrent Force (ADF), deren Präsenz auf jeden abschreckend wirken sollte, der den Kampf fortsetzen wollte. Syrien engagierte sich Ende der 70er-Jahre im Libanon mit 30 000 Soldaten. Diese starke Streitmacht beherrschte bald die Hauptstadt Beirut – und danach das ganze Land. Die syrische Armeeführung mischte sich in alle Lebensbereiche der Libanesen und der Palästinenser ein.

Es gelang Jassir Arafat jedoch, sich mit dem syrischen Präsidenten Hafez Assad zu arrangieren. Die syrische Armee und die Bewaffneten der PLO bezogen Front gegen die Lebanese Forces der christlichen Maroniten. Die Partnerschaft mit den syrischen Armeeverbänden gab der PLO die Bewegungsfreiheit, Aktionen auf israelischem Gebiet durchzuführen. Israel versuchte sich durch Gründung einer Miliz zu schützen – die Südlibanesische

Armee (SLA), die aus Christen bestand; sie wurde von Israel bewaffnet und bezahlt. Dieser militärische Verband brachte Israel jedoch nur geringen Nutzen. Er konnte nicht verhindern, dass im März 1978 die PLO eine israelische Siedlung in der Nähe von Tel Aviv angriff. 35 Israelis verloren das Leben.

Die IDF reagierte rasch: Sie besetzte den Südlibanon bis zum Litanifluss. Die Folge waren internationale Proteste gegen die »unverhältnismäßig harten Maßnahmen« der Israelis. Der Vorwurf gegen die IDF lautete, die Besetzung des Südlibanon treffe hauptsächlich die Zivilbevölkerung. Sensibel geworden, gab die israelische Regierung rasch nach. Am 19. März 1978 zog sich die IDF aus dem Südlibanon zurück. Sie sah sich zu diesem Schritt ermutigt, weil an jenem Tag der Weltsicherheitsrat durch Beschluss 425 die Grundlage für die Schaffung der UNIFIL gelegt hatte, der UN-INTERIM FORCE in LEBANON, deren Aufgabe es sein sollte, Zwischenfälle an der Grenze zwischen Libanon und Israel zu verhindern. UNIFIL war allerdings dieser Aufgabe nicht gewachsen, weil sie keine Handlungsfreiheit besaß, energisch gegen Bewaffnete vorzugehen, die den Waffenstillstand nicht einhielten. Die Schwäche der UNIFIL hatte zur Folge, dass nahezu jeden Tag im Südlibanon Kämpfe zwischen der IDF und den Stoßtrupps der PLO aufflammten.

Als Imam Musa As Sadr im Sommer 1978 den Libanon verließ, um nach Libyen zu fliegen, befand sich das kleine Land an der Mittelmeerküste in einer brisanten Situation: Sunniten, Schiiten, Drusen belauerten einander und warteten auf die Chance, den jeweils anderen religiösen Solidaritätsverbänden ihren Willen aufzwingen zu können.

Ungeklärt ist, was Imam Musa As Sadr im Sinn hatte, als er zusammen mit einem weiteren Geistlichen und einem Journalisten dem libyschen Revolutionsführer seine Aufwartung machen wollte. Die Letzten, die den Imam und seine Begleiter trafen, waren Libanesen auf Geschäftsreise: am 31. August 1978 in einer Hotelhalle in Tripoli. Das Verschwinden des Imam löste zunächst einen Schock aus bei den Schiiten, doch bald schon beteiligten sich die bisher Unterprivilegierten am Kampf um die Macht. Jahrhundertelang hatten Fremde das Schicksal des Libanon bestimmt und die Schiiten waren immer die Schwachen gewesen.

Das Verhältnis Schiiten – Maroniten   Als die Vormacht der jüdischen Stämme an der östlichen Mittelmeerküste abgeklungen war, ließen sich etwa im 4. Jahrhundert n. Chr. christliche Großfamilien im Libanongebirge nieder. Zu Beginn ihrer Siedlungsgeschichte hatten sie sich einem Prediger untergeordnet, der Maroun hieß – von seinem Namen leitet sich die Bezeichnung »Maroniten« ab. Maroun sei Bischof gewesen, so berichtet die Legende – und ein faszinierender Prediger.

Maroun war längst tot, als nach dem Jahr 632 n. Chr. von der Arabischen Halbinsel her die Gefahr einer islamischen Offensive drohte. Der Prophet Mohammed hatte die arabischen Stämme dazu verpflichtet, den Islam so weit als möglich auszubreiten. Die maronitischen Großfamilien im Libanongebirge sahen die islamische Gefahr voraus: Sie zogen sich in die Gebirgsschluchten zurück. An Bergwände gepresst, entstanden Dörfer, Kirchen und Klöster. Die islamischen Reiterheere scheuten in der Tat davor zurück, die ebenen Gebiete zu verlassen, um die Bergschluchten zu erobern. Die Maroniten waren sicher und Kreuz, Zeder und Libanongebirge wurden die Symbole für ihre Heimat.

Im 11. Jahrhundert n. Chr. verließen schiitische Sippen die Region der heutigen Länder Irak und Iran und drängten in Richtung Mittelmeer. Sie ließen sich im Süden der modernen Straße von Beirut nach Damaskus nieder. Diese Demarkationslinie besteht bis heute und wirkt sich auch während der jahrelangen Auseinandersetzungen zwischen Christen und Moslems im 20. Jahrhundert aus.

Das Zusammenleben von Maroniten und Moslems wurde im 12. und 13. Jahrhundert n. Chr. durch die Invasion der Kreuzritter empfindlich gestört, die überzeugt waren, sie könnten das christliche Königreich Jerusalem wieder errichten. Da die Kreuzritter zumeist »Franken«, also Franzosen, waren, entwickelte sich eine enge Beziehung zwischen Frankreich und den Maroniten des Libanon. Seit Jahrhunderten bevorzugten die Maroniten die französische vor der arabischen Sprache. Ihre Eigenheit, die französische Sprache zu beherrschen, war die Basis ihres Zusammenhalts. Die Fremdherrscher – Araber, Osmanen und Franzosen – änderten an der Ordnung von Völkern und Religionen im Libanon wenig. Die Schiiten besaßen die geringste Bedeutung.

In der zweiten Hälfte des 20. Jahrhunderts geriet die Bevölkerungsstruktur in Bewegung. Die Veränderung begann damit, dass die Sheikhs, Oberhäupter der verschiedenen völkisch-religiösen Gruppen, sich nicht mehr damit begnügten, eben diesen religiösen Zweckverbänden vorzustehen, sondern sie wählten sich aktuelle, politische Ziele aus. Das deutlichste Beispiel ist der Großgrundbesitzer Kamal Jumblat, der Sheikh der Drusen, die im Libanongebirge zu Hause sind. Er erklärte sich zum führenden Sozialisten des Landes und nahm freundschaftliche Beziehungen zu den Verantwortlichen in Moskau auf. Voll Stolz präsentierte Kamal Jumblat in der Empfangshalle seiner Residenz im Choufgebirge ein Ölgemälde, das ihm Chruschtschow überreichen ließ. Dargestellt ist die Übergabe der deutschen Heeresflaggen an Stalin auf dem Roten Platz in Moskau.

Gegenpol zu Kamal Jumblat war Maronitensheikh Pierre Gemayel. Er residierte in einem dreistöckigen, aber schlichten Gebäude beim Hafen von Beirut. Seine Parole lautete: »Gott, Vaterland, die Familie.« Wurde Sheikh Pierre Gemayel von einem Deutschen aufgesucht, erzählte der Maronitenchef seine Erlebnisse im Berlin des Dritten Reiches: Damals habe Disziplin geherrscht! Pierre Gemayel lebte in der Vorstellung, dass es gelingen werde, den Libanon von allen fremden Elementen – von Moslems und Palästinensern – zu reinigen. Dieses Ziel sollten vor allem die Kämpfer der Lebanese Forces, der Maronitenmiliz, erreichen.

Der politische Vertreter der Sunniten bewohnte eine Residenz im alten Viertel von Beirut, in einem Gebäude der französischen Kolonialzeit. Ismail Qulayot war lange Zeit der führende der Sunnitenköpfe. Er konzentrierte sich darauf, im Einverständnis mit Sheikh Pierre Gemayel zu handeln. Dies bedeutete vor allem, gegenüber Israel einen konzilianten politischen Kurs einzuhalten – trotz des Namens der Organisation »Independent Nasserite Movement«. Der Name erinnerte daran, dass während der 1950er-Jahre die Sunniten nicht abgeneigt waren, sich der politischen Richtung des Ägypters Gamal Abdel Nasser anzuschließen. Sich aber Gamal Abdel Nassers Willen zu unterwerfen, das war nicht ernsthafte Absicht der Sunniten des Libanon. Als im Juni 1982 die israelische Belagerung von Beirut begann, da hielt sich die Kampforganisation des Independent Nasserite Movement – sie trug die Bezeichnung »Murabitun« – auffallend zurück. Die Schiiten aber machten deutlich, dass sie die stärkste politische und militärische Kraft im Libanon geworden waren.

Hisbollah – libanesisch-schiitische Kampforganisation   Drei Jahre vor seinem Verschwinden in Tripoli hatte Imam Musa As Sadr Position in der Öffentlichkeit bezogen. Er verließ Residenz und Hauptquartier im wohlhabenden sunnitischen Viertel von Beirut, um die Al-Amiliyye-Moschee zu beziehen; sie gehörte den Sunniten. Der Imam wusste, wie die Aufmerksamkeit der Öffentlichkeit, auch der ausländischen, zu erzielen war. Musa As Sadr wurde von vier jungen Schiiten begleitet und erklärte: »Ich werde in dieser Moschee so lange fasten, bis Frieden einkehrt im Libanon. Nur einige Tropfen Wasser und der Koran werden meine Nahrung sein!«
Als allerdings die Hoffnung auf Waffenstillstand von Tag zu Tag – und vor allem von Nacht zu Nacht – schwand, da geschah Unvorhergesehenes: Jassir Arafat und der syrische Außenminister Abdul Halim Khaddam suchten den Imam in der Al-Amiliyye-Moschee

auf. Es war der 1. Juni 1978. Sie baten den schiitischen Geistlichen, er möge die Moschee verlassen, um an einer Lösung des innerlibanesischen Konflikts mitzuwirken. Die Antwort des Geistlichen war überraschend: Imam Musa As Sadr verkündete, die Schiiten seien künftig nicht mehr wehrlos. Sie würden durch eine bewaffnete Miliz beschützt, die den Namen »Hisbollah« trage – die Partei Allahs. Das Ziel der Hisbollah sei die Befreiung des libanesischen Bodens von jeglicher israelischer Besatzung.

Für manchen Beobachter war die Erklärung des Imam keine Überraschung, denn Hisbollah war nicht die erste Miliz der Schiiten. Bereits seit Frühjahr 1975 existierte »Amal«, ein Zusammenschluss kampfbereiter schiitischer Männer. »Amal« ist das arabische Wort für »Hoffnung«. Die vollständige Bezeichnung lautete »Al Muqawamah Al Lubnaniya«, libanesische Widerstandsbewegung. An der Spitze von Amal stand ein Mann mittleren Alters, der bürgerlichen schiitischen Kreisen angehörte. Er hieß Nabih Berri und nannte sich selbst einen Berufspolitiker.

Imam Musa As Sadr hielt Amal unter Berris Führung auf Dauer nicht für lebensfähig, da Nabih Berri nicht in der Lage war, Begeisterung für ein Ziel zu wecken. Der Geistliche kritisierte, Berri rede wie ein Rechtsanwalt – mit korrekter Grammatik, doch ohne Ausstrahlung. Berri forderte den Kampf gegen die israelischen Aggressoren, die den Südlibanon besetzt hielten. Seine Argumentation basierte auf den Paragrafen des Völkerrechts.

Im Nahen Osten aber hatten die Menschen längst gelernt, dass Völkerrecht aus hohlen Phrasen besteht. Es war Imam Musa As Sadr, der die Aktion für wirkungsvoller hielt als die von den Vereinten Nationen sanktionierten Rechtsvereinbarungen. Der Geistliche glaubte nicht, dass es möglich sei, Amal zu reformieren und in revolutionärem Sinne umzugestalten. Er beschäftigte sich nicht mehr mit der Zukunft von Amal, er wollte Neues aufbauen. Die erste wirkliche Widerstandsbewegung des Libanon sollte entstehen!

In der Tat hatte bisher niemand daran gedacht, eine Organisation zu gründen, die bereit war, der israelischen Besatzungstruppe wirklich entgegenzutreten. Die Lebanese Forces der Maroniten war mit Israel verbündet; die Murabitun der Sunniten folgten dem strategischen Kurs der Lebanese Forces. Keine andere Miliz existierte im Libanon. Ernsthaft bewaffnet waren nur die Kampforganisationen der PLO. Fatah und Volksfront besaßen allerdings nicht die Charaktermerkmale von Milizen – sie waren militärische Einheiten, gebildet aus dem Kern des palästinensischen Volkes. Imam Musa As Sadr dachte zuerst daran, ebenfalls das »libanesische« Volk zu mobilisieren – doch dann wurde dieser Entschluss gebremst durch die Erkenntnis, dass es gar kein »libanesisches Volk« gab. Die Bewohner des Landes waren entweder Maroniten, Drusen, Schiiten oder Sunniten. Sie zu einer gemeinsamen Aktivität zu bewegen, war undenkbar. Imam Musa As Sadr traf die Entscheidung, sich beim Aufbau der Widerstandsbewegung allein auf die Schiiten des Libanon zu konzentrieren.

Diese Konzentration fand ihren Ausdruck auch bei der Wahl des Namens der Organisation. Der Name musste einen Bezug auf schiitische Traditionen haben. Der Imam entschied sich für »Das Bataillon Imam Ali« – in Erinnerung an den Ersten Imam der »Heiligen Familie«.

Zum Aufbau des »Bataillons« stand nichts zur Verfügung: kein Geld und keine Waffen. Imam Musa As Sadr bat Jassir Arafat um Unterstützung. Der Chef der PLO war zu jeder Hilfe bereit. Seine Organisation Fatah bildete zu jener Zeit das Zentrum jedes Widerstandes gegen Israel. Doch Arafats Hilfe wurde nicht lange benötigt. In Teheran erinnerten sich hohe Geistliche des Kreises um Khomeini daran, dass sich ein Träger des schwarzen Turbans im Libanon befand, um dieses Land darauf vorzubereiten, in seiner Staatsform der Islamischen Republik Iran zu folgen. Dass hierzu Geld und Waffen nötig waren, empfanden Männer wie

Groß-Ayatollah Shariatmadari als Selbstverständlichkeit. Shariatmadari war dabei, bei Khomeini in Ungnade zu fallen, doch es gelang ihm noch, Unterstützung für Musa As Sadr auf den Weg zu bringen. So traf Ende der 1970er-Jahre ein Kontingent der »Revolutionären Garden« in Baalbek in der Bekaa-Ebene ein. Sie zögerten nicht lange, dieses Gebiet iranischer Befehlsgewalt zu unterstellen. Die historischen Ruinen von Baalbek, die zum weltweiten Ruhm des Libanon beigetragen hatten, blieben fortan den Touristen verschlossen. Die Historie des Altertums wurde in der Erinnerung der Bewohner der Bekaa-Ebene ausgelöscht – im Bewusstsein durfte nur die Zeit nach der Offenbarung des Koran bleiben. Die schiitische Geistlichkeit des Libanon glaubte an den Gottesstaat.

Die Entwicklung einer kampfkräftigen Organisation wurde im Sommer 1978 durch die »Entrückung« des Imam Musa As Sadr nicht unterbrochen. Ein Nachfolger stand rasch bereit. Als führende Autorität innerhalb der Schiitengemeinde war Sheikh Mohammed Hussein Fadlallah schon anerkannt. Sein Geist war von Vernunft geprägt. Er sah ein, dass gegen die Herrschaft der mit den Israelis verbündeten Lebanese Forces nicht anzukommen war, solange die USA die Maronitenherrschaft abstützte. Fadlallah predigte Geduld und er scheute auch als Schiit nicht davor zurück, Beispiele aus dem Leben Christi anzuführen, dessen Leidensfähigkeit und Geduld dieser Geistliche bewunderte.

Er betonte, dass er im südlibanesischen Dorf Aynata geboren worden sei, doch sein wahrer Geburtsort ist die heilige Stadt Nedschef in Iran. Genau wie Musa As Sadr sprach Fadlallah iranischen Dialekt. Für beide Geistliche führte dies im Kreis ihrer libanesischen Gläubigen zu einem Problem der Glaubwürdigkeit. Fadlallah war so klug zu dementieren, dass er der geistliche Lehrer des »Bataillon Imam Ali« sei, der die Richtung des Kampfes bestimme. In Wahrheit aber bewies der Zustrom junger Männer, die sich täglich in seiner Moschee im Stadtviertel Bir Al Abed von

Beirut versammelten, dass von seinen Worten die politische und strategische Richtung der Organisation gewiesen wurde.

Auf Anweisungen von Fadlallah ist wohl der Anschlag auf die Beiruter US-Botschaft im April 1983 zurückzuführen. 241 Amerikaner verloren damals durch dieses Selbstmordattentat ihr Leben. Mit dieser Aktion machte sich das »Bataillon Imam Ali« zum ersten Mal bemerkbar. Andere Attacken hatten sich als Ziel israelische Armeeeinheiten im Südlibanon vorgenommen. Dass sie erfolgreich waren, ließ sich an der Reaktion der IDF ablesen, die sich im Juni 1985 aus der Mitte des Libanon in das Gebiet südlich des Litaniflusses zurückzog.

Dieser Erfolg der Schiitenmiliz ließ den Konflikt erneut entflammen, der entlang der »grünen Grenze« in Beirut nie ganz gelöscht worden war. Die »grüne Grenze« trennte christliche und islamische Lebensbereiche. Die »Lebanese Forces« griff Stützpunkte der PLO südlich dieser »grünen Grenze« in Beirut an. Bemerkenswert ist, dass auch das »Bataillon Imam Ali« Position gegen die PLO bezog, obgleich es von Jassir Arafat stark gefördert worden war. Die Schiitenchefs hielten Dankbarkeit nicht für angebracht. Es war insbesondere Sheikh Mohammed Hussein Fadlallah, der innerhalb der Shiat Ali die Forderung stellte, das Bataillon Imam Ali müsse im Südlibanon wichtigste und kampfkräftigste Widerstandsbewegung werden. War zu Lebzeiten des Imam Musa As Sadr die Haltung der Shiat Ali noch weitgehend vom traditionellen »quietism« geprägt – von der Vorsicht im Handeln, von der politischen Zurückhaltung –, verließ Fadlallah nun diese Position und wählte die Konfrontation. Dazu, so lehrte dieser Träger des schwarzen Turbans, sei Kraft erforderlich. Sie überwinde die Schwäche, an der Männer und Kampfverbände letztlich zugrunde gehen. Der Geistliche verurteilte damit eine schiitische Taktik – die Möglichkeit der »taqiyya«, des Vortäuschens von Schwäche – die bisher häufig zum Erfolg geführt hatte. Ein neues Selbstbewusstsein entstand, das von »Stärke und Kraft« geprägt war.

Fadlallah bezeichnete Vers 4 der Koransure 61 als die Basis seiner Neuordnung schiitischer Denkweise und Politik: »Allah liebt diejenigen, die für seine Sache kämpfen, die fest zusammenstehen wie ein mächtiges Gebäude.« Das politische Fazit daraus zog Sheikh Fadlallah aus Vers 73 der Sure 9. Dort findet sich die Aufforderung Allahs an den Propheten Mohammed: »Bekämpfe die Ungläubigen und die Heuchler und gehe mit aller Schärfe gegen sie vor.« Hatte Imam Musa As Sadr die Meinung vertreten, das Übel müsse bekämpft werden, verschärfte Mohammed Hussein Fadlallah diese Auseinandersetzung: »Die Gläubigen sollen sich nicht allein durch Worte dem Übel in den Weg stellen, sondern durch Waffengewalt. Ali, der Befehlshaber der Gläubigen, hat uns das Beispiel dafür gegeben.«

Fadlallah warnte davor, mit der Realisierung dieses Wandels zur Gewalt abzuwarten, bis der »Entrückte« Zwölfte Imam wieder greifbar die Führung der Gläubigen übernehmen würde – oder bis der »entrückte« Nachfahre des Siebten Imam Musa As Sadr Weisungen gäbe. »Darauf zu warten, ist ein Irrtum. Die Gläubigen leben in Gemeinschaft mit anderen; sie existieren in einem Staat. Ist die Leitgestalt des Imam ›entrückt‹, haben andere die Pflicht, die Ordnung der Gemeinschaft zu organisieren.«

Die nächste Ausgabe der Schrift Fadlallahs, die nach der »Entrückung« des Imam Musa As Sadr (1978) erschien, spitzte den Konflikt, den die Schiiten zu bewältigen hatten, durch diese Worte zu: »Der erste revolutionäre Ansatz, den Musa As Sadr in die Wege geleitet hat, konnte keinen Erfolg haben. Die Diskussion über Gewalt war philosophisch orientiert. Heute wissen wir, dass wir der Gewalt durch Gewalt begegnen müssen.« Als der Gewalttätige der Stunde wurde Israel dargestellt.

Doch das Feindbild wandelte sich. Die Kampforganisation Hisbollah hatte sich schlagkräftig organisiert – dank iranischer Hilfe. Noch immer existierte »Amal«, deren ideologischer Rückhalt nur schwach entwickelt war. Nabih Berri, der Verantwortliche für

Amal, konnte nur mit syrischer Unterstützung rechnen – und Syrien zählte nicht zu den Wohlhabenden. Fadlallah bekam Waffen und Geld von den Ayatollahs des Iran. Nabih Berri wollte nicht dulden, dass Hisbollah seine Kampforganisation Amal aus den Wohngebieten des südlichen Beirut vertrieb. Um die ärmlichen Quartiere südlich von Beirut wurde gekämpft. Syrische Truppen sorgten dafür, dass die Gefechte unentschieden endeten: Sie umzingelten die Kampfgebiete und erzwangen so die Feuereinstellung – sie war wirksam ab Mai 1988.

Im August 1990 veränderte sich die Situation im Nahen Osten: Irak besetzte das Emirat Kuwait am Persischen Golf. Präsident Bush sen., darauf bedacht, den irakischen Diktator zu vernichten, der für den Überfall auf Kuwait verantwortlich gemacht werden konnte, begann eine Koalition gegen den Aggressor zu organisieren. Um nicht gegenüber der Weltgemeinschaft den Eindruck zu erwecken, die USA handelten eigenmächtig, sollten vor allem arabische Staaten an der Koalition beteiligt sein. So entwickelte sich ein Geschäft, das den Libanon betraf. Die syrische Regierung erklärte sich bereit, den Standpunkt des amerikanischen Präsidenten in der Irakfrage politisch zu unterstützen, und erhielt dafür Handlungsvollmacht im Libanon. Die syrische Armee nützte diese Freiheit am 13. Oktober 1990 aus. Die Armeeführung verlangte, dass sämtliche Milizen auf libanesischem Staatsgebiet ihre Waffen abzugeben hätten. Diese Anweisung galt auch für Hisbollah, die während der zurückliegenden Monate, gemäß der Ideen des Sheikh Fadlallah, an Stärke und Selbstbewusstsein gewonnen hatte. Erwartungsgemäß verweigerte Sheikh Fadlallah die Entwaffnung seiner schiitischen Miliz. Sein Argument war: »Wir bilden einen islamischen Kampfverband, der seine Anweisungen aus dem Koran bekommt, und nicht von den Mächtigen in Damaskus.«

Gegen die Entwaffnung wehrte sich auch die in Baalbek im Bekaa-Tal stationierte Einheit der Iranischen Revolutionsgarde, die 2000 Kämpfer umfasste. Der Kommandeur dieser Garde wies darauf hin, dass seine Einheit keine Miliz im traditionellen Sinne darstelle, sondern eine der iranischen Souveränität unterstellte Militäreinheit. Entwaffnung oder Rückzug aus dem Libanon könnten nur auf Anordnung der iranischen Regierung erfolgen. Die Verantwortlichen in Damaskus hüteten sich, einen Konflikt mit Teheran auszulösen. Damit war auch die weitere Existenz der bewaffneten Hisbollah-Einheiten gesichert. Die Folge war, dass auch die maronitische Lebanese Forces den syrischen Befehlen keine Folge leistete – die PLO schloss sich dieser Haltung an. Die syrische Entwaffnungsaktion der Milizen im Libanon war damit gescheitert.

Die Einheit der Iranischen Revolutionsgarde in der Bekaa-Ebene garantierte weiterhin den ungehinderten Zustrom von Waffen und Geld für Hisbollah. Die Straßen und Gebirgswege, auf denen die Waffen für Hisbollah transportiert wurden, gerieten bald unter syrische Kontrolle. Vereinbart wurde im Mai 1991 ein Übereinkommen der »Brüderlichkeit, der Zusammenarbeit und der Koordination« zwischen der libanesischen und der syrischen Regierung. Der Kernsatz des Übereinkommens lautete: »Syrien und der Libanon sind durch eindeutige brüderliche Beziehungen miteinander verbunden. Diese Beziehungen seien gegründet auf enge geografische Nähe, auf gemeinsame Geschichte und auf untrennbares gemeinsames Schicksal der beiden Länder.« Versprochen wurde untrennbare brüderliche Bindung zwischen Syrien und dem Libanon.

Im »Übereinkommen der Brüderlichkeit, der Zusammenarbeit und der Koordination« vom Mai 1991 wird mit keinem Wort die Existenz der schiitischen Kampforganisation Hisbollah erwähnt. Syrien hat im Sommer 1991 jede Beschränkung der Waffenlieferung für die Schiitenmiliz auf den Verbindungswegen zwischen Iran und dem libanesischen Bekaa-Tal aufgehoben. Im Herbst 1991 erreicht Hisbollah einen beachtlichen Aufrüstungsstandard.

Im Frühjahr 1992 registrierten die UN-Beobachter in Südlibanon eine Zunahme der Hisbollah-Aktionen gegen israelisches Territorium. Die Reaktion konnte nicht lange ausbleiben. Im Februar 1992 bewies die israelische Luftwaffe ihre Fähigkeit, einzelne Personen durch Kampfflugzeuge zu verfolgen, als Ziele anzuvisieren und präzise zu treffen. Getötet wurde Sheikh Abbas Mussawi, der die Funktion eines Generalsekretärs der Hisbollah ausübte, jedoch an der Seite von Sheikh Fadlallah ein unbedeutender Funktionär war. Hisbollah sah sich veranlasst, die Tötung Sheikh Abbas Mussawis zu rächen. Schiitische Stoßtrupps drangen vom Libanon aus in das nordisraelische Grenzgebiet ein. Die israelischen Streitkräfte erlitten Verluste.

Bemerkenswert ist, dass sich ein Zusammenwirken von Hisbollah und der palästinensisch-islamischen Kampforganisation Hamas ergab. Der Name Hamas entstand durch Zusammenziehung der Worte Herakat Al Muqawama Al Islamiya« – islamische Befreiungsbewegung. Unter Ausnutzung des Drucks, den Hisbollah durch ihre Stoßtrupps auf Israel erzeugte, griff Hamas israelische Sicherheitskräfte an. Sechs Israelis starben. Die Angreifer aus dem Libanon waren rasch verschwunden und für die Israelis nicht greifbar. Hamas-Aktivisten wurden in großer Zahl verhaftet, auch wenn ihnen nicht nachgewiesen werden konnte, am Anschlag auf die israelischen Sicherheitskräfte beteiligt gewesen zu sein.

Am 17. Dezember 1992 wurden 408 Männer, die Hamas zugeordnet wurden, mit Bussen zur libanesischen Grenze gebracht. Außerhalb des Ortes Mari al-Zahour wurden die Deportierten ausgesetzt. Vor den Abgeordneten der Knesset rechtfertigte Rabin die Deportation, die auf internationale Kritik stieß. Rabin reklamierte für seine Regierung das Recht, gegen Organisationen wie Hamas und Hisbollah vorzugehen. Sie waren für Rabin »mörderische Terrororganisationen«. Nach israelischer Vorstellung sollte der Libanon die deportierten Männer aufnehmen und versorgen. Doch die Regierung in Beirut verbot ihren Grenzposten die Aufnahme der Palästinenser. Die Deportierten verblieben im israelisch-libanesischen Grenzgebiet – bei harter Winterkälte. Die Entrüstung der zivilisierten Nationen über die unmenschliche Behandlung traf die israelische Regierung. Sie erlaubte die Rückkehr der 408 Hamas-Aktivisten.

Interne Auseinandersetzungen hinderten Hisbollah nicht daran, Anschläge im von Israel kontrollierten Gebiet auszuführen. Die Zahl der Selbstmordattentäter stieg beträchtlich. Am 25. Juli 1993 sah sich die israelische Regierung veranlasst, Ziele im Südlibanon anzugreifen. Luftwaffe und weitreichende Artillerie wurden eingesetzt. Absicht war, Stellungen und Trainingslager der Hisbollah derart zu zerstören, dass die Kampfkraft der Schiitenorganisation geschwächt wurde. Aber trotz einiger Treffer in Camps und Stützpunkten ließen die Hisbollah-Angriffe an Zahl und Wucht nicht nach. Die Kampforganisation setzte zum ersten Mal Raketen ein, die israelische Dörfer in Galiläa erreichten. Schwerwiegender für das Prestige der israelischen Armee aber war der Selbstmordanschlag einer schiitischen Frau gegen einen Truppenkonvoi im streng kontrollierten Grenzgebiet zu Libanon, bei dem elf israelische Soldaten getötet wurden.

Von nun an entwickelte sich eine ununterbrochene Kette von Anschlägen: Angriff und Revanche wechselten einander ab. Das Resultat dieser Phase des Konflikts war, dass Hisbollah an militärischer Bedeutung gewann. Israel war gezwungen, diese Organisation ernst zu nehmen. Es war nicht mehr möglich, die Kampforganisation verächtlich als »Terrorbande« abzuqualifizieren. Doch die israelische Regierung konnte sich nicht dazu entschließen, Verhandlungen mit Hisbollah zu beginnen.

Die USA aber sahen sich veranlasst, friedensstiftend einzugreifen. Die amerikanische Öffentlichkeit wollte nicht länger zusehen, dass sich 300 000 Libanesen aus dem Süden des Landes auf der Flucht vor israelischen Raketen und Granaten befanden. 1993 war die Zeit reif für eine Friedenskonferenz, die den Weg öffnen sollte für eine Verständigung zwischen Israel und Libanon. Da stellten die USA die Bedingung, dass die libanesische Regierung die Hisbollah auf die Liste der verbotenen Organisationen setzte. Damit sollte verhindert werden, dass Hisbollah weiterhin Angriffe gegen israelische Siedlungen im Grenzgebiet ausführte. Die libanesische Regierung aber sah keine Möglichkeit, die Bedingung der USA zu erfüllen, denn Sheikh Fadlallah war eben dabei, einen Wandel der schiitischen Organisation zu vollziehen: Hisbollah wollte sich künftig als politische Kraft im Libanon betätigen. Hisbollah legte Wert darauf, eine Partei im Rahmen des Parteiengefüges des kleinen Staates Libanon darzustellen. Zum Beweis der Ernsthaftigkeit des Wandels beteiligte sich Hisbollah an regionalen Wahlen, wobei Hisbollah als Partei der sozialen Gerechtigkeit für alle Libanesen auftrat. Bei Wahlen in der südlibanesischen Stadt Nabatiyah gelang es dieser Partei, die Mehrheit der Stimmen zu gewinnen. Damit stand fest, dass Hisbollah im libanesischen Parlament als politische Partei zur Kenntnis genommen werden musste.

Die Bemühungen der US-Diplomaten in Jerusalem und Damaskus hatten schließlich doch Erfolg. Israel und Hisbollah trafen sich unter amerikanischer Schirmherrschaft gleichberechtigt zu Gesprächen. Das Resultat war der »Waffenstillstand der Übereinkunft«. Er trat 1993 in Kraft. Die israelische Armee versprach, sich nach und nach aus libanesischem Gebiet zurückzuziehen. Die Hisbollah-Kämpfer konnten einen Erfolg in der Auseinandersetzung mit der Militärmacht Israel feiern.

Nahezu ein Jahr hielt dieser Waffenstillstand. Im Juni 1994 aber griff die israelische Luftwaffe ein Trainingslager der Hisbollah in der Bekaa-Ebene, nahe der syrischen Grenze an. Im Oktober 1994 war die südlibanesische Stadt Nabatiyah Ziel eines israelischen Luftangriffs. Begründet wurde diese Aktion mit »der Jagd nach Terroristen«. In der Bekaa-Ebene wurde einer der führenden Köpfe von Hisbollah samt seiner Familie im Auto durch eine

Rakete getötet, die ein israelisches Kampfflugzeug präzise abgefeuert hatte. Der zerstörte Kleinwagen blieb lange am Straßenrand stehen – wie die Hisbollah-Leute sagten, als »Zeugnis der
israelischen Barbarei«. Wenige Stunden nach diesem israelischen
Luftangriff waren Straßenränder und Dörfer des Schiitengebiets
mit den gelben Hisbollah-Fahnen geschmückt. Der tote Kommandeur war zum Helden geworden. Hisbollah revanchierte sich
durch Raketenangriffe auf Dörfer in Galiläa. Der Waffenstillstand
zerbrach. Die Sheikhs Fadlallah und Nasrallah waren nicht mehr
länger am Fortbestand einer Kampfpause interessiert. Beide sprachen ganz offen darüber, dass sich ihre Organisation den israelischen Streitkräften gewachsen fühlte. Das Ziel war nun, Israel zu
»demoralisieren«. Als Beweise für ihren Erfolg sahen sie die Erklärung der Lebanese Forces, Christen und Schiiten stünden ab jetzt
»voll und ganz geschlossen hinter Hisbollah«. Die Schiitenorganisation sei das »Symbol des nationalen libanesischen Widerstands gegen Israel«. Die Schiiten hatten ihr Ziel erreicht. Sie
repräsentierten die Spitze des nationalen libanesischen Widerstands, sie waren nicht länger »Libanesen zweiter Klasse«.
Effektive Propaganda, organisiert von Sheikh Fadlallah, zeigte bei
den Wahlen 1996 Wirkung. Hisbollah gewann Mehrheiten in den
Städten und Dörfern des Südens, selbstverständlich vor allem in
Regionen mit überwiegend schiitischer Bevölkerung, da sich
Sheikh Fadlallah dazu entschlossen hatte, ein Bündnis mit der
Amal einzugehen. Das neue politische Gebilde des Libanon hieß
künftig der »Hisbollah-Amal-Block«. Es krankte allerdings an
inneren Zwistigkeiten.
Zwei Jahre vor dem Beginn des dritten Jahrtausends machte sich
innerhalb der politischen Partei Hisbollah Widerstand bemerkbar gegen deren Kooperation mit anderen politischen Gruppierungen des Landes. Der Vorwurf richtete sich gegen eine Persönlichkeit, die bisher wenig in Erscheinung getreten war: Sheikh
Hassan Nasrallah, wieder ein Geistlicher mit schwarzem Turban,

der Wert darauf legte, zur »Heiligen Familie« zu gehören. Doch Sheikh Nasrallah konnte sich nicht auf einen der Zwölf Imame berufen. Der Widerstand gegen Nasrallah verhärtete sich in der Stadt Baalbek. Die Rivalität der Kontrahenten wurde mithilfe von Kalaschnikov-Maschinenpistolen ausgetragen. Ende Januar 1998 verloren acht Hisbollah-Kämpfer ihr Leben.

Das Ende des zweiten Jahrtausends weckte bemerkenswerte Emotionen in den Gemütern der Schiiten des Libanon. Viele Gläubige waren überzeugt, beim Anbruch des dritten Jahrtausends werde sich der »entrückte« Imam wieder den Augen aller Moslems zeigen. Mit dem Wiedererscheinen des Imam Musa As Sadr werde die Zeit der Gerechtigkeit anbrechen und das Böse verschwinde von der Erde. Dass mit dem Bösen vor allem Israel gemeint war, war nicht zu bezweifeln. Beobachter schiitischer Emotionen im Libanon wunderten sich jedoch darüber, dass der »entrückte« Imam sein Wiedererscheinen mit einem Jahrtausendwechsel nach christlich-abendländischer Rechnung verband.

Je näher das Jahr 2000 herannahte, desto mehr bildeten sich Gerüchte, Imam Musa As Sadr sei in der arabisch-islamischen Welt bereits als lebende Person gesehen worden. Eines dieser Gerüchte schilderte ihn als Besucher der Omayyadenmoschee in Damaskus. Dort habe er sich vorbereitet auf die Stunde, an der ihm von Allah der Auftrag erteilt werde, den Beginn des Jüngsten Gerichts zu verkünden.

Geglaubt wurde auch die Erzählung, Imam Musa As Sadr sei in der libyschen Wüste gesehen worden – zusammen mit seinen Begleitern, die mit ihm Ende August 1978 in Libyen angekommen seien. Diese Erzählung wurde von Geistlichen in der Heiligen Stadt Qum immerhin als möglich eingestuft und eine entsprechende Anfrage von Beirut an den libyschen Revolutionsführer Moammar Al Kathafi gerichtet. Eine Antwort erfolgte offenbar nicht.

Hisbollah zwingt Israel zum Rückzug Zum ersten Mal war zu beobachten, dass in den nordisraelischen Siedlungen Angst herrschte. Raketen, die aus dem Libanon kamen, waren explodiert. Es hatte Verwundete gegeben. Offenbar war die israelische Armee nicht mehr in der Lage, die Bevölkerung des jüdischen Staates zu schützen. Um den Beweis anzutreten, dass Israel noch Herr der Situation ist, ordnete Ministerpräsident Shimon Peres massive Schläge der Luftwaffe und der Artillerie gegen den Südlibanon an. Kritiker dieser Kriegsführung waren damals der Meinung, Shimon Peres, der nie Soldat gewesen war, habe beweisen wollen, dass er zu einer harten Haltung gegen den Feind fähig sei. Da geschah ein entscheidender Fehler: Am 18. April 1996 wurde die UN-Basis Qana durch Artilleriegeschosse getroffen. 100 Männer, Frauen und Kinder verloren ihr Leben. Die Zivilisten hatten Schutz gesucht in der unmittelbaren Umgebung der Beobachter der Vereinten Nationen. Die Besatzung des UN-Stützpunkts hatte das Kommando der israelischen Artillerie mehrfach per Funk darauf hingewiesen, dass sich in Qana keine Kämpfer der Hisbollah befänden, doch das Artilleriefeuer wurde nicht eingestellt.

Der Angriff auf Qana hatte politische Konsequenzen. Rund 30 000 in Israel wahlberechtigte Araber, die bisher für Shimon Peres gestimmt hatten, entzogen ihm bei der Wahl für den Posten des Regierungschefs ihre Stimme. Das Resultat: Benjamin Netanyahu gewann überraschend mit knapper Mehrheit.

Der neue Ministerpräsident Israels war entschlossen, Selbstmordanschläge zu rächen, die während der vorangegangenen Wochen verübt worden waren. Im Februar und im März 1995 waren in Jerusalem, Ashkalon und Tel Aviv 50 Israelis getötet worden. Zur gleichen Zeit hatten Raketen der Hisbollah-Kämpfer Dörfer in Nordisrael getroffen. Mit derartigen Attacken sollte – nach Netanyahus Meinung – endlich Schluss sein. Der Plan einer seit Langem vorbereiteten Offensive gegen die arabische Widerstandsbewegung kam zur Ausführung. Seine Codebezeichnung war »Grapes of Wrath«.

Dieser Begriff, poetisch koloriert, war zunächst nichts anderes als der Deckname für den israelischen Großangriff. »Trauben des Zorns« aber wurde zum Schlagwort in der israelischen Öffentlichkeit und weckte die Hoffnung, dass demnächst der heimtückische Gegner Hisbollah ausgelöscht werden würde. Die Aktionen konzentrierten sich nicht auf das israelisch-libanesische Grenzgebiet. Angegriffen wurden auch das Elektrizitätswerk von Damour, das Südbeirut mit Strom versorgte, und der Flughafen der libanesischen Hauptstadt.

Die israelische Luftwaffe verursachte an beiden Objekten beträchtliche Schäden, doch die Kampfkraft von Hisbollah wurde nicht gemindert. Im Gegenteil: Hisbollah verstärkte ihre Raketenangriffe auf den Norden Israels. Die Operation »Trauben des Zorns« blieb ohne die gewünschte Wirkung. Die Bevölkerung Israels entwickelte immer stärker das Gefühl, dass die Auseinandersetzung mit dem Libanon bald ein friedliches Ende finden müsste. Das israelische Sicherheitskabinett diskutierte das Thema und kam zu dem Schluss, dass die libanesische Regierung und die libanesischen Streitkräfte die Garantie zu übernehmen hätten, dass Hisbollah ihre Angriffe gegen Ziele jeder Art unterlasse, die mit Aufgaben im Dienste Israels betraut sind.

Diese Klausel hatte den Sinn, auch die Einheiten der von Israel mobilisierten und finanzierten South Lebanese Army (SLA) zu schützen. Die SLA bestand aus Libanesen, die bereit waren, für die Sache der Israelis zu kämpfen. Sie hatten den Auftrag, die Kampforganisation Hisbollah aus dem libanesisch-israelischen Grenzgebiet fernzuhalten. Für die SLA gab das israelische Verteidigungsministerium im Monat drei Millionen Dollar aus. Die SLA verfügte über schwere Maschinengewehre, Artillerie mittleren Kalibers und 20 Panzer. Die SLA-Stützpunkte waren über den von Israel beanspruchten Südlibanon verteilt; ihre Basis waren fünf Kasernen.

Die Libanesen, die zur SLA gehörten, wurden von der libanesischen Regierung als Verräter betrachtet, weil sie sich in den Dienst der israelischen Armee gestellt hatten. Das wussten auch die Soldaten, und dieses Gefühl verminderte ihre Kampfmoral. Sie waren Libanesen – und ihre Gegner auch. Ungern schossen Libanesen auf Libanesen. Die Hisbollah-Kämpfer aber hatten da weniger Skrupel, die SLA war schließlich eine Kollaborationstruppe im Dienste der israelischen Besatzungsmacht. Die Kommandeure der Hisbollah sahen zu Recht in der SLA das schwache Glied des Gegners und konzentrierten sich darauf.

Die übliche Kampfmethode sah so aus: Auf den engen Straßen des südlichen Libanongebirges schleusten sich Kleinlastwagen, scheinbar mit Gemüse beladen, in die Lastwagenkolonnen der SLA ein. In Wahrheit transportierten diese Fahrzeuge Sprengstoff, der nur mit einer dünnen Lage Gemüse bedeckt war. Befand sich der Gemüsewagen in günstiger Position, löste der Fahrer die Explosion des Sprengstoffs aus. Der Fahrer war ein »Selbstmordattentäter« – im Libanon »suicide bomber« genannt.

Derartige Anschläge, die kaum zu verhindern waren, demoralisierten die Soldaten der SLA. Viele verließen ihre Einheiten und machten sich auf den Weg zu ihren Sippen. Die Entfernung von der Truppe hatte keine Folgen. Als die SLA-Basis Jezzine von Hisbollah angegriffen und eingenommen wurde, zerfiel die Struktur der SLA völlig. Panik brach aus und eine Fluchtbewegung war die Folge.

Die israelischen Streitkräfte waren gezwungen, das Grenzgebiet zwischen Israel und Libanon selbst zu sichern. Eliteeinheiten sollten die Situation stabilisieren. Sie erlitten schwere Verluste, als sie in eine Falle der Hisbollah gerieten. Allerdings starben auch Kämpfer der Hisbollah. Der Sohn von Sheikh Nasrallah, der obersten Autorität von Hisbollah, starb im Herbst 1998 im Feuerhagel israelischer Waffen.

Im Herbst 1998 zog das israelische Verteidigungsministerium

Bilanz der eigenen Verluste: Bei 1200 Hisbollah-Attacken waren 23 Soldaten ums Leben gekommen. Im Februar 1999 starb Brigadegeneral Erez Gerstein, der Verbindungsoffizier zwischen Israel Defence Force (IDF) und der South Lebanese Army (SLA), während eines Gefechts mit Hisbollah im Grenzgebiet. Sein Tod löste einen Schock bei IDF und SLA aus.

Wahlkampf bestimmte in Israel die weitere Entwicklung. Ehud Barak, der Ministerpräsident werden wollte, gab während seiner Wahlreden das Versprechen, er werde dafür sorgen, dass bis Mitte 2000 der letzte israelische Soldat den Südlibanon verlassen habe. Dieses Versprechen war die Basis des Sieges von Ehud Barak und er musste sein Versprechen einhalten. Am 5. März 2000 beschloss die israelische Regierung einstimmig den Abzug der IDF aus dem Südlibanon. Nur wenige Tage später beschloss man, diesen Abzug noch zu beschleunigen. Zu diesem Zeitpunkt hatte Hisbollah bereits ein Drittel des zuvor von Israel kontrollierten Gebiets besetzt. Jetzt war der Rückzug der IDF nicht mehr aufzuhalten. Er vollzog sich als Flucht. Vorgesehen war der Abschluss der Räumung für den 1. Juni 2000 – tatsächlich war sie jedoch schon am 24. Mai abgeschlossen. Es gab keinen Zweifel, dass Hisbollah einen Sieg errungen hatte. Zum ersten Mal hatte Israel eine Niederlage hinnehmen müssen. Der Prestigezuwachs für Hisbollah in Arabien kannte keine Grenzen mehr.

Jassir Arafat, dessen PLO nie einen derartigen Erfolg vorzuweisen hatte, geriet im Mai 2000 in eine schwierige Lage. Er hatte im Konflikt mit Israel immer auf Verhandlungen gesetzt. Es war ihm gelungen, Versprechungen der Gegenseite zu erreichen; es wurden auch Abkommen unterzeichnet und Verträge formuliert. Nie aber hatte Arafat erreicht, dass die israelischen Streitkräfte besetzte Gebiete geräumt hatten – und das auch noch vor der ausgehandelten Zeit. Der PLO-Chef musste sich von jüngeren Kommandeuren der PLO-Einheiten sagen lassen, die Chance der Verhandlungen mit Israel sei vertan. Es war Merwan Barghuti, ein

PLO-Kämpfer der jüngeren Generation, der von Arafat verlangte, er möge den Einsatz von »Selbstmordattentätern« anordnen, denn die »suicide bomber« hätten zum Erfolg der Hisbollah beigetragen. Arafat aber glaubte, er sei noch immer verpflichtet, die Verständigung mit Israel zu sichern.

Arafat wurde kritisiert von Sheikh Ahmed Jassin, dem führenden Kopf der islamisch orientierten palästinensischen Kampforganisation »Hamas«. Der Sheikh war gelähmt, kein Glied konnte er bewegen, doch sein Kopf funktionierte; sein Geist war lebendig. Was Ahmed Jassin sagte, faszinierte junge Menschen: »Das Beispiel der Hisbollah im Libanon zeigt, dass nicht Verhandlungen den Erfolg bringen, sondern allein die Entschlossenheit derer, die sich aufopfern. Kampf ohne Rücksicht auf die eigene Person ist gefordert. Allah wird jeden belohnen, der bereit ist, Märtyrer für seine Sache und für die Unabhängigkeit Palästinas zu werden.«

2. Israel und die Palästinensergebiete –
Ein Blick in die Geschichte

Vom britischen Mandat bis zur Gründung Israels

Izz Ad Din Al Qassam – Symbol für den Kampf gegen Fremdherrschaft   Am 27. Oktober 1988 hoben viele Palästinenser
von den Straßen im von Israel besetzten Gebiet ein Flugblatt auf.
Da war in großen Buchstaben zu lesen: »Der Märtyrer al Qassam«. 1882 wurde er in Palästina geboren – in der Epoche des
Osmanischen Reiches, dessen Niedergang er als Mann mittleren
Alters erlebte. Mit Ende des Ersten Weltkriegs waren die Türken
aus Palästina verschwunden, doch Freiheit war den Palästinensern nicht vergönnt gewesen: Die Engländer waren jetzt die
Mächtigen. Sie ließen sich vom Völkerbund das Mandat für das
Land zwischen Jordan und Mittelmeer übertragen. Regiert wurde der Landstrich von Beamten, die ihre Direktiven von der
Regierung in London erhielten. Das Mandat sollte das »Hinter-
land« des Sueskanals schützen. Der Seeweg zwischen dem britischen Mutterland und der wichtigen britischen Kolonie Indien
musste garantiert werden. Dieser Zweck schloss aus, den Bewohnern dieses »Hinterlands« Eigenständigkeit und Entscheidungs-
freiheit zu gestatten. Mit Argwohn beobachteten die Briten, dass
die Menschen dieses Landes »Palästina« religiös orientiert waren.
Da lebten Moslems und da lebten Juden – die sich von ihrem Gott
besonders hervorgehoben und beschützt fühlten. Die britische
Kolonialmacht war nicht daran interessiert, dass sich eine arabische oder jüdische Intelligenzschicht entwickelte.
Izz Ad Din Al Qassam ist zwar in Syrien geboren und auch dort

aufgewachsen, doch Syrien stand ebenfalls unter Aufsicht einer Kolonialmacht. In Syrien war Frankreich Mandatsträger. Auf der Suche nach einer Ausbildungsstätte, die nicht kolonialer Kontrolle unterstand, stieß der junge Mann auf den Ruhm des Lehrinstituts der Al-Azhar-Moschee in Kairo. Dort fand er Lehrer, die ihm beibrachten, dass der Islam die Kraft sein könnte, die alle arabischen Menschen zur Solidarität veranlassen kann – und zur Abwehr fremder Einflüsse, wie der britischen und französischen. Der Herausforderung aus dem Abendland sollte begegnet werden. Izz Ad Din Al Qassam begriff, dass die islamische Kultur genügend eigene Kraft besaß, um die Einmischung der Fremden abzuwehren.

Am Ende des Ersten Weltkriegs, als sich die Archive der Hauptstädte für politisch Forschende öffneten, stellte er fest, dass die britische Regierung insgeheim Palästina bereits formal an das jüdische Volk übergeben hatte. Am 2. November 1917 hatte der britische Außenminister Arthur James Balfour einen Brief an Lord Rothschild geschrieben, der damals der Sprecher der »Britischen Zionisten« war. Der Brief enthielt den Satz: »His Majesty's Government view with favour the establishment in Palestine of a national home for the Jewish people and will use their best endeavours to facilitate the achievement of this object.« Der Brief des britischen Außenministers enthielt nicht die Zusage, dass ein jüdischer Staat in Palästina geschaffen werde: der Brief begrüßte die künftige Einrichtung eines »homeland«, einer »Heimstätte« für jüdische Menschen.

Lord Rothschild nahm diese »Balfour Declaration« als Zusage, die britische Regierung werde dem jüdischen Volk seinen größten Wunsch erfüllen – die Rückgabe des »Gelobten Landes«. Die arabischen Menschen befürchteten, dass in der »Balfour Declaration« genau diese Absicht ausgedrückt werde. Sheikh Izz Ad Din Al Qassam gehörte zu denen, die ihre Empörung zum Ausdruck brachten. Sein Kampfruf hieß: »Balfour No!«

Der Mandatsmacht war dieser Propagandist bald verdächtig. Er war gezwungen, sich zu verstecken. Dies geschah in der Hafenstadt Haifa, die heute zu Israel gehört. Haifa befand sich damals in einem Stadium rasanter Entwicklung. Industrien siedelten sich an, der Hafen wurde ausgebaut. Palästinenser in großer Zahl strömten nach Haifa, um dort Arbeit zu finden. Izz Ad Din Al Qassam sammelte Männer um sich, die ihm zuhörten, wenn er von den »perfiden Engländern« sprach, »die Palästina an die Juden verschenkten«. Engländer und Juden wurden zu erklärten Feinden.

Verfolgte diese Feindschaft nur das Ziel, den Einfluss der Briten und der jüdischen Bevölkerung des Mandatsgebiets niedrig zu halten, wurde diese arabisch-nationalistische Ausrichtung vom Jahr 1930 an um die Überzeugung erweitert, der Islam sei von Allah dazu bestimmt, die Region am Ostufer des Mittelmeers völlig in Besitz zu nehmen. Um diesen Anspruch zu untermauern, erwirkte Sheikh Izz Ad Din Al Qassam bei hohen geistlichen Autoritäten der Omayyadenmoschee in Damaskus 1930 eine »Fatwa«, eine Aufforderung, sich am Heiligen Krieg gegen Engländer und Juden zu beteiligen. Den Text der Fatwa hatte der Sheikh vor und nach dem Freitagsgebet in Moscheen verlesen – und er fand aufmerksame Zuhörer. Ansprechbar waren vor allem Männer, die darauf angewiesen waren, ihre Familien von täglicher Arbeit zu ernähren. Doch sie waren weniger am islamischen Aspekt des Konflikts mit Engländern und Juden interessiert, als an der Agitation gegen die Mächtigen und Reichen – repräsentiert eben durch Engländer und Juden.

Der Sheikh erkannte bald, dass mit Agitation allein nichts zu erreichen war. Die Situation der Armen ließ sich nur durch Kampf verändern, durch die Entschlossenheit, mit Waffen zu kämpfen. Sheikh Izz Ad Din Al Qassam prägte den Begriff »Dschihad«, den »Heiligen Krieg«. Kriegsziel war die Vertreibung derjenigen, die sich mit Gewalt islamisches Land angeeignet hatten. Jeder, der

Waffen tragen konnte, war verpflichtet, sich am Heiligen Krieg zu beteiligen. Wer für den Kampf ungeeignet war, der hatte durch Geldspenden für den Kauf von Waffen und Munition beizutragen. 1932 gehörten 200 Männer zum Kern der Organisation, die auf den Befehl des Sheikhs hörte. Die britische Verwaltung gab dieser Gruppe die Bezeichnung »The Qassamites«. Als Gefahr für die britische Verwaltung und die jüdischen Siedler wurden die Qassamiten nicht eingestuft, und bis zum November 1935 ereigneten sich auch keine ernst zu nehmenden Zwischenfälle oder Anschläge.

Am 8. November 1935 wurde dann in einer Höhle in der Nähe von Haifa die Leiche des jüdischen Polizisten Moshe Rosenfeld gefunden. Der Polizeisergeant war erschossen worden. Die Schuldigen waren bald gefunden: Die Qassamiten sollen es gewesen sein. Die britische und die jüdische Polizei machten sich auf die Suche nach den Mitgliedern dieser Gruppe. Am 20. November 1935 spürten die Suchtrupps dann Sheikh Izz Ad Din Al Qassam in einem winzigen Dorf auf. Er und seine Begleiter wurden getötet.

Zu seinen Lebzeiten war seine Wirkung gering, nur über 200 Anhänger hatte er verfügen können. Die Wirkung des Toten aber war gewaltig. Als er zu Grabe getragen wurde, sollen 3000 Frauen und Männer den Leichnam begleitet haben. Der Tote wurde gepriesen: »Du hast für das Gute gekämpft! Niemand hat der Heimat so aufrecht gedient wie du!«

Sheikh Izz Ad Din Al Qassam wurde über Generationen zum Symbol für den Kampf islamisch orientierter Palästinenser gegen Fremdherrschaft. Auch gegen Ende des 20. Jahrhunderts wurde eine Kampforganisation nach ihm benannt: »Qassam-Brigade«. Der Sheikh verlor seine Ausstrahlung und Wirkungskraft nicht, denn die Besitzlosen bewahrten die Erinnerung. Er steht damit im Gegensatz zu einem Repräsentanten der palästinensischen Eigenständigkeit im 20. Jahrhundert, zu Hadsch Amin Al Husseini, dem Großmufti von Jerusalem.

Amin Al Husseini – Der Geistliche, der seinen Glauben vergisst
Hadsch Amin Al Husseini war Autorität über die Geistlichen von
Palästina, aber diese Autorität umfasste nicht nur die geistlichen
Bereiche, sondern auch die Politik, ganz besonders die Beziehung
zu weltlichen Obrigkeiten. Wie auch in den Jugendjahren des Izz
Ad Din Al Qassam regierten auch in der Jugend des Amin Al Husseini – er wurde 1895 geboren – die Osmanen in Palästina. Doch
dem Sheikh aus der Schicht der Besitzlosen war der Kontakt mit
den Osmanen verwehrt, während die Familie des Hadsch Amin
Al Husseini mit den mächtigen Fremden zusammengearbeitet
hatte. Der Vater des Hadsch Amin war schon Großmufti von Jerusalem gewesen und er bemühte sich von der Geburt des Jungen
an, dem Sohn das hohe Amt zu sichern.
Die Familie Husseini war wohlhabend. Das Resultat des unterschiedlichen Zugangs der beiden Palästinenser zu Geld war, dass
sich Izz Ad Din Al Qassam den Armen zuwandte, der junge Mann
aus der Muftifamilie aber den bürgerlich orientierten Wohlhabenden. Amin entsprach damit den Vorstellungen der britischen
Mandatsverwaltung. Die Untertanen im Mandatsgebiet hatten
sich um Vermehrung ihres persönlichen Einkommens zu kümmern – und nicht um den Zustand des Gemeinwesens.
Mit 26 Jahren belohnten die britischen Verwalter den jungen
Mann. Er wurde zum Großmufti von Jerusalem ernannt. Die Sippe Al Husseini hatte sich damit gegen die ebenfalls einflussreiche
Familie Nashashibi durchgesetzt, die stärker an Politik interessiert
war als der Clan Al Husseini. Wenn Hadsch Amin Al Husseini
sprach, hatte der Sheikh der Sippe Nashashibi zu schweigen. Diese Überlegenheit der Husseinis, die auf ihrer islamischen Macht-
position beruhte, hielt über zwei Generationen an. Auch zu Zeiten des Jassir Arafat während der 1980er-Jahre hatten sich die
Nashashibis den Husseinis zu fügen.
Am 10. Mai 1921 war Hadsch Amin Al Husseini auf Anordnung
der Engländer zum Großmufti ernannt worden. Im selben Jahr

noch gab die Kolonialmacht dem Schützling einen Verwaltungsapparat in die Hand, der die Kontrolle über alle islamischen Einrichtungen im Mandatsgebiet garantierte: den Supreme Muslim Council (SMC). Mit der Gründung des SMC verzichteten die Briten auf ihr Mitspracherecht in islamischen Belangen. Der Großmufti sah ganz selbstverständlich – dem Beispiel des Propheten Mohammed folgend – Islam und Politik als untrennbare Einheit an. Wer sich mit dem Islam befasste, der wirkte zugleich auf politische Entscheidungen ein. Durch den SMC gelang es Hadsch Al Husseini, sich in wichtige politische Gremien zu schleusen. Der Großmufti glaubte, er sei in der Lage, das Entstehen eines »Zionist homeland« verhindern zu können. Die Sippe Nashashibi musste erkennen, dass sich die Husseinis im Kampf um praktischen politischen Einfluss im Vorteil befanden, aber sie wollte sich dieser Entwicklung nicht fügen. Sie bemühte sich deshalb um den Aufbau von Zellen, die sich in Stadtvierteln und Dörfern um Entscheidungen der regionalen Gemeindeverwaltungen kümmerten. Diese Zellen folgten weitgehend demokratischen Grundsätzen. Das Resultat war, dass die Nashashibis engen Kontakt zur Bevölkerung unterhielten. Sie bekamen als Erste die Ausweitung des jüdischen Einflusses in Palästina zu spüren, und sie erkannten die Warnzeichen für kommende Unruhe. Der britische Hochkommissar aber vertraute seinem permanenten Gesprächspartner Al Husseini, und der Großmufti signalisierte, die Bewohner des Mandatsgebiets würden sich völlig ruhig verhalten.

Im Verlauf des Jahres 1929 verschärften sich die Spannungen zwischen islamischen und jüdischen Bewohnern. Der Streit begann auf der Tempelterrasse von Jerusalem – von den Moslems »Haram As Sharif« genannt. Aus Streit wurde Kampf. Da sich keine Moslems unter den Toten und Verwundeten befanden, wurde ihnen die Schuld an den Gewalttaten zugeschrieben. Bewohner der jüdischen Viertel von Jerusalem warfen Hadsch Al Husseini vor, er habe den Streit an der Klagemauer angezettelt. Nachforschungen der britischen Mandatsbehörde ergaben allerdings, dass der Großmufti am Konflikt des Jahres 1929 nicht beteiligt gewesen war.

Im Frühjahr 1935 aber wuchs der Druck der islamischen Bevölkerung auf den Großmufti. Die Vorwürfe, die er zu hören bekam, richteten sich gegen Glaubensbrüder. Immer mehr islamische Familien waren offenbar bereit, ihre Äcker an jüdische Landwirte zu verkaufen; die Zahl der jüdischen Siedler nahm zu. Gegen diese Entwicklung organisierte Hadsch Al Husseini im Januar 1935 eine Protestversammlung. 500 Geistliche und islamische Honoratioren jeglichen Formats waren aufgerufen, ihren Unwillen zu zeigen über die Gleichgültigkeit der islamischen Palästinenser in Fragen des Glaubens und der Religion.

Hadsch Al Husseini hielt eine programmatische Rede vor der Versammlung. Sein Thema war eindeutig. Die Kraft des Glaubens war geschwunden – vor allem bei der jüngeren Generation. Sein Leitsatz war: »Wenn der Glaube stirbt, dann stirbt das Volk.« Die Zuhörer wurden aufgefordert, in ihren Familien und Sippen dem Glaubensgrundsatz des Koran wieder Beachtung zu schenken. Praktisch gemeint war, Widerstand sollte geleistet werden gegen Aufkäufer von Land und Vermittler von Immobilienbesitz, die dafür sorgten, dass jüdische Siedler ihr Eigentum vermehren konnten.

Die Rede bewirkte, dass die Zuhörer die Gefahr begriffen, die den islamischen Palästinensern drohte. Der Großmufti wurde veranlasst, eine »Fatwa« zu erlassen, eine religiöse Anweisung, die jeden zum Feind des Islam und des Propheten Mohammed erklärte, der Ackerland an Juden vermittelte oder verkaufte. Er sollte verstoßen werden aus dem Kreis der wahrhaft Gläubigen. Der Großmufti hatte starke Worte gebraucht, doch sie bewirkten nichts, sie verpufften. Das Interesse des Einzelnen stand über der Beachtung islamischer Grundsätze. Amin Al Husseini stellte fest, dass der Landbesitz islamischer Familien an Fläche abnahm, während die jüdischen Dörfer an Umfang wuchsen. Offenbar hatte die »Fatwa« nichts verändert.

Die Familie Nashashibi nützte diese Situation aus. Sie gab den Husseinis die Schuld an der Interesselosigkeit der islamischen Palästinenser an der Bewahrung ihres Grundbesitzes. Die Husseinis, so lautete die Anklage, seien die Knechte der Briten. Und diese wiederum seien darauf bedacht, dass die Balfour Declaration endlich Realität werde, und der Großmufti würde den Briten bei der Schaffung der Voraussetzungen für ein »homeland« als Heimat des jüdischen Volkes helfen.

Die britische Verwaltung begann sich Sorgen zu machen. Dem Großmufti wurde empfohlen, eine kugelsichere Weste zu tragen. Doch die Zeit war nicht reif für die Aktivierung des Glaubens. Die Sheikhs nahmen die Worte zwar wohlwollend zur Kenntnis, doch wichtiger war, dass das Einkommen den Ansprüchen der Familien genügte. Religion war noch nicht so wichtig im täglichen Leben. Nationalistische Gedanken beherrschten die Politik der palästinensischen Männer. Sie waren darauf bedacht, das Zusammengehörigkeitsgefühl der palästinensischen Sippen zu stärken.

Journalisten, die für arabische Zeitungen im Gebiet zwischen Jordan und Mittelmeer arbeiteten, kritisierten mehr und mehr den Widerspruch im Verhalten des Großmuftis. Er predigte das Festhalten an den Grundsätzen des Islam, an den Lehren des Koran, doch er selbst hielt fest am engen Kontakt zur britischen Mandatsmacht. Die Freundschaft des Amin Al Husseini zu den Spitzen der britischen Verwaltung missfiel vor allem dem Sheikh der Sippe Nashashibi und er sah darin eine Möglichkeit, den unliebsamen Husseinis zu schaden. Arthur Wanchope, der britische Hochkommissar in Jerusalem, bemerkte die Spaltung zwischen Nationalisten und Religiösen erst spät – dass eine antibritische Bewegung aufzublühen begann, fiel dem Vertreter der britischen Krone in Palästina gar nicht auf.

Im April 1936 aber begriff auch Arthur Wanchope, dass in Palästina eine antibritische Revolte bevorstand. Die Wurzel des Aufruhrs war in den ländlichen Bezirken zu suchen. Der Protest begann in den Dörfern und Siedlungen, denn dort war der Zorn über Eigentumsübertragungen an jüdische Familien am deutlichsten spürbar. Bald jedoch sprang der Funke über auf städtische Bereiche. Dort war der Protest wirkungsvoll zu organisieren. Die Gitter der Ladengewölbe blieben geschlossen, Gemeindeverwaltungen legten die Arbeit nieder – vor allem aber öffneten die Banken ihre Schalter nicht. Die Parolen des Protests richteten sich nicht gegen die jüdischen Siedler, die Boden aufgekauft hatten, sondern gegen die britische Mandatsbehörde, die nicht verhinderte, dass die Zahl der jüdischen Familien, die aus Europa zuwanderten, stark zunahm.

Hadsch Amin Al Husseini bemühte sich in der ersten Phase der palästinensischen Streikbewegung, die Haltung der Briten zu verteidigen. Er trat keineswegs für die Unterbindung der Zuwanderungsbewegung ein, aber die Zahl der Einwanderer sollte begrenzt werden.

Die Streikkomitees aber verlangten, dass der Großmufti eine bedeutende Funktion im Kampf um die Vorrechte der arabischen Palästinenser übernahm. Auf einer Versammlung des neu gegründeten Higher Arab Committee in Jerusalem wurde Hadsch Al Husseini bedrängt, den Vorsitz zu übernehmen. Kaum war dieser Schritt vollzogen, da vergaß der Großmufti seine Bindung an die Mandatsverwaltung. Er rief dazu auf, den Briten die Zahlung von Steuergeldern zu verweigern. »Ungehorsam gegenüber der britischen Obrigkeit« wurde zur Parole der Auseinandersetzung.

Trotzdem legte sich der Großmufti aber auch weiterhin nicht eindeutig fest. Er rief zwar als Anführer einer palästinensischen Streikbewegung zum »Ungehorsam gegenüber der britischen Obrigkeit« auf, blieb aber selbst weiterhin im Amt als der von den Briten ernannte Großmufti von Jerusalem, der mit der Mandatsverwaltung verhandelte. Die Bewahrung dieser offiziellen Funktion war schwierig, denn die Briten reagierten hart auf die Streikbewegung, deren Anführer der Großmufti war. Lokale Aktivisten wurden verhaftet und zu Gefängnisstrafen verurteilt, in einigen Fällen deportiert. In dieser turbulenten Zeit benahm sich der höchste islamische Geistliche der Region, als ob die islamische Religion kein Faktor in der aktuellen Auseinandersetzung wäre.

Im Juni 1936 änderte Sheikh Amin Al Husseini seine Position. Lautstark klagte er die Juden an, sie seien Feinde des islamischen Glaubens und Gegner Allahs. Diese Parolen zündeten weniger als die Aussage, »die Juden hätten die Absicht, die Moslems aus dem Land zwischen Jordan und dem Mittelmeer zu vertreiben – mit dem Argument, der Gott des Ewigen Bundes mit dem jüdischen Volk habe dieses Land den Kindern Abrahams versprochen«. Das »biblische Argument«, das die Juden zur Landnahme ermutige, müsse stärker kritisiert und attackiert werden, verlangte der Großmufti von den islamischen Geistlichen im Herbst 1936. Ganz deutlich hatte sich die arabisch-nationalistisch-palästinensische Streikbewegung jetzt mit einer religiösen Stoßrichtung versehen.

Die britische Mandatsverwaltung erkannte mit Empörung, dass ihr einstiger Verbündeter, der von ihnen ernannte Großmufti von Jerusalem, zum Gegner geworden war, der sogar den Briten vorwarf, ihre Soldaten entheiligten die Moschee durch gewaltsames Eindringen. Der Hochkommissar für Palästina erkannte, Hadsch Al Husseini sei der gefährlichste Feind der Ordnung im Mandatsgebiet. Diese Erklärung konnte nur die Vorstufe zur Verhaftung des Geistlichen sein. Hadsch Al Husseini ahnte, was geschehen würde. Er verließ Palästina und flüchtete in den benachbarten Libanon. Ohne ihn erlosch die Revolte im arabischen Land um Jerusalem. Zwar waren sich Intellektuelle bewusst, dass der Konflikt zwischen zionistisch orientierten jüdischen Menschen und arabischen Palästinensern in Zukunft unvermeidlich sein würde, doch kaum jemand besaß die Energie, sich darauf vorzubereiten. Die Fantasie der Araber war gefangen durch das Geschehen des Zweiten Weltkriegs, dessen Kämpfe zwar weit weg stattfanden – westlich von Alexandria bei El Alamain und im Irak –, aber eben doch in Reichweite Palästinas. Die britische Mandatsverwaltung sah sich veranlasst, vorsichtshalber Kriegsrecht zu verordnen, das jeden Ansatz von Rebellion verhinderte. Wer Unruhe stiftete, der wurde verhaftet und in Richtung Ägypten außer Landes gebracht.

Der Großmufti, der in einer vornehmen Villa in der libanesischen Hauptstadt wohnte, bewahrte Einvernehmen mit der französischen Kolonialmacht – er hielt sein Versprechen, im britischen Mandatsgebiet keine Unruhen mehr anzuzetteln. Er setzte jedoch Hoffnung auf die Entwicklung im Zweistromland von Euphrat und Tigris. Auch dieses Gebiet, das Königreich Irak, unterstand britischer Aufsicht.

Die Bevölkerung dort nahm Anteil an der politischen Entwicklung in Palästina. Mehr als sonstwo in der arabischen Welt herrschte in Bagdad und Basra Ärger über die Steigerung jüdischer Zuwanderung in Palästina. Die Schuld an dieser »Überlassung des Bodens im Land des Propheten Mohammed an die Zionisten« wurde den Briten gegeben. Die Stimmung im Zweistromland wurde feindlich gegenüber der britischen Verwaltung. Es fand jedoch keine Volkserhebung statt, die Hadsch Amin Al Husseini erhofft hatte, denn die Armeeführung riss die Initiative an sich. General Rashid Al Gailani putschte – zunächst mit Erfolg. Sein Regime erklärte Freundschaft zu Deutschland, genauer gesagt zu Adolf Hitler und dem Dritten Reich.

Diese Sympathieerklärung veranlasste wiederum den Großmufti im libanesischen Exil dazu, ebenfalls dem Dritten Reich die Kooperation anzubieten. Dass er den Zusammenbruch des Nationalsozialismus 1948 überstand, soll er im Wesentlichen der französischen Regierung und dem französischen Geheimdienst zu verdanken haben. Beide erwarteten, dass der Großmufti in der libanesischen Hauptstadt der Nachkriegszeit eine stabilisierende Funktion ausübe. Hadsch Amin Al Husseini aber hatte nach 1945 weder die Ausstrahlung noch die intellektuelle Potenz, spürbaren Einfluss zu entwickeln.

Die Moslembruderschaft – Widerstand gegen die Gründung Israels   Die Zeit war reif, dass die Qassimiten und die Husseinis abgelöst wurden. Beide Strömungen waren zu sehr entweder den Honoratioren oder den Briten verbunden. Zu spüren war, dass die Mandatsverwaltung und die traditionellen Familien nicht mehr lange in der Lage waren, der palästinensischen Bevölkerung Vorschriften zu machen. Das Signal für die soziale und intellektuelle Ausrichtung der Zukunft kam aus Kairo. Dort hatte 1928 ein überzeugter Gläubiger die »Moslembruderschaft« gegründet, als Reaktion auf die zunehmende Abschwächung islamischer Überzeugung im Kreis der Intellektuellen. Von Anfang an hatten die Mitglieder der Bruderschaft Palästina im Visier. Hassan Al Banna, der Initiator der Bruderschaft, sah die »Mehrung des zionistischen Einflusses« voraus. Diese Entwicklung war für Hassan Al Banna deshalb beunruhigend, weil das Zentrum von Palästina Jerusalem war. Jerusalem ist der dritte heilige Ort des Islam, nach Mekka und Medina. Die 17. Koransure, »Die Nachtreise« weist darauf hin, dass der Prophet Mohammed in Jerusalem den Islam an die Spitze aller Religionen gestellt hat. Hassan Al Banna hatte die Gefahr erkannt, die im Wortlaut der Balfour Declaration aus der Zeit des Ersten Weltkrieges verborgen war. Den Juden wurde ein »homeland« versprochen, doch die Zionisten hatten aus dem Text abgelesen, dass sie mit der Gründung eines Staates rechnen können. Dass dies geschieht, musste unter allen Umständen vermieden werden. Hassan Al Banna schreckte nicht davor zurück, mit dem »Heiligen Krieg«, mit »Dschihad« zu drohen, um zu verhindern, dass das »Heilige Land des Islam in die Hände von Ungläubigen übergeht«.

Ehe der »Heilige Krieg« Realität würde, musste die Gemeinschaft der Gläubigen verändert werden. Bei jedem Einzelnen war die Intensität des Glaubens zu verstärken. Die Aussage des Koran hatte einen wesentlichen Platz im Bewusstsein der Gläubigen einzunehmen. Hassan Al Banna strebte die Schaffung eines islamischen Staates an, der unter geistlicher Führung stehen sollte. Ein Kalif, eine geistliche Autorität sollte die Richtung des Lebens aller Gläubigen bestimmen.

Mit dem Ende des Zweiten Weltkriegs begann die Moslembruderschaft mit wirkungsvoller Propaganda, nicht allein in den Städten am Nil, sondern auch in Palästina. Redegewandte Männer predigten in Jerusalem und Gaza. Am Ende des Jahres 1945 war die Zahl der regelmäßigen Zuhörer in jenen Städten groß geworden. Bemerkenswert war, dass sich die Geistlichkeit von Jerusalem besonders interessiert zeigte. Im Kreis derjenigen, die positiv auf die Worte der Prediger reagierten, befanden sich viele, die zu den Honoratiorenfamilien gehörten. Aber obgleich nach zwei Jahren der intensiven Propaganda die Zahl der Bruderschaftsmitglieder in Palästina auf etwa 15 000 angewachsen war, hatten sich die örtlichen Gruppierungen den Anweisungen aus Kairo zu fügen. Hassan Al Banna war der Kommandeur und in Kairo wurden Einheiten zusammengestellt, die in Palästina den Kampf später führen sollten.

Diese Vorbereitungen waren allerdings noch nicht abgeschlossen, als der Konflikt um Palästina wirklich ausbrach. 1947 wurde von den Gremien der Vereinten Nationen der Teilungsplan für Palästina vorgelegt. Araber und Juden sollten Partner sein in einem Land, das aufgespalten werden sollte in zwei voneinander unabhängige Autonomiegebiete. Der Vorschlag der Vereinten Nationen sah für die arabische Seite eine durchaus vorteilhafte Position vor: Die Palästinenser wären Besitzer des Berglandes von Judäa und Samaria geworden, ihnen hätte das Herz von Palästina gehört. Den jüdischen Sippen war das fruchtbare Küstenland am

Mittelmeer mit den Städten Haifa, Ashkalon und Gaza zugewiesen worden. Ungeklärt war allerdings das Problem »Jerusalem«, allerdings hätten die arabischen Sippen mit der Beherrschung der Zugangsstraßen zu den Heiligen Stätten rechnen können. Die Moslembrüder polemisierten gegen den UN-Teilungsplan. Ihr Argument war, »Palästina gehört den Arabern und nicht den Juden«. Mehr als Worte trugen die Moslembrüder nicht zur Vorbereitung der kommenden Auseinandersetzung bei. Der Aktivste war ein junger Mann, der Jassir Arafat hieß – Jahrgang 1927 –, ein Student, der als Sympathisant der Organisation galt. Seinem Studium widmete er nur wenig Zeit, denn er war damit beschäftigt, Gewehre aufzukaufen, die für die kommende Auseinandersetzung mit den jüdischen Siedlern in Palästina gebraucht werden würden.

Die Juden waren entschlossener und effektiver in der Waffenbeschaffung. Sie hatten exzellente Beziehungen zur britischen Mandatsverwaltung aufgebaut, die im Herbst 1947 schon damit beschäftigt war, das Gebiet zwischen Jordan und Mittelmeerküste zu räumen. Die Regierung in London besaß nicht mehr die Kraft, in der Region um Jerusalem für Ordnung zu sorgen. Die britischen Armeeverbände suchten nach Möglichkeiten, ihre Waffen auf günstige Weise loszuwerden. Die sich organisierenden Kampfgruppen waren Abnehmer, die über Geld verfügten.

Der Versammlungsort der Moslembrüder war ein schlichter Saal in einer armen Stadtgegend. Hier durften sich auch die palästinensischen Studenten treffen, die sich den Moslembrüdern verbunden fühlten. Der brillanteste Redner war einer der Freunde von Jassir Arafat. Überliefert sind diese Worte: »Man wird uns unser Land wegnehmen! Was nützt uns dann unser Studium, wenn wir keine Heimat haben, in der wir das Gelernte verwenden können. Deshalb ist es besser, wir verlassen Kairo und gehen nach Palästina, um dort zu kämpfen – gegen diejenigen, die uns die Heimat nehmen wollen!« Eine kleine palästinensische Gruppe überquerte bei Al Qantara den Sueskanal und gelangte schließlich nach Gaza. Dort schlossen sich die Studenten einer Kampfgruppe an, die den Auftrag hatte, die jüdische Siedlung von Kfar Darome einzunehmen. Die Palästinenser waren mit diesem Anschluss an die Kampfgruppe Mitglieder der Moslembrüder geworden.

Das Gefecht um Kfar Darome entwickelte sich günstig für die arabischen Angreifer. Die Verteidiger besaßen improvisierte Panzer, aber die Angreifer verfügten über Panzerfäuste. Die Siedlung Kfar Darome fiel in arabische Hand. Mit bescheidenen Mitteln hatten die Moslembrüder einen Erfolg erkämpft. Die jungen Männer waren der Meinung, sie könnten den Konflikt mit den Juden siegreich beenden. Doch die Hoffnung erfüllte sich nicht. Die Entscheidung fiel nach der Gründung des Staates Israel am 14. Mai 1948. Von diesem Tag an verstärkte sich die Entschlossenheit der jüdischen Menschen, den kostbarsten Besitz, ihren Staat, zu verteidigen. An jenem 14. Mai begann das, was die Palästinenser »Nakba« nennen, die Katastrophe. Sie verloren ihre Heimat. Viele flohen unter dem direkten Druck der israelischen Angreifer – andere flohen, weil sie sich nicht vorstellen konnten, in einem jüdischen Staatswesen leben zu müssen. Die meisten der Flüchtlinge aber waren überzeugt, ihre Abwesenheit von der Heimat sei nur für kurze Zeit, denn es werde den vereinten arabischen Armeen gelingen, die jüdischen »improvisierten« Kampforganisationen in wenigen Tagen zu zerschlagen. Doch »Nakba« dauerte an. Die israelischen Kämpfer dehnten das von ihnen kontrollierte Gebiet aus – der palästinensische Flüchtlingsstrom hielt an. Zwei Ziele hatten die Familien, die ihre Häuser und Siedlungen verließen: den Gazastreifen, den ägyptische Truppen verteidigten, und das Gebirgsland von Judäa und Samaria samt dem Zentrum von Jerusalem. Dort kämpfte mit Verbissenheit die »Arabische Legion« – eine Elitetruppe des hashemitischen Emirats Jordanien. Sie wurde kommandiert vom britischen Offizier Glubb

Pascha. Es waren britische Kommandeure, die den Palästinensern die islamischen Heiligtümer von Jerusalem bewahrt haben.

Bedeutungslos war der Widerstand der Moslembruderschaft gegen die rapide Ausbreitung des zu Israel gehörenden Territoriums. Als Blamage erwies sich die Aktion der syrischen Armee, den Aufbau des jüdischen Staates zu verhindern. Schuld am Scheitern des arabischen Widerstands wird dem Fehlen eines koordinierten Oberkommandos gegeben. In Wahrheit aber besaßen die arabischen Streitkräfte nicht die notwendige Kampfmoral. Die bewaffneten Moslembrüder weisen noch immer alle Vorwürfe weit von sich. Der Moslembruder Jassir Arafat gab ein Musterbeispiel der selbstgefälligen Fehleinschätzung: »Bis zum Tag des ersten Waffenstillstands am 10. Juni 1948 hatten wir das ganze Land unter Kontrolle. Die Juden besaßen einige starke Positionen. Doch wir konnten sagen, Palästina gehöre uns. Es war schließlich unser Land – und wir waren die Mehrheit der Gesamtbevölkerung, trotz der Zunahme an jüdischen Familien, die von den Engländern nach dem Weltkrieg organisiert worden war. Zwar hatten die Juden ihren Staat mit Worten gegründet, aber er war noch nicht in sich gefestigt. Der Waffenstillstand vom 10. Juni 1948 hat den Juden genützt. Sie konnten Menschen, Kämpfer ins Land bringen – und neue Waffen. Die Moslembrüder hielten sich an die Waffenstillstandsbedingungen. Wir erhielten weder Kämpfer noch Waffen. Aber dies war noch nicht der wahre Grund für ›Nakba‹, für die Katastrophe. Der wahre Grund war, dass die arabischen Regime uns nicht halfen. Die Regierungen in Kairo und Amman standen unter dem Einfluss der Engländer – und dieser Einfluss wirkte sich zugunsten der Juden aus. Diese Regime waren doch alle korrupt. Es war für die Briten ganz leicht, die Verantwortlichen in Kairo zu manipulieren!«

Im Gefühl, verraten worden zu sein, ist der Drang der kämpfenden Palästinenser begründet, sich von den arabischen Regierungen fernzuhalten. Die Moslembrüder, die Keimzelle des bewaffneten Widerstands bis in das dritte Jahrtausend hinein, hatten, so sagte Jassir Arafat, den Verrat damals 1948 erlebt: »Sobald die Ägypter oder die Arabische Legion der Jordanier in Gegenden kamen, in denen wir kämpften, wurden wir von den Soldaten entwaffnet. Sie nahmen uns einfach Waffen und Munition weg. Das waren die arabischen Brüder!«

Arafats Erinnerung war lebhaft, was diese Angelegenheit betraf. »Ich befand mich damals in der Gegend von Gaza. Da kam ein ägyptischer Offizier auf mich zu, der verlangte, dass ich ihm mein Gewehr übergebe. Er berief sich auf einen Befehl der Arabischen Liga. Ich erhielt eine Quittung dafür, dass ich das Gewehr ordentlich übergeben habe. Der Offizier bemerkte noch, dass ich die Waffe bestimmt am Ende des Krieges wieder ausgehändigt bekäme.«

Nakba, die »Katastrophe«, konnte nicht der Schlusspunkt des Konfliktes zwischen den Palästinensern und den Menschen des neu geschaffenen Staates Israel sein. Israel hatte gewonnen – die Moslembruderschaft war desorganisiert. Verzweiflung hatte die Kämpfer gepackt. Sie hatten die Heimat verloren. Niemand hatte eine Idee, wie die Auseinandersetzung mit den Israelis nach Nakba weitergeführt werden könnte. Es stellte sich bald heraus, dass keiner der bisherigen Organisatoren der Moslembruderschaft den Willen verspürte, den Konflikt mit Israel fortzusetzen.

Selbst Jassir Arafat resignierte – er beantragte ein Visum zur Einreise in die Vereinigten Staaten von Amerika. Nach langer Wartezeit wurde ihm das Visum erteilt. Ungeklärt ist, warum er im Frühjahr 1949 nicht in die USA abgereist ist.

Die palästinensischen Widerstandsbewegungen

The Palestine Cultural Club – Erste palästinensische Kampforganisation   Der Ableger der Moslembruderschaft in Palästina war abhängig von Entscheidungen, die in der ägyptischen

Hauptstadt getroffen wurden. Zwei Palästinenser, Jassir Arafat und Khaled Hassan, fassten 1950 den Entschluss, ihre künftige Organisation unabhängig zu halten von Verantwortlichen in Kairo, Damaskus, Beirut und Amman. Die schlechten Erfahrungen mit diesen Nachbarn hatten den Entschluss reifen lassen. Niemand, der kein Palästinenser war, sollte Einfluss haben innerhalb des »Palestine Cultural Club«.

Die größte Enttäuschung stand jedoch noch aus. Als der Großmufti von Jerusalem, zurückgekehrt in die Heimat, davon erfuhr, dass einige Palästinenser entschlossen waren, den Kampf gegen Israel fortzusetzen, da fand dieser Hadsch Amin Al Husseini kein ermutigendes Wort für die Entschlossenen. Er dachte nicht daran, ihnen Geld zu geben zur Finanzierung von Waffenkäufen und zur Propagierung der anvisierten Ziele der Zerstörung des jungen Staates Israel und des Aufbaus der Heimat der Palästinenser. Tief saß die Enttäuschung im Gemüt der palästinensischen Nationalisten über das Verhalten der bisherigen Leitfigur im Kampf um die Erhaltung der Selbstständigkeit des Volkes von Palästina. Von diesem Tag an unterließen es die palästinensischen Nationalisten, islamische Argumentationen in ihr politisches und strategisches Programm einzubauen. Es war Jassir Arafat, der sich sofort darauf besann, dass zum palästinensischen Volk auch Christen unterschiedlicher Prägung gehörten, die nicht durch islamische Parolen verprellt werden durften. Diese Überlegungen führten dazu, dass die Gründer ihrer Kampforganisation den Namen »Palestine Cultural Club« gaben, denn er war neutral formuliert. Nicht einmal die Israelis konnten einen Grund finden, ihn als kämpferisch in Misskredit zu bringen.

Der Palestine Cultural Club erwies sich als Verein zur Diskussion des »Problems Palästina«. Verworfen wurde schließlich die Absicht, einen Guerillakrieg gegen Israel zu führen. Bitter war die Erkenntnis, dass der jüdische Staat nicht nur die Unterstützung aller Weltmächte – inklusive der Sowjetunion – besaß, sondern auch das Verständnis der arabischen Regierungen. König Faruk von Ägypten war der Meinung, der jüdische Staat trage zur Stabilisierung der Nahostregion bei, insbesondere, da er mit weltweiter Hilfe rechnen dürfe. Faruks Truppen beteiligten sich aus diesem Grund mit geringer Begeisterung an militärischen Aktionen, die zur Zerstörung der israelischen Verteidigungslinie initiiert worden waren.

Für Jassir Arafat lag die Ursache von Nakba eindeutig darin, dass die arabischen Regierungen versagt hatten. Er schloss daraus, dass die erste Stufe des Kampfes zur Wiederherstellung von Palästina die Beseitigung der korrupten Herrscher Arabiens sein musste. Zuerst hatte König Faruk von Ägypten zu verschwinden. Die Aussicht, dieses Ziel zu erreichen, war nicht gering. Arafat – er war damals gerade 20 Jahre alt – verfügte über Kontakte zu ägyptischen Offizieren, die 1948 auf palästinensischem Boden stationiert gewesen waren. Dazu zählte auch der Oberkommandierende der ägyptischen Streitkräfte Abdel Hakim Amer. Er organisierte den Putsch gegen Faruk, der 1952 die »Freien Offiziere« unter Gamal Abdel Nasser in Ägypten an die Macht brachte. Einige der wichtigsten Putschisten waren Mitglieder der Moslembruderschaft gewesen. Für Arafat schien die Situation 1952 eindeutig zu sein: Ägypten stand künftig auf der Seite des palästinensischen Widerstands gegen Israel.

Erneut erlebte Arafat eine Enttäuschung. Keiner der Kampfgefährten von früher hatte die Absicht, wieder einen Konflikt zu beginnen, der den jüdischen Staat zum Gegner hatte. Auch Gamal Abdel Nasser dachte nicht daran, für einen Krieg gegen Israel zu rüsten.

Arafat aber hatte sich einen Plan zurechtgelegt, wie er dafür sorgen konnte, dass Ägypten nicht mehr vermeiden konnte, einen Feldzug gegen Israel zu führen. Er wollte sich zum Präsidenten der Vereinigung Palästinensischer Studenten in Ägypten wählen lassen. Dieses Ziel aber konnte er nur mithilfe der Moslembruder-

schaft erreichen. Zu dieser Organisation hatte Arafat aber seit
Monaten Distanz eingehalten. Er fürchtete, von der Bruderschaft
gegängelt zu werden. Er hatte sich geschworen, die palästinensische Widerstandsbewegung von allen fremden Einflüssen frei zu
halten. Aber er konnte auf die Unterstützung der Moslembruderschaft nicht verzichten. Ihre Hilfe sicherte schließlich den Erfolg.
Arafat wurde Präsident der »Vereinigung Palästinensischer Studenten in Ägypten«. Er hatte sich damit eine personelle Basis
geschaffen zum Aufbau einer autonomen Kampforganisation.
Als Präsident der Studentenvereinigung schuf er sich bald nach
seiner Wahl ein Sprachrohr, ein Magazin, das seine Meinung verbreitete. Der Titel hieß »The Voice of Palestine«. Es war nicht
gedacht als Mitteilungsblatt für die Studenten aus Palästina in
Kairo, es war bestimmt als Informationsinstrument für national
gesinnte Palästinenser in Gaza, in Jerusalem, in den von Israel
besetzten Gebieten und in den Lagern im Libanon, Syrien und
Jordanien.
Ohne dass »The Voice of Palestine« direkt zur Gründung von Zellen einer palästinensischen Widerstandsbewegung aufrief, bildeten sich derartige Ansätze der späteren PLO. Besonders aufmerk-
sam wurde »The Voice of Palestine« im Gazastreifen gelesen, der
am Mittelmeer die Grenze zu Ägypten bildete. Treffend schilderte die Situation dort General Burns, der von 1954 bis 1956 der
Stabschef der UN-Truppen war, die im Gazastreifen den Waffenstillstand zu überwachen hatten: »Der Gazastreifen ist ungefähr
40 Kilometer lang und nicht ganz 10 Kilometer breit. Das Gebiet
des Gazastreifens umfasst 350 Quadratkilometer. Auf ihm leben
310 000 arabische Menschen; 210 000 davon sind Flüchtlinge aus
den südlichen palästinensischen Provinzen, die von Israel besetzt
worden sind. Der Boden des Gazastreifens ist zum Teil sehr
fruchtbar und es ist auch genügend Wasser in Quellen zu finden.
Doch die Ernteergebnisse reichen nicht aus, um die Flüchtlingsfamilien zu ernähren; sie werden von der ursprünglichen Bevöl-

kerung verzehrt. Die 210 000 Flüchtlinge werden von den Vereinten Nationen versorgt. Die Rationen reichen allerdings nur zur Erhaltung eines geringen Lebensstandards.«

Der Stabschef der UN-Truppe in Gaza erwähnte, dass den jungen Flüchtlingen eine gute Schulausbildung geboten würde, dass jedoch keine Möglichkeit existierte, diejenigen, die einen Schulabschluss erreicht hatten, in einen Beruf einzuführen. Nur kleine Handwerksbetriebe boten wenige Arbeitsplätze, nennenswerte Industrie war nicht vorhanden. Den jungen Menschen war nicht erlaubt, den Gazastreifen zu verlassen. Es war nicht zu bemerken, dass Teile der Bevölkerung – und sei es auch nur eine Einzelperson – an Hunger litten.

Die Beobachtung vor Ort des Stabschefs der für Gaza zuständigen UN-Einheiten zog das Fazit: »Das Gebiet ähnelt einem riesigen Konzentrationslager. Es ist vom Meer her abgeriegelt; die Grenze von der Halbinsel Sinai her halten die Ägypter für Palästinenser verschlossen; das Land auf der anderen Seite der Waffenstillstandslinie, das einst von Arabern bewirtschaftet worden ist, ist von Israelis beschlagnahmt und besiedelt worden. Es erstaunt nicht, dass die Palästinenser im Gazastreifen mit Hass im Herzen auf die Israelis blicken, die ihnen den Besitz weggenommen haben.«

Der Wechsel von König Faruk zu Gamal Abdel Nasser hatte Hoffnungen erzeugt. Viele junge Palästinenser im Gazastreifen waren der festen Überzeugung, sie würden jede Unterstützung bekommen, die ihnen die Vorbereitung eines bewaffneten Widerstands gegen die Besatzungsmacht ermöglichte. »Wir schauten auf Gamal Abdel Nasser, als sei er der Saladin der Gegenwart!« Dieser Meinung war einer der Freunde von Jassir Arafat. Saladin hatte mehr als acht Jahrhunderte früher den Untergang des christlichen Königreichs Jerusalem eingeleitet und die Kreuzritter in offenen Schlachten besiegt. Von Gamal Abdel Nasser erwarteten die Palästinenser dieselbe Entschlossenheit, dieselbe Schlagkraft. Schnell musste die arabische Überlegenheit gegenüber dem jüdischen Staat, der erst Gestalt annahm, erfolgen. Doch nichts geschah.

Die Gründer des Palestine Cultural Club redeten sich ein, sie müssten nur Geduld haben mit den neuen Regierenden in Kairo. Als Monate vergingen, ohne dass eine Mobilisierung der Streitkräfte Ägyptens gegen Israel erfolgte, da begriffen die aktiven Palästinenser, was in Wahrheit am Nil geschah: Nasser und seine Mitarbeiter hatten Angst vor Israel. Sie wollten den jüdischen Staat nicht provozieren. Nasser fürchtete, der Palestine Cultural Club würde darauf keine Rücksicht nehmen, die Absicht seiner Propagandisten sei es, durch Provokation die Spannung zwischen Israelis und Arabern zu verschärfen. Nasser ordnete an, die Überwachung des Palestine Cultural Club zu verstärken. Zu jener Zeit gab es viele geflohene palästinensische Bauern, deren Anwesen im nun besetzten Gebiet noch nicht von israelischen Siedlern beschlagnahmt worden waren. Manche dieser Flüchtlinge schlichen bei Nacht über die Demarkationslinie zurück ins besetzte Gebiet und kümmerten sich um ihre verlassenen Gehöfte. Häufig waren solche Palästinenser bewaffnet. Wurden sie von israelischen Patrouillen überrascht, entwickelten sich Gefechte. Sie endeten oft mit Verlusten auf der Seite der israelischen Soldaten.

Die nächtlichen Schießereien führten dazu, dass die ägyptischen Behörden im Gazastreifen am folgenden Tag mit Klagen konfrontiert wurden, sie seien nicht in der Lage, die Waffenstillstandslinie zu überwachen. Aber das israelische Oberkommando begnügte sich nicht mit Protesten. Am 14. Oktober 1955 griff eine Einheit unter dem Befehl von Ariel Sharon das jordanische Dorf Qibya an und zerstörte es. 66 jordanische Frauen, Männer und Kinder starben. Zum Erstaunen der Palästinenser wehrten sich die offiziellen arabischen Streitkräfte nicht. Wenn israelische Verbände angriffen, zogen sich ägyptische und jordanische Grenztruppen zurück – oft gegen den eigenen Willen, aber auf höheren

Befehl. Die israelische Regierung gab für das Jahr 1952 an, es seien 3742 Grenzüberschreitungen durch Palästinenser von Sicherheitskräften der Israelis entdeckt und erfolgreich bekämpft worden. Bewirkt hatten die palästinensischen Grenzüberschreitungen nichts Bemerkenswertes. Es waren durchweg Einzelaktionen. Die Illusion, Israel könne empfindlich getroffen werden, löste sich bald auf. An eine wesentliche Schädigung des jüdischen Staates war nicht zu denken.

Nach Arafats Ansicht war die Schaffung einer straffen Organisation nötig. Bisher waren fast alle Aktionen der Initiative von Einzelpersonen überlassen worden. Der Zusammenhang fehlte zwischen diesen Aktionen – vor allem war keine gemeinsame Strategie zu erkennen. Der Plan, dass sich vieles ändern müsse in der noch unentwickelten palästinensischen Widerstandsbewegung, war zwar vorhanden, doch die Verwandlung des Palestine Cultural Club in eine ernst zu nehmende Kampforganisation benötigte Zeit.

Der Widerstand gegen diesen Wandel war enorm. Gamal Abdel Nasser sah im Palestine Cultural Club einen Ableger der Moslembruderschaft, deren Gegner der ägyptische Revolutionsführer inzwischen geworden war. Sie hatte sich als einfallsreich am Nil erwiesen. Nasser musste um seine eigene Macht fürchten. Er konnte unter keinen Umständen dulden, dass den Moslembrüdern eine bewaffnete Miliz zur Verfügung stand. Nassers Befürchtung bekam Arafat zu spüren, als er die ägyptische Regierung bat, sie möge gestatten, dass palästinensische Widerstandsgruppen mit Handfeuerwaffen ausgerüstet werden. Arafat schilderte dem Ägypter das Ziel: »Geschaffen werden soll eine offizielle Defence Force zur Verteidigung der Grenzen der Palästinensergebiete.«

Gamal Abdel Nasser war gezwungen, einen Kompromiss einzugehen. Er musste ausschließen, dass die Moslembruderschaft bewaffnete Zellen bildete, die gegen ihn Position bezögen. Sein Ausweg war, er gestattete den Aufbau einer personell schwachen

Defence Force unter Aufsicht des ägyptischen Geheimdienstes. Diese Defence Force durfte nur aktiv werden nach ausdrücklicher Genehmigung durch den ägyptischen Verbindungsoffizier. Er war der eigentliche Kommandeur. Diese hierarchische Ordnung kam einer völligen Entmachtung der Organisation gleich.

Die Begründer der Defence Force begriffen rasch, dass sie zur Bedeutungslosigkeit verurteilt waren – dass durch diese Unterordnung in der Auseinandersetzung mit Israel kein Erfolg zu erzielen war. Es dauerte erstaunlich lange, bis Jassir Arafat und der Kreis der palästinensischen Kampfwilligen um ihn erkannten, dass es in einem gar nicht weit entfernten arabischen Land ein Beispiel gab, wie Erfolg gegen eine starke Militärmacht zu erreichen war.

Fatah und PLO – Nach dem Vorbild der algerischen ALN
Das Kürzel ALN bezeichnet die algerische »Armée de Liberation Nationale«. Das Kriegsziel der ALN verkündete am Abend des 1. November 1954 ein Sender am Nil: »Algerien hat heute mutig und entschlossen einen heroischen Kampf für die Sache der Freiheit aufgenommen. Die ALN erstrebt den unabhängigen Staat Algerien, der losgelöst ist von Frankreich.« Seit dem Jahr 1830 übte Frankreich die politische und polizeiliche Aufsicht über das Gebiet in Nordafrika aus.

Erst nach dem Ersten Weltkrieg setzte sich allmählich eine nationale Bewegung durch. Die Nationalisten glaubten an die Existenz eines algerischen Volkes. Dass dieses Volk in zwei Weltkriegen an der Seite Frankreichs Krieg in Europa hatte führen müssen, hatte sein Selbstwertgefühl gesteigert und zum Drang nach Selbstständigkeit beigetragen. Die ALN formierte sich zu Beginn der 1950er-Jahre. In Erscheinung trat sie dann in der Nacht vom 31. Oktober zum 1. November 1954. In jener Nacht hatten Bewaffnete 30 Polizeiposten in algerischen Dörfern und Städten überfallen. Regierung und das algerische Generalgouvernement waren von den

Anschlägen völlig überrascht worden. Der algerische Staat hatte keinerlei Informationen über die ALN. Nur allmählich war Näheres zu erfahren. Der Gründer und Kommandeur der ALN hieß Krim Belkasem und er hatte für den Kampf gegen Frankreich eine besondere Taktik entwickelt: »Ahnungslos gerät der Feind in den sorgfältig vorbereiteten Hinterhalt. Ein jäher und heftiger Feuerüberfall kennzeichnet das Gefecht. Vollkommen überrascht kann der Gegner keine Hilfe herbeirufen. Drei bis vier Minuten genügen, um eine Truppeneinheit zu demoralisieren, zu vernichten. Ist ein Widerstand erloschen, sammeln unsere Männer ein, was vom feindlichen Waffenmaterial übrig geblieben ist. Innerhalb von fünf Minuten sind wir vom Ort des Überfalls verschwunden.«

Während der folgenden Monate arbeiteten Einheiten der ALN häufig mit dieser Taktik. Die französischen Truppen waren den Angreifern nicht gewachsen. Die Verteidigungsbereitschaft der Polizei des Generalgouvernements sank. Über das ganze Land wurde der Ausnahmezustand verhängt. Ein Jahr nach Beginn der Auseinandersetzungen in Algier befanden sich 350 000 französische Soldaten im Kampfgebiet – das war nahezu der gesamte mobile Bestand der französischen Armee. Trotz dieses riesigen Aufgebots konnte die Verwaltung des Gouvernements den Guerillakrieg nicht eindämmen. Nach zwei Jahren blutiger Auseinandersetzungen war abzusehen, dass sich Frankreich geschlagen aus Algerien zurückziehen musste.

Abu Ijad, einer der Stellvertreter Arafats in der sich langsam formierenden Führungsschicht der palästinensischen Defence Force, erinnerte sich später daran, dass sich der Gedanke behutsam entwickelte, das Geschehen in Algerien könne den Weg in die Unabhängigkeit für die Palästinenser vorzeichnen. »Wir begannen über ein Projekt nachzudenken, das uns zunächst noch wie ein Traum erschien. Die algerischen Nationalisten hatten eine

Organisation gegründet, die nun schon über zwei Jahre lang die französische Armee mit Erfolg bekämpfte. Der heldenhafte Widerstand dieser algerischen Organisation, über den wir gut informiert waren, faszinierte uns. Wir bewunderten die Algerier. Wir stellten uns selbst die Frage, ob es auch uns Palästinensern möglich sein würde, eine Bewegung ins Leben zu rufen, in der Palästinenser aller politischen Richtungen aufgenommen werden können. Diese Bewegung sollte dann den bewaffneten Kampf in Palästina auslösen.«

1958 bestand noch keine Klarheit darüber, wie das algerische Vorbild übernommen werden könnte. Nur der Name der Organisation war bereits festgelegt: »Fatah«. Er war entstanden aus der programmatischen Bezeichnung »Herakat Tahrir Falestine«; auf Deutsch: »Bewegung zur Befreiung Palästinas«. Liest man die Anfangsbuchstaben vom letzten Wort her, lauteten sie »FTH«. Das Besondere der arabischen Schrift ist, dass sie auf Konsonanten aufgebaut ist, dass Vokale nur angedeutet sind. Liest jemand die Buchstaben FTH, wird das Wort Fatah hörbar; die Vokale klingen einfach mit. Die Bedeutung des Wortes »Fatah« sollte rätselhaft bleiben, zuerst ein Geheimnis für die Leser der Publikation »The Voice of Palestine«. Für die Kenner der Entstehungsgeschichte der PLO wird die Verschlüsselung für »Herakat Al Tahrir Al Watani Al Filistin« (Befreiungsbewegung für das Palästinensische Vaterland) ganz von selbst im Bewusstsein deutlich werden. Wichtig war, dass sich der Begriff »Palästinensisches Vaterland« in die Gedanken einprägte. Es war den jungen Begründern von Fatah zu verdanken, dass die Opfer von Nakba, der »Katastrophe«, zum ersten Mal nach 1948 gesagt bekamen, dass sie nicht namenlose Flüchtlinge waren, sondern ein Volk – das Volk der Palästinenser. Damit war ein erster Erfolg erreicht: Die Verantwortlichen in Israel waren damals bestrebt, den Begriff »Palästinenser« völlig aus dem Sprachgebrauch verschwinden zu lassen. Von Golda Meir stammte die Aussage: »Es gibt keine Palästinenser! Das sind alles Jordanier, Untertanen des hashemitischen Königs!« Vor allem Jassir Arafat war darauf bedacht, die Abgrenzung zwischen Jordaniern und Palästinensern deutlich zu machen. Er sah für sein Volk eine ganz besondere Zukunft voraus. Sein wichtigster Glaubenssatz lautete schon 1958: »Die Einigung Arabiens ist nur möglich durch die Befreiung Palästinas. Die Anstrengungen im Kampf um die Schaffung der palästinensischen Heimat werden die immer noch auseinanderstrebenden Teile Arabiens zusammenführen.«

Die Prozesse der Befreiung Palästinas und der Einigung Arabiens sah Arafat als parallel verlaufende Vorgänge. Damit befand er sich im Widerspruch zu den meisten arabischen Nationalisten, die in der Einigung Arabiens die Vorbedingung für den Erfolg des Kampfes um Palästina sahen. Zu ihnen gehörte auch Gamal Abdel Nasser. Der ägyptische Staatschef spürte, dass wachsende Unzufriedenheit die immer mehr Anhänger findende palästinensische Widerstandsbewegung unberechenbar und unkontrollierbar machte: Die Organisation, die ihren Namen Fatah noch nicht öffentlich bekannt gegeben hatte, musste beschäftigt werden – ohne dass sie einen Konflikt mit Israel anzettelte. Nasser selbst kam auf den Gedanken, eine politische Bewegung zu gründen, die den führenden Köpfen der Palästinenser das Gefühl gab, sie würden Positives leisten für die Zukunft ihres Volkes. Viele und große Worte, Tiraden, sollten die Fantasie der Palästinenser faszinieren und gefangen nehmen. Für die Position des Chefs der neuen Organisation musste ein wortgewandter Mann gefunden werden.

Ahmed Shukeiry hieß die Person, die Gamal Abdel Nasser schließlich für geeignet hielt, die neue Palästinenserorganisation aufzubauen und dem Willen des ägyptischen Präsidenten auszuliefern. Ahmed Shukeiry besaß ein beachtliches Redetalent, das er als Rechtsanwalt entwickelt und gepflegt hatte. Er hatte zudem im Auftrag Syriens und später Saudi-Arabiens als Vertreter beider Staaten bei den Vereinten Nationen Erfahrungen auf international politischem Gebiet sammeln können. Gamal Abdel Nasser überredete die jungen Palästinenser – deren eigene, unabhängige Widerstandsbewegung Fatah eben Gestalt annahm –, zu akzeptieren, dass eine großzügig angelegte Palästinensische Befreiungsorganisation entstand, die PLO.

Jassir Arafat erkannte sofort den Nachteil dieser PLO: Sie war von der Arabischen Liga, von der Dachorganisation arabischer Staaten abhängig. Die Arabische Liga genehmigte die Geldmittel für den Unterhalt der PLO. Sie entschied damit über Art und Umfang aller Aktionen der PLO, und Gamal Abdel Nasser besaß die Verfügungsgewalt über ihr Geld. Ahmed Shukeiry war nichts als dankbarer Empfänger größerer Dollarbeträge.

Unzufrieden registrierte der Kreis junger Palästinenser um Jassir Arafat diese Entwicklung. Sie hatten die Absicht gehabt, eine Organisation aufzubauen, in der alle Palästinenser entscheiden durften, wie die Auseinandersetzung mit Israel zu führen sei. Nun aber waren die palästinensischen Nationalisten von Nasser gekauft worden. Er bestimmte den Kurs der Befreiungsbewegung – zunächst widmete er sich der politischen Richtung. Ahmed Shukeiry erhielt den Auftrag, ein »Grundgesetz der Palästinenser« zu formulieren. Es sollte die »Charta« sein, das Regelwerk, nach dem sich künftig die Politik der Palästinenserführung zu richten hatte.

Zu Beginn der 1960er-Jahre sah Arafat die Gefahr, dass die »Charta« ihm selbst jegliche politische und militärische Bewegungsfreiheit raubte. Es wurde deutlich, dass Ahmed Shukeiry auch nach der Kommandogewalt über alle Aktionen der Bewaffneten im Rahmen der palästinensischen Aktivitäten greifen wollte. Er gab die Absicht bekannt, die Palästinensische Befreiungsarmee (PLA) zu gründen. Nicht zu vermeiden war, dass die PLA auch der Oberaufsicht Nassers unterstehen würde.

Gegenüber der PLA befand sich Fatah im Nachteil. Die PLA war der Öffentlichkeit bald bekannt – Fatah existierte als Geheimnis.

Das Resultat war, dass sich viele, junge Palästinenser bei der PLA als freiwillige Kämpfer meldeten – und da Fatah ihre Identität verbarg, blieben ihre Rekrutierungsstellen unbeachtet. Es war Arafat, der darauf drängte, dass sich dieser Zustand ändern müsse: Die Initiative der palästinensischen Politik dürfe nicht länger Ahmed Shukeiry überlassen bleiben. Fatah musste so bald als möglich der Öffentlichkeit bekannt werden.

Am 1. Januar 1965 veröffentlichte Fatah ihr erstes militärisches Kommuniqué, das den Abschluss von zwei erfolgreichen Kommandoaktionen meldete. Beide waren von jordanischem Gebiet aus erfolgt. Sprengkörper waren an Wasserpumpen explodiert, die auf israelischem Gebiet zur Umleitung des Jordanwassers eingesetzt waren. Der durch die Detonation der Sprengladung entstandene Schaden war gering. Es wurde vermieden, den Namen Fatah zu verwenden. Das Kommuniqué nannte »Al Assifa« als Organisator der Anschläge. Das arabische Wort heißt »Sturm«.

Dem ersten Schlag folgten rasch weitere Aktionen. Israel gab am Ende 1965 an, dass Al Assifa 31 Kommandounternehmen ausgeführt habe. Der Ausgangspunkt von 27 dieser Unternehmen sei Jordanien gewesen, vier hätten den Libanon zum Ausgangspunkt gehabt. Insgesamt waren drei Israelis getötet worden.

Die Anschläge des Jahres 1965 lösten in den arabischen Staaten keine Begeisterung aus. Weder die Regierenden noch die Bevölkerung sahen Grund, die Taten der Al Assifa als Erfolg zu feiern. Kritisiert wurde, die Anschläge seien nur als »Nadelstiche« zu bewerten, die Israel zu Gegenschlägen reizen, die wiederum die Kriegsbereitschaft Arabiens schwächten. Besonders ablehnend war die Reaktion der PLO. Deren Generalsekretär Ahmed Shukeiry sprach sogar davon, Al Assifa müsse als Feind des palästinensischen Volkes bezeichnet werden, denn die Organisation betreibe durch ihre Alleingänge die Aufsplitterung der zum Kampf gegen Israel bereiten palästinensischen Kräfte.

Arabische Regierungen treiben Zersplitterung der palästinensischen Kräfte voran   Die Führung von Fatah musste in jener Zeit die Erfahrung machen, dass die Zersplitterung »der zum Kampf gegen Israel bereiten palästinensischen Kräfte« in Wahrheit von arabischen Regierungen vorangetrieben wurde – um eigenen Interessen zu dienen. Die Krankheit der Spaltung befiel das palästinensische Volk. Die in Syrien herrschende Baath-Partei wollte Einfluss auf die Kommandobewegung insgesamt gewinnen. Sie gründete und finanzierte eine Organisation, die zur Einhaltung der politischen Richtung der syrischen Baathführung verpflichtet war. Hatte sich die Führung der Fatah geschworen, möglichst wenig in die Angelegenheiten der bestehenden arabischen Regime einzugreifen, so propagierte die Baath-Partei die These: »Die Befreiung Palästinas ist erst möglich, wenn vor dem entscheidenden Kampf die reaktionären Regime rings um Israel gestürzt werden – und damit auch die Reaktionäre, die sich in der Kampforganisation Fatah eingenistet haben.« Zu fürchten war, dass interne arabische Konflikte nicht verhindert werden konnten.

Der Zeitpunkt für derartige Konflikte war ungünstig, denn Streit zwischen Ägypten und Israel bahnte sich an. Schuld daran trug Gamal Abdel Nasser, der in überheblichen Formulierungen schwadronierte und die israelische Armeeführung reizte. Jassir Arafats Warnungen wurden von Nasser nicht beachtet. Die Fatah-Führung wusste, dass die arabischen Streitkräfte nicht für einen Krieg mit Israel gerüstet waren. Den Gegenstandpunkt zu Arafat vertrat Ahmed Shukeiry. Er sagte den raschen Sieg der arabischen Streitkräfte voraus, die mit palästinensischer Hilfe »die Israelis ins Meer treiben würden«. Der ägyptische Präsident sah nun ein, dass er mit Ahmed Shukeiry den falschen Mann an die Spitze der PLO gesetzt hatte. Nasser wollte den Kontakt zu Shukeiry abbrechen – der PLO-Chef wurde nach Amman, in das jordanische Armeehauptquartier, geschickt.

Als am 5. Juni 1967 der offene Krieg ausbrach, verschwand Ahmed Shukeiry aus Amman. Er fuhr nach Jerusalem, um dort eine Pressekonferenz abzuhalten, in der er Siegeszuversicht ausstrahlte. Zu diesem Zeitpunkt waren die ägyptische und die jordanische Luftwaffe bereits vernichtet. Die Verteidigung des rechten Jordanufers brach zusammen. Der Chef der PLO verließ Jerusalem und begab sich nach Damaskus. Weder Fatah noch die PLO hatten sich am Verlauf des Krieges wesentlich beteiligt. Für die arabische Seite endete der Junikrieg von 1967 mit einer schmerzhaften Blamage.

Die Führung von Fatah traf die richtige Entscheidung: »Die ägyptischen, syrischen und jordanischen Armeen haben den Krieg eingestellt. Sie haben die Niederlage und die Kapitulation akzeptiert. Fatah aber setzt den Kampf fort.« Fatah begann am 31. August 1967 eine breit angelegte Kommandooffensive. Attentate und Anschläge folgten rasch aufeinander. Die Schäden, die angerichtet wurden, waren weniger bedeutend als der Propagandaeffekt. Die Araber insgesamt nahmen mit Befriedigung zur Kenntnis, dass wenigstens die Palästinenser die »Ehre der arabischen Nation« retteten. Die israelischen Sicherheitsbehörden zählten allein während der ersten zwei Monate 91 palästinensische Aktionen.

Am 31. März 1968 – unmittelbar nachdem im Jordantal ein Gefecht stattgefunden hatte, auf das Fatah mit Stolz zurückblicken konnte – gab Arafat vor dem schwer beschädigten Hospital der PLO in der Ortschaft Karameh im Jordantal eine richtungweisende Erklärung ab: »Dieser Kampf war erst der Anfang. Wir sind allein zum Kämpfen gezwungen. Weder die Großmächte noch die Vereinten Nationen helfen uns. Wir sind auf einen langen Krieg gefasst, auf einen Volkskrieg. Wir müssen die arabische Öffentlichkeit aufrütteln. Diejenigen, die über Waffen verfügen, müssen uns helfen. Der Krieg, der Volkskrieg, kann 50 Jahre lang dauern. Das ist eine kurze Zeit, wenn wir daran denken, dass die Moslems 200 Jahre lang kämpfen mussten, bis der

Kreuzritterstaat Jerusalem zerstört war. Die Parallele zu damals ist nicht zu übersehen. Der Kreuzritterstaat war ein Brückenkopf des christlichen Imperialismus. Israel ist ein Brückenkopf des kapitalistischen Imperialismus. Brückenköpfe sind Gebilde, die fremd wirken in ihrer Umwelt und die schließlich abgestoßen werden.«

Ahmed Shukeiry verschwand in der Bedeutungslosigkeit. Sein Nachfolger wurde Jahia Hamuda, eine behäbige, eher schwerfällige Erscheinung. War Ahmed Shukeiry von Gamal Abdel Nasser ausgewählt worden, so war der Rechtsanwalt Jahia Hamuda ein Vertreter der jordanischen Bürgerlichkeit – dass er Palästinenser war, hatte sein Leben nicht geprägt. König Hussein war mit diesem PLO-Vorsitzenden einverstanden. Von ihm waren keine Schwierigkeiten für die jordanische Monarchie zu erwarten. Dass Jahia Hamuda eine Übergangslösung für die PLO war, blieb zunächst verborgen. Auf die Frage, ob er die Chefs der Fatah kenne, gab er Ende 1967 die Antwort: »Ich kenne keinen Mann mit Namen Jassir Arafat. Er soll in Kairo leben oder in Damaskus – ich weiß es nicht. Mir ist nur bekannt, dass Fatah zur PLO gehört. Wir sind der Dachverband aller Gruppen, die für die Befreiung der Palästinenser kämpfen.«

Die Zeit war noch nicht gekommen für Jassir Arafat. Noch hielten die PLO-Bürokraten den Apparat in der Hand. Die Machtverlagerung erfolgte erst, als Fatah bewies, dass sie in der Lage war, die Struktur des israelischen Staates zu beschädigen. Derartige Aktionen nahmen das palästinensische Volk, aber auch die Medien in Europa und in den USA zur Kenntnis. Die Konsequenz war, dass sich junge Palästinenser in großer Zahl bei den Rekrutierungsstellen in den Palästinenserlagern des Westjordanlandes und in Jordanien meldeten. Kam man im Sommer 1968 im jordanischen Lager Baka'a mit Familienmüttern ins Gespräch, war eine eigentümliche Begeisterung zu spüren. Keine der Mütter hatte etwas dagegen, dass sich ihre Söhne zur Ausbildung bei Fatah meldeten. Die Frauen redeten mit Eifer davon, dass endlich die Palästinenser selbst ihr Schicksal in die Hand nahmen, nachdem die Ägypter und der jordanische König Hussein schmählich versagt hätten. Jassir Arafat habe dieses Wunder vollbracht, dass die Palästinenser als Volk endlich ernst genommen werden würden.

Jahia Hamuda wurde von Anfang an als Chef der PLO nicht ernst genommen. Dies hatte auch damit zu tun, dass sich sein Stützpunkt nicht in Palästina befand, denn das gesamte palästinensische Gebiet war von den israelischen Streitkräften erobert worden. Da es kein Büro mehr für Jahia Hamuda in Jerusalem gab, war er in die jordanische Hauptstadt Amman ausgewichen. Dort fühlte er sich ohnehin wohl, war er doch einer der jordanischen Honoratioren und wohlgelitten von König Hussein, der in diesem PLO-Vorsitzenden einen Garanten zur Abwehr revolutionärer Tendenzen der Kampforganisation sah.

Jahia Hamuda spürte, dass sich die Stimmung innerhalb der Palästinenserlager gegen ihn entwickelte. Die Ursache für diesen Stimmungswandel aber begriff er nicht. Er gab den jungen Männern im Kreis um Arafat die Schuld: »Sie lassen es zu, dass die Sitten verwildern.« Hamuda glaubte, im wichtigsten Gremium der Repräsentanten des palästinensischen Volkes hätten sich die Kommunisten eingenistet – oder die Fanatiker des Islam.

Dass weder Kommunisten noch Fanatiker des Islam in der »Palästinensischen Nationalversammlung« Sitz und Stimme hatten, dafür haben die Gleichgesinnten des Jassir Arafat gesorgt. Halbwegs demokratische Wahlen in den Palästinenserlagern durchzusetzen, war ein schwieriges Unternehmen. Die Lager standen entweder unter Kontrolle der israelischen Besatzungsmacht oder unter dem Einfluss arabischer Regierungen. Die Verantwortlichen in Irak und Saudi-Arabien setzten hohe Dollarbeträge dafür ein, Kandidaten ihrer politischen und religiösen Neigungen durchzusetzen. In Bagdad waren das die Sympathisanten Moskaus und in der saudi-arabischen Hauptstadt radikale Moslems.

Am Kampf gegen Israel und an einem Erfolg der Palästinenser waren beide nicht interessiert. Doch die Freunde Moskaus und die Vertreter der reinen Koranlehre wollten sich eine politische Basis in Palästina schaffen und waren bereit, dafür viel Geld auszugeben. Arafat und seine Anhänger setzten die Wahl von Männern mit revolutionärem Zugriff durch.

Der vierte »Palästinensische Nationalkongress«, der im Juli 1968 in Kairo tagte, akzeptierte den Grundsatz, der bewaffnete Kampf sei das einzig Erfolg versprechende Mittel zur Befreiung Palästinas. Der Nationalkongress bestimmte während der Tagung in Kairo Jassir Arafat zum Präsidenten der PLO.

PLO verliert syrische Unterstützung Klugerweise vermied Arafat, den Eindruck zu erwecken, er sei der Mächtige im Staat Jordanien. Er bemühte sich, König Hussein zu respektieren und dessen Regierungsgewalt nicht anzutasten. Die Chefs anderer Kommandogruppen aber vertraten den Standpunkt, solange Hussein, der Freund der Amerikaner, in Jordanien regiere, werde den Palästinensern kein Sieg gegen den »zionistischen Feind« beschieden sein. König Hussein müsse zunächst beseitigt werden. Als absoluter Gegner des Herrschers erwies sich George Habbash, der Chef der »Volksfront zur Befreiung Palästinas«. Er sorgte während der nächsten zwei Jahre dafür, dass die Spannungen zwischen den Kommandos der Volksfront zur Befreiung Palästinas und den Beduinensoldaten des jordanischen Königreichs anhielten. Die Spannungen entzündeten am 6. September 1970 den Bruderkrieg zwischen Palästinensern und der Beduinenarmee von König Hussein von Jordanien. Der Monarch hatte bisher viel Geduld bewiesen mit den Kampforganisationen der Palästinenser. Immer wieder hatte er sich an die Seite von Fatah und PLO gestellt. Es hatte den Monarchen Überwindung gekostet, den Satz auszusprechen: »Es gibt keinen Unterschied zwischen Jordaniern und Palästinensern. Wir sind alle Kämpfer für die Sache Palästinas!« Und Hussein bezog sich selbst in die Front der Gegner Israels ein.

Am 6. September 1970 kam es zum Bruch zwischen Hussein und den palästinensischen Kampforganisationen. Die Volksfront zur Befreiung Palästinas entführte drei Linienmaschinen westlicher Fluggesellschaften auf eine Wüstenpiste nahe der jordanischen Hauptstadt Amman. Die Piste – Jahrzehnte zuvor von britischen Soldaten angelegt – erhielt nun von den Entführern die Bezeichnung »Flughafen der Revolution«. Die Passagiere der Flugzeuge der Trans World Airlines, der Swiss Air und der Gesellschaft BOAC blieben nach der Landung der Maschinen als Geiseln an Bord. Ihre genaue Zahl war zunächst unbekannt. Einer der Kommandeure der Volksfront zur Befreiung Palästinas meinte: »Es werden etwa 400 sein.« Die Frauen, Männer und Kinder waren nicht unmittelbar bedroht, doch ihre Lage war nur schwer erträglich. Sie litten unter der Hitze, da die Maschinen – ohne funktionierende Kühlanlagen – der prallen Wüstensonne ausgesetzt waren.

Jassir Arafat erfuhr in Amman von den Leiden der Geiseln und versuchte durch Funkkontakt mit den Verantwortlichen der Volksfront die Freilassung der Passagiere zu erreichen. Er bekam zu hören: »Es geht den Kindern in den Flugzeugen immer noch besser als den Kindern des vertriebenen Volkes der Palästinenser!«

Jassir Arafat, die oberste Exekutivinstanz der palästinensischen Befreiungsbewegung, war von den Plänen der Volksfront zur Entführung der drei Linienmaschinen nicht informiert worden. Die Nachricht von der Landung der Verkehrsflugzeuge auf der Wüstenpiste hatte ihn überrascht, doch er fühlte sich nicht zur Verurteilung der Aktion veranlasst. Er wollte den Anschein der Geschlossenheit der PLO wahren, deshalb musste er sich vor einer schnellen und schroffen Verurteilung der Volksfront hüten. Die Volksfront durfte nicht so sehr gereizt werden, dass sie den Pakt mit Fatah aufkündigte. Arafat formulierte seine Erklärung zur Entführung der Verkehrsmaschinen sehr geschickt: »Die Menschen der ganzen Welt, besonders aber die Europäer und die Amerikaner, werden mit drastischer Deutlichkeit darauf hingewiesen, dass da im Nahen Osten, direkt vor ihrem eigenen Haus, ein Volk in Elend und in Verzweiflung lebt.«

Am 12. September 1970 gab die Volksfront zur Befreiung Palästinas den Befehl, die Geiseln bis auf einige Israelis freizulassen. Die entführten Flugzeuge wurden gesprengt. Die Volksfront war der Meinung, mit der Sprengung König Hussein einen demütigenden Schlag versetzt zu haben. George Habbash, der Chef der Volksfront, begriff erst spät, dass seine Organisation die Vernichtung der PLO-Basis in Jordanien eingeleitet hatte. Auslöser der Endphase des Konflikts zwischen dem Monarchen und der PLO war ein Kommandeur der Volksfront, der für den Bereich der Stadt Irbid zuständig war. Dieser Kommandeur benützte die Gelegenheit, als sich jordanische Streitkräfte vorübergehend aus Irbid zurückgezogen hatten, die Region Nordjordanien zum »Territorium des Ersten Arabischen Sowjet« zu erklären. Damit war der politischen Arbeit der PLO ein Stempel aufgedrückt, der dem König in der Zukunft Recht gab, wenn er sagte, die PLO sei »radikalmarxistisch«. Hussein konnte argumentieren, er sei kein Feind der Palästinenser, doch er wehre sich gegen die marxistische Ausrichtung der PLO-Führung, die immer deutlicher hervortrete. Unterstützt wurde Hussein durch die Beduinenstämme Jordaniens, die keine »Sowjetisierung« erleben wollten.

Einen Tag nach der Proklamierung des »Ersten Arabischen Sowjet« am 16. September 1970 war zu erkennen, dass sich die jordanische Armee auf die Auseinandersetzung mit der PLO vorbereitete. Arafat versuchte, den Konflikt durch eine politische Wendung zu entschärfen. Er forderte die Einsetzung einer Regierung, der auch die PLO angehören müsse. Hussein nahm diesen Vorschlag gar nicht zur Kenntnis. Er hatte den Angriffsbefehl bereits erteilt. Am 17. September 1970 begann die Schlacht um Amman. Hussein setzte Artillerie und Panzer ein. Die PLO verfügte über 20 000 Bewaffnete mit minderwertiger Ausrüstung.

»Saut al Thaurat al Falestinia – Saut al eschnet al markasia«, »Die Stimme der Palästinensischen Revolution – die Stimme des marxistischen Zentralkomitees«, so lautete die Stationsansage des Radiosenders der PLO. Er stand in Damaskus – weit entfernt vom Geschehen in Amman. Der Übermittlung von aktuellen Befehlen diente der Sender nicht. Am 23. September sprach Arafat über die normale Telefonleitung des Hauptpostamts Amman mit dem ägyptischen Präsidenten Gamal Abdel Nasser. Er gestand die Niederlage ein: »Amman brennt! Tausende unseres Volkes liegen unter Trümmern begraben. Ihre Körper verfaulen. Nie zuvor hat es in der Geschichte ein derartiges Massaker gegeben! 20 000 Frauen und Männer sind gestorben. Ein Meer von Blut trennt uns von diesem König und seiner Regierung!« Der weitere Kampf war aussichtslos. Jassir Arafat stimmte einem Waffenstillstand zu. Ermutigt wurde er von Gamal Abdel Nasser. Arafat selbst bezeichnet seine Abreise aus Amman als »Flucht«.

Lehrreich war der Verlauf der Auseinandersetzung vom Herbst 1970 deshalb, weil er die Ursache des Scheiterns der Widerstandsbewegung sichtbar macht. Es war zu keiner Zeit gelungen, Einigung darüber zu erzielen, welche gemeinsame Haltung in der Politik gegenüber dem König eingenommen werden sollte und wie der Konflikt mit der jordanischen Armee vermieden werden könnte. Die Geschichte der Widerstandsbewegungen wird zeigen, dass dieser Fehler immer wieder begangen wurde.

Hoffnungen auf friedliche Lösung mit Israel zerschlagen sich
Am 15. November 1970 war Jassir Arafat selbst zur Einsicht gelangt, dass das Grundübel seiner Organisation die Zersplitterung in Einzelgruppen war. Der PLO-Chef ließ verkünden, Fatah sei bereit, Verhandlungen mit der Volksfront zur Befreiung Paläs-

tinas und mit der »Demokratischen Volksfront zur Befreiung Palästinas« aufzunehmen, die eine Fusion der Kampforganisationen zum Ziel habe. Diese Ankündigung blieb ohne Auswirkung. Die Ursache war leicht feststellbar. Die kleineren Organisationen waren auf ihre Eigenständigkeit bedacht, weil sie ihren eigenen Weg zur Einsammlung von Geldern gefunden und ausgebaut hatten. Gaben sie die Eigenständigkeit auf, würden sie ihre unabhängige Finanzierungsmöglichkeit verlieren, denn für das Geld der Gesamtorganisation wären dann Jassir Arafat und die PLO zuständig.

Die Niederlage von Amman löste Selbstkritik aus. Der Dichter Kamal Nasser, der sich zum Sprecher der Fatah entwickelt hatte, meinte im Herbst 1970: »Wir sind zum Opfer unserer unglaublichen Naivität geworden. Wir haben im September nicht geglaubt, dass König Hussein seine eigene Hauptstadt mit Artillerie und Panzern angreifen würde. Doch unser allergrößter Fehler war dann der Rückzug unserer Kämpfer aus Amman in die Wälder von Jerash. Wir sind es gewohnt gewesen, in der Stadt zu kämpfen. In Wäldern können wir nicht gewinnen.«

Kamal Nasser hatte recht: Nachdem die PLO Amman verlassen hatte, besaß sie keine feste Basis mehr und die Verbindungen zur palästinensischen Heimat waren unterbrochen. Das Ziel, Palästina zu erobern, entfernte sich aus der Vorstellung der PLO-Führung und der Palästinenser insgesamt.

Hatte die PLO ein gewisses Maß an Sympathie in Europa erworben, so geriet sie im September 1972 durch den Anschlag auf das Quartier der israelischen Sportler bei den Olympischen Spielen in München in Misskredit. Besonders die Europäer wollten keinen Kontakt mehr zu den führenden Palästinensern aufrechterhalten. Arafat und die Männer seines Vertrauens befanden sich in der Isolation – gegenüber den USA, den Europäern, aber auch gegenüber den arabischen Regierungen. 1973 bestand fünf Monate lang kein Kontakt zum ägyptischen Staatschef Anwar As Sadat. Das war genau der Zeitraum, in dem am Sueskanal Krieg gegen Israel geplant, vorbereitet und durchgeführt wurde. Arafat erfuhr nicht, dass Anwar As Sadat nur einen Konflikt mit begrenztem Ziel beabsichtigte. Ein Anfangserfolg sollte dazu führen, dass Israel – da es keinen eindeutigen Sieg verbuchen konnte – zu Friedensverhandlungen bereit war.

Dass Anwar As Sadat tatsächlich nach der Überquerung des Sueskanals und der Erstürmung der Bar-Lev-Linie die Offensive einstellte, war für die PLO-Führung eine herbe Enttäuschung. Arafat war auch enttäuscht, dass Anwar As Sadat ohne taktische Umwege auf Verhandlungen mit Israel zustrebte und von der PLO verlangte, sich an den vorbereitenden Gesprächen zu beteiligen. Nayef Hawatmeh, der Chef der Demokratischen Volksfront zur Befreiung Palästinas, der für seine kleine Organisation um Profilierung bemüht war, erkannte eine Chance in der Einigung mit Israel: »Der begrenzte Krieg hat eine neue Gelegenheit geschaffen. Das militärische Gleichgewicht zwischen Israel und Arabern wurde hergestellt. Die israelische Theorie von den sicheren Grenzen ist erschüttert worden. Dies ist als Erfolg der Araber zu werten. Möglichkeiten für verschiedene Lösungen bieten sich an. Jedoch werden alle Lösungen von uns abgelehnt, die unsere legitimen Rechte nicht berücksichtigen. Unser Nahziel ist die Befreiung aller von den Israelis im Krieg von 1967 besetzten Gebiete. Das palästinensische Volk muss die Möglichkeit bekommen, in den befreiten Gebieten seine souveräne, nationale Macht aufzubauen.«

Diese Gedanken nahm Arafat auf. Die Folge war die Aufgabe des absoluten Nein zur Existenz des Staates Israel. Diese Einsicht breitete sich aus: »Das absolute Nein ist meist nichts als die Flucht vor der Realität.«

Noch ehe sich für die PLO die Möglichkeit ergab, zu testen, ob Verhandlungen auch von den Israelis ernsthaft in Betracht gezogen wurden, bahnte sich im Libanon ein Konflikt an, der die politische Situation überlagerte. Die christlichen Maroniten hatten begriffen, dass die PLO auf der Basis der Überzeugung, die Mehrheit im Lande sei in der Hand der Moslems, nach der Herrschaft im Libanon greifen würde. Durch die Schaffung einer christlichmaronitischen Miliz sollte die Macht der Christen gefestigt werden. Die PLO machte den entscheidenden Fehler, sich als Herrscher im Libanon aufzuspielen. Ihre Kämpfer benahmen sich so, als ob es für einen arabischen Menschen, gleichgültig ob Mann oder Frau, nichts Wichtigeres auf der Welt zu tun gäbe, als Israel zu bekämpfen. Den christlichen Maroniten aber war der Konflikt mit dem jüdischen Staat unwichtig. Für den Maronitenchef Sheikh Pierre Gemayel waren die Organisationen der PLO die wahren Störenfriede, deren Existenz den Frieden im Nahen Osten verhinderte.

Jassir Arafat war völlig überrascht, als der Maronitenchef während einer Massenversammlung christlicher Organisationen im Zentrum von Beirut seine wahre Meinung preisgab – er folgte dabei der damaligen Stimmung der Maroniten. Gemayel verlangte die Wiederherstellung der Souveränität des libanesischen Staates auf seinem gesamten Territorium. Mit aller Deutlichkeit sagte er: »Es darf keine Autonomie palästinensischer Gebiete im Libanon geben.« Damit war für die maronitischen Milizen der Kampfauftrag ausgesprochen: Sie durften nicht dulden, dass die PLO sich im Südlibanon festsetzte, um von dort aus Siedlungen in Israel anzugreifen.

Die Auseinandersetzung im Libanon wurde durch eine Entscheidung auf internationaler Ebene verzögert. Die Generalversammlung der Vereinten Nationen stimmte zu, dass das Volk der Palästinenser das »Recht auf Selbstbestimmung« besitze. Damit verbunden war allerdings das stillschweigende Einverständnis der PLO, Israels Existenz nicht zu bedrohen. Zu jenem Zeitpunkt lag eine friedliche Lösung des Konflikts zwischen der PLO und Israel sehr nahe. Diese Lösung hätte sich in zwei Stufen vollziehen sollen: Israel hätte auf einen Teil der besetzten palästinensischen Gebiete verzichtet und die PLO hätte auf diesem geräumten Territorium einen »palästinensischen Ministaat« errichtet, der einer autonomen Verwaltung unterstanden hätte.

Die Lösung schien ein Kompromiss, doch bald schon wurden Zweifel an der friedlichen Absicht der Palästinenser spürbar. Nayef Hawatmeh, der Chef der »Demokratischen Volksfront zur Befreiung Palästinas«, verkündete laut, dass der Ministaat die Basis bilden könnte für die Fortsetzung des Kampfes gegen den »zionistischen Feind«. Mit dieser Äußerung war der Glaube an die friedlichen Absichten der PLO erschüttert. Vom Rückzug israelischer Truppen aus besetzten palästinensischen Gebieten redete niemand mehr.

Die Maroniten, die kaum daran geglaubt hatten, dass die PLO den Libanon jemals wieder verlassen würde, sahen sich in ihrer Ansicht bestätigt und nahmen sich vor, das »Problem« Palästinenser für alle Zeit zu bereinigen. Entschlossene Angriffe der Christenmiliz gegen die Palästinenserlager der Beiruter Vororte waren die Folge. Erst die syrische Armee bereitete diesen Kämpfen unter großem Kraftaufwand ein Ende.

Der israelische Ministerpräsident Ariel Sharon nahm die Schwächung des arabisch-palästinensischen Standpunkts durch den innerlibanesischen Konflikt zum Anlass, palästinensischen Hoffnungen auf einen Ministaat den Todesstoß zu versetzen. Das Büro des Ministerpräsidenten Ariel Sharon gab folgenden Text an die israelische Verwaltung und an die Öffentlichkeit: »Die Verwendung der Bezeichnung ›Westbankgebiet‹ ist in offiziellen Dokumenten zu unterlassen. Dieses Gebiet hat Namen und nur diese Namen dürfen verwendet werden. Sie heißen Judäa und Samaria. Der Gebrauch dieser Namen muss sowohl gegenüber Nicht-Israelis im Ausland wie in Israel selbst strikt eingehalten werden. Der Begriff ›Annexion‹, angewandt auf den Anschluss von Judäa und Samaria und Gaza, muss verschwinden. Man kann nur ein

Land annektieren, das einem anderen gehört. Die Verwendung des Begriffes ›Annexion‹ bestärkt nur falsche und verlogene Forderungen der Araber und ihrer Freunde. Sie glauben, die Araber seien Besitzer des Landes. Wenn von der Absicht des Anschlusses der Gebiete Judäa, Samaria und Gaza an den Staat Israel die Rede ist, ist ausschließlich der Begriff ›Anschluss‹ anzuwenden. Der Gebrauch des Begriffs ›Rückgabe‹ von Gebieten hat das arabische Argument unterstützt, dass jene Gebiete den Arabern gehörten, da man ja offensichtlich nicht davon sprechen kann, etwas zurückzugeben, wenn man es nicht an seinen Besitzer aushändigt. Jedenfalls konnte sich so die Idee einnisten, Judäa, Samaria und Gaza – ganz zu schweigen von Sinai und Golan – sei Eigentum der Araber. Wir müssen darauf hinweisen, dass dieser Konflikt nicht durch die Eroberungslust der Israelis ausgelöst worden ist, sondern durch die Weigerung der Araber, unser Recht auf unser Vaterland anzuerkennen.«

Diese Verlautbarung von Ariel Sharon hatte Langzeitwirkung. Auf Perioden der territorialen Nachgiebigkeit gegenüber palästinensischen Ansprüchen folgte während der kommenden Jahre immer wieder der Hinweis auf ewige, von Gott verankerte Besitzverhältnisse.

Im Herbst 1977 glaubte Jassir Arafat, der israelische Ministerpräsident habe den ägyptischen Präsidenten Anwar As Sadat überzeugt, dass sich die Ansprüche des jüdischen Staates auch in den Köpfen arabischer Staatschefs so verfestigt hatten, dass an ihnen nicht mehr gerüttelt werden könnte. Der Beweis für diese entscheidende Veränderung war, dass Sadat aus eigenem Antrieb die israelische Staatsführung in Jerusalem besuchte. Arafat resignierte. Er glaubte, der Ägypter sei dabei, Jerusalem, die Heilige Stadt der Moslems, an Israel zu verkaufen. Arafat und alle PLO-Chefs seiner Runde verfielen in Depression über diesen angeblichen Verrat. Sie nahmen überhaupt nicht zur Kenntnis, dass der ägyptische Präsident mit keinem Wort den Standpunkt der palästinensischen Widerstandsbewegung verraten hatte, wie der Redetext bewies. Sadat sagte, der Friede hänge davon ab, ob das Problem »Jerusalem« eine Lösung finde, die von den Palästinensern akzeptiert werden könne – und ob die Forderung der Palästinenser nach einer Heimat erfüllt würde.

Unmittelbar nach Sadats Jerusalemreise spaltete die Beurteilung dieser Reise die Führungsgremien der PLO. Zwei Richtungen beharrten auf ihrer Meinung. Die eine Seite meinte, die PLO könne es sich nicht leisten, mit Ägypten zu brechen, denn das Land am Nil sei allein durch Größe und Bevölkerungszahl für ganz Arabien von Bedeutung. Die Gegner dieser verständnisvollen Haltung aber erklärten Anwar As Sadat zum »Feind der Palästinenser«. Arafat formulierte: »Präsident Carter und Menachem Begin haben einen Agenten gefunden in der arabischen Welt.« Sadat griff den harten Ton der Auseinandersetzung auf: »Ich habe die PLO aus der Erinnerung meines Gehirns und meines Herzens gestrichen!« Und er ergänzte: »Es wird keinen Staat der Palästinenser geben. Niemals stimme ich einem Palästinenserstaat zu!« Sadat und Begin waren einer Meinung – mit Zustimmung des US-Präsidenten Jimmy Carter. Die Palästinenserorganisationen Fatah, PLO, Volksfront zur Befreiung Palästinas und Demokratische Volksfront waren die Verlierer.

Religion verliert und gewinnt an Bedeutung   Im Frühjahr 1979 verließ Schah Mohammed Reza Pahlawi das Kaiserreich Iran. Der Monarch hatte bisher verhindert, dass Islam und islamische Geistlichkeit das Leben der Iraner in hohem Maße bestimmten. Mohammed Reza Pahlawi war darauf bedacht, Politik und Religion streng getrennt zu halten. Die islamische Geistlichkeit aber verfolgte, in Erinnerung an den Propheten Mohammed, das Ziel, die enge Verkoppelung von »din wa daula« – von Glaube und Politik – zu installieren. Die Geistlichkeit sah die Chance, die Politik des künftig schiitischen Staates lenken zu können, und

Ayatollah Khomeini machte sich zur obersten Autorität der Islamischen Republik.

Jassir Arafat, der Khomeini geholfen hatte, den Schah vom Thron zu stürzen, glaubte zunächst, von der Partnerschaft mit dem Ayatollah profitieren zu können. Er beurteilte die 1979 entstandene Situation so: »Bisher war Iran unser Feind! Jetzt aber sitzt Khomeini im selben Schützengraben wie wir. Der Sturz des Schahs hat uns einen gewaltigen Schritt vorangebracht. Der Schah war der Freund der Israelis. Khomeini ist unser Freund.«

Die Begeisterung über die Freundschaft mit dem reichen Iran hielt nur kurze Zeit an, dann begriff Arafat den Nachteil der engen Verbindung, denn die christlichen PLO-Mitglieder sahen mit Argwohn, dass Khomeini in den Führungsgremien der Organisation immer mehr zu sagen hatte. Um Ärger mit den Christen George Habbash und Nayef Hawatmeh zu vermeiden – den Chefs der Volksfront zur Befreiung Palästinas und der Demokratischen Volksfront zur Befreiung Palästinas –, reduzierte Arafat mehr und mehr die Kontakte mit Teheran.

Im Dezember 1980 geschah Seltsames: In der israelischen Kleinstadt Um Al Fahm wurden 60 junge Männer, »arabische Bürger des Staates Israel«, verhaftet. Sie gehörten zu den wohlhabenden Familien der Region Galiläa, manche waren Absolventen israelischer Hochschulen, andere waren sunnitische Geistliche. Erst im Verlauf des Frühjahrs 1981 wurden die Hintergründe des Geschehens deutlich. Die israelische Polizei war geheimen Treffs in der Moschee von Um Al Fahm und Kefar Kassem auf die Spur gekommen. Nach den Gebetszeiten hatten sich Männer zu kleinen Zirkeln zusammengefunden. Das Thema der Gespräche war Israel und seine Religion. Ausgesprochen wurde der Unwille darüber, von Juden regiert zu werden. Die Geistlichen versorgten die Diskutierenden mit Argumenten. Sie erinnerten an Sheikh Nabahani, der sich 1960 um die Gründung einer Widerstandsorganisation bemüht hatte, die ganz vom sunnitisch-islamischen Geist beseelt gewesen war.

Nabahani hatte die Idee propagiert, dass ein künftiger Staat Palästina dem Islam gehöre. Palästinas Gesetze müssten nach dem Islam ausgerichtet sein. Er war mit seinen Vorstellungen gescheitert, weil die PLO damals die islamische Ausrichtung seiner unbedeutenden Palästinenserorganisation nicht geduldet hatte. Die einzige Ideologie, die um das Jahr 1960 akzeptiert worden war, war vom Sozialismus geprägt gewesen.

Die Erinnerung an Sheikh Nabahani 1980 hatte Folgen. Das Kino in der Kleinstadt Um Al Fahm wurde angezündet. Kinos waren auf einmal »unislamische Lustobjekte«. Dem Chef der PLO wurde vorgeworfen, er habe in Teheran Khomeinis religiöse Ausrichtung akzeptiert. Arafat habe das Bekenntnis abgegeben, »die palästinensische Revolution sei so islamisch wie die iranische Revolution«. Für die zahlreichen Christen in der PLO war diese Kapitulation vor Khomeini ein unerträglicher Kniefall. Für sie war Ayatollah Khomeini weniger ein »Mann des Glaubens«, als ein antiimperialistischer Patriot, der Position gegen Israel und gegen die USA bezog.

Ein weiterer Grund hatte die Führungsschicht der PLO bisher davon abgehalten, die islamisch-religiöse Ausrichtung zu betonen, denn die Parole, dass in einem künftigen Staat, der Heimat der Palästinenser werden sollte, auch Juden und Christen ihren Platz finden sollten, hatte sich als wirkungsvoll erwiesen. Die Betonung des Islam hätte dem widersprochen. Das Fazit: Um religiöse Spannungen zu vermeiden, durften Religionen jeder Art im geplanten Staat Palästina nur privaten Wert für das Individuum haben. Dieser Meinung waren die jungen Männer von Um Al Fahm nicht. Partnerschaft mit Juden und Christen kam für sie nicht in Frage. Der Zugriff der israelischen Polizei in der Moschee von Um Al Fahm geschah im Interesse der PLO-Führung.

Die Verhaftungen löschten die Erinnerung an Sheikh Nabahani nicht aus. Während der 1990er-Jahre blühten andere Organisationen auf, die Nabahanis Gedankengänge kopierten. Dazu gehörte die »Hisb' Al Tahrir«, die »Partei der Befreiung«. Hisb' Al Tahrir hatte ihre Keimzellen in Tulkarem und Nablus. Die Organisatoren nahmen keinen Kontakt zur PLO auf, denn sie fürchteten, die Anhänger von Jassir Arafat würden gegen die pro-islamische Haltung der Partei der Befreiung Position beziehen. Wer sich zu Hisb' Al Tahrir bekannte, der trat dafür ein, dass ein künftiger palästinensischer Staat den Koran zur gültigen Verfassung erklären müsste. Der Partei der Befreiung gelang es nie, die Massen der Palästinenser anzuziehen. Sie umfasste immer nur einige Hundert Mitglieder, die sich allerdings meist durch hohe Überzeugungskraft und Intelligenz auszeichneten. Im Verlauf der 1990er-Jahre veränderte sich das Programm der kleinen Partei. Die Ziele wurden höher gesteckt. Der erste Schritt der »Befreiungsrevolution« sollte die Beseitigung aller bestehenden arabischen Regierungen sein. Befreit werden sollte die gesamte arabische Welt. Es dauerte nicht lange und die Anhänger der Hisb' Al Tahrir bekannten sich mit aller Deutlichkeit zum Islam: »Es genügt uns nicht, palästinensische Nationalisten zu sein. Wir sind islamisch-arabische Nationalisten.« Hisb' Al Tahrir war die erste Organisation, die offen »Dschihad« propagierte, den »Heiligen Krieg«.

Da Hisb' Al Tahrir gegen alle bestehenden arabischen Regime Agitation betrieb, gab es in den arabischen Hauptstädten keine Regierung, die Sympathie für das Programm empfand. Besonders König Hussein schickte seine Polizei auf die Spuren dieser islamischen Partei. Einer der Verhafteten gab das Bekenntnis ab: »Ich bin Mitglied der Befreiungspartei. Ich setze mich dafür ein, dass die Regierungen der arabischen Staaten aufgelöst werden. Sie müssen ersetzt werden durch Autoritäten, die den Prinzipien des Koran folgen. Nationalistische Prinzipien lehnen wir ab, gleichgültig, ob sie palästinensisch oder panarabisch ausgerichtet sind.« Es war die Zeit, als Gamal Abdel Nasser panarabische Ideen propagierte. Gegen die Persönlichkeit des Ägypters kamen die Propagandisten der »Befreiungspartei« nicht an. Selbst als die Popularität Nassers nach dem verlorenen Krieg 1967 an einen Tiefpunkt gelangte, konnte die kleine Gruppe keinen Gewinn daraus ziehen. Folgende Gründe sind für das mangelnde Interesse anzuführen: Sobald feststand, dass die israelische Besetzung des arabischen Territoriums nicht sofort effektiv bekämpft werden konnte, erlosch die geistige Auseinandersetzung der Bevölkerung mit diesem Problem; die Auswirkungen der Niederlage wurden einfach hingenommen. Die Apathie der Bevölkerung übertrug sich auf die Führungsschicht der »Befreiungspartei«. Entschlüsse wurden nicht gefasst. Einzig dieser Standpunkt wurde verkündet:»Die Besetzung des arabischen Landes durch Israel ist eine Maßnahme, die keinerlei Anerkennung findet. Es ist eine rechtlich ungültige Maßnahme!« Mit derartigen Erklärungen konnte keine Unterstützung durch die palästinensische Bevölkerung gewonnen werden.

Erschwerend auf jede Aktivität wirkte sich auch aus, dass die Führung der Befreiungspartei das bequemere Leben im Libanon vorzog. Das, was übrig geblieben war vom Kern der Organisation, war nach Beirut ausgewichen. Das Resultat war, dass der Kontakt zu den einst aktiven Parteimitgliedern abbrach. Hatten einige Aktivisten davon geträumt, irgendwann einen Staat zu errichten, der die islamische Welt umfasste und der von einem »Kalifen«, von einer hohen islamischen Autorität geführt wurde, so erlosch jetzt – im Herbst 1967 – dieser Traum sehr rasch.

Während der ersten Monate der israelischen Besetzung des Gazastreifens wuchs nach und nach die Stärke der Fedajin, der Freiheitskämpfer. Anreiz, sich am Kampf gegen Israel zu beteiligen, war die einfache Möglichkeit, sich zu bewaffnen. Während ihrer Flucht im Verlauf des Junikrieges 1967 hatte die ägyptische Armee Waffen liegen gelassen oder weggeworfen. Gut erhaltene Maschinenpistolen und Panzerabwehrgranaten fand man in der Wüste. Die dazugehörige Munition lag in Kisten verpackt ebenfalls in den Sanddünen. Die Fedajin des Gazastreifens hatten deshalb wenig Mühe, an modernes Kriegsgerät zu gelangen.

Palästinenser, die sich bewaffnet hatten, begannen den Kampf als Individuum oder in kleinen Gruppen. Aus Mangel an Erfahrung waren sie meist gegenüber den israelischen Sicherheitskräften die Unterlegenen. Viele junge Männer verloren ihr Leben. Sie hatten sich nicht für den Koran und den Islam geopfert, sondern für ihre palästinensische Heimat. Doch die islamischen Geistlichen, die bei der überraschenden Entwicklung der Fedajinbewegung nicht abseits stehen wollten, erklärten die Toten zu »Märtyrern«. Die Geistlichen versprachen, diese Märtyrer hätten ihre Belohnung im Paradies zu erwarten. Das Versprechen trug sehr zur Popularisierung der Fedajinbewegung bei. Eine Gloriole des Ruhmes umgab die jungen Bewaffneten, die sich dem Kampf mit dem überlegenen Gegner stellten. Ihre Erfolge waren gering, doch ihr Ansehen blühte auf. Und daran waren die Prediger in den Moscheen nicht unbeteiligt.

Die Familien der Märtyrer sahen es gern, dass ihre Toten als von Allah Bevorzugte gepriesen wurden, doch die persönliche Gläubigkeit der Familienmitglieder wurde dadurch nicht beeinflusst. Die PLO nutzte die entstehende islamische Basis nicht aus. Arafat mied in seinen Reden den Bezug auf Allah – er blieb ein palästinensischer Nationalist ohne Berufung auf Allah.

Israel unterstützte, zuerst kaum spürbar, islamisch orientierte Kreise innerhalb der palästinensischen Bevölkerung. In der Schrift »Islamic Politics in Palestine« von Beverley Milton Edwards wird der Palästinenser Assad Saftawi mit der Aussage zitiert: »Die Besatzungsmacht hat sich zu diesem Zeitpunkt bemüht, die Moslembruderschaft wieder zum Leben zu erwecken. Dahinter steckte die Absicht, einen Gegenpol zu schaffen zur nationalistischen Bewegung, die dabei ist, Widerstand in Konfrontation mit der Besatzungsmacht aufzubauen.«

Die Unterstützung der islamischen Kräfte begann damit, dass die israelischen Sicherheitsbehörden Bemühungen der Moslembruderschaft förderten, die Situation der Zivilbevölkerung im Gazastreifen zu verbessern. Bedürftige wurden mit Geld und mit notwendigen Lebensmitteln versorgt. Familien bekamen bald das Gefühl, die Moslembruderschaft sorge für ihren Lebensunterhalt und habe dabei die volle Unterstützung der israelischen Besatzungsmacht. Wer sich Hilfe versprach von nationalistisch ausgerichteten politischen Gruppierungen, der wurde enttäuscht, denn die PLO hatte nicht die finanziellen Mittel, sozial schwache Familien zu unterstützen. In dieser Situation erkannte eine Persönlichkeit die Chance für die islamische Bewegung. Sein Name war Ahmed Jassin.

Erste Intifada

Ahmed Jassin und Mujama   »Von uns wird Geduld verlangt. Die Zeit wird kommen, dass wir die ganze Welt kontrollieren.« Derjenige, der diese Worte sagte, war Ahmed Jassin, ein Geistlicher von nur geringem Rang. 1936 geboren, wuchs er in einer Zeit auf, als sich Palästinenser gegen die Briten wehrten, die dem palästinensischen Volk keine Selbstbestimmung zugestehen wollten. Der Zweite Weltkrieg brachte den Untertanen der Briten dann auch nicht die ersehnte Freiheit, denn die Engländer konnten von sich behaupten, Sieger zu ein – auch wenn ihre politische und wirtschaftliche Kraft geschwächt war. Die britische Mandatsverwaltung erklärte öffentlich, die Rechte der Araber, der Palästinenser schützen zu wollen, in Wahrheit aber duldeten die Mandatsverwalter die illegale Zuwanderung jüdischer Familien aus Europa. Die öffentliche Meinung in Europa und in den USA unterstützte die Bemühungen, jüdischen Menschen den Weg nach Palästina zu öffnen, das – gemäß den alttestamentarischen Bibeltexten – ohnehin den Juden einst von Gott versprochen worden war. Die britische Politik führte schließlich dazu, dass 1948 Israel gegründet wurde – und dass Zehntausende von Palästinensern aus ihren Städten und Dörfern flohen. Viele von ihnen fanden Zuflucht im Gazastreifen, der 1948 bis 1967 unter ägyptischer Verwaltung stand.

Ahmed Jassin, zwölf Jahre alt, gehörte samt seiner Familie zu den Flüchtlingen, die im überfüllten Gazastreifen eine ärmliche Behausung gefunden hatten – in einem kleinen Dorf, das Jourah hieß. Der Vater bemühte sich, den Lebensunterhalt für die Familie als Fischer zu verdienen. Er hatte zwei Frauen und damit zwei Familien. Mit zwölf Jahren verdiente Jassin als Kellner in einem Restaurant am Meer einen geringen Beitrag zum Unterhalt der Familien. Als Schüler an der Palestine Secondary School in Gaza hatte er Lehrer, die der Moslembruderschaft angehörten. Sie sorgten dafür, dass Jassin von Geistlichen unterrichtet wurde. Er erwarb die Kenntnisse, die ein islamischer Theologe niederen Ranges benötigte. Er bekam Gelegenheit, in Kairo an der Universität Ain Shams ernsthafte theologische Studien zu absolvieren. Nach seiner Rückkehr in die Heimat wurde Ahmed Jassin Lehrer im Hauptfach religiöse Unterweisung. Bald schon geschah es, dass er von palästinensischen Familien in religiösen und rechtlichen Fragen um Rat gebeten wurde. Er verfolgte dabei die Richtung, die von der Moslembruderschaft vorgegeben wurde: Angestrebt wurde ein starker Einfluss der Lehren des Koran auf das tägliche Leben der Menschen. Er veranlasste Jugendliche, sich den Regeln des Islam zu fügen. Sie hatten fünfmal am Tag zu beten, den Fastenmonat Ramadan einzuhalten und Korantexte zu studieren.

Jassins religiöser Eifer und seine Bemühungen um die Jugendlichen zog die Aufmerksamkeit der ägyptischen Verwaltungsbehörden in Gaza auf sich, die wiederum den Verhaltensregeln des Gamal Abdel Nasser folgten, der von jedem Einzelnen die Hinwendung zum Sozialismus verlangte. Der Islam sollte nicht als Heilslehre gelten. Die ägyptischen Sicherheitskräfte hielten Jassin schließlich staatspolitisch für derart gefährlich, dass er verhaftet wurde.

Der junge Mann begriff, dass von ihm Zurückhaltung verlangt wurde. Er unterließ es, die Ideen der Moslembruderschaft weiter zu propagieren. Jassin begriff auch, dass die Situation des palästinensischen Volkes nicht nach religiöser Auseinandersetzung mit der Besatzungsmacht verlangte, sondern nach national orientiertem, militärischem Kampf. Für diese Ausrichtung setzte sich die PLO ein und fand Resonanz bei der Bevölkerung. Ahmed Jassin bemühte sich um eine Kombination von militärischer Aktion und religiöser Konfrontation. Seine Predigten empfahlen Kampf und Gebet. Die Zahl der Zuhörer wuchs. Darunter befanden sich junge Männer, die später in der Organisation Hamas bedeutende Funktionen übernehmen werden. Besonders zu erwähnen ist Abdel Aziz Rantisi.

Dass Ahmed Jassin seit früher Jugend behindert war – offenbar als Folge eines Sportunfalls – und dass er auf einen Rollstuhl angewiesen war, schadete seinem Ansehen nicht. Im Gegenteil: Behinderten wird in Arabien oft eine hohe geistige Kraft zugesprochen. Der Gelähmte wurde zum geistigen und geistlichen Mittelpunkt einer ständig wachsenden Gemeinde junger Menschen. Sein Gesicht, von einem weißen Bart umrahmt, wurde zunehmend asketischer und durchsichtiger. Die Faszination auf seine Zuhörer wuchs. Sie lauschten seinen leicht zu begreifenden Erklärungen der Offenbarung des Korans. Besondere intellektuelle Tiefe erwarteten die jungen Frauen und Männer nicht, seine Ausdrucksweise war populär zu nennen. Ahmed Jassin erstrebte keine Würde in der islamischen Hierarchie des Gazastreifens. Er begnügte sich mit dem Titel »Sheikh«, der niedersten Stufe des theologischen Aufstiegs. Seine Bescheidenheit wirkte nicht gekünstelt, seine Sprache war einfach, er vermied weit gespannte theologische Gedankenbögen und politische Exkurse. Ahmed Jassin wurde von den Menschen seiner Umgebung verstanden. Die Zeit des brillanten Rhetorikers Gamal Abdel Nasser war zu Ende. An Phrasen war niemand mehr interessiert. Bescheidenheit wurde

Mode in der Politik und in der Moschee. Um das Jahr 1980 wurde Sheikh Ahmed Jassin politische und religiöse Leitgestalt im Gazastreifen.

Dass durch Worte allein keine bleibende Spur im Gemüt der Palästinenser des Gazastreifens zu erzeugen war, dies begriff Ahmed Jassin zu Beginn der 80er-Jahre. Er begann, Menschen um sich zu sammeln, die den Flüchtlingsfamilien in Gaza nützlich sein konnten. Dazu zählten Ärzte der unterschiedlichen Sparten und Angestellte von Geldinstituten, die auch einfachen Menschen Ratschläge geben konnten, wie man Geld intelligent nutzt. Dazu gehörten vor allem auch Lehrer, die Einfluss auf junge Palästinenser zu erreichen versuchten. Umgeben von derartigen Personen, organisierte Sheikh Ahmed Jassin eine bescheidene Hilfsorganisation, die er »Mujama« nannte – islamische »Sammlung«. Diese Idee ist ganz offensichtlich bei der Moslembruderschaft entlehnt, die unter ähnlichen Deckbegriffen Hilfsorganisationen gründeten. Im Fall der Mujama bestand die Absicht, die Organisation abzugrenzen gegenüber sozialen Einrichtungen der PLO, die zur Stärkung palästinensisch-nationalistischen Gedankenguts ins Leben gerufen worden waren. Mujama hingegen stellte die Solidarität der Moslems in den Vordergrund ihrer Aktivität: »Die Gläubigen des Islam helfen einander.«

1980, als Mujama aktiv zu werden begann, war zu spüren, dass die israelische Besatzungsmacht dieser islamisch orientierten Kleinorganisation kein Hindernis in den Weg legte. Im Gegenteil. Die israelischen Armee-Einheiten waren angewiesen, Hilfestellungen jeder Art zu geben. Sie standen Mujama mit Transportmitteln zur Seite, sie erlaubten Treffen religiöser Ausrichtung in Flüchtlingslagern und in den ärmeren Vierteln der Städte im Gazastreifen. Die Sympathie der Israelis für Mujama war zu spüren. Ahmed Jassin war sich allerdings bewusst, dass seine Organisation diese Sympathie allein der Abneigung der Besatzungsmacht gegenüber der palästinensischen Befreiungsbewegung zu verdanken hatte.

So konnten sich die Mitarbeiter von Mujama ungestört dadurch hervortun, dass sie Ambulanzstationen gründeten und bescheidene Praxen für Dentisten. Mithilfe der Besatzungsmacht wurden lokale Kindergärten gebaut – bescheiden und unauffällig. In der Nähe derartiger Einrichtungen befanden sich meist Räume, in denen die Lektüre des Koran vermittelt wurde. Exemplare des Koran wurden dort kostenlos verteilt.

Nach dem Jahr 1980 waren die Folgen einer Vorliebe des Sheikh Ahmed Jassin überall in Gaza deutlich sichtbar: Er liebte den Fußballsport – und er sorgte dafür, dass es überall im Gazastreifen schlichte Fußballfelder für junge Männer gab. Die palästinensische Bevölkerung insgesamt, die Jugendlichen – und die israelische Besatzungsbehörde nahmen diese Entwicklung positiv an. Sie trug zur Popularisierung der Mujama bei. Mit Unbehagen bemerkten Jassir Arafat und örtliche Kommandeure der PLO die Stärkung der islamischen Kräfte innerhalb der Flüchtlingslager des Gazastreifens. Sie versuchten ihr Ansehen bei der Bevölkerung durch militärische Aktionen gegen Israel zu steigern. Aber die Vergeltungsangriffe der israelischen Boden- und Luftstreitkräfte richteten sich meist gegen palästinensische Zivilisten. Der Zorn der betroffenen Lagerbewohner wandte sich deshalb dann letztlich gegen die PLO – ihr wurde die Schuld an den zivilen Opfern zugeschoben. Mujama, die zu jener Zeit prinzipiell unbewaffnet war, bleib von der Gewalt der Besatzungsmacht verschont. Das Resultat war, dass viele Lagerbewohner bewusst den Schutz der Israelis suchten. Die israelische Politik der Spaltung der Palästinenser war zu diesem Zeitpunkt erfolgreich. Die Nationalisten (PLO) waren geschwächt. Diese Tendenz betraf besonders den Gazastreifen.

Bemerkbar wurde eine eigentümliche Veränderung der Grundstimmung in den Lagern in und um die Stadt Gaza. Wer sich zu Mujama bekannte, der sah nach und nach nicht mehr die israelischen Streitkräfte als Feind an, sondern die palästinensische

Befreiungsbewegung. Mit Wortgefechten begannen die Auseinandersetzungen in den Lagerstraßen – sie endeten mit Schießereien. Der Streit begann meist mit der Behauptung der Mujama-Demonstranten, die PLO sei schuld an der Unterlegenheit der Palästinenser, denn ihr fehle die Unterstützung Allahs. Nur Allah besitze die Kraft des Widerstands gegen die »gottlosen Juden«.
Trotz dieser offensichtlich antijüdischen Propaganda wurde bereits im Herbst 1978 Mujama von der israelischen Gazaverwaltung ermutigt, den Antrag auf Zulassung als Organisation mit karitativem Charakter zu stellen. Die Lizenz dazu wurde schließlich Sheikh Jassin zugesprochen. Dies geschah, obgleich den Zuständigen, die verantwortlich waren für die Lizenzvergabe, die feindliche Haltung der Mujama gegenüber Israel bekannt war.

Die Islamische Universität Gaza   Die Islamische Universität Gaza (IUG) wurde in der Zeit nach dem Krieg von 1973 gegründet. Mehrere Ansätze zur Schaffung einer höheren religiösen Lehranstalt waren gescheitert – am Einspruch der israelischen Verwaltung des Gazastreifens, denn man befürchtete eine eindeutig gegen den jüdischen Staat ausgerichtete Orientierung der Lehranstalt. 1978 veränderte allerdings eine innerarabische Entwicklung die Meinung der Verantwortlichen. Anwar As Sadat, der ägyptische Präsident, hatte überraschend seine Politik gegenüber Israel verändert. Seine Friedensinitiative, verbunden mit dem Besuch in Jerusalem, schien sich erfolgreich zu entwickeln. Doch Widerstand regte sich bei der Jugend Palästinas. Sie protestierte gegen diese »öffentliche Kapitulation gegenüber Israel«.
An den Demonstrationen gegen Sadat beteiligten sich vor allem die rund 1500 jungen Frauen und Männer, die an ägyptischen Universitäten studierten. Um diese Demonstranten abzustrafen, verbot ihnen Anwar As Sadat die Fortsetzung des Studiums in Kairo, Alexandria und an anderen Universitäten Ägyptens. Die Studenten wurden aus dem Land am Nil verwiesen. Ohne Stu-

dienabschluss kamen sie in die Heimat zurück. Ehe sich die Heimkehrer revolutionären Gruppen anschlossen, mussten ihre Energie und ihre Fantasie in vernünftige Bahnen gelenkt werden. In Gaza stand eine Universität zur Eröffnung bereit, der aber bisher die Genehmigung zur Lehre versagt worden war. Diese Genehmigung wurde nun erteilt – unter der Voraussetzung, dass dieses Lehrinstitut sich nicht nur mit religiösen Belangen befasste, sondern auch naturwissenschaftliche Fächer und eine historische Abteilung anbot. Die Universität Gaza hatte sich sowohl religiös als auch weltlich zu präsentieren. Im Gründungsgremium hatten allerdings Mitglieder von Mujama Sitz und Stimme. Sie waren vom ersten Tag der Existenz der Universität Gaza an darauf bedacht, dass der Unterricht in den religiösen Fächern Priorität besaß. Die Betonung des Islam war schon deshalb vorgegeben, weil die Finanzierung des Instituts durch Gelder aus Saudi-Arabien erfolgte. Hätte die regierende Familie im Ölkönigreich das Gefühl gehabt, die IUG sei eine Universität wie jede andere, hätten die Mächtigen der Sippe As Saud die Zahlungen eingestellt.

Ein wesentlicher Punkt, der gleich zu Beginn entschieden werden musste, war die Trennung der Geschlechter in den Unterrichtsräumen. Die Mitglieder der Mujama setzten sich in den Entscheidungsgremien durch. Männer und Frauen durften nicht gemeinsam Vorlesungen und Seminare besuchen.

1981 steigerten sich die Bemühungen der Mujama, das gesamte Universitätsleben bestimmen zu können. Das Ziel der islamisch ausgerichteten Gremiumsmitglieder war die Entfernung der »Nationalisten« aus der Reihe der Lehrkräfte und der Studentenvertreter. Die Untersuchung »Islamic Politics in Palestine« von Beverley Milton Edwards berichtete, Mujama sei dabei von den israelischen Verwaltungsbehörden im Gazastreifen stark unterstützt worden. Arafats Einfluss auf die Universität Gaza sollte gering gehalten werden. Dabei wurde von den israelischen Beamten massiver Druck ausgeübt. Sieben Angehörige des Gründungskomitees wurden aufgefordert, an den Sitzungen nicht mehr teilzunehmen. Damit waren die der PLO Nahestehenden aus dem wichtigen Gremium entfernt. Der führende Kopf der IUG war fortan Dr. Abdel Aziz Rantisi.

Die neue Orientierung war bald zu spüren. Alle an der Universität arbeitenden Männer mussten die Bärte auf islamische Art wachsen lassen und pflegen. Mujama-Aktivisten verbreiteten die Ansicht, wer sein Äußeres nicht den islamischen Gesetzen anpasse, der sei nicht geeignet, die palästinensische Heimat zu befreien. Mujama akzeptierte zwar die Unterstützung der Israelis, propagierte jedoch weiterhin die Vision, Palästina in die Freiheit zu führen.

Da die IUG nahezu das einzige höhere Lehrinstitut für Palästinenser im vollständig besetzten palästinensischen Gebiet war, blieb denjenigen, die studieren wollten, nichts anderes übrig, als sich den Regeln der Mujama zu unterwerfen. In der zweiten Hälfte der 80er-Jahre des vergangenen Jahrhunderts betrug die Zahl der Studierenden 1400 junge Frauen und Männer. Nur wenige besaßen den Mut, sich zur PLO und zu Arafat zu bekennen. Die wenigen wurden als Atheisten und als Feinde Allahs beschimpft. Sie bekamen zu hören, dass der Koran die Wahrheit aussage, Arafat aber sei ein Lügner.

Israel erkennt seinen Irrtum   Es war 1984, als die wahren Ansichten des Sheikh Ahmed Jassin über Israel vor der Besatzungsmacht nicht länger zu verbergen waren. Die Anklage des israelischen Gerichts lautete, Jassin habe öffentlich die Zerstörung Israels propagiert. Sheikh Jassin leugnete nicht, dass er gegen die Existenz Israels gepredigt habe. Der Sachverhalt genügte der israelischen Verwaltung, um den Geistlichen verhaften und verurteilen zu lassen mit der Begründung, er habe begonnen, Dschihad gegen Israel zu organisieren. Als Beweis wurde angeführt, in der Wohnung von Jassin seien 60 Gewehre gefunden worden. Es war ein Militärgerichtshof, der schließlich das Urteil sprach. Jassin wurde zu fünf Jahren Haft verurteilt. Erstaunlich war allerdings, dass er tatsächlich nur ein Jahr lang in israelischem Gewahrsam blieb. 1985 öffnete sich für ihn die Gefängnistür wieder, und innerhalb kurzer Zeit flossen ungehindert Unterstützungsgelder aus Jordanien in Sheikh Jassins Kasse.

Unmittelbar nach der Freilassung des führenden Kopfes der Organisation Mujama war in der Stadt Gaza eine deutliche Zunahme islamischer Werte festzustellen. Restaurants, die Alkohol ausschenkten, und öffentliche Spielstätten wurden gestürmt. Palästinenser, die sich zur PLO bekannten, mussten damit rechnen, auf der Straße verprügelt zu werden. Gewalt breitete sich aus. Verboten wurde jede Form der Musik. Instrumente zu spielen wurde strikt untersagt – gleichgültig, ob in privatem Kreis oder in der Öffentlichkeit. Die harten Maßnahmen wurden schließlich auch von PLO-Anhängern akzeptiert. Ein palästinensischer Nationalist drückte seine Resignation so aus: »Wenn es unbedingt nötig ist, dass man religiös sein muss, wenn man Palästina befreien will, dann bin eben auch ich religiös.«

Diese Einstellung wirkte sich bald in der Auseinandersetzung mit Israel aus. »Islamic Dschihad« entwickelte sich – der »Islamische Heilige Krieg«. Er zeichnete sich im Oktober 1986 ab. Gerichtet war die Auseinandersetzung zunächst gegen Palästinenser, die mit den Israelis zusammenarbeiteten. Die ersten Attacken trafen palästinensische Taxifahrer. Die Mörder veranlassten die IDF zu massiven Gegenmaßnahmen. 50 Männer, die verdächtigt wurden, Organisatoren des Islamic Dschihad zu sein, wurden verhaftet. Noch ehe das Verfahren gegen sie eingeleitet war, gelang es einigen, aus dem Militärgefängnis von Gaza zu fliehen. Die israelischen Sicherheitsbehörden wunderten sich, dass Islamic Dschihad bereits derart effektiv organisiert war, um bewaffnete Wachen überrumpeln zu können. Verblüfft war die Besatzungsmacht auch, dass es ihr nicht gelang, die Entflohenen wieder einzufangen. Ganz offenbar genossen die Mitglieder von Islamic Dschihad Unterstützung bei der palästinensischen Bevölkerung im Gazastreifen.

Die Entflohenen wurden am 6. Oktober 1986 aktiv. Sie griffen israelische Sicherheitskräfte an. Diese Attacke war allerdings wenig erfolgreich und vier Mitglieder des Islamic Dschihad starben. Sheikh Jassin erklärte sie zu Märtyrern im Heiligen Krieg gegen Israel. Um die Toten zu ehren, organisierte Sheikh Jassin Demonstrationen in allen Siedlungen und Städten im Gazastreifen. Es war jetzt nicht mehr zu übersehen, dass sich die führenden Köpfe des Islamic Dschihad eine effektive Bewegung aufgebaut hatten. Die israelischen Sicherheitskräfte begriffen jetzt erst, welche Macht Sheikh Jassin ausübte. Sie versuchten das Netzwerk zu zerschlagen, indem sie Ausgangssperren und Hausdurchsuchungen einsetzten und Häuser zerstörten. Keine dieser Maßnahmen konnte den Kampfeswillen der Palästinenser brechen. Schon in dieser Phase des Konflikts war Islamic Dschihad der PLO an Effektivität überlegen. Anfang August 1987 setzten islamische Kämpfer ein Zeichen, das bei der palästinensischen Bevölkerung im Gazastreifen starke Beachtung fand: Der israelische Hauptmann Ron Tal war zu Fuß im Zentrum der Stadt Gaza unterwegs, als plötzlich aus einem Versteck geschossen wurde. Der Hauptmann war sofort tot. Die Schützen wurden nicht gefasst. Zum ersten Mal hatte sich Widerstand gegen einen Angehörigen der israelischen Besatzungsmacht bemerkbar gemacht. Der PLO war Derartiges nicht mehr zuzutrauen – ihre Kraft war erlahmt.

Von nun an war für lange Zeit keine Ruhe mehr in Gaza-Stadt. Am 6. Oktober 1987 erreichte die Spannung einen Höhepunkt. Besonders betroffen war das Stadtviertel Shujai'a. In engen Straßen lauerten bewaffnete Studenten der IUG einer israelischen Patrouille auf. Das Gefecht dauerte einige Minuten, und als der Geschosshagel endete, waren ein Israeli und vier Palästinenser tot. Die toten Studenten wurden noch am selben Tag von Sheikh Jassin zu Märtyrern erklärt – und zum Symbol für den palästinensischen Widerstand: »Sie sind gefallen auf dem Altar der Freiheit der palästinensischen Nation.« Die israelischen Sicherheitsbehörden hatten erkannt, dass das Zentrum des Widerstands in der IUG zu finden war, doch die Schließung des Lehrinstituts erwies sich als wirkungslos.

Schwer abzuschätzen war die tatsächliche Zahl der Aktivisten der islamischen Bewegung. Die korrekte Zahl war wahrscheinlich 2000, nur ein Bruchteil der Gesamtbevölkerung (etwa 600 000) des Gazastreifens. Doch wichtig war, dass die wenigsten der islamischen Aktivisten tatsächlich Studenten waren. Groß war die Zahl der Ärzte und Lehrer. Intellektuelle bildeten die Basis derer, die bereit waren zum Widerstand. Sie waren verbunden durch gemeinsame Jugenderlebnisse: Sie waren als Kinder zu Flüchtlingen geworden und waren im Gazastreifen aufgewachsen. Ihren Berufsweg hatten sie an ägyptischen Lehrinstituten begonnen. Am Nil waren sie vertraut geworden mit den religiösen Auffassungen der Moslembruderschaft. Keiner von denen, die innerhalb der islamischen Bewegung zu bestimmen hatten, war anerkannter islamischer Geistlicher – selbst Ahmed Jassin konnte sich nicht auf eine abgeschlossene theologische Ausbildung berufen.

Über Geld verfügten die Männer, die in der islamischen Bewegung zu bestimmen hatten, kaum. Niemand war wohlhabend im Gazastreifen. Doch mancher hatte Verwandte, die in die Emirate am Persischen Golf, nach Saudi-Arabien oder nach Jordanien emigriert waren. Dort verdienten sie Beträge in harter Währung. So absurd es klingen mag, auch die israelische Besatzungsverwaltung trug dazu bei, dass Mujama über Bargeld verfügte. Der israelische Staat stellte Gelder zur Verfügung, die zur Reparatur von Moscheen im Gazastreifen aufgewendet werden sollten. Von diesen Geldern, die kaum einer Kontrolle unterlagen, wurden Beträge abgezweigt. Den Standpunkt der israelischen Militärregierung in finanziellen Angelegenheiten macht dieses Zitat aus »Islamic Politics in Palestine« deutlich: »Die Militärregierung unterstützte Mujama, denn sie wusste genau, dass ihre politische Aktivität und ihre Sammlung von Geldern die Schwächung der PLO zur Folge hatte. Geschwächt wurden alle linksorientierten Organisationen. Die Militärregierung versorge Mujama auch zeitweise mit Waffen.«

Offenbar nahm die israelische Militärverwaltung nicht zur Kenntnis, dass Mujama hartnäckig das Ziel verfolgte, das Land, das Palästina genannt werden konnte, in einen Staat zu verwandeln, der den Koran als heiliges Gesetzbuch achtet und gleichzeitig das Ziel hat, den Staat Israel zu vernichten. Die Folge dieser Toleranz war, dass sich nach und nach Zellen der islamischen Bewegung am Westufer des Jordan ausbildeten. Auch in der Region südlich und nördlich von Jerusalem bildete Mujama den aktiven Gegenpol zur PLO. Zunächst war die Aktivität von Mujama kaum erkennbar. Sie begann damit, dass ein israelischer Student in Hebron erstochen wurde. Die palästinensischen Verantwortlichen für diese Tat verbreiteten die Nachricht, sie hätten den Tatort Hebron mit Absicht gewählt, denn dort sei das zionistische Denken verankert. In Hebron herrsche die Überzeugung vor, dass der Gott des jüdischen Volkes genau diesem Volk das »Gelobte Land« für alle Zeiten versprochen habe. Die Botschaft der Mörder wurde verstanden. Dies war daran zu erkennen, dass sich am darauffolgenden Freitag Tausende von islamischen Gläubigen in der Al-Aqsa-Moschee in Jerusalem versammelten, um gegen jüdische Besitzansprüche auf Land in Palästina zu demonstrieren. Die Mörder wurden nicht gefasst.

Am Ende der 1980er-Jahre begriffen Jassir Arafat und die Aktivisten der Organisation Fatah, dass es unklug war, Position gegen die starke Mujama zu beziehen. Behutsam wurden Kontakte zur islamischen Organisation geknüpft. Verantwortliche der Mujama erklärten öffentlich, ihre Organisation sei nicht Teil der PLO, doch sie verfolge Ziele, die verwandt seien mit denen der PLO. Zweifel waren zu spüren, dass nationalistisch-palästinensische Ideen genügten, um die Heimat vom »Zionismus« zu befreien; vielleicht gebe der Glaube an den Koran die nötige Kraft.

Das Ende der Rivalität zwischen Mujama und PLO ermöglichte eine Entwicklung, die zum Ausbruch des offenen Konflikts zwischen Israelis und Palästinensern führte. Die Energie der beiden Organisationen PLO und Mujama wurde nicht mehr durch ihre Rivalität absorbiert. Nationalisten und Religiöse machten sich nicht mehr den Einfluss auf die Massen streitig. Sheikh Ahmed Jassin und Jassir Arafat planten insgeheim die offene Rebellion gegen die israelische Besatzungsmacht. Deren Reaktion richtete sich gegen Mujama, deren Parolen vom »Heiligen Krieg« besonders lautstark zu vernehmen waren. Die PLO bemühte sich, propagandistisch nur wenig aufzufallen.

Das Resultat war, dass sich Verhaftungsaktionen der Israelis vornehmlich gegen Studenten der IUG richteten. Diese wehrten sich durch engeren Zusammenschluss, durch straffere Organisation und durch die Betonung ihrer islamischen Orientierung. Es fehlte schließlich nur ein Zündfunke, um die Spannung zur Entladung zu bringen.

»Die Stunde von Khaibar ist gekommen«   Ahmed Jassin, der behinderte Geistliche, prägte den Kampfruf von Intifada. Er weckte die Erinnerung daran, dass der Prophet Mohammed Krieg geführt hatte gegen die jüdischen Stämme von Khaibar. Diese waren, wie die Familie des Propheten, Bewohner der Arabischen Halbinsel und lebten in der Nähe von Mekka. Mohammed hatte geglaubt, die jüdischen Stämme würden sich seiner Offenbarung beugen, glaubten doch Moslems und Juden an den einen und allmächtigen Gott. Doch die jüdischen Familien von Khaibar wollten ihre Heiligen Schriften, die Fünf Bücher Mose, nicht zugunsten des Koran aufgeben. Sie nahmen es hin, dass Mohammed Krieg gegen sie führte – und sie verloren. Mohammed war – so beschreibt die Überlieferung das Ende des Konflikts – unversöhnlich. Er ließ die Ölbäume der Sippen von Khaibar abhacken. Ölbäume aber galten als heilig auf der Arabischen Halbinsel. Mohammed habe, so verkündete Ahmed Jassin, mit der Vernichtung der Ölbäume ein Zeichen gesetzt: Niemals dürfe Frieden geschlossen werden mit den Juden.

Ahmed Jassin nahm dieses Geschehen von einst sehr ernst. Sprach sich Jassir Arafat für die Annäherung an das israelische Volk aus, bekam er von Ahmed Jassin die mahnenden Worte zu hören: »Bedenke Khaibar!« Dieses Signal verstand Arafat immer: Er durfte den Weg der Versöhnung nicht weiter beschreiten.

In den Moscheen des Gazastreifens war oft zu hören, was da einst, zur Lebzeit des Propheten, in Khaibar geschehen ist. Der Ruf »Bedenke Khaibar!« wurde besonders von einer Gruppe Absolventen der IUG aufgegriffen, die sich den Namen gab: »Die Izzedin-Al-Qassem-Brigade« – in Erinnerung an einen früheren Märtyrer der Palästinenser. Sie galt bald schon als der militärische Flügel der Mujama.

Die Nationalisten, die meist der PLO nahestanden, waren nicht an der Aufspaltung in aktive Untergruppen interessiert. Sie bemühten sich, als Block zu erscheinen. Nationalistische Organisationen gaben mit Beginn der »Intifada«, des Palästinenseraufstands, ihre Individualität auf. Sie fügten sich ein in die United National Leadership of the Uprising (UNLU). Zu dieser Dachorganisation gehörten Fatah, die Volksfront zur Befreiung Palästinas, und die Demokratische Volksfront zur Befreiung Palästinas. Die führenden Köpfe distanzierten sich von der islamischen Bewegung, denn die UNLU folgte nationalistischen Ideen.

Die Existenz der UNLU hatte zur Folge, dass die islamische Bewegung an eine Konzentration ihrer Kräfte denken musste. Im Februar 1988 war die Zeit reif für die Gründung einer Kampforganisation, die zum Symbol des islamischen Widerstands werden konnte. Der Name war »Harakat Al Muqawama Al Islamiya« – »Islamische Widerstandsbewegung«. Aus den Anfangsbuchstaben der arabischen Bezeichnung entstand durch Umstellung der eingängige Name »Hamas«. Das Wort »Hamas« besitzt keine Bedeutung, blieb aber im Gedächtnis haften und sprach schließlich Gefühle an. »Hamas« wurde zum Begriff des Widerstands und löste bald schon Fatah an Popularität völlig ab. Die Konsequenz war, dass die palästinensischen Frauen und Männer im Gazastreifen und im Westufergebiet des Jordan davon überzeugt wurden, dass »Intifada« völlig vom Islam inspiriert war. Der nationalistischen Dachorganisation UNLU wurde nur geringe Beachtung zuteil.

Die tägliche Erfahrung verstärkte bei den Menschen der palästinensischen Gebiete das Gefühl, Intifada sei eine Angelegenheit der eben entstandenen Kampforganisation Hamas. Der Name Hamas wurde wiederholt von den Minaretten der Moscheen ausgerufen. Die Lautsprecher verkündeten Parolen der Kampforganisation, verbreiteten Befehle, warnten vor israelischen Einheiten, die im Anmarsch waren, und gaben Verhaltensmaßregeln bekannt, die nützlich waren im Umgang mit der Besatzungsmacht. Dass die Lautsprecher der Minarette eine gefährliche Propagandawaffe der Hamas waren, begriffen die Israelis rasch. Ihre Patrouillen konfiszierten die Lautsprecher, sie schnitten die Kabel durch und sie verhafteten die Geistlichen. Doch derartige Maßnahmen schürten nur den Hass auf die israelische Besatzungsmacht und intensivierten den Widerstand.

Die Attraktivität von Hamas steigerte sich mit jedem Tag. Vor allem junge Männer suchten den Kontakt zu den bestehenden Hamaszellen. Manche hatten sich bisher der PLO nahe gefühlt, aber waren von Jassir Arafat enttäuscht worden. Der graubärtige behinderte Ahmed Jassin war der Magnet der Intifada. Er war der Verfasser von Flugblättern, in deren Texten die Bedeutung des

Islam für den palästinensischen Widerstand gegen die Andersgläubigen so dargestellt wurde: »Der Islam stärkt die Kampfkraft in den besetzten Gebieten. Viele unserer Kämpfer sind in den Siedlungen, Dörfern und Flüchtlingslagern gefallen. Sie sind Märtyrer für die Sache Allahs. Sie sind gestorben im Namen Allahs. Ihre Schreie waren Schreie des Sieges: Allah steht über allem! Die Stunde von Khaibar ist gekommen! Tod den Besatzern!«

Ahmed Jassin stellte immer wieder den Bezug zur Geschichte von Khaibar her, das nach seiner Auslegung für alle Zeit den Gläubigen des Islam verbietet, Verständigung mit den Juden zu suchen. Der Geistliche Ahmed Jassin beschränkte sich zunächst auf religiöse Belange und bestimmte die Glaubensrichtung der Hamasanhänger. Doch die Mitglieder der Organisation forderten mehr; sie verlangten Befehle für die tägliche Auseinandersetzung mit der Besatzungsmacht. Ahmed Jassin wurde Kommandeur der Hamas und bestimmte die Organisationsform. Ein Zweig legte die politische Zielsetzung fest, ein anderer Zweig organisierte die Ausforschung des Feindes, und der dritte Zweig nannte sich – nach dem palästinensischen Helden der 30er-Jahre – »Brigade Izzedin Al Qassem«. Dieser Zweig war für die militärischen Aktionen zuständig. Die Finanzierung der Gesamtorganisation war Vertrauenspersonen des Ahmed Jassin überlassen. Sie sammelten beachtliche Beträge bei Sympathisanten in Jordanien und in den Emiraten am Persischen Golf ein. Hamas litt selten unter Geldmangel.

Die Verantwortlichen für die politische Zielsetzung verfügten rasch über ein wirksames Mittel, Hamas öffentliche Aufmerksamkeit zu verschaffen. Sie befahlen »Streik« und veranlassten palästinensische Arbeiter, von ihren Arbeitsplätzen in Israel fernzubleiben. Diese Order betraf vor allem Palästinenser, die mit der Zitrusernte in israelischem Gebiet beschäftigt waren. Es gelang zeitweise, die Ernte zu unterbrechen. Aufrufe zum Generalstreik in den besetzten Gebieten machten den Einfluss von Hamas auch der Weltöffentlichkeit deutlich. Geschlossene Läden zogen die Aufmerksamkeit internationaler Fernsehteams auf sich, und die Machtlosigkeit der Besatzungsmacht war dabei leicht zu demonstrieren. Es geschah allerdings, dass sich die UNLU übergangen fühlte und dass die eigenen Pläne der UNLU durchkreuzt wurden. Arafat versuchte, die Streikbewegung der Hamas zu unterbinden – ohne Erfolg. Aufrufe der UNLU verlangten Disziplin: »Die nationalen Interessen des palästinensischen Volkes sind über die Interessen religiöser Gruppierungen zu stellen!« Ahmed Jassins Strategie setzte sich das Ziel, den palästinensischen Frauen und Männern das Bewusstsein einzupflanzen, dass allein Hamas in der Lage war, das entrechtete Volk wirklich zu vertreten.

Während der Zeit, in der Hamas die Spitzenposition beim Aufstand »Intifada« übernahm, unterbrach die israelische Besatzungsmacht die Kontakte zu dieser Organisation keineswegs. Die für den Gazastreifen zuständigen israelischen Offiziere bemerkten, dass der Einfluss von Hamas auf die palästinensische Bevölkerung ständig anwuchs – zum Nachteil der nationalistisch ausgerichteten PLO. Arafats Organisation kämpfte offen für die Schaffung eines palästinensischen Staates – davon ließ Hamas kein Wort verlautbaren. Sheikh Ahmed Jassin erweckte den Eindruck, seine Organisation habe allein das Ziel, dem Islam in der palästinensischen Bevölkerung Bedeutung zu verschaffen. Darin sahen die Israelis keine Gefahr. Der israelische Verteidigungsminister Yitzhak Rabin scheute nicht davor zurück, sich mit dem Hamas-Aktivisten Dr. Mahmud Zahar zu treffen, um mit ihm Probleme der Verwaltung von Gaza zu besprechen. Yitzhak Rabin hatte das Gefühl, mit Hamas könne verhandelt werden – diese Leute seien, im Gegensatz zur PLO-Spitze, vernünftig. Mitarbeiter des israelischen Verteidigungsministers trafen sich auch mit Sheikh Ahmed Jassin. Sie berichteten ihrem Chef, dieser Geistliche sei nur daran interessiert, den Lebensstandard der Menschen von Gaza zu verbessern. Die praktische Auswirkung dieser Einschätzung war, dass die israelische Militärverwaltung zwar den Geldfluss aus dem Ausland für die PLO unterbrach, Hamas aber konnte weiterhin mit Überweisungen rechnen. Beverley Milton Edwards zieht in seiner Untersuchung »Islamic Politics in Palestine« das Fazit: »Hamas und die israelische Verwaltung band die Abneigung gegen die palästinensische Befreiungsbewegung aneinander; beide waren getrieben von der Abneigung gegen die politische Ausrichtung der PLO, die rein weltliche Ziele verfolgte.«

Im Sommer 1989 geschah es dann, dass zwei israelische Soldaten nicht mehr in ihre Einheit zurückkehrten. Es stellte sich heraus, dass sie entführt und ermordet worden waren. Die israelischen Behörden waren überzeugt, diesmal sei nicht die PLO Anstifter und Ausführender des Anschlags. Offenbar war den Israelis verraten worden, dass Hamas die zwei Soldaten umgebracht habe. Von einem Tag zum anderen zerbrach die positive Einstellung der israelischen Verwaltungsbehörden zu Sheikh Jassin und zu dessen Stab. Ahmed Jassin, Mahmud Zahar und andere wurden verhaftet und unter Anklage gestellt. Der konkrete Vorwurf lautete: Hamas sei verantwortlich für den Tod der beiden Soldaten Avi Sasportas und Han Sadon. Jeder Kontakt zwischen der Besatzungsmacht und Hamas wurde unterbunden. Doch konsequent handelte Israel nicht. Zwar blieb Sheikh Jassin in Haft, doch sein Vertrauter Mahmud Zahar wurde aus der Untersuchungshaft entlassen und konnte sich im Gazastreifen frei bewegen. Er durfte auch den Sheikh in seiner Zelle besuchen. Dr. Zahar empfing Befehle, die an Aktivisten weiterzuleiten waren. Die Befehlskette blieb erhalten und damit die Funktionsfähigkeit von Hamas. Der Auftrag des Sheikhs lautete zunächst, jede Form der Gewalt gegen israelische Personen einzustellen, die religiöse Agitation aber sollte verstärkt werden. Auch wurde der Eindruck gepflegt, Hamas kümmere sich stärker um soziale Belange, um Hilfe für die Menschen des Gazastreifens. Heftig entflammte der Propagandakrieg gegen die PLO.

Declaration of Principles –
Der Friedensvertrag von Oslo

Arafat hält zu Saddam Hussein – Das hat Folgen Hamas war bisher eng verbunden mit der IUG. Diese wiederum existierte von den finanziellen Zuwendungen Saudi-Arabiens. Ganz selbstverständlich bestand eine herzliche Beziehung zwischen der regierenden Familie As Saud und Sheikh Ahmed Jassin. Diese Beziehung zerbrach im August 1990.

Die Hamas-Führung, die anti-israelisch eingestellt war, sah in den Vereinigten Staaten von Amerika einen unmittelbaren Feind. Für Ahmed Jassin bestand ohne Zweifel eine Allianz zwischen Israel und den USA. Plötzlich musste der Sheikh erkennen, dass Verbände der US-Armee freundlich als Verbündete in Saudi-Arabien aufgenommen wurden.

Vorausgegangen war die Besetzung des Emirats Kuwait am Ausfluss des Shatt Al Arab in den Persischen Golf durch irakische Panzertruppen. Die Vereinigten Staaten von Amerika erklärten diesen Überfall als Bruch des Völkerrechts und organisierten eine Allianz gegen Saddam Hussein, der auch das Königreich Saudi-Arabien beitrat. Die königliche Familie fühlte sich in diesen Tagen vom Irak bedroht. Nicht auszuschließen war tatsächlich, dass Saddam Hussein daran dachte, die saudi-arabischen Ölfeder an der Küste des Golfs zu erobern. Um diesen irakischen Gewaltakt zu verhindern, rückten US-Streitkräfte in diese Region ein; sie standen bereit, um eine mögliche irakische Invasion abzuwehren. Die Aktivisten der Hamas waren gläubige Moslems. Mit Schrecken vernahmen sie, dass die »ungläubigen Amerikaner« in die unmittelbare Nähe der Heiligtümer von Mekka und Medina eingezogen waren und dass sich unter den »ungläubigen amerikanischen Soldaten« Frauen befanden, die Stahlhelme trugen. Am 12. August 1990 erließ Sheikh Ahmed Jassin einen Aufruf an die Bevölkerung der Gaza-Region, in dem er die amerikanische Präsenz im Bereich der Heiligtümer Mekka und Medina verurteilte. Eine Stellungnahme gegen die königliche Familie von Saudi-Arabien vermied dieser Aufruf. Vier Wochen später forderte Sheikh Jassin den Iraker Saddam Hussein auf, seine Truppen aus Kuwait zurückzuziehen.

Zur gleichen Zeit aber erklärte die PLO, sie unterstütze voll und ganz Saddam Hussein, der Position gegen die USA beziehe. Jassir Arafat war besonders von der Idee des Irakers angetan, die beiden Problemfelder Kuwait und Palästina miteinander zu verbinden. Saddam Hussein hatte öffentlich erklärt, er werde die Besetzung des Emirats Kuwait aufheben, wenn sich Israel aus den besetzten palästinensischen Gebieten zurückziehe. Diese Verkoppelung zweier Konflikte fand keine Unterstützung in den Gremien der Vereinten Nationen; die US-Regierung war schroff dagegen. Die Auseinandersetzung zwischen Hamas und PLO über die Idee des Saddam Hussein führte zu Schießereien in den Palästinenserlagern Tulkarem und Jenin im Westufergebiet des Jordan. Ein ernsthafter bewaffneter Konflikt unter den Palästinensern stand bevor. Er wurde verhindert durch eine Gewalttat der israelischen Polizei, die am 8. Oktober 1990 in der Al-Aqsa-Moschee von Jerusalem 17 betende Palästinenser tötete. An jenem 8. Oktober 1990 hatten sich palästinensische Jugendliche in der Altstadt von Jerusalem zusammengerottet. Sie hatten die Absicht, jüdische Gläubige an der Klagemauer mit Steinen zu bewerfen. Vorausgegangen war der Versuch jüdischer Männer, die zur Organisation der »Getreuen vom Tempel« gehörten, eine Moschee auf dem Tempelberg zu besetzen, um sie in eine Synagoge zu verwandeln. Die »Getreuen vom Tempel« pflegten die Erinnerung daran, dass auf dem Tempelberg, auf dem sich heute der islamische Felsendom befindet, einst der Gott geweihte Tempel des Salomo stand. Die »Getreuen« glaubten, dafür sorgen zu müssen, dass islamische Gebetsstätten vom Platz des jüdischen Heiligtums von einst verschwinden. Die israelische Polizei ging gegen die »Getreuen« vor und wollte danach den Konflikt an der Klagemauer »entschärfen«. Diese Bemühung schlug jedoch fehl. Die Polizei schoss auf die Palästinenser und 17 Tote waren das Resultat.

Nicht die islamische Kampforganisation Hamas, sondern Jassir Arafat ergriff die Gelegenheit als Erster, über das Ereignis vom 8. Oktober öffentlich zu reden: Der PLO-Chef sagte, ganz offensichtlich habe Saddam Hussein doch recht, wenn er von der Verknüpfung der Konfliktfelder Kuwait und Palästina rede. In beiden Fällen gehöre der Rückzug gegnerischer Streitkräfte zur Lösung in einer gefährlichen Situation.

Als Jassir Arafat die Initiative des Saddam Hussein zur Verkoppelung der Konfliktfelder unterstützte, war zwar das Emirat Kuwait bereits besetzt, doch der Golfkrieg war noch nicht ausgebrochen. Dies geschah erst am 16. Januar 1991, als die US-Luftwaffe den Angriff eröffnete. Die Niederlage des Saddam Hussein zeichnete sich von Beginn an ab, denn die irakische Luftabwehr versagte schon in der ersten Stunde.

Saddam Hussein war Verlierer – aber auch Jassir Arafat. Der König von Saudi-Arabien verzieh ihm nicht, dass er sich mit dem aggressiven Iraker verbündet hatte. Saudi-Arabien stellte die Zahlungen an die PLO ein. Die übrigen Monarchien am Persischen Golf folgten diesem Beispiel. Die Finanzverwaltung der PLO geriet in Schwierigkeiten. Sie konnte den Bewaffneten der Organisation keinen Sold mehr bezahlen. Der Bestand der PLO geriet in Gefahr. Hamas aber profitierte. Bisher hatte die PLO monatlich von Saudi-Arabien 28 Millionen Dollar ausbezahlt bekommen – dieser Betrag wurde nun an Hamas umgeleitet. Die PLO war nicht mehr fähig, ihren sozialen Verpflichtungen nachzukommen, und musste auch ihre Zahlungen an bedürftige Familien einstellen. Wer Väter oder Brüder im Kampf gegen Israel verloren hatte, dem war bisher die Existenz abgesichert worden. Jetzt konnte niemand mehr auf Hilfe durch die Kassen der PLO zählen.

In dieser Situation geschah Erstaunliches: Sheikh Ahmed Jassin, der Chef der Hamas, bot an, die bisher von der PLO unterstützten Familien durch die Hamas-Unterstützungskasse zu versorgen. Vor allem konnten fortan alle Lohnabhängigen der PLO mit Zahlungen der Hamas rechnen. Die Folge war abzusehen: Das Ansehen der PLO bei der palästinensischen Bevölkerung sank rapide. Das Vertrauen in Jassir Arafat reduzierte sich weiter, während das in Sheikh Ahmed Jassin anstieg. Innerhalb der Familien herrschte die Meinung, dass auf Hamas und Jassin Verlass war, denn der behinderte Geistliche stehe zu seinem Wort.

Arafat und Rabin – Heimliche Gespräche   Der Golfkrieg hatte noch nicht begonnen, da geriet der sowjetische Präsident Gorbatschow in innenpolitische Schwierigkeiten. In der litauischen Stadt Vilnius brachen Unruhen aus. Die Bewohner forderten die Lösung Litauens aus dem Verband der Sowjetunion. Gorbatschow, der schon länger befürchtet hatte, dass der kommunistische Großstaat von den Rändern her vom Zerfall bedroht war, setzte Truppen zur Auflösung der Demonstrationen in Vilnius ein. Die Zerstörung des gewaltigen Reiches Sowjetunion nahm ihren Anfang.

Als der Golfkrieg zu Ende war, war auch dieser Prozess der Zerstörung weit vorangeschritten. Die Sowjetunion verwandelte sich in Russland. Die Verantwortlichen besaßen weder die Energie noch die Kompetenz, das Geschehen im Nahen Osten zu beeinflussen. Von ihnen konnte der PLO-Chef keine Hilfe mehr erwarten. Hatte er bisher von Moskau wenigstens Unterstützung durch wortreiche Erklärungen erhalten, so schwieg die Kremlherren jetzt. War Arafat in den vergangenen Jahren gerne nach Moskau gereist, so wartete jetzt niemand mehr darauf, ihn zu empfangen. Jassir Arafat war gezwungen, seine Aufmerksamkeit in Richtung Washington zu lenken.

Dort geschah Überraschendes. Präsident George Bush war entschlossen, das Ende des Golfkriegs als Gelegenheit zu nutzen, um eine Lösung für den Nahostkonflikt zu erreichen: »Es ist uns gelungen, den Kalten Krieg zu beenden. Wir haben jetzt die Chance, eine neue Weltordnung zu schaffen, für uns und für kommende Generationen. Die neue Ordnung wird bewirken, dass es eine Welt gibt, in der das rechtmäßige Gesetz herrscht und nicht das Gesetz des Dschungels. Auf dieser Basis werden die Nationen zusammenleben.« Für Jassir Arafat stellte sich die Frage, ob auch das palästinensische Volk in dieser neuen Weltordnung einen Platz finden würde. Von der US-Regierung war der PLO-Chef als Terrorist bezeichnet worden, der vor ein internationales Gericht gestellt gehörte, und Präsident Bush hatte offenbar nicht die Absicht, von dieser Einstellung abzuweichen. Aber Präsident Bush wollte sich bemühen, den Nahostkonflikt durch Verhandlungen zu lösen und alle am Konflikt beteiligten Parteien an den Verhandlungstisch einladen; das war die Grundidee einer Friedenskonferenz. Der israelische Ministerpräsident Yitzhak Shamir protestierte allerdings sofort: Die PLO sollte nicht an den Verhandlungstisch eingeladen werden.

Damit folgte Yitzhak Shamir nicht seiner persönlichen Eingebung, sondern dem Gesetz seines Landes Israel, in dem festgehalten war, dass niemand Kontakt zu Mitgliedern von palästinensischen Organisationen aufnehmen dürfe. Arafat war somit von der Konferenz ausgeschlossen, aber auch mit seinen Mitarbeitern oder mit seinem Stab durfte kein Israeli ein Wort wechseln. Somit war jegliche Verhandlungsmöglichkeit zwischen PLO-Mitgliedern und israelischen Konferenzteilnehmern ausgeschlossen. Es waren die US-Delegierten, die einen Ausweg fanden: Jordanische Delegierte wurden von ihrem König Hussein dazu bestimmt, am Konferenztisch palästinensische Interessen zu vertreten.

Der PLO-Vorsitzende Arafat hatte zwei persönliche Delegierte ernannt, die ihm vom Konferenzort regelmäßig zu berichten hatten: Faisal Al Husseini, der PLO-Statthalter in Ost-Jerusalem, und Hanan Ashrawi, die Sitz und Stimme in PLO-Gremien besaß.

Aber beide wurden vom israelischen Ministerpräsidenten Shamir vom Konferenztisch verbannt, nicht weil sie PLO-Mitglieder waren, sondern weil sie in Ost-Jerusalem wohnten. Ost-Jerusalem aber ist nach israelischem Recht Bestandteil des Staates Israel.

Außenminister Baker fand wieder einen Ausweg aus dem Dilemma: Faisal Al Husseini und Hanan Ashrawi durften sich am Konferenzort in Madrid aufhalten, doch das Konferenzgebäude blieb ihnen verschlossen. Telefonate mit offiziellen Konferenzteilnehmern – auch mit den Jordaniern – waren gestattet. Auf diese Weise waren wichtige Palästinenser der PLO und schließlich auch Arafat über den Verhandlungsverlauf informiert.

Als dann am 30. Oktober 1991 die Konferenz im Königspalast von Madrid eröffnet werden konnte, wurde sie von bedeutenden Medienvertretern der Welt als Ereignis von Bedeutung dargestellt. Niemand nahm zunächst zur Kenntnis, dass sich die Delegationen nichts Neues zu sagen hatten. Ministerpräsident Shamir betonte den Anspruch seines Volkes auf das Land zwischen Mittelmeer und Jordangraben: »Wir sind das einzige Volk, das seit 4000 Jahren auf diesem Boden lebt!« Der jordanische Wortführer entgegnete: »Sie meinen wohl, die Juden hätten damals ein völlig leeres Land angetroffen.«

Die islamische Kampforganisation Hamas stand während der Diskussion um die Beteiligung an der »Madrider Friedenskonferenz« im Abseits. Niemand fragte Sheikh Jassin um seine Meinung. Die Wortgefechte zwischen palästinensischen Nationalisten der PLO und islamisch orientierten Gruppierungen wie Hamas kreisten um die Teilnahme an der Konferenz von Madrid. Sheikh Jassin blieb beharrlich bei seiner Meinung, dass der Prophet Mohammed durch die Rodung der Ölbäume von Khaibar ein Zeichen dafür gesetzt habe, dass für alle Zeiten kein Frieden möglich sei zwischen Moslems und Juden. Der Prophet habe mit diesem Zeichen auch jegliche Verhandlung zwischen Moslems und Juden verboten. Als sich im Herbst 1991 eine – wenn auch indirekte – Beteiligung der PLO an der Madrider Konferenz abzeichnete, rief Sheikh Jassin die Palästinenser des Gazastreifens zum Generalstreik auf. Das palästinensische Volk sollte durch Arbeitsniederlegung seinen Protest gegen Verhandlungen mit Israel zum Ausdruck bringen. Sheikh Jassin ging, als der Streikprotest wirkungslos blieb, einen wichtigen Schritt weiter. Der anerkannte Geistliche erließ eine »Fatwa«, einen religiösen Befehl, der die palästinensischen Beteiligten an den Gesprächen von Madrid als Ungläubige und Feinde Allahs verdammte.

Die Konferenz dauerte von Oktober 1991 bis zum August 1993, ohne dass auch nur der geringste Fortschritt in Richtung Verständigung erreicht wurde. Von der offensichtlichen Sinnlosigkeit weiterer Gespräche profitierte Hamas. Sie aktivierte die Izzedin-Al-Qassem-Brigade, die bereitwillig Anschläge gegen Israel verübte. Ziele waren vor allen Dingen militärische Objekte der IDF und israelische Siedlungen.

Da geschah es, dass die Arbeitspartei unter der Führung von Yitzhak Rabin die Mehrheit in der Knesset übernahm. Die Arbeitspartei war darauf bedacht, eine Verständigung mit der PLO zu erreichen. Sie suchte und fand mehrfach Kontakt zu Jassir Arafat. Der Eindruck entstand, Rabin und Arafat seien echte Partner auf dem Weg zur friedlichen Lösung des Streits, der seit Generationen andauerte.

Die Partnerschaft wurde empfindlich gestört durch die Anschläge der Izzedin-Al-Qassem-Brigade, deren Absicht es war, die Friedensbereitschaft der Bewohner des Staates Israels auszulöschen. Deshalb suchte sich die Brigade vor allem Zivilisten in belebten Stadtvierteln als Opfer aus und junge Siedler oder Soldaten, die an Bushaltestellen auf ihr Transportmittel warteten. Die Izzedin-Al-Qassem-Brigade wurde zwar von Männern kommandiert, die an keinerlei Weisung gebunden waren, doch sie fühlten sich zur Treue gegenüber Sheikh Ahmed Jassin verpflichtet.

Hamas hält den Friedensprozess auf   Während die israelische
Regierung und Jassir Arafat ihre Basis der Verständigung immer
mehr verbreitern konnten, gelang es Hamas mit einer einzigen
Aktion, den Glauben an eine Friedenschance zu erschüttern. Am
12. Dezember 1992 wurde der israelische Polizeioffizier Nissim
Toledano vermisst. Am späten Abend waren seine Vorgesetzten
sicher, dass er entführt worden sei. Wenige Stunden später bekannte sich die Izzedin-Al-Qassem-Brigade dazu, den Polizeioffizier als
Geisel gefangen zu halten. Die Kommandeure der Brigade informierten die israelische Regierung, dass sie bereit seien, folgende
Vereinbarung abzuschließen und einzuhalten: »Wird Sheikh Ahmed Jassin freigelassen, geben wir den gefangenen Polizeioffizier
frei. Seine Freilassung soll unmittelbar nachdem Sheikh Jassin seine Freiheit erlangt hat erfolgen. Dazu verpflichten wir uns.«
Ministerpräsident Yitzhak Rabin lehnte den Vorschlag sofort mit
dem Argument ab, Israel habe es immer abgelehnt, mit einer Terrororganisation ins Gespräch zu kommen und Konzessionen zu
machen. Rabin vergaß offenbar, dass sich die israelische Regierung lange Zeit mit Hamas in Verbindung befand und enge Kontakte mit dieser Organisation gepflegt hatte.
Noch am 13. Dezember 1992 ordnete Rabin die intensive Suche
nach Nissim Toledano an, doch Hausdurchsuchungen, Verhaftungen und Verhöre blieben ohne Erfolg. Die Möglichkeit einer
Verständigung in dieser Angelegenheit war zunächst nicht ganz
auszuschließen, es kam nur darauf an, Zeit zu gewinnen. Am 16.
Dezember aber war diese Möglichkeit vorüber. Ein Beduine fand
den Leichnam des Polizeioffiziers abseits der Straße von Jerusalem nach Jericho.
Israel war empört über diese brutale Tat. Rabin wurde aufgefordert, gegen die Organisation Hamas mit Härte vorzugehen. Der
Ministerpräsident konnte die Volksmeinung nicht unbeachtet
lassen. Zum ersten Mal war Hamas wirklich zum Feind geworden.
Die Zeit der Toleranz gegen die islamische Organisation war vor-

über und die Verfolgung der Hamas-Aktivisten begann. Die Folgen waren sofort zu spüren: Die Führung der Izzedin-Al-Qassem-Brigade zerstreute sich in Verstecke in den Flüchtlingslagern von Gaza. Die Organisation erhielt keine Befehle mehr und es dauerte, bis die Krise überwunden war. Erst im Frühling 1993 nahmen die Attacken der Hamas wieder zu. Unsicherheit verbreitete sich in Israel. Jeder fühlte sich bedroht, der einen Linienbus bestieg oder einen Supermarkt betrat.

Die israelische Regierung fühlte sich veranlasst, rasch zu handeln. Das führte dazu, dass in allen Palästinensergebieten die Sympathie für die Hamas zunahm, der PLO aber wurde vorgeworfen, sie vergesse die Verpflichtung, gegen Israel zu kämpfen. Vor allen Dingen Jassir Arafat wurde Bequemlichkeit vorgeworfen. Doch diese Beurteilung war völlig falsch. Taktisch klug verfolgte der PLO-Chef seinen eigenen Weg. Hamas aber wurde Opfer einer Fehlkalkulation.

Im Sommer 1993 nahm kein Beobachter die Friedenskonferenz in Madrid mehr ernst. Hanan Ashrawi, die den Konferenzverlauf im Auftrag Arafats zu verfolgen hatte, bemerkte damals: »Die Delegationen sitzen einander gegenüber, begrüßen sich und gehen dann wieder auseinander.« Kein einziger Streitpunkt wurde ernsthaft behandelt und die Hamas-Führung glaubte daran, dass bald schon das Scheitern der Madridkonferenz erklärt und dass die PLO dieses Scheitern im Gazastreifen und am Jordanwestufer nicht überleben würde. Die PLO, dies war die weit verbreitete Meinung, würde von den palästinensischen Massen nicht mehr respektiert werden.

Arafat wurde tatsächlich immer weniger beachtet. Versuche, Fatah und Hamas zu koordinierter Aktion zu bewegen, schlugen fehl. Fatah wollte auf keinen Fall zustimmen, dass die Madrider Friedenskonferenz offiziell und endgültig als Fehlschlag bezeichnet wurde. Dies aber forderte die Hamas. Arafat widerstand mit

Erfolg – sehr zur Enttäuschung für Ahmed Jassin. Den Aktivisten der islamisch orientierten Organisation gelang es indessen, den Glauben an die göttliche Führung in der Bevölkerung zu intensivieren. Die Prediger der Moscheen scharten sich um Ahmed Jassin. Der Besucherstrom, der seine bescheidene Wohnung in Gaza täglich erreichte, riss nicht ab. Der behinderte Geistliche konnte sich bereits als bestimmende geistige Kraft im israelisch besetzten Gebiet betrachten. Jassin glaubte, der palästinensische Nationalist Arafat könne nur noch resignieren.

Doch Ende August 1993 erlebte Hamas, und mit ihr die gesamte islamisch-arabische Welt, eine Überraschung. Es blieb nicht länger ein Geheimnis, dass die israelische Regierung und Vertreter des palästinensischen Volkes dabei waren, die letzten Hindernisse auf dem Weg zur Lösung des Konflikts zu beseitigen. Am 13. September 1993 erlebte die islamische Kampforganisation die schlimmste Niederlage seit ihrer Gründung. Was Ahmed Jassin für ausgeschlossen erklärt hatte, trat ein: Israel und die PLO unterzeichneten die Declaration of Principles (DOP). Die Grundlage für den Aufbau einer palästinensischen Autonomieverwaltung war gelegt. Der DOP-Vertrag trug künftig die einfache Bezeichnung »Oslo-Abkommen«. Dass sich dieser Vertrag über Wochen hin in der Entwicklung befand, war den Hamas-Aktivisten verborgen geblieben.

Zunächst glaubte man US-Präsident Bill Clinton nicht, als er behauptete, er habe nichts von Verhandlungen auf direktem Weg zwischen Israel und den Palästinensern erfahren. Der Anfang der Gespräche war in der Tat bescheiden. Das zur norwegischen Gewerkschaft gehörende Forschungsinstitut Fafo beschäftigte sich in den israelisch besetzten Gebieten mit den Existenzbedingungen palästinensischer Familien. Ein Teil der Studie sollte sich im Besonderen mit dem Zusammenleben von Juden und Arabern befassen. Der Projektleiter Terje Rod Larson befragte jüdische Siedler und Palästinenser, ob sie eine Verständigung für möglich hielten. Das Ergebnis der Umfrage machte ihm Mut, an die Möglichkeit einer Versöhnung zu glauben. Mit Absicht ließ Terje Rod Larson die Zugehörigkeit der Befragten zu Nationalisten oder Islamisten außer Betracht. Um die Umfrageergebnisse intensiver auswerten zu können, bildete sich im September 1992 eine lose, inoffizielle Arbeitsgruppe, der Israelis und Palästinenser angehörten. PLO und Hamas waren zu dieser Zeit mit Absicht von der Arbeitsgruppe ausgeschlossen.

Israelische Gesprächsteilnehmer informierten schließlich den außenpolitischen Spezialisten der israelischen Arbeitspartei Jossi Beilin, der engen Kontakt zu Shimon Peres hielt, der gerade israelischer Außenminister geworden war. Peres ermutigte über Beilin die Arbeitsgruppe zur Fortsetzung ihrer Überlegungen. Beilin brachte daraufhin Professor Jair Hirschfeld von der Universität Haifa mit dem Norweger Larson zusammen.

Zu diesem Zeitpunkt bestand in Israel noch immer das Verbot, Kontakt aufzunehmen zu Mitgliedern der PLO. Jossi Beilin kümmerte sich nicht um dieses Verbot und aktivierte seine Kontakte zu Vertrauensmännern der PLO im israelisch besetzten Gebiet. Er ließ sie wissen, israelische Persönlichkeiten hätten Interesse an einem inoffiziellen Ideenaustausch. Die Vertrauensmänner wiederum wussten, dass Arafat an derartigen Gesprächen überaus interessiert war. Arafat griff sofort nach dieser Chance. Er gab seinem Mitarbeiter Abu Ala den Auftrag, sich der bestehenden Arbeitsgruppe anzuschließen.

Der norwegische Außenminister Jorgen Holst war zu diesem Zeitpunkt bereit, Schirmherr der Geheimverhandlungen zu werden. Er stellte von nun an die Technologie zur Verfügung, die gebraucht wurde, um Arafat und Rabin zum Meinungsaustausch zu bringen. Über eine verschlüsselte Telefonleitung zwischen Norwegen und Israel wurden direkte Gespräche möglich. Eine derartige Leitung verband bald auch Tunis – dort hielt sich Arafat auf – und den Amtssitz von Rabin in Jerusalem.

Niemand bemerkte die verdeckten Direktgespräche der zwei Verantwortlichen, denn noch immer war für die Öffentlichkeit Madrid der Verhandlungsort. Von dort wurden Entscheidungen erwartet. Wer sich allerdings in Madrid nach Fortschritten erkundigte, der spürte bald, dass dort Schweigen herrschte. Hanan Ashrawi allerdings zeigte ihre Wut darüber, dass Jassir Arafat kein Wort vernehmen ließ. Die Resignation der Delegierten in Madrid wurde von den Aktivisten der Hamas im Gazastreifen registriert. Ahmed Jassin stimmte nach Wochen des Zögerns zu, dass die Organisation wieder Gewalt anwandte gegen uniformierte Israelis an Bushaltestellen und gegen Zivilisten, die zu ihren »settlements« unterwegs waren. Ministerpräsident Rabin, der die Machtverhältnisse innerhalb der Palästinenserorganisationen nur ungenau beurteilen konnte, wunderte sich über den erneuten Gewaltausbruch in den besetzten Gebieten, der im Widerspruch stand zu Arafats Bemühungen, eine Verständigung mit Israel zu erreichen. Der Vorwurf lag nahe, der PLO-Chef betreibe ein doppeltes Spiel. Dass er nicht für Hamas zuständig und verantwortlich sein konnte, war in der Tat immer wieder nur schwer zu begreifen.

Als die Ergebnisse der Geheimverhandlungen bekannt wurden, zeigte es sich, dass Jassir Arafat viel für die Palästinenser erreicht hatte. In vielen Bereichen herrschte künftig die Autonomie einer palästinensischen Verwaltung. Sie besaß das Recht, Steuern zu erheben, und die Palästinenserverwaltung durfte ein Schulsystem und Wohlfahrtseinrichtungen aufbauen. Wichtig war vor allen Dingen die Organisation einer Palestinian Police Force (PPF); sie sollte zuständig sein für die Wahrung der Sicherheit innerhalb der Palästinensergebiete.

Am 6. Oktober 1993 begannen Yitzhak Rabin und Jassir Arafat mit der praktischen Anwendung der Vereinbarungen, die in der Declaration of Principles festgelegt worden waren. Von der ersten Verhandlungsstunde an beobachteten Funktionäre der Hamas

mit Argwohn die Konzessionsbereitschaft der beiden Gesprächspartner. Die Skepsis von Sheikh Ahmed Jassin war deshalb
besonders groß, weil er und seine Vertrauten bisher von der wahren Entwicklung völlig ahnungslos geblieben waren. Jassin wollte
sich nie mehr derart naiv verhalten. Seine Position war denkbar
schlecht, denn Hamas blieb weiterhin ausgeschlossen von sämt-
lichen nationalen und internationalen Verhandlungen. Besten-
falls wurde Ahmed Jassin als Störenfried betrachtet, als ein
Intrigant, der den Frieden mit Israel unter allen Umständen
verhindern wollte.

Hamas in der Krise   Sieger der Entwicklung war die palästi-
nensisch-nationalistisch ausgerichtete Organisation Fatah. Hamas
aber klagte Fatah in Rede und Schrift an, die Sache der Palästin-
ser verraten zu haben, denn die DOP verfolge das eine Ziel, Palästina den Israelis auszuliefern. Hamas schwor, dass dieser Verrat
von ihr verhindert werde. Diese verbale Attacke aber wurde von
niemandem mehr ernst genommen.
Von den Aktivisten der Hamas wurde allein Dr. Abdel Aziz Rantisi halbwegs gehört. Er bemühte sich, seine Klage moderat zu formulieren. Er meinte, kein Palästinenser habe das Recht, einen Vertrag mit dem israelischen »Gebilde« abzuschließen. Kein Palästinenser und kein Moslem sei verpflichtet, sich an die Verträge zu
halten, die Fatah mit der israelischen Regierung abgeschlossen
habe. Dr. Rantisi wurde zu jener Zeit Sprecher der Hamas-Orga-
nisation. Er brachte seine Sorge zum Ausdruck, Israel und die
PLO hätten den Entschluss gefasst, gemeinsam die islamische
Bewegung der Palästinenser auszulöschen. Dieser Entschluss
werde bald schon durch kombinierte Maßnahmen der PPF mit
israelischen Sicherheitskräften deutlich werden.
In Damaskus bemühte sich die syrische Regierung, eine Front
gegen die Verantwortlichen der DOP aufzubauen. Zu diesem
Zweck versammelte sie die führenden Kräfte der »Neinsager« zu

einem Kongress in Damaskus. Die unterschiedlichsten politischen Programme trafen aufeinander, denn bereitwillig hatten sich kommunistische palästinensische Außenseiter zur Zusammenarbeit eingefunden. Zu ihnen gesellten sich vor allem die Kommandeure der Demokratischen Volksfront zur Befreiung Palästinas. Die erklärten Atheisten bildeten mit Hamas eine Front gegen PLO und Fatah als die Schuldigen der Unterzeichnung der Declaration of Principles. Der Erfolg der Frontbildung war allerdings nur gering. Die Neinsager fanden bei der palästinensischen Bevölkerung nur geringe Resonanz.

Sheikh Ahmed Jassin, der noch immer im israelischen Gefängnis saß, erkannte bald, dass sich die Popularität von Hamas dem Nullpunkt näherte. Die Frauen und Männer, die in den Lagern im Gazastreifen lebten, hörten nicht mehr auf die Neinsager. Die PLO und vor allem Arafats Fatah konnten ein Programm vorweisen, das eine bessere Zukunft versprach. Umfragen, die allerdings mit israelischer Unterstützung durchgeführt wurden, zeigten, dass 75 Prozent der Palästinenser in den besetzten Gebieten für die Fortsetzung der Verhandlungen mit der israelischen Regierung waren. Nur 17 Prozent der Befragten glaubten, Hamas verfolge den besseren Weg für die Zukunft des palästinensischen Volkes.

Die niedrigen Umfrageergebnisse führten dazu, dass sich Sheikh Jassin in Flugblättern, die unter Kontrolle der israelischen Sicherheitsbehörden im Gefängnis entstanden, für Beteiligung aller Palästinenser an Wahlen in den besetzten Gebieten aussprach. Jassin bezog damit Position für den politischen Kurs, den Arafats Palestinian National Authority (PNA) eingeschlagen hatte. Bei derartigen Wahlen handelte es sich in erster Linie um Kommunalwahlen. Die Flugblätter, die von Ahmed Jassin im israelischen Gefängnis verfasst wurden, stifteten Verwirrung im Gazastreifen. Viele, die an die Richtigkeit der islamischen Ausrichtung des Kampfes gegen Israel glaubten, sahen mit Bestürzung, dass Sheikh Jassin den palästinensischen Nationalisten Arafat zu unterstützen begann. Doch die Bereitschaft, sich – in aussichtsloser Position – an Kommunalwahlen zu beteiligen, war als Signal gedacht, dass Hamas zu einem Waffenstillstand in der Auseinandersetzung mit Israel bereit war. Doch Widerstand gegen Jassins Taktik regte sich rasch. Basam Jarrar, auf den viele der wenigen verbliebenen Hamas-Anhänger im Gazastreifen hörten, vertrat die Meinung, dass jeder Waffenstillstand mit den Israelis die Wirksamkeit der Declaration of Principles und damit die Abhängigkeit der Palästinenser von der israelischen Besatzungsbehörde verlängern würde. Basam Jarrar forderte den Boykott der Wahl und dafür die Aktivierung des Kampfes gegen den Feind Israel.

Die islamische Organisation Hamas hatte die Gefahr für ihre Existenz erkannt: Wahlen bedeuten Anerkennung einer Form der demokratischen Willensäußerung, aber Demokratie ist in der Heilsvorstellung des Islam nicht vorgesehen. Begann sich die Idee, Wahlen zu veranstalten, erst durchzusetzen, war die islamische politische Ordnung nicht mehr aufrechtzuerhalten. Die demokratische Ordnung aber war »im Westen« entstanden. Westlichen politischen Vorstellungen sollte keine Unterstützung gewährt werden, denn sie waren ganz offensichtlich mit der Staatsidee »Israel« verbündet. Der Islam aber galt bei Hamas als stabiles Bollwerk gegen diese Staatsidee.

Verbunden mit der Diskussion um die Beteiligung an demokratischen Wahlen zur Legitimierung der PNA war die Meinungsbildung zum Thema »Umwandlung von Hamas in eine politische Partei, die nicht dem Kampf gegen den Feind Israel verpflichtet war, sondern der eher geistigen Auseinandersetzung mit dem ›weltanschaulichen Gegner Israel‹«.

Die Organisation Hamas, die während der Phase der Annäherung zwischen Rabin und Jassir Arafat ausgeklammert war, befand sich in einer ernsthaften Identitätskrise. Sie war nicht stark genug, um bei einer Demokratisierungswelle im Gazastreifen und am Jordanwestufer bestehen zu bleiben. Sheikh Jassin und Abdel Aziz

Rantisi wählten deshalb den Weg des Rückzugs aus der Debatte. Sie erklärten, Hamas werde sich an keiner Wahl in Palästina beteiligen. Die radikale Richtung hatte sich durchgesetzt.

Jassir Arafat legte am 1. Juli 1994 öffentlich das Bekenntnis ab: »Nur die Demokratie führt uns zu einer freien Heimat; zu einer freien und demokratischen Heimat.« Arafat wusste, dass ihm nach dieser Erklärung die Unterstützung durch die Vereinigten Staaten von Amerika sicher war. Arafats Führung garantierte die Existenz des Staates Israel und die Bindung an den Westen. Wollte Hamas überleben, durfte die Organisation den Kampf mit Sprengstoff und mit der Waffe nicht aufgeben.

Hamas gewinnt wieder an Kraft   Der Schlag kam überraschend. Am 6. April 1994 detonierte in der Stadt Afula im Norden Israels Sprengstoff, den ein Selbstmordattentäter am Körper trug. Der Anschlag geschah nahe einer Bushaltestelle. Sieben israelische Zivilisten starben sofort.

Hamas gab wenige Stunden später die Umstände bekannt. Der Selbstmordattentäter war 17 Jahre alt, stammte aus dem Westufergebiet des Jordan und hatte den Tod von 29 palästinensischen Zivilisten, die wenige Tage zuvor in der Ibrahimi-Moschee von Hebron durch einen israelischen Siedler getötet worden waren, gerächt. Dass Hamas die Absicht hatte, weitere Anschläge zu verüben, wurde in Israel nicht ernst genommen, doch am 13. April 1994 detonierte der nächste Sprengkörper. Das Ziel war diesmal ein Linienbus in der Küstenstadt Hadera. Fünf Israelis starben, 28 Frauen und Männer mussten in Krankenhäusern versorgt werden. Der 22-jährige Attentäter war aus einem Dorf in der Nähe von Jenin nach Hadera gekommen. Bemerkenswert ist dieser Selbstmordattentäter deshalb, weil er als erster den Hamas-Verantwortlichen eine Art von schriftlichem Testament hinterlassen hat – ein Vermächtnis für die Zukunft. Er hat sich damit als Märtyrer ins Gedächtnis eingegraben:»Die Welt ist ein Paradies für die Ungläubigen. Die Welt ist ein Gefängnis für die Gläubigen. Dies sage ich denen, die mit Liebe an Allah glauben. Ich rufe euch auf, dem Pfad der Märtyrer zu folgen. Das beste Vorbild für die gesamte islamische Nation gibt der Märtyrer.«

Die Verantwortlichen für Sicherheit in Israel mussten feststellen, dass Hamas wieder ein ernst zu nehmender Gegner geworden war. Die wichtigste Waffe dieser Organisation war fortan der Selbstmordattentäter, der Märtyrer. Diese Waffe richtete sich nicht nur gegen Israel, sondern auch gegen die PLO, gegen Arafat. Der Präsident der PNA wurde von der israelischen Regierung ermahnt, es sei seine Pflicht, gegen »Terroristen« vorzugehen. Arafat bekam den Vorwurf zu hören, er unternehme nichts gegen Hamas, er dulde damit, dass Gewalttäter den auf Verträge beruhenden Frieden sabotierten.

Arafat geriet durch diese Ermahnungen in eine schwierige Lage. Bis zur Unterzeichnung der DOP mit Israel wäre es Aufgabe der IDF gewesen, »Terroristen« im Gazastreifen und Jordanwestufer zu bekämpfen – nun aber war die PPF dafür zuständig, Gewalttaten der Hamas zu verhindern. Polizisten der PPF hatten gegen palästinensische Brüder von Hamas vorzugehen. Dass ein »Krieg unter Brüdern« drohte, erkannte Arafat rasch. Der PLO-Chef durfte es sich nicht erlauben, seine Polizisten gegen gläubige Moslems einzusetzen, die oft genug zur Familie der Polizisten gehörten. Arafat sah keinen Ausweg aus dieser Situation und deshalb unternahm er nichts gegen Hamas. Benjamin Netanyahu, der 1996 zum ersten direkt gewählten israelischen Ministerpräsidenten bestimmt worden war, erinnerte sich an die Zeit, als noch Hoffnungen gesetzt wurden in die palästinensisch-israelischen Abkommen: »Die Zusammenarbeit in Sachen der Sicherheit zwischen israelischen Behörden und der Palestinian Authority (PA) entwickelte sich nicht zufriedenstellend.« Netanyahu hütete sich, in der Amtsbezeichnung der Palästinenserbehörde den Begriff »National« zu verwenden. Arafats »Palestinian National Authority« ist für Netanyahu und für sämtliche Politiker Israels in verantwortlicher Stellung nur »Palestinian Authority«.

Netanyahu spezifizierte seinen Vorwurf: »Es gelang der Palestinian Authority nicht, die Organisation Hamas zu entwaffnen. Die Polizei der PA hütete sich, Gewalt gegen Hamas anzuwenden.« So machte Israel Jassir Arafat mit einigem Recht direkt verantwortlich für Selbstmordanschläge, die vom Territorium unter PA-Kontrolle aus verübt wurden. Fest steht, dass Arafat vor die Wahl gestellt wurde, sich entweder für den Frieden mit Israel einzusetzen oder für Kooperation mit den palästinensischen Brüdern von Hamas. Arafat wählte Stillschweigen und Zurückhaltung. Auf diese Weise trug er dazu bei, dass Hamas wieder wachsen konnte und mehr und mehr zum destabilisierenden Faktor im palästinensischen Territorium wurde.

In den Monaten Juli und August 1994 gelang es den israelischen Sicherheitsbehörden, wichtige Hamas-Aktivisten zu verhaften. Die Schlagkraft der Izzedin-Al-Qassem-Brigade wurde allerdings dadurch nicht geschwächt: Mitgliedern dieser Brigade gelang am 9. Oktober 1994 die Entführung des israelischen Unteroffiziers Nashon Wachsman. Diesmal präsentierte Hamas wieder eine propagandistische Neuheit und ließ dem israelischen Fernsehen eine Videoaufzeichnung zukommen, die den israelischen Unteroffizier in Bild und Ton deutlich zeigte. Es gelang daraufhin den Spezialisten der IDF, den Ort zu identifizieren, an dem Wachsman gefangen gehalten wurde. Es handelte sich um die Ortschaft Bir Nabula in der Nähe von Ramallah. Der Sturm auf das Versteck endete mit einem Feuergefecht. Dabei starb Wachsman.

Die Hamas-Führung fühlte sich durch den Ausgang der Aktion »Wachsman« zu neuen Taten ermutigt. Am 19. Oktober 1994 sprengte sich ein Selbstmordattentäter in den Tod, als der Bus, in dem er saß, eine belebte Straße in Tel Aviv durchfuhr. 21 Israelis starben sofort, 50 Frauen und Männer wurden verletzt. Vor seinem Selbstmordattentat hielt der Täter, 27 Jahre alt, sein Tatmo-

tiv auf Videoband fest: »Wir setzen unseren Kampf fort. Hunderte von jungen Männern stehen bereit, für Allah zu sterben!«
Ministerpräsident Rabin reagierte durch völlige Abriegelung des Gazastreifens und des Jordanwestufers. Als die Grenzen der Palästinensergebiete nicht mehr passierbar waren, verlangte Rabin von der PNA, sie habe ernsthafte Maßnahmen gegen Hamas zu ergreifen. Arafat folgte der Aufforderung zum harten Durchgreifen kaum. Es blieb der IDF nichts anderes übrig, als selbst Hunderte von Verhaftungen durchzuführen. Das Resultat war, dass sich der Zorn der betroffenen Palästinenser gegen die IDF und nicht gegen die PNA richtete.
Die Verhaftungen führten aber nicht zur Schwächung von Hamas. Während der letzten zwei Monate des Jahres 1994 führte die islamische Organisation drei erfolgreiche Selbstmordanschläge durch. Die Hamas-Bilanz für diesen Zeitraum weist 30 getötete Israelis als »Sieg über den Zionismus« aus.
Die israelischen Sicherheitsspezialisten erprobten daraufhin eine neue Methode des Kampfes. Sie richteten sich darauf ein, exponierte Hamas-Funktionäre als Ziel auszuwählen. Am 2. November 1994 fand die erste wirklich gezielte Tötung eines hohen Hamas-Funktionärs in Gaza statt. Unter sein Auto wurde ein Sprengkörper gelegt; er detonierte beim Anfahren des Personenwagens. Die israelischen Sicherheitsbehörden gaben ihre Verantwortung für diesen Anschlag ohne Zögern zu.
Den Getöteten hatten die Verantwortlichen auf israelischer Seite offenbar falsch eingeschätzt. Er war keiner von denen gewesen, die sich Attentate ausdenken. Er hatte den Bewohnern des Gazastreifens vom göttlichen Charakter des Islam gepredigt. Er muss eine sehr starke Persönlichkeit gewesen sein, der mit Überzeugung von Allahs Auftrag zum Widerstand gegen Israel gepredigt hatte. Es war die mit Hamas verbündete Organisation »Islamischer Heiliger Krieg«, deren Funktionäre bei der Bestattung des Toten Rache ankündigten.

Keine zehn Tage später wurde die Ankündigung Realität. Am Checkpoint Netzarim am Rande von Gaza starben drei Offiziere der IDF. Ein Fahrradfahrer hatte sich dem Kontrollposten in scheinbar friedlicher Absicht genähert. Als der Radfahrer seine Papiere vorweisen sollte, detonierten die Explosivstoffe, die der Palästinenser umgeschnallt am Leib trug.

Unter israelischem Druck bemühte sich die Polizei der PNA, durch Verhaftungen die Kombination von Hamas und der Organisation »Islamischer Heiliger Krieg« im Spätherbst 1994 zu zerbrechen. Der Misserfolg dieser Maßnahme wurde am 22. Januar 1995 deutlich, als zwei Selbstmordattentäter an einer Bushaltestelle bei der Stadt Netanya sich selbst und 22 Soldaten in den Tod rissen. Sie hatten nach dem Sabbat-Feiertag auf den Bus zur Rückfahrt in die Kaserne gewartet.

Zu diesem Zeitpunkt sah Ministerpräsident Rabin keinen anderen Ausweg, um die Spannung zwischen Israelis und Palästinensern abzuschwächen, als den Bau eines Zauns, der jeweils den Zugang zum Gebiet des anderen sperrte. Rabin dachte dabei an das Sprichwort, das Juden und Palästinenser kannten: »Gute Zäune machen gute Nachbarn!« Zuerst dachte man im Amt des Ministerpräsidenten nur daran, israelische Siedlungen im besetzten Gebiet mit elektrisch gesicherten Zäunen zu umgeben. Doch dagegen erhob sich bald Widerstand, denn diese Baumaßnahme hätte nur bedeutet, dass sich die Siedler in den »settlements« als Gefangene fühlen würden. Eine generelle Trennung der jüdischen und palästinensischen Siedlungszonen plante Rabin nicht, denn sie hätte bedeutet, dass Israel auf die Kontrolle über die Palästinensergebiete verzichten würde. Unmittelbar nach Eroberung des Gazastreifens und des Jordanwestufers waren beide Gebiete als israelisches Territorium in das israelische Staatsgebiet vereinnahmt worden. Ein Zaun aber hätte die Abstoßung von palästinensischem Gebiet bedeutet. Rabin und seine Berater waren sich einig, dass eine gewaltsame Lösung des Konflikts mit Hamas und »Islamischem Heiligem Krieg« nicht denkbar war. Die israelische Idee, einen Zaun zu errichten, brachte die Überlegung mit sich, wie die durch einen Zaun isolierten Regionen am Leben gehalten werden konnten.

Die Zaunidee geriet zunächst wieder in Vergessenheit. Im Gefolge der Abkommen zwischen Rabin und Jassir Arafat veränderten sich der Gazastreifen und das Jordanwestufergebiet. Die Präsenz der IDF verringerte sich. Jericho wurde autonomes Gebiet, Ramallah schloss sich an, und schließlich zogen die Einheiten der IDF aus den dicht bevölkerten Teilen von Gaza ab. Dort, wo sich weniger israelische Patrouillen zeigten, flaute der Zorn über die israelische Präsenz ab. Die Emotionen der Palästinenser beruhigten sich. Arafat, als offiziell oberste Autorität in den Palästinensergebieten, konnte seine Machtstruktur und damit seinen Einfluss aufbauen.

Sheikh Ahmed Jassin sah ein, dass Jassir Arafat an politischem Einfluss nicht zu überbieten war. Den Kampf gegen die palästinensischen Nationalisten, gegen die PLO, konnten Hamas und die Organisation Islamischer Heiliger Krieg nicht gewinnen. Diese Einsicht verband sich mit einer zweiten Erkenntnis: Den Bau eines Zauns konnte sich auch Hamas nicht wünschen, denn er würde die Bewegungsfreiheit der zum Kampf gegen Israel Entschlossenen effektiv einschränken. Das Ergebnis dieser Erkenntnisse gab Hamas offiziell bekannt: »Von nun an werden wir jeden Zusammenstoß mit bewaffneten Kräften anderer politischer Ausrichtung vermeiden.« Damit war gemeint, dass es Auseinandersetzungen mit palästinensisch-nationalistischen Organisationen künftig nicht mehr geben würde. Hamas und Fatah arbeiteten zusammen – auf politischem Gebiet. Die israelische Regierung durfte sich beglückwünschen: Der Konflikt mit den Palästinensern schien im Juli 1994 ausgestanden. Die Notwendigkeit eines Zauns bestand nicht mehr.

Der Aufbau der Palestinian National Authority   Es gelang der PLO tatsächlich, das Gebiet, das ihr durch die »Dokumente der Selbstverwaltung« zugesprochen worden war, in eine Organisationsform zu bringen, die eine nahezu staatliche Struktur besaß. Das erste Problem beruhte auf dem Mangel an Sicherheitskräften, an Polizisten. Am Tag, als die Autonomie in Kraft trat, konnte die vorgesehene Anzahl an Polizeikräften nicht mobilisiert werden. Gleichzeitig aber war die israelische Verwaltung daran interessiert, möglichst rasch die Verantwortung für die Sicherheit im bisher besetzten Gebiet abzugeben. Doch trotz Verzögerungen wurde die »polizeilose« Zeit ohne große Probleme überstanden.

Arafat hatte seit der Vertreibung aus dem Libanon 1982 in Tunis gelebt. Von dort aus hatte er die PLO kommandiert. Den Apparat, den er in Tunis aufgebaut hatte, übertrug er nun in das sich entwickelnde »Autonome Gebiet« der Palästinenser. Die Mitarbeiter, die der PLO-Chef in Tunis um sich geschart hatte, siedelten über nach Gaza und Ramallah und bauten dort in kurzer Zeit die Grundlagen für die ersten Ministerien auf. Behörden entstanden für Jugendangelegenheiten, für Industrie, Schulen, Finanzen, Arbeit und Handel. Die Mitarbeiter der Behörden besaßen meist keine oder nur geringe Erfahrung. Es zeigte sich, dass es schwieriger war als gedacht, einer Behörde wirklich Impulse zu geben, die der Allgemeinheit rasch Nutzen bringen. Wer die Effektivität europäischer Ministerien kannte und nun die Behörden von Gaza und Ramallah besuchte, der wunderte sich über die zahlreichen Männer, die sich über Papiere beugten, ohne ihren Sinn zu verstehen, und der bemerkte junge Frauen vor neuen Schreibmaschinen, in die kein Papier eingespannt war. Die technische Ausstattung der Büros war durchaus modern. Es gab Telefone und Faxgeräte. Erkundigte sich ein Besucher bei einem der Beamten, ob dieser ein Fax erhalten habe, das vor Tagen schon abgeschickt worden war, löste der Frager die Suche nach dem Dokument aus.

Am Ende aber bekam der Besucher die Aufforderung zu hören: »Schicken Sie das Fax eben noch einmal!«

Von Anfang an war Arafats Bürokratie überbesetzt und uneffektiv. Wer einen Arbeitsplatz besaß, der neigte dazu, bestechlich zu sein. Die Bevölkerung von Ramallah, Gaza, Jericho und Jenin verlor rasch das Vertrauen in diese »neue Ordnung«. Man erinnerte sich wieder an das bevölkerungsnahe System, das Hamas entwickelt hatte. Wer in Not geraten war, der hatte mit rascher, direkter Hilfe rechnen können. Finanzielle Bedürftigkeit war durch Zuschüsse aus der Kasse der Islamischen Universität Gaza überbrückt worden. Es hatte kein Warten in Vorzimmern von Ämtern gegeben. War eine Entscheidung umstritten oder schwierig, so trug der örtliche Geistliche die Verantwortung für eine gerechte Entscheidung. Der Geistliche hatte die Autorität Allahs hinter sich. Diese göttliche Autorität aber wurde jetzt weitgehend verdrängt. Der Souverän in Siedlungen und Flüchtlingslagern im Gazastreifen berief sich nicht auf den Islam, sondern auf die palästinensisch-nationalistische Ideologie der PLO und des Jassir Arafat.

Die islamische Organisation Hamas bemerkte mit Interesse, dass es der PNA kaum gelang, Popularität und Vertrauen bei der Bevölkerung zu erringen. Daran war Arafats Regierungsstil nicht schuldlos. Seine Residenz befand sich am südlichen Ende der Stadt Gaza, direkt an der Mittelmeerküste. Besondere Pracht entfaltete sich nicht, doch trennten bewaffnete Wachen den Herrscher vom Volk. Draußen warteten Bittsteller auf eine Audienz. Wurden die Bittsteller vorgelassen, begegneten sie Dienern und Lakaien, die weiße Handschuhe trugen. Im Innern der Residenz hatte sich der PLO-Chef in einen Herrscher verwandelt, der autoritär regierte.

Auf seine Befehle warteten geduldig die Ältesten der Stämme des autonomen Gebiets. Hatten sie interne Streitigkeiten, so war Arafat bereit, ohne Diskussion zu schlichten. Er war zum »Sheikh« des Gazastreifens geworden. Im Land westlich des Jordan gelang es dem PLO-Chef nur in Jericho, seinen Einfluss zu festigen. Arafat gelang es auch, sich rasch einen Machtapparat zu schaffen, der innerhalb der palästinensischen Bevölkerung Angst verbreitete. Der PPF wurde weitgehend Handlungsfreiheit zugestanden. Es gab kein unabhängiges Gericht, das die Polizeioffiziere kontrollierte. Die Polizisten durften verhaften, auf unbestimmte Zeit ins Gefängnis sperren, die Gefangenen demütigen und ihre Menschenwürde verletzen.

Waren vor der Übertragung der Autonomie in bisher besetzten Gebieten die Sicherheitsoffiziere der IDF für ihr hartes Durchgreifen berüchtigt gewesen, so war es jetzt die palästinensische Polizei, die der Bevölkerung Grund zum Klagen gab. Die Palästinenser hatten es einst wütend hingenommen, dass IDF Krieg führte gegen das Volk, das von ihr besiegt worden war. Dass jetzt Palästinenser gegen Palästinenser Bruderkrieg führten, fand noch weniger Verständnis.

Arafat hörte nicht auf den Vorwurf, er schade der Sache Palästinas und damit nütze er den Israelis. Er gab der PPF freie Hand bei der Bekämpfung der Hamas und der Organisation »Islamischer Heiliger Krieg« (Dschihad). Die Anweisung lautete: Entwaffnung von Hamas und Dschihad. Nach Meinung der islamischen Gruppen war Arafat mit dieser Anweisung zum »Lakaien« der Israelis geworden. Die PNA beweise damit, dass sie gegenüber Israel kapituliert und den Kampf um Palästina eingestellt habe. Auf Flugblättern verbreitete Hamas im Gazastreifen die Parole: »Die Palestinian National Authority soll zur Hölle fahren!« Protestversammlungen fanden überall im Autonomen Gebiet statt. Jassir Arafat wurde bei derartigen Gelegenheiten persönlich dafür verantwortlich gemacht, dass Hamas-Funktionäre in palästinensischen Gefängnissen saßen.

Während der Wochen, die von der PNA dazu verwendet wurden, palästinensisch-islamische Kämpfer aufzuspüren und zu verhaften, führten die islamischen Kampforganisationen Anschläge gegen israelische Soldaten oder Siedler aus. Nach jedem derartigen Anschlag verstärkte Ministerpräsident Yitzhak Rabin seinen Druck auf den PNA-Präsidenten, endlich dem »islamischen Terrorismus« ein Ende zu bereiten. Ohne Erfolg.

Neue Eskalationen und wieder Gespräche

Die Kursänderung in Israel zerstört Arafats Hoffnungen   Die Ermordung Yitzhak Rabins am 4. November 1995 durch einen jungen Israeli war ein Schock auf beiden Konfliktseiten. Arafat beklagte den Tod eines »tapferen Freundes«. Die israelische Öffentlichkeit aber war gespalten. Für die eine Hälfte der Bevölkerung war Rabin ein Verräter gewesen, der ein Territorium, das seit biblischen Zeiten dem jüdischen Volk gehöre, an Araber verschenkt hatte. Die andere Hälfte aber sah im ermordeten Ministerpräsidenten einen »Helden« im Kampf für den Frieden mit den Palästinensern.

Rabins Nachfolger wurde Shimon Peres, der bisher den Posten des israelischen Außenministers innehatte. Peres wollte nicht allein für die Stabilisierung der Beziehung zu Jassir Arafat und der PNA eintreten. Peres hatte erkannt, dass ein dauerhafter Frieden nur zu erreichen war, wenn auch Syrien bereit war, sich mit Israel auszusöhnen. Die Unzufriedenheit der Regierenden in Damaskus gab Arafat und Ahmed Jassin immer wieder Gelegenheit, die Auseinandersetzungen mit dem jüdischen Staat anzuheizen.

Hafez Assad, der syrische Präsident, konnte nur durch einen Überraschungscoup für Verhandlungen mit Israel gewonnen werden. Perez handelte deshalb rasch. Unmittelbar nach dem Tod von Rabin schickte der neuernannte Ministerpräsident Perez durch Vermittlung der US-Regierung eine Botschaft nach Damaskus. Shimon Perez bat Hafez Assad um ein Zusammentreffen mit dem Ziel, ein Abkommen über die Zukunft der Golanhöhen abzuschließen. Dieses Gebiet, das nur in einer Entfernung von rund 60 Kilometern von Damaskus entfernt liegt, hatte bis zum Junikrieg von 1967 zu Syrien gehört. 1967 hatte Israel die Golanhöhen erobert und zu israelischem Staatsgebiet erklärt. Dann hatten israelische Siedler das fruchtbare Land in Besitz genommen und die Siedler waren entschlossen, die Golanhöhen nie mehr aufzugeben.

Shimon Peres war zum Jahresende 1995 entschlossen, durch Rückgabe des eroberten Territoriums »Golan« ein Zeichen der ernsthaften Verständigung mit Syrien zu setzen. Die Verhandlungsformel, die Peres nun verfolgte, hieß »Land für Frieden«. Er war bereit, auf die Eroberung zu verzichten, wenn Syrien dafür bereit war, ein Friedensabkommen zu unterzeichnen, das die Aussicht auf dauernde Haltbarkeit besaß.

Da die US-Regierung Peres bei seinem Vorhaben unterstützte, bestand Aussicht, dass Hafez Assad dem Vorschlag eines Gipfeltreffens mit Shimon Peres zustimmte. Doch die Verantwortlichen in Damaskus lehnten ab. Sie waren zu diesem Zeitpunkt – Jahreswechsel 1995/1996 – nicht bereit, politische Schritte zu unternehmen, die dem Konflikt mit Israel tatsächlich ein Ende bereitet hätten. Hafez Assad glaubte, nicht stark genug dafür zu sein, dem arabischen Volk zu erklären, dass der militärische Kampf gegen Israel zu Ende sei und künftig verhandelt werde, denn zwei Jahrzehnte lang hatte die Führung in Damaskus Krieg gepredigt und Sieg versprochen. Hafez Assad fürchtete die Auswirkungen eines Meinungsumschwungs. Doch auch eine schroffe Absage wagte der Syrer nicht, denn die israelische Initiative war durch die US-Diplomatie abgestützt. So kam Hafez Assad auf den Ausweg, vorzuschlagen, dass die Verhandlungen nicht direkt zwischen Israel und Syrien geführt werden sollten, sondern durch die USA, die beide Standpunkte abzuwägen und auszugleichen hätten. Die US-Regierung sah in diesem Verfahren nur eine geringe Chance auf Erfolg und zeigte sich an der Vermittlerrolle nicht interessiert.

Das Scheitern der Abtastversuche zur Realisierung der Verhandlungsideen hatte zur Folge, dass im Februar und März 1995 die Zahl der palästinensischen Selbstmordanschläge zunahm. Hamas und die Organisation »Islamischer Heiliger Krieg« bewirkten damit, dass in der israelischen Bevölkerung die Bereitschaft abnahm, die Formel »Land für Frieden« zu akzeptieren. Die Befürworter einer harten Haltung gegenüber den islamischen Organisationen – und schließlich gegenüber den Palästinensern überhaupt – gewannen an Einfluss. Da seine Versöhnungspolitik gegenüber Syrien, für ihn überraschend, gescheitert war, glaubte Shimon Peres, durch Neuwahlen eine Basis für die Fortsetzung seiner Politik erreichen zu können. Diese Neuwahlen wurden für den Mai 1996 angesetzt.

Gerade in jener Zeit nahmen auch die Spannungen zwischen Israel und dem Libanon wieder zu. Die islamische Kampforganisation Hisbollah feuerte Raketen gegen israelische Dörfer. Die IDF schoss massiv zurück. Shimon Peres spürte, dass sich mit jedem neuen Raketenduell seine Chance, die Neuwahlen zu gewinnen, verringerte. Die Wähler erhofften ein Ende der Kampfhandlungen. Sie erwarteten, dass der Regierungschef ihres Landes energisch durchgriff. Peres aber glaubte, die Situation durch Vorziehen der Wahlen zu seinem Vorteil nutzen zu können. Zur allgemeinen Überraschung ging seine Rechnung nicht auf. Am Abend des 29. Mai 1996 schien der Sieger der Wahlen festzustehen. Niemand schien Peres den Erfolg streitig zu machen. Beim Erwachen am 30. Mai 1996 aber war Benjamin Netanyahu der Gewinner. Die Arbeitspartei war nicht mehr die starke Kraft. Der Likudblock war an die Macht zurückgekehrt.

Die US-Regierung glaubte zunächst daran, dass Netanyahu bereit sei, die Politik von Perez und Rabin fortzusetzen. Jetzt, nach dem Regierungswechsel, wurde der neue Ministerpräsident Netanyahu von Washington gedrängt, einen erneuten Versuch der Einigung mit Syrien zu wagen. Diesmal lehnte Netanyahu diesen Vorschlag der US-Regierung ab. Sein Argument war, er würde nur dann ein Friedensprojekt weiter entwickeln, wenn eine vertragsmäßige Grundlage für die Fortsetzung der Verhandlung existiere. Diese Grundlage fehle, denn Syrien habe nie entsprechende Dokumente unterzeichnet. Netanyahus Politik – so glaubte Arafat zu wissen – war eindeutig gegen eine Lösung gerichtet, die zur Entspannung zwischen Syrien, der PNA und Israel führen konnte.

Auch die Hamas war inzwischen zu der Überzeugung gelangt, dass sich in der Beziehung zwischen der israelischen Regierung und der PNA ein Wandel vollzogen hatte. Die Schuld an der Klimaveränderung im Verlauf der Verhandlungen wurde nicht allein Benjamin Netanyahu zugewiesen, sondern auch dem Palästinenserpräsidenten Jassir Arafat. Ihm wurde fehlende Flexibilität vorgeworfen. Wortführer war inzwischen wieder Ahmed Jassin geworden, der zwar aus israelischer Haft entlassen, der aber noch immer unter israelischer Überwachung stand. Dass Ahmed Jassin politisch aktiv war, missfiel der Regierung Netanyahu keineswegs. Der Hamas-Funktionär wurde sogar ermutigt, gegen Arafat zu polemisieren. Seinen Aufrufen folgten bedeutende Teile der palästinensischen Bevölkerung. Hunderte versammelten sich im Orient House in Jerusalem, einem Gebäude im britischen Kolonialstil, das der Sitz der von Israel geduldeten palästinensischen Verwaltungsbehörde für Probleme der Bürger von Jerusalem war. Diese Behörde stand weitgehend unter Einfluss der traditionellen Jerusalemer Honoratiorenfamilien. Dazu gehörte die Sippe Husseini, die damals die politische Richtung der Jerusalem-Palästinenser angab und die Gegenregierung zu Arafat bildete.

Die Stimmung in der Stadt regte eine Gruppe von Offizieren der eben gegründeten palästinensischen Sicherheitstruppe an, einen Putsch gegen Arafat zu organisieren, um damit der Korruption innerhalb der PNA ein Ende zu bereiten. Es wurde öffentlich verbreitet, Arafat sei zu erschießen. Dass im arabischen Teil von Jerusalem damals ein Generalstreik zur Unterstützung der Offiziere drohte, machte dem Palästinenserpräsidenten die Gefahr deutlich. Erschreckend für Arafat war, dass seine bisher getreuen Fatah-Funktionäre den Konflikt vorantrieben – und nicht Anhänger von Hamas oder der Organisation »Islamischer Heiliger Krieg«.

Verärgerung war entstanden durch Arafats vorsichtiges Taktieren in der Behandlung des Problems Jebel Abu Ghunaim. Die israelische Regierung hatte beschlossen, auf diesem Gebiet, das sie Har Homa nannte, eine Siedlung zu erbauen, deren strategische Lage künftig den Zugang nach Ost-Jerusalem vom Westufergebiet des Jordan erschwert hätte. Har Homa hätte einen Blockaderiegel gebildet, aber die Oslo-Verträge sahen die Verhinderung derartiger Sperren eindeutig vor. Arafat gelang es nicht, die Rechtssituation, die zugunsten der Palästinenser war, in seinen Verhandlungen zu nutzen. Über Arafats Verhandlungsschwäche empörte sich nicht allein die Elite der palästinensischen Sicherheitskräfte, sondern auch große Teile der Bevölkerung in den landwirtschaftlichen Gebieten im Süden von Jerusalem.

Die Empörung über die israelischen Bauarbeiten gab der islamischen Kampforganisation Hamas den Anstoß zur Wideraufnahme der Attacken gegen Soldaten und Zivilisten, die auf Straßen und Plätzen israelischer Ortschaften anzutreffen waren. Arafats Position gegenüber Hamas wurde im März 1997 erneut geschwächt, als die Regierung Netanyahu ankündigte, sie werde nur neun Prozent der besetzten Gebiete an die PNA übergeben. Selbst die US-Regierung sah darin einen offensichtlichen Bruch der Osloer Vereinbarungen. Hamas nahm eine derartige Verlautbarung aus Washington gerne zur Kenntnis. Ahmed Jassin – der sich im Gazastreifen wieder ungehindert bewegen konnte – griff eine Feststellung der Regierungsstudie zur Belegung jüdischer Siedlungen im palästinensischen Gebiet auf. Sie besagte, dass 25 Prozent der neu gebauten Siedlungen derzeit unbewohnt seien. Die Errichtung dieser Gebäude sei ohne Belegungsplanung erfolgt und folglich als sinnlos zu bezeichnen. Die Regierung Netanyahu versuchte den Eindruck zu korrigieren, sie habe palästinensisches Eigentum weggenommen, ohne einen Nutzen für die jüdische Bevölkerung zu erzeugen. Die offizielle israelische Entgegnung lautete: Nur zwölf Prozent der Siedlungen stünden derzeit leer. Ahmed Jassin, der Hamas-Chef, besaß damit genügend Material, um gegen Israel zu polemisieren. Jassin konnte der israelischen Zeitung *Ha'aretz* entnehmen, dass Netanyahu ursprünglich die Absicht gehabt habe, 90 Prozent des Gebiets westlich des Jordan wieder in arabischen Besitz zu übertragen – jetzt aber sei dies auf 40 Prozent reduziert worden. Hamas nützte die psychologisch günstige Gelegenheit, um ihre Anschlagsaktivitäten wieder zu verstärken. Am 30. Juli 1997 brachte ein Selbstmordattentäter auf einem Jerusalemer Markt Sprengstoff zur Detonation. 14 Israelis starben, mehr als 150 wurden verletzt. Ministerpräsident Netanyahu reagierte und behielt den Steueranteil ein, der gemäß Osloer Abkommen von Israel auf palästinensischem Boden zunächst einkassiert, dann aber an die PNA abgeführt werden musste. Dass die Steuergelder der PNA nicht ausgezahlt wurden, hatte die Zahlungsunfähigkeit der PNA zur Folge. Dass die PNA die fälligen Gehälter nicht an ihre Sicherheitsfunktionäre auszahlen konnte, führte wiederum zur Verständigung zwischen Fatah und Hamas. Arafat umarmte Sheikh Ahmed Jassin öffentlich. Diese herzliche Begegnung nützte Arafat dazu, Ahmed Jassin zu bitten, die Angriffe der Hamas gegen Israel einzustellen. Diese Bitte lehnte Jassin am 25. August 1997 ab, denn Hamas war zu keinem Waffenstillstand in der Auseinandersetzung mit Israel bereit.

Dass Arafat Ahmed Jassin öffentlich umarmt hatte, nutzte Netanyahu nach dem nächsten Sprengstoffanschlag aus, um von Arafat zu fordern, er möge endlich dafür sorgen, dass Hamas keine Sprengstoffattentäter mehr einsetze. Diese Aufforderung lehnte Arafat ab. Netanyahu beantwortete diese Absage mit der Anweisung, auf palästinensischem Gebiet seien 300 neue Wohnungen für jüdische Siedler zu bauen.

Zum Ärger von Hamas zeigte Arafat Nachgiebigkeit. Er stimmte einer Fortsetzung der Gespräche zwischen Vertretern der PNA und der israelischen Regierung zu. Benjamin Netanyahu ergriff diese Gelegenheit, um weitere Forderungen zu stellen. Er verlangte die Reduzierung der palästinensischen Polizeikräfte von 40000 Mann auf 24000 Mann. Diese Forderung war ein Eingriff in die Souveränitätsrechte der PNA – Arafat reagierte nicht darauf.

Ärgerlicher für den Präsidenten der PNA war, dass der israelische Ministerpräsident erneut verlangte, dass die Palästinenser insgesamt den Staat Israel »anerkennen und seine Existenz nicht in Frage stellen«. Arafat ließ durch seine Mitarbeiter verkünden, dass dieser Wunsch der israelischen Regierung längst erfüllt worden sei. Bereits während der Belagerung der libanesischen Hauptstadt 1982 habe er selbst schriftlich die Existenz Israels anerkannt. Mit der Unterschrift der Verträge von Oslo sei diese Anerkennung bestätigt worden. Es könne sich bei dieser erneuten Forderung nur um eine Schikane handeln. Bemerkenswert war, dass aus Washington keine Äußerung des Erstaunens über das Verhalten der israelischen Regierung zu vernehmen war.

Dass jede Form von Kritik aus Washington ausblieb, ermutigte Netanyahu, mit seinen Forderungen einen wesentlichen Schritt über die Basis der Osloer Verträge hinauszugehen. Die Gelegenheit dazu war günstig. Ende Januar 1998 war eine Gipfelkonferenz in der US-Hauptstadt geplant. Präsident Clinton war darauf vorbereitet, die israelische Regierung zu einem weiteren Verzicht auf zwölf Prozent des besetzten Territoriums zu bewegen. Sein Vorhaben aber scheiterte an einer Grundsatzerklärung, die Ministerpräsident Netanyahu zu Beginn der Konferenz vorlegte. Israel – dies war der Inhalt der Erklärung – lehnte jeglichen Abzug der IDF aus der Region von Jerusalem ab. Diese Region müsse auf Dauer unter israelischer Kontrolle bleiben, denn der Umkreis von Jerusalem berühre »nationale und lebenswichtige Interessen des jüdischen Staates«. Die palästinensische Entgegnung erfolgte am

25. Januar 1998. Mahmud Abbas, der Generalsekretär des Exekutivkomitees der PLO, teilte der Öffentlichkeit mit, fortan werde es keine direkten Kontakte zwischen palästinensischen und israelischen Delegationen geben. Der PNA-Präsident habe sich entschlossen, eine Gipfelkonferenz aller arabischen Staatschefs zu beantragen. Bei dieser Gelegenheit werde Jassir Arafat den Zusammenbruch seiner Verhandlungen mit Israel bekannt geben. Der Eindruck entstand, dass sämtliche Ansätze der Bemühungen um Frieden gescheitert waren.

Präsident Bill Clinton wollte das Scheitern seiner eigenen Anstrengungen nicht hinnehmen. Am 26. März 1998 legten die USA neue Vorschläge auf den Verhandlungstisch in Jerusalem. Empfänger war Netanyahu. Er nahm zur Kenntnis, dass die IDF auf amerikanischen Wunsch 13 Prozent des besetzten Gebiets am Jordanwestufer zu räumen habe. Ohne an den Verhandlungstisch zurückzukehren, antworteten PLO und Hamas durch Gewalt: Beide Organisationen schossen Raketen gegen israelische Siedlungen an der Grenze zum Autonomiegebiet ab. Nun war auch die US-Regierung der Meinung, dass der Weg zum Frieden im Nahen Osten blockiert sei. Bill Clinton gab zu erkennen, dass er nicht mehr daran interessiert sei, in diesem Konflikt zu vermitteln.

Gründung des Palästinenserstaats scheitert knapp   Die Generalversammlung der Vereinten Nationen nützte diese Gelegenheit, um die Stellung der PNA in der Weltöffentlichkeit aufzuwerten. Die PNA bekam das Recht zugesprochen, an den Debatten der Generalversammlung teilzunehmen. Arafats Autonome Verwaltung durfte fortan das Thema »Nahost« auf die Tagesordnung der Vollversammlung setzen lassen. Gegen diese Anhebung der Bewertung der PNA protestierte Israel. Dieser Protest blieb jedoch ohne Wirkung.

Den nächsten Schritt unternahm Ministerpräsident Benjamin Netanyahu im Juli 1998. Er gab zu erkennen, dass er über einen neuen Plan der Rückgabe besetzter palästinensischer Gebiete nachdenke. Zu erfahren war, dass seine Regierung zehn Prozent dieses Landes der PNA übergeben werde; weitere drei Prozent könnten bedingt von IDF geräumt werden.

Als Bill Clinton erkannte, dass wieder Bewegung in den politischen Nahostprozess kam, bat er Arafat und Netanyahu nach Washington ins Weiße Haus zu einem ersten Sondierungsgespräch am 15. Oktober 1998. Arafat und Netanyahu einigten sich. Bill Clinton wirkte als »Zeuge« mit, die Textformulierungen aber waren im State Department vorbereitet worden. Zentrum des Memorandums waren Sicherheitsvereinbarungen, die »acts of terrorism« verhindern sollten. Jede Seite hatte Maßnahmen zu ergreifen, um die Sicherheit der Gegenseite zu gewährleisten. Beide Seiten versprachen, gegenüber Personen, die Akte des Terrorismus verüben, »null Toleranz« zu zeigen. Es sollten Einzelpersonen und Organisationen bekämpft und die Infrastruktur des Terrorismus zerstört werden. Die PNA versprach, gegen jeden Palästinenser vorzugehen, der verdächtigt wird, terroristische Anschläge im Sinn zu haben. Um jede Art von Terroranschlag zu verhindern, sollte enge Kooperation zwischen israelischen und palästinensischen Sicherheitskräften gepflegt werden.

Am Schluss des Memorandums stand das Versprechen, dass unmittelbar nach Unterzeichnung dieses Papiers Verhandlungen zu beginnen hätten, die eine Grundlage für den »permanent status« der Beziehungen zwischen Israel und der PNA bilden sollten – als Abschluss einer Garantie der friedlichen Koexistenz beider Staatsgebiete.

Die Knesset stimmte der Abmachung am 17. November 1998 zu, und schon einen Tag später begann der Abzug der IDF aus bisher besetzten Gebieten. Am 24. November 1998 eröffnete Arafat den Flughafen Gaza. Die israelische Verwaltung des Gazastreifens behielt sich allerdings die Benutzungsgenehmigung für jede einzelne Fluggesellschaft und damit für jedes einzelne Flugzeug vor.

Präsident Clinton gab Ende November 1998 seinen Plan bekannt, vom 12. bis 15. Dezember den Gazastreifen zu besuchen. Kaum war diese Absicht verkündet, brachen in den noch immer von Israel besetzten Gebieten Unruhen aus. Die Empörung wurde ausgelöst durch die Weigerung der israelischen Regierung, gefangene Palästinenser gemäß den getroffenen Abmachungen freizulassen. Netanyahu hielt sich nicht an die Absprachen, Clinton aber hatte dafür gebürgt. Ausgenommen von der Regelung zur Gefangenenfreilassung sollten nur Palästinenser sein, die der Tötung israelischer Staatsbürger überführt worden waren oder die der islamischen Kampforganisation Hamas angehörten. Ministerpräsident Netanyahu aber weigerte sich, überhaupt Gefangene freizugeben, solange nicht »Grundvoraussetzungen« vonseiten der PNA erfüllt würden. Zur Verblüffung von Jassir Arafat verlangte Netanyahu zum wiederholten Male die Löschung aller Kapitel der palästinensischen »National Charter«, in deren Wortlaut die Zerstörung des Staates Israel gefordert oder die auch nur anti-israelische Formulierungen enthielten. Arafat leistete keinen Widerstand: Am 14. Dezember 1998 wurde im Beisein des US-Präsidenten Bill Clinton die feierliche Löschung der anti-israelischen Textpassagen in der Palestinian National Charter vorgenommen.

Kaum aber war diese Forderung des israelischen Ministerpräsidenten erfüllt, legte Netanyahu eine weitere Bedingung für die Normalisierung der Beziehungen zwischen der israelischen Regierung und der PNA vor: Die Autonomiebehörde sollte feierlich darauf verzichten, am 4. Mai 1999 den Staat der Palästinenser zu proklamieren. Dieses Datum aber war inzwischen zum »heiligen Tag« der Palästinenser geworden, denn mit diesem Tag sollte die Selbstständigkeit des palästinensischen Volkes definitiv beginnen. Der 4. Mai 1999 wurde von allen Palästinensern – ob sie zu Fatah gehörten, zu Hamas oder ob sie sich zu keiner Organisation bekannten – sehnlichst erwartet, als »Tag der palästinensischen Unabhängigkeit«. Er war in den Verträgen von Oslo festgelegt worden. Selbst Bill Clinton, der viel Verständnis für die Haltung von Netanyahu besaß, konnte zunächst nicht verstehen, warum die Oslo-Verträge in diesem Fall nicht mehr gültig sein sollten. Netanyahu begründete seine Forderung so: Die PA (er vermied das »N« für die Bezeichnung »National«) habe es bisher beständig unterlassen, den palästinensischen Terror gegen Israel zu unterbinden. Solange aber die Gefahr einer Attacke auf Israel nicht beseitigt sei, könne der palästinensischen Unabhängigkeit, und damit der Gründung eines palästinensischen Staates, vonseiten des Staates Israel nicht zugestimmt werden.

Zur Enttäuschung von Jassir Arafat wurde die PNA von niemandem in ihrer Haltung unterstützt, den 4. Mai 1999 als Termin der Unabhängigkeitserklärung aufrechtzuerhalten. Präsident Bill Clinton sprach Arafat zu, er möge sich doch nachgiebig zeigen, zumindest bis zu den Wahlen in Israel, die auf den 17. Mai 1999 angesetzt waren. Nach den Wahlen – so bekam der Palästinenserpräsident zu hören – sei mit größerer Nachgiebigkeit Israels zu rechnen. Den Ratschlag, Arafat möge geduldig sein, bekam er von den USA, der Europäischen Gemeinschaft, von Husni Mubarak und vom jordanischen König Hussein zu hören. Arafat beugte sich schließlich dem Argument, die Gründung des Staates Palästina zu diesem Zeitpunkt führe ganz selbstverständlich zu einem Wahlsieg der Kräfte in Israel, die alle Verträge von Oslo für ungültig erklären wollten. Da der Chef der Palästinenser seine wichtigsten arabischen Freunde Husni Mubarak und König Hussein nicht verprellen wollte, sprach er künftig kein Wort mehr von der Erfüllung seines Herzenswunsches, der Gründung des Palästinenserstaates, doch er war enttäuscht. Er wusste, die Chance war für lange Zeit vertan.

Die Welt des Nahen Ostens veränderte sich: Am 17. Februar 1999 starb König Hussein, der für die Palästinenser im Konflikt mit Israel ein Faktor der Unsicherheit gewesen war – und dennoch fiel der Verzicht auf ihn vielen im Kreis um Arafat schwer. Am 17. Mai

1999 fand die Wahl in Israel statt. Sieger war Ehud Barak mit 56,08 Prozent der Stimmen. Benjamin Netanyahu als Ministerpräsident des Staates Israel wurde von Ehud Barak abgelöst. Ein Resultat der neuen Machtverhältnisse war der erneute Aufstieg von Ariel Sharon in den Zirkel der politisch Einflussreichen im jüdischen Staat. Für Arafat war dies ein böses Zeichen für die Zukunft.

Ehud Barak wird Ministerpräsident Der neue Ministerpräsident Ehud Barak wurde mit der Verschärfung der Auseinandersetzungen um die Präsenz der IDF im Südlibanon konfrontiert. Eine starke Mehrheit innerhalb der Bevölkerung forderte den Abzug der IDF aus der Grenzzone Israel–Libanon. Nach wiederholten Anschlägen durch Bewaffnete der Hisbollah verkündete Barak am 15. Juli 1999 den einseitigen Rückzug der IDF aus dem Südlibanon. Mit Recht konnte Hisbollah jenen 15. Juli 1999 als Tag des Sieges feiern – Präsident Bill Clinton glaubte, damit sei ein günstiger Zeitpunkt für Friedensgespräche zwischen den am Konflikt beteiligten Parteien gekommen. Clintons optimistischer Standpunkt war damals durchweg auch bei den arabischen Regierungen anzutreffen. Clintons Berater analysierten die Situation und zogen das Fazit, dass ein Frieden mit der Regierung in Damaskus die Grundlage festigen würde zu Übereinkünften mit Libanon und den Palästinensern.
Präsident Clinton ließ deshalb in seinen Bemühungen nicht locker. Am 25. März 2000 trafen sich Clinton und der Syrer Assad in Genf, um die Kompromissbereitschaft Syriens auszuloten. Assad wurde vom US-Präsidenten informiert, Israel sei tatsächlich bereit, seine Truppen aus dem umstrittenen Gebiet der Golanhöhen zurückzuziehen. Ministerpräsident Barak aber glaubte, es werde ihm die Chance geboten, eine Grenzkorrektur durchzusetzen. Barak forderte Syrien auf, einen fruchtbaren Landstreifen an Israel abzutreten. Als Gegenleistung war Barak bereit, an Syrien Gelände für ein Erholungsgebiet »Friedenspark« abzuge-

ben. Mit dieser seltsamen Idee war Hafez Assad nicht einverstanden. Er wollte als Ausgleich für die Landübergabe auch keine Fischrechte im See Genezareth erhalten.

Die Ablehnung der israelischen Vorschläge war Assads letzte Amtshandlung. Er starb am 10. Juni 2000.

Obgleich gesundheitliche Probleme schon länger bekannt waren, überraschte Hafez Assads plötzlicher Tod alle, die Verantwortung trugen für Krieg und Frieden in der Region. Die Nachfolge für Hafez Assad war nicht leicht in die von der Führung der Baath-Partei und der Spitze der Alawitensippe – sie waren nahezu identisch – gewünschte Bahn zu lenken. Der von der Partei und von der Sippe gewünschte Kandidat Bashar Al Assad war erst 34 Jahre alt, die Verfassung aber sah für die Präsidentschaft ein Mindestalter von 40 Jahren vor. Eine Verfassungsänderung löste das Problem. Vier Wochen später war der Sohn Bashar Al Assad syrischer Präsident und damit Nachfolger seines Vaters.

In Jerusalem war die Hoffnung zu spüren, dass mit diesem Sohn eine Zeit der Entspannung anbrechen würde. Israelische Politiker waren bereit, eine Vorleistung zu erbringen: Sechs Mitglieder der Knesset erschienen in Damaskus zur Teilnahme an den Trauerfeierlichkeiten für Hafez Assad. Ein erster vorsichtiger Schritt zur Normalisierung der Beziehungen zwischen Israel und Syrien war damit unternommen.

Die PNA konnte bald schon das Gefühl haben, auch sie werde von der Entspannung profitieren: IDF begann mit den Vorbereitungen zum Abzug aus der Ortschaft Abu Dis, die im Osten von Jerusalem liegt. Dort, in Abu Dis, sollte – nach Arafats Planung – das Parlament des Staates Palästina gebaut werden.

Jassir Arafat war in jener Zeit, im Frühsommer 2000, darauf bedacht, die Spannung zwischen seiner Behörde und der israelischen Regierung unter Kontrolle zu halten. Als es offenkundig war, dass IDF sich unter dem Druck von Hisbollah entschloss, den Südlibanon zu räumen, waren die Palästinenser insgesamt bereit, durch Intensivierung ihrer Aktionen gegen Israel Nachgiebigkeit zu erzwingen. Besonders Hamas sah für ihren Kampf eine Chance. Den Ausbruch eines verschärften Konflikts verhinderte der Palästinenserpräsident durch die öffentlich geäußerte Feststellung, nicht die Kampforganisation Hisbollah habe den Erfolg des israelischen Abzugs erkämpft, sondern er sei vielmehr die Konsequenz des Sicherheitsratsbeschlusses 425, der den israelischen Truppen ein Verlassen des Südlibanon vorschrieb.

Arafats Unterdrückung seiner Gefühle der Befriedigung wurde vom israelischen Ministerpräsidenten Ehud Barak registriert. Als US-Präsident Clinton zu erkennen gab, dass er vor Ablauf seiner Amtszeit alle Bemühungen darauf konzentrieren wolle, ein Ende des palästinensisch-israelischen Konflikts zu erreichen, erklärte sich Barak einverstanden, an einer weiteren Gipfelkonferenz teilzunehmen. Doch wenige Tage später störte Unzufriedenheit in den Palästinensergebieten die Vorbereitungen des entscheidenden Treffens. Nach Meinung der Mehrzahl der Bewohner des Gazastreifens hatte die israelische Regierung zwar Palästinenser aus der Gefangenschaft entlassen, doch reichte die Zahl der Freigelassenen bei Weitem nicht. Um die Stimmung in der Bevölkerung zu beruhigen, verkündete Arafat, die Gründung des Staates Palästina werde am 13. September 2000 stattfinden und Jerusalem werde die Hauptstadt dieses Staates sein. Für Ehud Barak war dieser Entschluss nicht akzeptabel. Trotzdem flog er nach Camp David im US-Staat Maryland.

Al-Aqsa-Intifada

Vermittlungsversuche Clintons scheitern an Jerusalem   Am 13. Juli 2000 trafen sich Arafat und Barak. Nachrichtensperre war verhängt worden, kein Wort über den Verlauf der Gespräche sollte nach außen dringen. Zu erfahren war nur, dass Bill Clinton vor allem geklärt haben wollte, wer künftig für Jerusalem zuständig sein sollte. Beobachter bemerkten, dass Arafat den Konferenzraum verließ. Bill Clinton unterstützte nach Arafats Meinung zu sehr Baraks Standpunkt, der besagte, Jerusalem, als Heiligtum in der Geschichte der Juden, gehöre traditionell den Juden. Erst nachdem Clinton seine Unterstützung für Baraks Position revidiert hatte, erklärte sich Arafat bereit, weiter an der Konferenz teilzunehmen.

Am 19. Juli bereitete die israelische Delegation ihre Abreise vor. Sie war empört über Arafats Festhalten an seinem Standpunkt, Jerusalem sei ein Heiligtum des Islam – dies sei schon an der Existenz des Felsendoms zu erkennen; seine Goldkuppel überstrahle den gesamten Heiligen Bezirk. Die Empörung der Berater um Ministerpräsident Ehud Barak steigerte sich noch, als Arafat verlangte, die Rückkehr aller palästinensischen Flüchtlinge von 1948 in ihre Heimatorte müsse vertraglich garantiert werden.

Die Lage am Konferenzort entspannte sich wieder, als Arafat die Rückkehrforderung für die Flüchtlinge von der Tagesordnung streichen ließ. Der ungelöste Streitpunkt blieb die Frage, wem die Souveränität über Jerusalem zugesprochen werden sollte. Ganz offensichtlich war keiner Seite ein Verzicht möglich. Der Palästinenserpräsident wusste, dass er – wenn er Jerusalem an den jüdischen Staat abtreten würde – von irgendeinem palästinensisch-islamischen Fanatiker hinterrücks erschossen werden würde. Arafats Sorge war, vor dem palästinensischen Volk als Verräter zu erscheinen. Ehud Barak aber war vom selben Problem geplagt. Er hatte eine schlimme Erfahrung vor Augen, denn Ministerpräsident Rabin war von einem jungen jüdischen Nationalisten erschossen worden, weil er bereit war, Gebiete, auf die Israel Anspruch erhob, an den eben entstehenden palästinensischen Staat abzutreten. Rabins Schicksal fürchtete auch Ehud Barak.

Arafat beharrte auf dem Standpunkt, dass dem palästinensischen Volk die Heiligtümer Felsendom und die Al-Aqsa-Moschee gehören. Arafat stellte nicht zur Diskussion, ob die Palästinenser berechtigt seien, Ost-Jerusalem als ihre Hauptstadt zu beanspruchen.

Präsident Bill Clinton wollte diesen Camp-David-Gipfel nicht völlig scheitern lassen. Er versuchte den Dialog zu retten und schlug vor, Israel und die PNA sollten im Wechsel jeweils einen bestimmten Zeitraum lang die Souveränität über Jerusalem wahrnehmen. Ehud Barak hielt sich mit einer Reaktion auf den Vorschlag zurück. Arafat aber brachte resolut seine ablehnende Haltung zum Ausdruck. Er verließ Camp David sofort. Am 26. Juli 2000 wurde die Gipfelkonferenz von Clinton für gescheitert erklärt.

Arafat kam zurück nach Gaza, ohne einen Erfolg erzielt zu haben. Dennoch wurde er bei der Ankunft im Autonomen Gebiet der Palästinenser als »Held von Jerusalem« gefeiert. Er wurde dafür gelobt, dass er die Heiligtümer Felsendom und Al-Aqsa-Moschee nicht – und sei es auch nur für einen beschränkten Zeitraum – der israelischen Aufsicht übergeben habe.

War die US-Regierung bisher darauf bedacht, keine völkerrechtlichen Veränderungen in der Region zu veranlassen, so änderte Präsident Clinton jetzt seine Meinung. Ende Juli 2000 erklärte sich seine Regierung bereit, die US-Botschaft von Tel Aviv nach Jerusalem zu verlegen. Dieser Schritt hätte bedeutet, dass die USA die Aufwertung Jerusalems zur Hauptstadt des jüdischen Staates anerkannt hätten. Der Umzug der US-Botschaft unterblieb zunächst. Durch diese Zurückhaltung wurde Jassir Arafat veranlasst, »vorläufig« auf die Erklärung der Gründung des palästinensischen Staates zu verzichten.

Dieser Verzicht empörte Sheikh Ahmed Jassin, die Leitgestalt der Kampforganisation Hamas. Jassins Aufrufen zum Protest gegen die PNA folgten mehrere Tausend enttäuschte Palästinenser. Arafat ließ Demonstranten, die Hamas-Aufrufen folgten, verhaften. Die Verhafteten proklamierten in Jericho und Nablus ihren Hungerstreik.

Zum Scheitern der Jerusalem-Initiative des US-Präsidenten trug der israelische Politiker Ariel Sharon wesentlich bei. Er war zu jenem Zeitpunkt der Vorsitzende der rechtsgerichteten Likudpartei. Am 28. September 2000 erschien Ariel Sharon auf dem Tempelberg von Jerusalem, begleitet von einer gewaltigen Zahl an Sicherheitskräften. Am Felsendom und an der Al-Aqsa-Moschee demonstrierte er für das Recht des jüdischen Volkes, die Heiligen Stätten in Besitz zu nehmen und die Moslems zu vertreiben.

Wie nicht anders zu erwarten, setzte sofort massiver Protest der islamischen Gläubigen ein. Auf Steinwürfe reagierten Sharons Begleiter durch scharfe Schüsse. 132 Palästinenser und acht Israelis starben im Verlauf der nächsten Tage, denn die Welle der Empörung wirkte sich nicht allein in Jerusalem, sondern auch in fast allen palästinensischen Städten aus. Die Zahl der Verwundeten überstieg 1000.

Die israelische Regierung wurde beschuldigt, die Unruhen provoziert zu haben. Israels Regierungschef warf dem Palästinenserpräsidenten vor, er unternehme nichts, um die Gewalttätigen von Hamas und Dschihad Al Islamiya von Angriffen auf Israelis abzuhalten. In der Tat war er genau daran nicht interessiert, denn seine Organisation Fatah und Hamas schlossen ein Bündnis, die Attacken gegen IDF und alle Repräsentanten Israels zu intensivieren.

Der Kampf der Palästinenser gegen Israel im Jahr 2000 begann. Er trug den Namen Al-Aqsa-Intifada und bezog sich auf die Al-Aqsa-Moschee beim Felsendom von Jerusalem. Dort war diese »Intifada« durch die Provokation von Ariel Sharon ausgelöst worden.

Die Konfrontation verschärfte sich am 15. Oktober 2000. Israelische Raketen trafen Arafats Hauptquartier in Ramallah. Zum ersten Mal wurde der Präsident der PNA persönlich bedroht. Arafat hatte keinen Einwand, dass auf einer Straße in Ramallah als Racheakt zwei junge israelische Männer getötet wurden. Die US-Regierung erkannte, dass der Konflikt zu eskalieren begann. Präsident Clinton setzte sich eilends dafür ein, dass Ehud Barak und

Jassir Arafat ein Treffen im engsten Kreis abhielten. Es fand bereits einen Tag später, am 16. Oktober 2000 statt. Das Resultat der Zweierkonferenz schien ermutigend: Barak und Arafat vereinbarten einen Waffenstillstand, und jegliche Anwendung von Gewalt wurde untersagt. Auf Clintons Drängen wurde zur Überwachung des Waffenstillstands ein Komitee eingesetzt, das unter dem Vorsitz des ehemaligen US-Senators George Mitchell tagen sollte. Dieses Komitee erwies sich als wenig nützlich, denn es konnte Gewalt nicht verhindern. Kaum war der Waffenstillstand verabredet, brachen in den palästinensischen Autonomiegebieten heftige Kämpfe zwischen Hamas und der IDF aus. Vorausgegangen war die Forderung des israelischen Ministerpräsidenten, Arafat habe die erneute Verhaftung von rund 60 »Islamisten« zu befehlen. Sie waren erst Tage zuvor auf Arafats Anordnung freigelassen worden. Der PNA-Präsident weigerte sich, er ließ sogar fanatische Mitglieder der Organisation »Tanzim« frei, die sich als lockere Gruppierung am Kampf gegen Israel beteiligte. Israel reagierte durch völlige Abriegelung der Palästinensergebiete.

Präsident Clinton gab seine Hilflosigkeit bei der Bewältigung des Problems zu: »Der Konflikt zwischen Palästinensern und Israelis ist die größte Tragödie unserer Zeit. Er ist deshalb so schwer zu bewältigen, weil er einen sakralen Kern hat.« Die Kampforganisation Tanzim, von der bisher wenig bekannt war, trat deutlich in Erscheinung. Tanzim war ein Spross von Fatah. Dies bedeutete, dass Jassir Arafat unmittelbaren Einfluss auf Tanzim besaß. Keine Aktion durfte ohne sein Wissen geschehen. Doch der Deckname bot die Chance, im Verborgenen zu wirken. Aktionen, die Tanzim zugab, konnten nicht ohne Weiteres glaubwürdig Fatah angelastet werden.

Neue Taktik der Israelis: Gezielte Tötung Einzelner   Israel griff zu einer neuen Taktik, der gezielten Tötung Einzelner. Verkündet wurde diese neue Taktik von Ministerpräsident Ehud Barak Ende Oktober 2000. Als Opfer befanden sich Mitglieder islamischer Organisationen im Visier, die unter dem Verdacht standen, mörderische Attacken gegen Israelis geplant oder ausgeführt zu haben. Am 10. November 2000 wurde die neue Taktik zum ersten Mal angewandt. Ein »helicopter gunship« griff bei dem christlichen, palästinensischen Dorf Bet Sachun das Auto von Hussein Abahagut an und tötete den Palästinenser. Nach israelischer Ansicht war er zuständig gewesen für die Ermordung von vier israelischen Soldaten bei Al Kadara, südlich von Bethlehem. Auch die Beschießung des Dorfes Gilo wurde ihm zur Last gelegt, bei der zwei israelische Frauen getötet worden waren.

Am 24. November 2000 wurde Ibrahim Ben Quda in Nablus durch einen Raketenvolltreffer in seinem Kraftfahrzeug getötet. Ben Quda war ein wichtiger Aktivist von Hamas gewesen. Die Rakete war ebenfalls von einem »helicopter gunship« aus abgefeuert worden.

Hoffnungslosigkeit machte sich breit. Arafats Vertreter bei den Gremien der Vereinten Nationen, Merwan Jilani, stellte fest: »Erfolge von jahrelangen Verhandlungen zwischen den USA, Israel und der Palestinian National Authority sind während der letzten Tage zusammengebrochen. Es zeigt sich keine Hoffnung auf Reparatur des Schadens.«

Im Dezember 2000 wurde eine völlig neue Entwicklung erkennbar: Es gab offenbar junge Palästinenser, die mit israelischen Sicherheitsbehörden bei der Tötung von Hamas-Aktivisten zusammenarbeiteten. Der Gerichtshof der PNA sprach Todesurteile aus, doch dagegen protestierten große Teile der palästinensischen Bevölkerung. Breite Zustimmung aber fand am 17. Januar 2001 die Aktion maskierter junger Männer, die vor dem Beach Hotel in Gaza Hisham Mekki, den Direktor der Palestinian Broadcasting Corporation, erschossen. Er war der Korruption beschuldigt worden. Arafat, der für die Erschießung verantwortlich gemacht wurde, gehörte bei der Beerdigung des Erschossenen am 18. Januar zu den Sargträgern.

Die Wutausbrüche der palästinensischen Bevölkerung klangen nur langsam ab. Da versuchte Ehud Barak am 1. Dezember 2000 einen Plan des US-Präsidenten zur Diskussion zu stellen, der die Gründung eines Palästinenserstaats vorsah. Dieses Entgegenkommen wurde geschmälert durch die Absicht, über die Zukunft von Jerusalem erst in drei Jahren Gespräche aufnehmen zu wollen. Die PNA entgegnete, dass sie einer derartigen Verzögerung der Verhandlungen über den Status der Heiligen Stadt nie zustimmen werde. Arafat wies darauf hin, dass es Präsident Clintons Absicht war, das Thema Jerusalem ausdrücklich in die Konferenztagesordnung für die palästinensische Staatsgründung einzubeziehen. Clinton hatte sich von seinem Vorschlag einen Erfolg versprochen – vor Ende seiner Amtszeit, die unmittelbar bevorstand. Es gelang der islamischen Kampforganisation Hamas, jeden Ansatz zu Verhandlungen zu sabotieren, denn Hamas gab die Verantwortung für den Tod von zwei israelischen Zivilisten im Gazastreifen zu. Die PNA bemühte sich, derartige Hamas-Aktionen künftig zu verhindern. Dafür sollte künftig die Preventive Security Force (PSF) zuständig sein. Ihr wurde die Überwachung aller aktiven Hamaszellen zugewiesen. Der Erfolg war gering: Anschläge auf israelische Soldaten und Zivilisten waren nicht zu verhindern. Nach einer ganzen Reihe von derartigen Attacken und nach einem Raketenangriff auf die israelische Stadt Sederot rückten Panzer der IDF demonstrativ gegen die Stadt Beit Hanoun vor, die im Gazastreifen unter Kontrolle der PNA stand. Inzwischen hatte sich, begleitet von Attacken und Gegenangriffen, vor Jahreswechsel 2000/2001 eine Entwicklung angekündigt, die für die Zukunft von Bedeutung sein sollte. Benjamin Netanyahu, der vor Barak bis zum 17. Mai 1999 israelischer Ministerpräsident gewesen war, bekam erneut die Chance, an die Spitze der israelischen Politik aufzurücken. Für die Teilnahme zur nächsten Wahl wurden allein Mitglieder der Knesset zugelassen. Netanyahu aber hatte mit dem Amt des Ministerpräsidenten auch den Knessetsitz aufgegeben. Eine Änderung des Wahlrechts, die am 13. Dezember 2000 durchgedrückt worden war, öffnete für Benjamin Netanyahu das Tor zur Teilnahme an der Wahl. So nebenbei war zu erfahren, dass auch Ariel Sharon Ministerpräsident werden wollte – nicht aber Shimon Peres, der ein Verfechter der friedlichen Lösung des Konflikts zwischen Israelis und Palästinensern war.

Die Hoffnung auf Frieden schwand zum Jahreswechsel 2000/ 2001. Immer stärker fand der Standpunkt von Ariel Sharon Beachtung, der laut verkündete, er werde kein Abkommen mit der PNA abschließen, das auch nur entfernt eine Gefahr für den Staat Israel in sich berge. Die Beurteilung, ob eine Gefahr bestünde, behielt er sich für alle Fälle vor.

Da sich der Machtfaktor Ariel Sharon als wichtig für die israelische Politik ankündigte, verhielten sich die Persönlichkeiten, die zu entscheiden hatten, fortan sehr vorsichtig und Verhandlungen mit Arafat unterblieben. Der PNA-Chef, Ehud Barak und der Ägypter Husni Mubarak hatten zwar die Absicht bekundet, in Sharm Al Sheikh miteinander zu reden, aber keine Seite zeigte wirklich Interesse daran.

Nun ergriff Ariel Sharon die Initiative. Der Kandidat für den Posten des israelischen Ministerpräsidenten schickte Arafat eine Botschaft, die ganz überraschend ein Friedensangebot enthielt. Der Zeitpunkt war psychologisch günstig gewählt, denn der Fastenmonat Ramadan ging eben zu Ende. Allerdings enthielt das Angebot keine präzisen Details, sondern nur gute Wünsche für das Wohlergehen des palästinensischen Staates. Am Tag der Briefübergabe hatte die islamische Kampforganisation Hamas am Kontrollpunkt Sufa im Osten des Gazastreifens einen Sprengstoffanschlag verübt, bei dem zwei israelische Soldaten starben. Ehud Barak beendete das Jahr 2000 mit der Drohung, Aktivisten der Hamas würden künftig wieder gezielt getötet.

Das Jahr 2000 war zu Ende gegangen mit erbitterten Gefechten zwischen palästinensischen und israelischen Streitkräften. Im

Gazastreifen waren fünf palästinensische Polizeioffiziere getötet worden. Daran trug ganz offensichtlich die IDF die Schuld, denn sie hatte sich ohne Grund provoziert gefühlt. Ehud Barak stand mitten in der Zeit der Wahlpropaganda, unter Druck des US-Präsidenten. Er stimmte dem amerikanischen Vorschlag zu, Israel habe einem künftigen palästinensischen Staat 85 Prozent des Stadtgebiets von Ost-Jerusalem zu übergeben. Dem Staat Israel wäre dann noch die Klagemauer und das Jüdische Viertel als Territorium von Jerusalem geblieben.

Zu erwarten war, dass sich Arafat über Baraks Zugeständnis zufrieden gezeigt hätte. Das Gegenteil trat ein: Der PNA-Präsident forderte die verbindliche schriftliche Zusage, dass sämtliche aus ihren Heimatgebieten vertriebenen Palästinenser wieder in ihre Dörfer und Siedlungen zurückkehren dürften. Eine derartige Zusage überstieg die Machtbefugnisse des Ministerpräsidenten Ehud Barak, der ohnehin befürchten musste, in wenigen Wochen nicht mehr gewählt zu werden; die Meinungsumfragen hatten ein verheerendes Wahlergebnis vorausgesagt.

Arafat versuchte in öffentlicher Rede deutlich zu machen, dass die Suche nach der friedlichen Lösung des Konflikts mit Israel für ihn immer noch Priorität habe; er betonte aber gleichzeitig, dass er für alle Zeit auf das Rückkehrrecht aller Flüchtlinge von 1948 bestehen werde.

Die Zeit von Ehud Barak ging zu Ende. Am 6. Februar 2001 wurde Ariel Sharon zum israelischen Ministerpräsidenten gewählt. Die politische Entwicklung verlief rascher, als Arafat sich je hatte vorstellen können. Sein Einfluss sank. Bald schon nach Ariel Sharons Amtsübernahme musste der PNA-Präsident feststellen, dass ihm kaum noch jemand von politischer Bedeutung in der Welt zuhören wollte. Die Zeit war vorüber, dass Arafat ein gern gesehener Gast in den Hauptstädten Europas war. Die Isolation Arafats begann, sie kam dem eben gewählten Ministerpräsident Ariel Sharon entgegen.

Sharon bringt Arafats Autorität auf den Nullpunkt   Für den
19. und 20. März 2001 hegte Arafat besondere Hoffnung. Für diese zwei Tage hatte der neue US-Präsident George W. Bush die
Kontrahenten im Nahostkonflikt nach Washington eingeladen.
Präsident Bush war erst am 20. Januar in sein Amt eingeführt
worden. Er wollte vollenden, was seinem Vorgänger Clinton nicht
gelungen war: den Friedensprozess energisch voranzutreiben.
Gleich der erste Ansatz einer Verständigungspolitik scheiterte.
Ariel Sharon teilte dem neuen Verantwortlichen in Washington
mit, dass er auf keinen Fall mit Arafat zusammentreffen wolle,
»da dieser zu viel Blut an den Händen habe«. Ohne vorsichtig zu
sein bei der Wortwahl, verkündete Sharon, er habe Befehl gegeben zur Tötung von Palästinensern, die unter dem Verdacht stehen, Aktivisten der Kampforganisationen Hamas oder Dschihad
Al Islamiya zu sein. Diesem Befehl folgte die sofortige Ausführung. Drei Männer der beiden Organisationen verloren durch
gezielte Schüsse das Leben. Nur Stunden danach verlangte die
israelische Regierung von Jassir Arafat, er habe die Terroraktio-
nen der Palästinenser einzudämmen. Am 1. Juni 2001 starben
20 israelische Frauen und Männer bei einem Anschlag auf eine
Stranddisco in Tel Aviv. Ein Selbstmordattentäter hatte den
Sprengsatz gezündet.
Bemühungen von US-Vermittlern, einen Waffenstillstand zu
organisieren, schlugen fehl. Hamas und IDF intensivierten ihren
Kampf. Ariel Sharon unternahm nichts, um die Gewalt zu vermindern. Er sagte: »Ich mache Frieden mit den Palästinensern,
doch nur zu meinen Bedingungen!« Arafat gab dem Fatah-Akti-
visten für Ramallah, Merwan Barghuti, den Auftrag, diese Ant-
wort zu geben: »Solche Bedingungen akzeptieren wir nicht. Der
Kampf wird fortgesetzt!«
Die PNA bekam genau zu diesem Zeitpunkt spürbare Unterstützung von Europa. Die Europäische Union überwies der PNA 110
Millionen Dollar, um Arafats Zahlungsunfähigkeit zu verhindern.

Die israelische Regierung hatte zuvor Zahlungen an die PNA einbehalten. Dabei handelte es sich um Steuerbeträge, von Palästinensern bezahlt, die an die Finanzkasse der PNA hätten weitergegeben werden müssen. Nur dank dieser Hilfe aus Europa war die Palästinenserregierung in der Lage, Gehälter für Polizisten, Beamte, Lehrer und städtische Arbeiter auszubezahlen. Ariel Sharon zeigte seine Unzufriedenheit über die europäische Finanzhilfe durch die Bemerkung, die Europäische Gemeinschaft unterstütze ganz offensichtlich ein Terrorregime in Palästina.

Ariel Sharon wies im Sommer 2001 IDF an, die Liquidierung von verdächtigen Palästinensern zu beschleunigen. Auf seine Anordnung hin erließ die israelische Regierung eine »most-wanted list«. Auf ihr standen die Namen von Funktionären von Hamas, Dschihad Al Islamiyah und Fatah, deren Mitwirkung an Vorbereitung und Ausführung von Anschlägen den israelischen Sicherheitsbehörden bekannt geworden waren. Dazu gehörte auch Massud Ajjad, der sich kurz zuvor im Libanon aufgehalten hatte, um von bewährten Hisbollah-Kämpfern den Gebrauch von Raketenwaffen zu lernen. Ajjad war dann damit beauftragt worden, Verbindungsmann zu Hisbollah zu sein. Derartige »Personalien« blieben den israelischen Sicherheitskräften nicht verborgen. Zwei Kampfhubschrauber vom Typ »Apache« lauerten am frühen Morgen dem Fahrzeug des Massud Ajjad auf einer Straße bei Gaza auf. Zwei Raketen zerstörten es und töteten den Fahrer. Gezielte Schüsse hatten den Verbindungsmann zwischen Arafat und Hisbollah unschädlich gemacht. Nur einen Tag später fuhr ein palästinensischer Busfahrer in Tel Aviv in eine wartende Gruppe von israelischen Soldaten. Acht Tote waren das Ergebnis dieser Attacke. Die israelische Regierung riegelte die Palästinensergebiete ab; kein Bewohner dieser Gebiete durfte Israel betreten. Diese Restriktion galt auch für den PNA-Präsidenten. Sein Regierungssitz in Ramallah wurde umgeben von Gräben, Wällen und Betonbarrikaden. Arafat, der sich als Gefangener fühlte, bot

Ariel Sharon ein Treffen an, das der »Beseitigung von Missverständnissen« dienen sollte. Er bekam keine Antwort.

In dieser Situation boten die Vereinten Nationen einen Ausweg an. Eine UN-Peace-Keeping-Force sollte die Überwachung einer Waffenstillstandslinie übernehmen. Arafat, der schon häufig seine Bereitschaft zu einer »Internationalisierung« des Konflikts angeboten hatte, stimmte dem Vorschlag zu – nicht aber die islamische Kampforganisation Hamas. Der Hamas-Verantwortliche für Gaza, Mahmud Az Zahar, verkündete, seine Organisation werde nie aufhören, Israel zu bekämpfen; ein Waffenstillstand sei für Hamas nie bindend. Die Berater von Arafat aber waren – trotz dieser Verkündung – überzeugt, Ahmed Jassin sei es gelungen, bereitstehende Selbstmordattentäter davon abzuhalten, Anschläge zu verüben. Jassin bestätigte, dass er eine derartige Anweisung gegeben habe, sie sei gültig, solange Israel die palästinensische Bevölkerung nicht attackiere. Im Juli 2002 fühlte sich Hamas von IDF provoziert und der Hamas-Verantwortliche für Gaza kündigte den Waffenstillstand auf. Am 10. August 2002 detonierte Sprengstoff in einem Jerusalemer Restaurant. 15 Israelis starben.

Palästinensisch-iranische Verschwörung?   Der Beweis war eindeutig: Am 4. Januar 2002 verfolgten drei israelische Kriegsschiffe einen Frachter im Roten Meer. Der Name des Frachters war »Karina A«, Herkunft und Ziel blieben zunächst unklar.

Die israelischen Verfolger stoppten die »Karina A«. Die Überprüfung der Ladung ergab, dass das Schiff Abschussrampen für Raketen und Raketengeschosse geladen hatte. Gesamtgewicht der Ladung: 50 Tonnen im Wert von 10 Millionen Dollar. Die Offiziere der Frachterbesatzung nannten schließlich den Bestimmungsort der Fahrt: Sie sollten die Waffen im Hafen Gaza ausladen. Damit stand fest, dass der Empfänger eine Kampforganisation der Palästinenser war. Der Verdacht fiel sofort auf Hamas. Doch als der Spender der Waffen bekannt wurde, machten sich

Zweifel breit. Der Frachter »Karina A« war im Hafen Bandar Abbas beladen worden – also im Herrschaftsbereich der iranischen Schiiten. Diese aber hatten keine Veranlassung, die sunnitische Kampforganisation Hamas zu unterstützen. Die Vermutung lag jetzt nahe, dass die schiitische Organisation Hisbollah Empfänger der Raketen sein sollte. Schiiten des Iran versorgten Schiiten des Libanon mit Kriegsmaterial – dieser Gedanke lag nahe. Außerdem brachte Hisbollah derartige Waffen im libanesisch-israelischen Grenzgebiet zum Einsatz.

Gegen Hisbollah als Empfänger der Lieferung sprach allerdings, dass kein libanesischer Hafen als Zielort vorgesehen war, sondern der palästinensische Hafen Gaza. Gaza war jedoch noch nicht voll funktionsfähig – und seine Einfahrt wurde von israelischen Schnellbooten bewacht. Das Rätsel der schiitischen Hilfe für die sunnitische Hamas löste sich, als die israelischen Behörden die Entdeckung machten, dass die Miete für die »Karina A«, immerhin 1,4 Millionen Dollar, von Saudi-Arabien bezahlt worden war – und ebenso die Raketen. Also hatten die iranischen Schiiten Raketen geliefert und Geld kassiert.

Für die US-Regierung, auf der Suche nach »Schurken«, die mit Terroristen verbündet sind, war die Beweislage eindeutig: Iraner und Palästinenser sind Verbündete gegen Israel und damit gegen die USA und letztlich gegen die zivilisierte Welt. Die Entstehung dieser »Verschwörung« wurde in Washington rekonstruiert und man nahm an, sie sei im Mai 2001 in Moskau abgesprochen worden – während Arafats Besuch bei Präsident Putin.

Zur selben Zeit, so behauptete der US-Geheimdienst, seien palästinensische und iranische Unterhändler in Moskau zusammengetroffen. Die iranische Regierung und die PNA wehrten sich gemeinsam gegen die Schuldkonstruktion des US-Geheimdienstes. Sie habe nur den einen Zweck, die israelische Aggression im Gazastreifen und am Jordanwestufer zu rechtfertigen. Die Vorahnung der PNA bewahrheitete sich: 150 israelische Panzer brachen in die Stadt Ramallah ein und stießen bis zu Arafats Amtssitz durch. Der Gebäudekomplex wurde umzingelt. Der Präsident der palästinensischen Autonomiebehörde wurde zum Gefangenen der Israelis. Ariel Sharon spottete: »Die Europäer können Arafat in Ramallah abholen. Doch dann müssen sie ihn behalten. Einen Rückweg nach Ramallah gibt es für Arafat nicht mehr! Er ist ein Feind Israels und der gesamten freien Welt!«

Der Gefangene lebte in seinem Gebäudekomplex ohne Licht, Elektrizität, Telefon und Wasser. Dass die israelische Belagerung des Arafat-Amtssitzes von der US-Regierung gebilligt wurde, war an der Weigerung des US-Vizepräsidenten Dick Cheney zu erkennen, Arafat zu treffen. Die Isolation des PNA-Präsidenten dauerte an.

Eine kurze Zeit sah es nach Lockerung der Absperrungen aus, doch dann starben 29 Israelis am 20. März 2002 bei einer Attacke in der Stadt Netanya. Sie waren Gäste einer Familienfeier gewesen. Ariel Sharon reagierte empört: »Arafat muss ausgelöscht werden!« Sein Bürogebäude in Ramallah wurde enger umzingelt als zuvor. Die israelischen Soldaten des Belagerungsrings witzelten: »Wir hören jetzt, wenn Arafat auf die Toilette geht!«

Sharon war im Frühjahr 2002 entschlossen, Arafat aus dem PNA-Gebiet zu vertreiben, doch diesmal standen die USA auf Arafats Seite. Präsident Bush verbot dem israelischen Ministerpräsidenten jeglichen Angriff auf Arafats Person. Bush drohte mit der Kürzung der Finanzhilfe für Israel. Auf dieses Risiko wollte sich Ariel Sharon auf keinen Fall einlassen: Er gab tatsächlich Befehl, Arafat zu schonen.

Das Rätsel, ob wirklich zur Zeit der Affäre um den Frachter, der mit Waffen beladen auf dem Roten Meer unterwegs war, eine Allianz bestand zwischen der iranischen Regierung und den Aktivisten der Hamas-Bewegung, wurde erst sehr viel später, am 10. Dezember 2006 gelöst. Der Hamas-Chef Ismail Haniya traf sich in Teheran mit dem iranischen Präsidenten Mahmud Ahmedinejad.

Die beiden Gesprächspartner demonstrierten völlige Übereinstimmung in ihren Plänen für die Fortsetzung des Konflikts um Israel: Der Krieg müsse geführt werden bis zur völligen Vernichtung des jüdischen Staates. Ahmedinejad proklamierte: Die palästinensische Volksregierung dürfe Israel niemals anerkennen. Das legitime Kriegsziel sei die hundertprozentige Realisierung des palästinensischen Anliegens, das Aufbau des Staates Palästina und Zerstörung Israel heiße. Ahmedinejad bezeichnete Palästina als untrennbaren Bestandteil der islamischen Welt. Der iranische Präsident schloss seine Bündnisverpflichtung mit den Worten: »Iran wird nicht zögern, Hamas in jeder Hinsicht bis zur Befreiung Jerusalems zu unterstützen.« Festzuhalten bleibt, dass der schiitische Staat Iran offen zur sunnitischen Kampforganisation Hamas stand. Er versprach, die Hamasbewegung noch vor Ablauf des Jahres 2006 mit 250 Millionen Dollar zu unterstützen.

Die Affäre »Karina A« hatte 2002 weitere Folgen. Israel verlangte von Jassir Arafat die Verhaftung und Bestrafung von Hamas-Mitgliedern, die am gescheiterten Waffengeschäft mit Teheran beteiligt gewesen sein sollten. Verkoppelt wurde das Verfahren mit dem »Strafprozess« gegen die Mörder des israelischen Politikers Rechavam Ze'en im Oktober 2001. Die israelische Regierung hatte die Durchführung des Prozesses mit einer Belohnung des Palästinenserpräsidenten verknüpft: Arafat durfte seinen Gebäudekomplex in Ramallah verlassen. Seine Reisebeschränkung für das Westufergebiet des Jordan und den Gazastreifen wurde aufgehoben. Dass Arafat durch die Prozesseröffnung persönliche Vorteile von Israel erhielt, schadete für lange Zeit seinem Ansehen.

Arafats Reisefreiheit war allerdings nur von geringer Dauer. Als am 23. Juni 2002 in Jerusalem 26 Israelis durch ein Sprengstoffattentat ihr Leben verloren, ordnete Ariel Sharon erneut die Besetzung der Stadt Ramallah an – palästinensischer Widerstand bereitete den israelischen Besatzungsstreitkräften keine Schwierigkeit. Arafat wurde auch wieder in seinem bereits schwer beschädigten Gebäudekomplex eingesperrt. Die Regierungsfähigkeit des Präsidenten war erneut eingeschränkt.

Die Machtlosigkeit des »Gefangenen von Ramallah« benutzten politisch aktive Palästinenser, um Forderungen an Arafats Herrschaftssystem zu stellen. Sie verlangten Reformen. Priorität hatte dabei der Wunsch nach Neuwahlen zum Parlament der Palästinenser und nach einer Regierungsumbildung. Ein Ministerpräsident sollte eingesetzt werden, der anstelle von Arafat die Exekutive repräsentieren sollte. Die Schaffung der Position des Ministerpräsidenten war verbunden mit einer Minderung des Einflusses von Arafat. Dies war offensichtlich der Wunsch weiter Kreise in der palästinensischen Bevölkerung – und der israelischen Regierung. Ariel Sharon betonte ausdrücklich, dass er eine Strukturveränderung der Macht in Palästina wünsche, auch wenn sich Arafat dagegen wehre. Die US-Regierung stand auf Sharons Seite. Geheimdienstspezialisten der amerikanischen Regierung verlangten, dass die zahlreichen, sich überschneidenden palästinensischen Geheimdienste, die alle Arafat direkt unterstanden, zusammengelegt und vom PNA-Präsidenten losgelöst werden müssten. Arafat erfüllte diesen Wunsch der US-Regierung: In Ramallah wurde ein »Geheimdienstminister« eingesetzt. Sämtliche einflussreichen Persönlichkeiten der Palästinensergebiete lehnten den unterschwelligen Druck der Amerikaner und der Israelis ab, Jassir Arafat ins Exil zu schicken. Arafat wurde weiterhin als die Persönlichkeit betrachtet, die genügend Macht besaß, um politische Reformen durchzusetzen.

Sein wichtigster Bundesgenosse war Jibril Rajoub, der wahre Herrscher über die palästinensischen Geheimdienste. Dessen Macht war jedoch sofort zu Ende, als Arafat erfuhr, dass Rajoub eigenmächtig Hamas-Aktivisten an die israelischen Besatzungstruppen ausgeliefert hatte. Arafat entließ ihn. Dieser Entschluss löste Proteste innerhalb der PNA aus. Der Vorwurf lautete, Arafat habe unkollegial und autoritär gehandelt. Arafat wurde aufgefordert, endlich sein Kabinett der Minister zu reformieren. Arafats Antwort war, er könne keine Regierung bilden, solange die israelischen Truppen Ramallah besetzt hielten. Ariel Sharon reagierte darauf mit dem Befehl an IDF, Arafats Regierungskomplex sei völlig zu zerstören. Diese harte Maßnahme hatte zur Folge, dass jeglicher Protest gegen Arafats geringe Lust, Reformen einzuführen, erlosch.

Fortsetzung der Intifada oder Suche nach politischem Kompromiss

Palästina hat die Wahl: Zwei Wege in die Zukunft   Ende 2002 hatten sich die Perspektiven für Palästina verändert. Zwei Wege hatten sich eröffnet. Sie wurden vertreten durch zwei unterschiedliche Persönlichkeiten. Jassir Arafat vertrat die kämpferisch orientierte Tradition, die bisher als allgemeingültig betrachtet worden war. Er predigte seit Jahren den Standpunkt, dass nicht Selbstmordattentate, sondern Aktionen nach Art der Intifada zur Selbstverwirklichung des palästinensischen Volkes führen könnten. Intifada sei der Ausdruck des Erhaltungswillens der Palästinenser, sei der Ausdruck des palästinensischen Stolzes. In dieser Haltung wurde der PNA-Präsident zum Teil von Ahmed Jassin, dem Chef der Hamas, unterstützt. Im Ziel aber unterschieden sich Arafat und Jassin. Der PNA-Chef verfolgte die Absicht, einen palästinensischen Nationalstaat zu begründen, der Denker der Hamas glaubte, nur ein islamischer Staat sei in der Lage, den Willen Allahs zu erfüllen. Beide, Arafat und Jassin, aber waren der Meinung, ihr jeweiliges Ziel sei durch Intifada zu erreichen.
Der palästinensische Politiker Mahmud Abbas hatte sich nie in einer Kampforganisation bewähren müssen, er hatte nie eine Waffe in der Hand gehabt und er war auch nie von IDF-Bewaffneten direkt bedroht worden. Mahmud Abbas war als Diplomat

zu bezeichnen. Doch auch er verfügte über einen Decknamen, den er Fatah verdankte: Abu Mazen.

Mahmud Abbas hatte 2002 eine Taktik entwickelt, um eine palästinensische Souveränität in Stufen zu erreichen – durch Verhandlungen unter internationaler Beteiligung. Durch diese Taktik waren die Verhandlungen von Oslo zumindest zum Teilerfolg geführt worden. Innerhalb der besetzten Gebiete waren souveräne palästinensische Enklaven entstanden, die ausgeklammert waren aus dem israelischen Besatzungsgebiet. Diese Enklaven hatten die Hoffnung geweckt, dass irgendwann tatsächlich ein palästinensischer Staat existieren würde. Mahmud Abbas war überzeugt, der Weg in Stufen sei richtig, denn er vermeide die Gewalt. Unterstützt wurde Mahmud Abbas durch die US-Regierung und durch Ariel Sharon. Beide waren daran interessiert, dass die Gewalt in Palästina ein Ende fand.

Seit den letzten Monaten des Jahres 2002 kam es zu einer Meinungsverschiebung innerhalb der palästinensischen Bevölkerung. Viele Frauen und Männer waren zu der Überzeugung gelangt, dass sich der hauptsächlich von Hamas geführte Kampf nicht lohne. Die geschätzte Zahl der palästinensischen Opfer von Intifada lag bei 2500 Toten und nahezu 10 000 Verwundeten. Die Kritiker von Intifada verlangten ein Ende der bewaffneten Auseinandersetzung. Mahmud Abbas konnte Anhänger gewinnen. Sie stimmten ihm zu, wenn er davon sprach, dass mithilfe der US-Regierung Fortschritte in Verhandlungen zu erreichen seien und dass derzeit allein durch Verhandlungen das Autonomiegebiet zu vergrößern und zu stabilisieren sei.

Die Kritiker des Mahmud Abbas setzten bei diesem Punkt ein. Sie argumentierten, die US-Regierung werde nie in der Lage sein, Ariel Sharon wesentlich beeinflussen zu können. Die amerikanischen Gesprächspartner des Mahmud Abbas waren allerdings völlig anderer Meinung. Sie glaubten aus Erfahrung an ihren Einfluss auf Ariel Sharon – vor allem aber auf den jungen, früheren

Arbeitsminister Jossi Beilin. Dieser trat energisch für Verhandlungen zwischen der israelischen Regierung und der PNA ein.
Ariel Sharon war damals allerdings weit weniger gesprächsbereit, als Jossi Beilin annahm. Der israelische Ministerpräsident verlangte als Voraussetzung für Verhandlungen die völlige Entwaffnung der islamischen Kampforganisation Hamas. Diese Forderung hielt Sharon über Monate aufrecht. Seine Hartnäckigkeit wiederum begünstigte Hamas, die den Kampf gegen Israel weiterhin mit Härte propagierte. Insbesondere die militante Organisation der Izzedin-Al-Qassam-Brigaden führte Attacken gegen israelische Siedlungen und Siedler fort. Dass die Brigaden sich nicht den verhandlungsbereiten Palästinensern anschlossen, trug sehr zu ihrer Popularität bei. Fatah verlor an Einfluss. Jassir Arafat sah im Frühjahr 2003 die Notwendigkeit ein, Gespräche mit der Organisation des Ahmed Jassin zu beginnen. Der ägyptische Präsident Husni Mubarak ergriff die Initiative: Er lud Fatah und Hamas nach Kairo ein. Die wichtigsten Aktivisten der beiden Organisationen sollten Klarheit darüber schaffen, welche Strategie von den Palästinensern in Zukunft eingeschlagen werden sollte. Zwei Wege standen zur Debatte: Fortsetzung der Intifada oder die Suche nach einem politischen Kompromiss. Die Verhandlungen aber fanden ein rasches Ende, als der Hamas-Kommandeur im Gazastreifen, Saleh Shehade, bei einem gezielten israelischen Luftangriff auf Gaza-Stadt getötet wurde. Vor der Abreise der Delegationen aus Kairo einigten sich die Delegationssprecher darauf, den Dialog nicht abreißen zu lassen. Diese Einigung war der einzige Erfolg dieser Konferenz.
Ariel Sharon legte nun Schwierigkeiten in den Weg für ein erneutes Treffen palästinensischer Politiker, bei dem sich Hamas und Fatah wieder einander annähern könnten. Die israelische Verwaltung der besetzten Gebiete verbot Mitgliedern der Palästinenserdelegationen, ihre Heimatorte zu verlassen.
Im Januar 2003 wurde Ariel Sharon erneut zum israelischen Ministerpräsidenten gewählt – zur Überraschung aller Gruppie-

rungen, die in der PNA vertreten waren. Jede Hoffnung auf eine Verständigung zwischen Palästinensern und dem Staat Israel verblasste. Dazu trug auch bei, dass IDF für die Stunden der Wahl Ausgangssperre verhängte. Ahmed Jassin, der starke Mann der Organisation Hamas, äußerte sich schroff: »Dass Ariel Sharon wieder gewählt worden ist, gilt für mich als Beweis dafür, dass die Israelis nicht bereit sind, Frieden mit uns zu schließen.«

Die US-Regierung ließ indessen nicht nach, Arafat zu veranlassen, einen Ministerpräsidenten einzusetzen, der für die Exekutive zuständig sein sollte. Mahmud Abbas übernahm diese Position Anfang Mai 2003. Die Entwicklung in Richtung auf einen dauerhaften Waffenstillstand war im Gang, da brachen israelische Panzer am 4. Juni 2003 in den Gazastreifen ein. Widerstand regte sich sofort in Nablus, Hebron und Jenin. Hamas organisierte die palästinensischen Abwehrkräfte. IDF reagierte durch einen gezielten Luftangriff auf den Hamas-Aktivisten Abdel Aziz Rantisi, der am Kopf verletzt wurde.

Mahmud Abbas stand in jenen Wochen unter starkem amerikanischem und israelischem Druck, er möge Arafat veranlassen, von der Position des PNA-Präsidenten zurückzutreten. Diesen Schritt wagte Mahmud Abbas jedoch nicht. Dass der Präsident es noch immer in seiner zerstörten Residenz in Ramallah aushielt, trug sehr zu seiner anhaltenden Popularität bei. Noch immer galt das Versprechen von Ariel Sharon, Arafat zu verschonen.

Gezielte Schüsse auf Hamas-Führer   Sheikh Ahmed Jassin aber war nach und nach zum Ziel der IDF geworden. Dem religiösen Führer der Hamas sollte keine Schonung gewährt werden. Am 6. September 2003 hätte das »Problem« Jassin endgültig gelöst werden sollen. Jassin und mehrere Kommandeure der Kampforganisation befanden sich im Visier israelischer Hubschrauberbesatzungen. Die Raketen verfehlten ihr Ziel. Jassin trug Verletzungen davon.

Obgleich Jassin gewarnt war, änderte er sein Leben nicht. Er lebte in einer Zweizimmerwohnung in einer Nebenstraße von Gaza-Stadt, das Stadtviertel war eng bebaut. Vor dem Haus drängten sich tagtäglich Hunderte von Anhängern, um den gelähmten Mann, der seit seinem Sportunfall 1952 auf einen Rollstuhl angewiesen war, zu sehen und mit ihm zu sprechen. Er hatte 1960 geheiratet, vor dem 6-Tage-Krieg, und seine Behinderung hatte ihn nicht davon abgehalten, elf Kinder zu zeugen. Die Behinderung trennte ihn auch keineswegs von den Anhängern, die ihn täglich besuchten. Er besaß die Ausstrahlung einer Person, die über besondere geistige Kräfte verfügte. Was er sagte, war nicht von inhaltlicher Bedeutung, doch die wenigen Worte übertrugen Charisma auf die Zuhörer.

Am 22. März 2004 beschloss das Israeli Security Cabinet unter dem Vorsitz von Ariel Sharon einen erneuten Angriff auf Sheikh Ahmed Jassin. Die Raketen wurden von Hubschraubern genau in dem Augenblick abgeschossen, als Jassins Rollstuhl aus einer Moschee des Gazastreifens geschoben wurde. Diesmal saßen die Treffer genau. Ahmed Jassin war auf der Stelle tot. Zerfetzt war auch sein Rollstuhl.

Die internationale Empörung über die Ermordung des Behinderten beachtete Sharon nicht. Er übernahm die Verantwortung für die Hubschrauberattacke. Lautstark betonte er unmittelbar nach dem Anschlag, er werde den Kampf gegen Hamas unvermindert fortsetzen.

Dass sie keine Angst vor Ariel Sharon hatten, wollten ungefähr 200 000 Frauen und Männer demonstrieren, die sich zur Trauerfeier im Zentrum von Gaza versammelt hatten. Sprechchöre forderten Rache. Die Menschen hofften, dass Allah Ariel Sharon und Israel für den Mord an Jassin bestrafe. Doch kaum waren die Redeparolen verhallt, zerstreuten sich die Demonstranten. Der Zorn der Massen beruhigte sich rasch, der Zündfunke zur Volksempörung erlosch. Hamas-Aktivisten warnten zwar vor den Auswirkungen eines allgemeinen Palästinenseraufstands für den gesamten arabisch-islamischen Raum, doch nichts dergleichen geschah. Ariel Sharon konnte in aller Ruhe zum nächsten Schlag ausholen. Die Mitarbeiter und Berater von Jassir Arafat rechneten damit, dass der PNA-Präsident das nächste Opfer der IDF sein würde. Arafat selbst glaubte nicht mehr, sein persönliches Leben werde noch lange andauern. Doch bei dieser Beurteilung seiner eigenen Situation überschätzte er seine derzeitige Bedeutung.

Die Hamas-Führung in Gaza wartete nicht lange mit der Neubesetzung der Spitzenposition innerhalb der Organisation. Sie ernannte Dr. Abdel Aziz Rantisi zum Nachfolger von Ahmed Jassin. Er war 57 Jahre alt und von Beruf Kinderarzt. Rantisi besaß nicht die Faszination des behinderten Ahmed Jassin, der nur leise hatte sprechen können. Rantisi beschränkte seine Aussagen nicht auf geflüsterte Andeutungen. Mehr als Jassin hielt er Kontakt zu den palästinensischen Massen. Rantisi verbarg nicht, dass er nun der anerkannte und tatkräftige Chef der islamischen Kampforganisation Hamas war. Dass er die Öffentlichkeit nicht mied, rächte sich rasch. Keine vier Wochen war er die Leitgestalt der Hamas, da folgten auf Befehl von Ariel Sharon Armeehubschrauber seinen Spuren. Am 17. April 2004 wurde sein Fahrzeug im Gazastreifen von israelischen Raketen getroffen. Rantisi war sofort tot, ebenso sein Sohn und einer seiner Leibwächter.

Bei der Beisetzung von Rantisi am 18. April stand die Zahl der Trauernden denen beim Tod von Ahmed Jassin nicht nach. Die auffälligste Erscheinung war die Witwe des Toten. Sie trug weiße Kleidung und ein grünes Stirnband, auf dem die Lobpreisung Allahs und der Text eines Racheschwurs zu lesen war. Die Witwe versuchte den Zorn der Massen anzustacheln. Israel sollte für den Mord an ihrem Mann bestraft werden – aber auch die Vereinigten Staaten von Amerika, die wieder einmal bewiesen hätten, dass sie ein Feind gläubiger Moslems und ein Feind des Islam überhaupt seien.

Der Mauerbau   Im Dezember 2003 sah sich die Generalversammlung der Vereinten Nationen veranlasst, sich um das augenfälligste Problem des Konflikts zwischen Palästinensern und Israelis zu kümmern: um den Mauerbau, der die beiden Völkerschaften trennen sollte. Mit der Errichtung der Barriere, die das »Heilige Land« durchschneidet, war schon am 16. Juni 2002 begonnen worden. Vorgesehen war eine Mauer mit einer Länge von 360 Kilometern. Für die Baukosten waren zunächst 21 Millionen Euro vorgesehen. Bemerkenswert ist, dass Präsident George W. Bush nur vier Wochen nach Baubeginn jener Mauer verkündete, er werde dafür sorgen, dass innerhalb von drei Jahren der souveräne Palästinenserstaat entstehen werde.

Die Generalversammlung der Vereinten Nationen wollte nun, zu Beginn des Jahres 2004, klären lassen, ob der jüdische Staat das Recht habe, eine »separation barrier« zwischen Palästinensern und Israelis zu errichten. Die israelische Regierung argumentierte, diese »barrier« sei notwendig, um militante Palästinenser davon abzuhalten, Anschläge in Israel zu verüben. Die Antwort des palästinensischen Vertreters bei den Vereinten Nationen war: »Diese Barriere dient keineswegs der Sicherheit. Sie wird deshalb gebaut, um die Macht der israelischen Besatzung zu festigen. Die Mauer wird die Gründung eines lebensfähigen palästinensischen Staates für immer verhindern.«

Am 9. Juli 2004 gab der International Court of Justice (ICJ) den Palästinensern durchweg Recht: Die »separation barrier« verletzt internationales Recht, die Mauer muss abgebaut und der beschlagnahmte Boden den palästinensischen Eigentümern zurückgegeben werden. Fazit: »Dieser Mauerbau ist tatsächlich eine politische Maßnahme und keine Maßnahme, die der Sicherheit des jüdischen Staates dient.«

Der Spruch des ICJ war als Niederlage Ariel Sharons zu werten, denn gemäß internationalem Recht war der Mauerbau damit gescheitert. Doch der israelische Ministerpräsident folgte seinem

Grundsatz, internationale Entscheidungen nicht zu beachten. Jassir Arafat aber verstand es nicht, Sharons Niederlage in einen Sieg für die Palästinenser umzumünzen. Die Entscheidung des ICJ wurde als »gerecht« bezeichnet, doch die Palästinenser konnten ihren juristischen Erfolg nicht in die Realität umsetzen. Die Folge war, dass innerhalb der besetzten und der autonomen Gebiete die Unzufriedenheit der Bevölkerung wuchs. Die Schuld daran, dass nichts geschah, wurde Jassir Arafat zugeschoben.

Arafat sah sich auch nicht zum Handeln veranlasst, als ihm vorgeworfen wurde, er treibe die palästinensische Regierung, die von Fatah geführt werde, in eine Katastrophe. 350 wichtige Persönlichkeiten von Fatah legten im Frühjahr 2004 ihre Mitgliedschaft bei dieser Organisation nieder. Sie warfen dem bisher als unantastbar geltenden Führer vor, er lebe geistig in den 70er- und 80er-Jahren, in denen es wichtig war, um den Erhalt der Substanz des palästinensischen Volkes zu kämpfen. Jetzt aber seien Verhandlungsgeschick und Diplomatie gefragt. Das Fazit der Klage war, Arafat sei zu alt.

Der PNA-Präsident musste dem Verlangen nach mehr Demokratie endlich nachgeben. Im immer noch stark beschädigten Gebäude der Autonomieverwaltung Arafats in Ramallah trafen die vom »Chef« Eingeladenen zusammen. Es zeigte sich rasch, dass nur solche Männer und Frauen etwas zu sagen hatten, die dem Chef nahestanden, die ihm nicht widersprachen. Wer nicht zu diesen Angepassten gehörte, der orientierte sich in Richtung Hamas. Rasch verbreitete sich die Ansicht unter den Sitzungsteilnehmern in Ramallah, Fatah sei korrupt und moralisch am Ende. Im Juli 2004 war nicht zu übersehen, dass sich Fatah im Aufruhr gegen Arafat befand. Ganz offen wurde die Forderung nach Auflösung der PNA erhoben.

Da er der Kritik nicht mehr Herr werden konnte, handelte Arafat überstürzt und beging dabei einen taktischen Fehler, der kurze Zeit später nicht mehr zu korrigieren war. Er ernannte seinen Vetter, Musa Arafat, zum Kommandeur der General Security Services in Gaza. Die Art der Vergabe eines so hohen Postens innerhalb der Autonomieverwaltung löste sofort handfeste Kritik an Arafats Handhabung der Regierungsgeschäfte aus. Eine Anzahl Regierungsmitglieder reichten ihren Rücktritt ein. Ihr Protest war deshalb besonders wirkungsvoll, weil bekannt wurde, dass in Gaza immer mehr Familien ihren Kampf gegen die Armut verloren. Der UN-Beobachter für die besetzten Gebiete, Jean Ziegler, zog in seinem Jahresbericht das Fazit: »Die Bevölkerung des Gazastreifens befindet sich am Rande einer menschlichen Katastrophe.« Jean Ziegler hütete sich, Schuldige an diesem Zustand zu nennen, doch er nannte Fakten. Die Wirtschaft in den besetzten Gebieten hatte früher einen mittelständischen Charakter, jetzt aber war die Wirtschaftsstruktur von Armut geprägt. Zwar ordnete Jean Ziegler viele Gründe für diese Verarmung den Maßnahmen der Zivilverwaltung der IDF zu, doch war deutlich zu erkennen, dass das wahre Übel Arafats Interesselosigkeit an den Lebensbedingungen der Palästinenser war.

Den Nutzen aus dieser Interesselosigkeit des PNA-Chefs zog die Hamas. Sie verstärkte ihr soziales Engagement: Sie half armen palästinensischen Familien durch Abgabe von Lebensmitteln und durch Unterstützung mit Geldbeträgen. Niemand wunderte sich darüber, dass Hamas über Geld in größerer Menge verfügte. Die Sunniten akzeptierten – sie waren in Gaza in der Mehrheit –, dass sie vom Geld der schiitischen Regierung in Teheran lebten.

Als die Popularität von Hamas wuchs, begriff die israelische Regierung, dass die Kraft der islamischen Kampforganisation durch militärische Aktionen nicht zu stoppen war. Straßenpatrouillen, Häuserzerstörungen, Ausgangssperren reizten nur zur Verhärtung des Widerstandes, aber sie führten keineswegs zu Verhandlungen oder zur Steigerung der Verständigungsbereitschaft. Ariel Sharon entwickelte aus dieser Erkenntnis den Plan eines »Teilrückzugs« (Sharons »Gaza Redeployment Plan«). Den Rat, sich auf Verhandlungen mit den Palästinensern einzulassen, nahm Ariel Sharon nicht an. Er machte deutlich, dass er genug habe von Gesprächsrunden, die dann ohne jedes Resultat blieben. Sein Rückzugsplan sah vor, das Innere der Städte und Siedlungen im Gazastreifen zu räumen, die Kontrolle der Grenzen aber sollte verstärkt werden. Der Einfluss auf die »territories« (das war die amtliche israelische Bezeichnung für den Gazastreifen und für das Westufergebiet des Jordan) konnte dadurch gewahrt bleiben. Für Ariel Sharon war wesentlich, dass er auf die Fiktion verzichtete, der jüdische Staat habe die palästinensischen Gebiete wieder eingegliedert. Der Verzicht auf die »territories« hatte zur Folge, dass sich die Zahl der »Nichtjuden« im jüdischen Staat Israel verminderte. Israel konnte wieder mit Recht behaupten, es sei die »Heimat der Juden in der Welt«.

Sharons »Gaza Redeployment Plan« hätte eigentlich von den Palästinensern mit Freude begrüßt werden können, hatte er doch auch den Verzicht auf die Annektierung palästinensischer Gebiete zur Folge. Hamas aber wollte sich auf den billigen Erfolg nicht einlassen. Gerade nach dem Tod von Sheikh Ahmed Jassin suchte die noch nicht konsolidierte Hamas-Führung eine Möglichkeit, ihre Stärke zu demonstrieren. Sie wollte der Weltöffentlichkeit zeigen, dass es Hamas, die islamische Kampforganisation ist, die in der Lage ist, IDF aus palästinensischen Gebieten zu vertreiben.

Die Hamas-Führung befahl die Steigerung der Zahl kühner, spektakulärer Attacken gegen israelische Siedlungen auf dem Gebiet des Gazastreifens und der Abschuss von selbst gebauten Raketen über den Grenzzaun zu Israel hinweg wurde intensiviert. Ariel Sharons Entscheidung für den »Teilrückzug« wurde durch diese Aktionen kaum beeinflusst. Die europäischen und amerikanischen Beobachter im Nahen Osten aber verbreiteten die Meinung, Hamas habe über Israel einen Erfolg errungen, der mit dem Erfolg der Hisbollah im Libanon verglichen werden könne.

Der Tod Arafats – Führungswechsel bei der PLO   Es war Mitte Oktober jenes Jahres, als außerhalb des noch immer beschädigten Präsidentengebäudes in Ramallah die Erkrankung des Chefs der PNA nicht länger verborgen werden konnte. Gerüchte über eine langwierige Erkältung Arafats waren schon länger zu hören gewesen. Der Präsident war in den demolierten Räumen verborgen geblieben. Zur politischen Situation hatte er sich nicht mehr geäußert. Den letzten Kontakt hatte der russische Präsident Vladimir Putin zu Arafat gehabt. Im Verlauf des Gesprächs hatte Putin die Lieferung von zwei Hubschraubern versprochen. Arafat hatte zuvor schon über Hubschrauber verfügt, doch sie waren von IDF zerstört worden.

Dass Arafat Probleme mit seiner Gesundheit hatte, war in Ramallah zum ersten Mal deutlich zu Beginn des Fastenmonats Ramadan zu bemerken. Der PNA-Chef nahm an den traditionellen Gebeten und Segenssprüchen nicht teil. Er empfing keine Delegationen mehr. Zwei Ärzte, aus Ägypten und Tunesien angereist, zogen in den Regierungssitz ein. Arafats persönlicher Arzt ließ zu diesem Zeitpunkt wissen, sein Patient verfüge über eine stabile Gesundheit, Grund zur Besorgnis bestehe keineswegs. Der Zustand Arafats wurde jetzt mit diesen Worten beschrieben: »Der PNA-Präsident kuriert eine Erkältung aus.« Doch kaum jemand war noch bereit, der offiziellen Erklärung zu glauben. Man vertrat die Ansicht, Arafat verlasse nur deshalb nicht sein Dienstgebäude, um einen erfahrenen Arzt aufzusuchen, weil er fürchte, IDF verhindere seine Rückkehr in seine Büros.

Am 24. Oktober 2004 aber verließ Arafat unbemerkt Ramallah mithilfe eines israelischen Hubschraubers. Ein israelisches Flugzeug brachte ihn schließlich nach Paris. Dort stellte er sich noch einmal der Presse, wobei er aber nicht mehr in der Lage war, einen vernünftigen Gedanken zu äußern. Auffällig war seine kindliche – wenn nicht senile – Dankbarkeit gegenüber dem französischen Arzt. Die Art seiner Erkrankung blieb weiterhin ein Geheimnis.

Über seine Frau Suha war zu erfahren, Arafat lebe noch. Mehr sagte auch sie nicht.

Es waren Ärzte, nicht nur in Frankreich, die der Meinung waren, der 75 Jahre alte palästinensische »Führer« sei vergiftet worden. Wer dies getan habe, darüber sagten diese Ärzte nichts. Ihr Schweigen ließ den Verdacht aufkommen, sie meinten den israelischen Geheimdienst. Eine offizielle Verlautbarung des Militärkrankenhauses, in dem Arafat behandelt wurde, gab es nicht.

Palästinenser, die den PNA-Präsidenten durch jahrelange Erfahrung besser kannten, waren der Meinung, er habe darunter gelitten, dass er keine Bedeutung in der Politik des Nahen Ostens mehr besaß, dass viele – auch aus den Reihen der Palästinenser darauf hofften, er werde seine Ruine in Ramallah bald räumen, um als Asylant in Frankreich zu leben. Er hatte unter dem Fernbleiben der prominenten Politiker aus den USA und aus Europa gelitten. Die Abreise aus Ramallah sei eine Flucht vor der Isolation, vor der Einsamkeit gewesen. Zum ersten Mal seit Jahrzehnten hatte Arafat keinen Einfluss auf den Verlauf der Nahostpolitik mehr ausüben können. Er hatte es nicht ertragen, nutzlos zu sein.

In Ramallah wurde das tägliche Regierungsgeschäft von Ahmed Qurey geführt, der sich bemühte, die Funktion eines Ministerpräsidenten auszuüben. Ihm zur Seite stand Dr. Nabil Shaath, ein bürokratischer Praktiker. Nabil Shaath übernahm die Aufgabe, zu verhindern, dass Hamas und Fatah in Streit darüber gerieten, wer künftig die Politik gegenüber Israel zu bestimmen habe. Am 7. November 2004 wurde eine Übereinkunft zwischen Hamas und Fatah erzielt, dass innerpalästinensische Streitereien bis zur »Genesung« von Arafat vermieden werden sollten.

Die Zeit der Ungewissheit war am 11. November 2004 zu Ende: Das Militärkrankenhaus erklärte, Jassir Arafat sei tot. Über die Art seiner Krankheit und über den Grund seines Ablebens war auch weiterhin nichts zu erfahren. Die Krankenhausakten blieben unter Verschluss.

Der PNA-Präsident wurde am 12. November in Ramallah, auf dem Gelände seines Amtssitzes, bestattet. Eine gewaltige Anzahl von Trauernden strömte zusammen. Es war der Abend eines Tages im Fastenmonat Ramadan. Beobachter waren überrascht, dass sich der Platz bei Arafats Grab rasch leerte, als der Zeitpunkt des abendlichen Fastenbrechens gekommen war.

Sieger der Wahlen, die durch Arafats Tod notwendig geworden waren, war zunächst Mahmud Abbas, der als Kandidat der Fatah seine Bewerbung präsentiert hatte. Abbas legte Wert darauf, Arafats Nachfolger zu sein. Er strebte eine Politik der Versöhnung mit Israel an – zur Empörung der Hamas-Führung. Abbas traf sich bereits am 8. Februar 2005 mit Ariel Sharon in Sharm Al Sheikh am Roten Meer. Die beiden vereinbarten einen »dauerhaften Waffenstillstand«. Sie waren der Überzeugung, damit einen Konflikt beendet zu haben, der seit September 2000 angedauert hatte. 4000 Palästinenser waren während dieser Auseinandersetzungen getötet worden. Mahmud Abbas glaubte tatsächlich, dass er eine Grundlage des Friedens geschaffen habe. Er sagte: »Die Gewalt zwischen unseren Völkern wird jetzt ein Ende haben.«

Der politische Erdrutsch

Hamas siegt bei halbwegs echten demokratischen Wahlen
Im Frühjahr 2005 waren die Palästinenser des Gazastreifens und des Jordanwestufers aufgefordert, ihre Vertreter in den regionalen und lokalen Parlamenten zu wählen. Die Organisation Fatah, die bisher alle entsprechenden Gremien beherrscht hatte, glaubte fest daran, auch diesmal erfolgreich zu sein und die Mehrheit der 2519 Abgeordnetensitze zu erringen. In der Tat konnte Fatah am Schluss voll Stolz verkünden, dass sich eine Mehrheit von 56 Prozent der Stimmen für die Organisation entschieden hatte, die einst Arafat geführt hatte. Hamas aber war stolz auf den Gewinn

von 33 Prozent der Stimmen. 84 Municipal Councils waren neu gewählt worden. Davon wurden 45 künftig von einer Fatah-Mehrheit beherrscht und 23 von einer Hamas-Mehrheit.

Es stellte sich sehr rasch heraus, dass der Hamas-Erfolg in Wahrheit sehr viel höher war. Eine Anzahl von Bewerbern hatte vor der Wahl angegeben, sie seien unabhängige Kandidaten. Aus Sorge vor Repressalien durch die israelische Besatzungsmacht hatten sie verschwiegen, dass sie Hamas-Aktivisten waren.

Am 25. Mai 2005 musste Mahmud Abbas den vereinbarten Termin eines Treffens mit Präsident George W. Bush wahrnehmen. Der PNA-Präsident war allein daran interessiert zu erfahren, ob Bush den israelischen Ministerpräsidenten dazu überreden könnte, sich auf weitere Verhandlungen mit der PNA einzulassen. Es hatte sich bereits in den arabischen Hauptstädten herumgesprochen, dass Ariel Sharon der Meinung war: »Ich werde die Verhandlungen einfrieren. Jetzt ist genug an Konzessionen gemacht worden.« Ariel Sharon wollte verhindern, dass überhaupt über den »final status« für Jerusalem und über die Staatsgründung »Palästina« in Zukunft gesprochen werden würde. Bekannt geworden war auch Sharons Verachtung gegenüber Mahmud Abbas und dessen Verhandlungsdelegation: »Für mich kommen nur Verhandlungspartner in Frage, die in Washington zu finden sind!« Und schon bald nach seiner Ankunft in Washington hörte Mahmud Abbas von der folgenden Äußerung der Secretary of State, Condoleezza Rice: »Es wird erst dann wieder Verhandlungen mit den Palästinensern geben, wenn Mahmud Abbas den radikalen Organisationen die Waffen abnimmt, »to curb terrorism«.

Nach der Rückkehr von Washington verkündete Mahmud Abbas, dass er die für den 17. Juli 2005 vorgesehenen Parlamentswahlen verschieben wolle. Seinen Grund dafür nannte er nicht öffentlich. Er spürte deutlich, dass seine Organisation Fatah derzeit gegen Hamas bei Parlamentswahlen nicht gewinnen könne. Erst musste die Autorität von Fatah wieder hergestellt werden. Hamas

erkannte den wahren Grund der Verschiebung der Parlamentswahlen und Hamas beharrte auf dem ursprünglichen Termin.
Der Streit wurde im Juni 2005 mit Waffen ausgetragen. Zuerst
schossen Palästinenser aufeinander, dann mischten sich israelische Panzereinheiten zugunsten von Fatah in die Gefechte ein.
Die israelischen Attacken wiederum wurden durch Raketenbeschuss auf jüdische Siedlungen durch Hamas beantwortet. Zur
allgemeinen Verwirrung trug bei, dass eine Gerichtsentscheidung
den Hamas-Sieg bei den vorausgegangenen Gemeinderatswahlen
für ungültig erklärte – in einigen Wahlbezirken waren die Stimmen – vielleicht – zugunsten von Hamas falsch ausgezählt worden. Für den PNA-Chef Abbas war dieser Gerichtsentscheid, auch
wenn er nur einige Wahlbezirke betraf, ein seriöser Grund, den
Wahltermin zu verschieben.
Die Organisation Hamas aber, die genau wusste, dass ihre Chancen derzeit besonders hoch standen, beharrte auf einem frühen
Wahltermin. Auch die US-Regierung sprach sich deutlich für die
Verschiebung des Urnengangs aus. Sie glaubte daran, dass es
Fatah gelingen werde, die Lage zu stabilisieren und ihre Chancen
zu verbessern. Aus Washington kam der Rat, das Ergebnis der
»municipal elections« vom Mai 2005 zu vergessen.
Das Problem »Musa Arafat«, des Vetters des verstorbenen PLO-
Chefs, hatte sich inzwischen erledigt. Musa Arafat war nach dem
Tod des mächtigen Verwandten zurückgetreten. Die Empörung
der Hamas über die Bevorzugung von Arafats Familienmitglie-
dern dauerte an. Noch im Juli 2005 ereigneten sich deshalb Über-
fälle im Gazastreifen. Am 19. Juli stürmten bewaffnete Hamas-
Aktivisten das Gebäude des Fatah-Kommandeurs in Gaza. Sein
Name war Abdallah Frangi. Er war viele Jahre lang Arafats »Gene-
raldelegierter« in der Bundesrepublik Deutschland gewesen.
Frangis Bodyguards konnten die Angreifer abwehren. Vier
Wochen später griffen Bewaffnete der Hamas das Haus des Ara-
fat-Vetters Musa Arafat an. Er starb durch Hamas-Geschosse.

Zu dieser Zeit verkündete Mahmud Abbas, die höchste Autorität der Fatah, dass die vorgesehenen Wahlen am 25. Januar stattfinden würden. Abbas war der festen Überzeugung, dass zu diesem Termin Fatah Beherrscher der politischen Situation in Gaza und im Westufergebiet des Jordan sein werde.

Am 5. Februar 2006 überschrieb Fareed Zakaria seinen Leitartikel in der Wochenzeitschrift *Newsweek* mit den Worten »Caught by Surprise again«. Der Kolumnist erinnerte daran, dass Ende der 1970er-Jahre US-Analytiker des State Department der Meinung waren, die politische Basis des Schahs von Iran werde immer brüchiger und Washington werde sich umsehen müssen, wer künftig verantwortlich sei im Staat Iran. Übereinstimmend waren diese US-Analysten der Ansicht, die Ayatollahs und Mullahs könne man beim Blick auf die Zukunft vergessen, kein vernünftiger Mensch werde am Ende des 20. Jahrhunderts ein Regime wollen, das eine Theokratie anstrebe. Deshalb sei nicht damit zu rechnen, dass die Organisatoren eines künftigen Gottesstaates sich in Teheran durchsetzen würden.

Der Kolumnist von *Newsweek* schrieb im Februar 2006: »Wir stellen heute, fast vier Jahrzehnte später, mit Überraschung fest, dass Palästina mit großer Mehrheit für eine politische Organisation gestimmt hat, die einen theokratischen islamischen Staat aufbauen will.«

Das Ergebnis der Wahl vom 24. Januar war eindeutig: Die islamische Kampforganisation Hamas hatte 76 Sitze erringen können und verfügte damit über die Mehrheit der Sitze im künftigen Parlament der Palästinenser. Fatah gewann 43 Sitze und die kleine Gruppierung »Unabhängiger Palästinenser« hatte zwei Vertreter ins Parlament bringen können. Mahmud Abbas musste feststellen, dass seine Strategie der Verschiebung der Wahltermine nicht das gewünschte Resultat gebracht hatte.

Die Verantwortlichen der Fatah konnten noch Tage später keine

Antwort auf die Frage geben, wer Schuld trage an dieser Katastrophe für die bisher unumschränkt herrschende Fatah. Dass Arafat ein Regime hinterlassen hatte, das korrupt war und unfähig, das war bisher allgemein hingenommen worden und konnte nicht der Grund sein für herbe Stimmenverluste. Dass die israelische Besatzungsmacht Hamas unterstützt habe, wurde von der Masse der enttäuschten Fatah-Anhänger sofort geglaubt. Bekannt wurde, was bei einer Wahlversammlung im Jerusalemer Vorort Abu Dis geschehen war. Ein Wahlorganisator habe während der Wahlversammlung über Handy den Hamas-Aktivisten Ibrahim Abu Salem angerufen. Ibrahim Abu Salem antwortete aus dem Gefängnis. Der Hamas-Aktivist war ein halbes Jahr zuvor wegen seiner Hetze gegen Israel von IDF eingesperrt worden. Ihm war aber erlaubt, über das Handy frei zu reden. Jetzt nutzte er die Gelegenheit und hielt aus der Zelle eine zündende Rede. Wer stimmberechtigt war im Wahlbezirk Abu Dis, der gab seine Stimme dem inhaftierten Hamas-Kandidaten. Dass er sich überhaupt hatte den Wählern präsentieren können, verdankte er ganz offenbar der israelischen Aufsicht über die Autonomieverwaltung.

Diese Aufsicht litt allerdings unter dem Problem einer zeitweiligen Führungslosigkeit. Ariel Sharon lag seit dem 3. Januar 2006, nach seinem zweiten Schlaganfall, im Hadassa-Krankenhaus in Jerusalem. Ariel Sharon war ein Befürworter des späten Wahltermins in den Palästinensergebieten gewesen und er hatte die Meinung vertreten, Fatah werde die Stimmenmehrheit absichern können. Der »Acting Prime Minister« Ehud Olmert war, als er darüber informiert wurde, dass sich ein Hamas-Sieg abzeichnete, versucht, die Wahlen mit der Begründung abzusagen, Sharons Erkrankung habe die Situation in der gesamten Region verändert. Aber Ehud Olmert wagte dann doch nicht, als Stellvertreter eine derartig schwerwiegende Entscheidung zu treffen. Ende Januar 2006 wartete Ehud Olmert darauf, eine Antwort zu erhalten auf die Frage, was will Hamas eigentlich? Wie werden die vier Millionen Palästinenser regiert, die im Gazastreifen und im Westjordanland leben?

Die Antwort erhielten Ehud Olmert und mit ihm die Regierungen westlicher Länder durch Veröffentlichungen in Presseorganen. In *Newsweek* antwortete der Hamas-Aktivist Mohammed Abu Tir bereits am 5. Februar 2006 sehr deutlich:

»Hamas will Frieden. Wir hassen Blutvergießen und Töten. Wir wollen nicht kämpfen. Im Koran findet sich eine Textstelle, die besagt, ›Wer eine Seele tötet, der tötet alle Seelen. Wer Leben spenden kann, der bringt Leben zu einer ganzen Nation.‹ Unser Problem ist die israelische Besatzung. Die Israelis töten unsere Kinder. Der Westen neigt ebenfalls zur Unterdrückung der Araber. Der Westen hat Sympathie für Israel. Der Westen hilft allein Israel. Warum kümmert sich der Westen um die Sicherheit Israels? Warum ist ihm die Sicherheit der Palästinenser absolut gleichgültig? Hört endlich damit auf, Israel zu unterstützen! Und hört vor allem damit auf, uns Terroristen zu nennen! Bei uns prägt sich das Gefühl ein, unterdrückt zu werden. Dieses Gefühl führt zur Katastrophe. Ich persönlich möchte nicht, dass eine Katastrophe unvermeidbar über uns hereinbricht. Angenommen, die USA seien besetzt – würde sich das amerikanische Volk damit abfinden? Als im Zweiten Weltkrieg japanische Flugzeuge Pearl Harbor bombardierten, da nahmen die Amerikaner dies nicht hin. Sie schlugen zurück, und zwar mit einer Atombombe. Die USA und die Europäische Union sollten den Kontakt zu uns suchen. Wir allein sind in der Lage, zwischen den USA und der EU zu vermitteln. Die Existenz der Hamas ist die Garantie für Sicherheit und Stabilität in der Region. Jeder Geldbetrag, den Sie uns zukommen lassen, wird helfen, den richtigen Weg einzuschlagen. Geldbeträge, die Sie dem gierigen Volk ausbezahlen, erreichen die Armen nie. Wir aber sind ehrliche Leute. Geld kommt den Bedürftigen zugute. Profitieren vom Geld wird die Erziehung, werden soziale Anstrengungen, Geld wird für die Verbesserung der Infrastruktur

verwendet, für die Waisen. Vergessen Sie die Sorge, wir würden
Geld für den Kauf von Waffen ausgeben. Wir wissen, woher und
wie wir Waffen bekommen! Eines ist noch zu sagen: Waffen sind
nicht die einzige Garantie für unsere Existenz. Wenn es den palästinensischen Staat geben wird, entsteht auch eine reguläre, kontrollierte palästinensische Armee. 30 Jahre lang hat die PLO mit
Israel verhandelt. Erreicht wurde nichts. Will Shimon Peres erreichen, dass wir weitere 30 Jahre lang verhandeln? Was wir erreichen wollen, ist das Ende der israelischen Besatzung. Wir sind
nicht darauf aus, den religiösen Gesetzen absolute Herrschaft zu
verschaffen. Wir sind nicht Al Qaida!«

Diese wortreiche Erklärung des Hamas-Politikers Mohammed
Abu Tir hat nicht dazu beigetragen, die Verantwortlichen in Israel
zum Dialog mit Hamas zu veranlassen. Palästinenser mit politischer Erfahrung predigen Gelassenheit: »Mit dem Verlauf der Zeit
ändern sich die Voraussetzungen für den Dialog – auch bei uns.
Ist es sicher, dass in vier Jahren die starke islamische Tendenz noch
in unserem Wählerpotenzial vorhanden ist? In den USA kann
auch ein anderer Präsident neue Voraussetzungen für das Zusammenleben von Palästinensern und Israelis schaffen.«

Schon wenige Stunden nach dem Wahlsieg von Hamas fragten
sich viele Palästinenser, ob es klug gewesen sei, Hoffnung auf die
religiöse Organisation zu setzen. Der Israeli Benjamin Netanyahu
trug dazu bei, dass im Gazastreifen die Rückkehr zur Vernunft
spürbar wurde. Netanyahu hatte den Satz geprägt: »Der Gazastreifen ist ›Hamasstan‹, ist Hamasland.« Palästinenser im Gazastreifen ärgerten sich darüber, denn »Hamas wollten wir eigentlich nicht; wir wollten das Fatahregime beseitigen. Der religiöse
Faktor war uns gar nicht wichtig. Fatah war die Organisation
derer, die große Autos fuhren, die große Häuser haben. Solche
Leute wollten wir nicht mehr. Wer sich zu Hamas bekennt, der
lebt einfach.«

Ismail Haniya – Der neue Ministerpräsident   Bis heute ist
Ahmed Jassin, dessen Assistent der stämmige, graubärtige Mann
gewesen ist, sein Vorbild. Wie Jassin lebt Haniya in einer bescheidenen Wohnung im Flüchtlingslager Shati, das zu Gaza-Stadt
gehört. Das Wohnhaus ist drei Stockwerke hoch und die Familie
Haniya zählt 13 Personen. Die Großfamilie übersieht nur Haniya
selbst, den das Gedränge der Nachkommen auf engstem Raum
nicht stört. Er betont: »Ich bin im Lager Shati aufgewachsen und
ich will hier bleiben.« An Umzug in ein größeres Haus denkt
Haniya auch als Ministerpräsident der palästinensischen Autonomieregierung nicht.
Sein Amtsvorgänger Ahmed Koreja, der zu Fatah gehörte, war
dafür bekannt, dass er große Autos von Mercedes fuhr. Als Schüler von Sheikh Jassin, der jeglichen Luxus ablehnte, weigert sich
Haniya, den Dienstmercedes zu besteigen, der ihm von der Autonomieverwaltung vor das Haus gestellt worden ist. Ahmed Koreja wird im Gazastreifen inzwischen mit Verachtung beobachtet,
denn er gilt als korrupt. Zum ersten Mal steht jetzt ein Politiker an
der Spitze des Selbstverwaltungsgebiets, der peinlich genau auf
seinen Ruf achtet. Als sein Sohn Abed zum »Generaldirektor für
Jugend und Sport« ernannt werden sollte, legte Ismail Haniya sein
Veto ein – zum allgemeinen Erstaunen. Bis zu jenem Tag im Oktober 2006 hatte nie ein Ministerpräsident dagegen protestiert,
dass ein Verwandter die Karriereleiter bestieg.
Als stärkste Persönlichkeit unter den Hamas-Politikern war Ismail
Haniya von den Hamas-Mitgliedern deshalb zum Ministerpräsidenten vorgeschlagen worden, weil er den Eindruck erweckte, er
sei bereit, auch andere Meinungen zu akzeptieren. Aus diesem
Grund war die Führung von Fatah damit einverstanden, dass an
eine gemeinsame Regierung für die Palästinensergebiete zumindest gedacht werden konnte. Fatah als Verlierer der Wahl wollte
sich nicht ins politische Abseits drängen lassen. Erste Gespräche
hatten bald nach der Wahl stattgefunden. Der Fatah-Sprecher

Assam Al Ahmed gab bald zu erkennen, dass wenig Hoffnung darauf bestand, mit Hamas einen gemeinsamen Weg in die Zukunft beschreiten zu können.

Anlass für den Zwiespalt war der designierte Außenminister Mahmud Al Zahar; er bestimmte schon seit Monaten die außenpolitische Linie von Hamas. Kaum war ihm bewusst geworden, dass ihm die Schlüsselstellung des Außenministers reserviert war, begann Mahmud Al Zahar Interviews zu geben, in denen er seine kompromisslose Haltung gegenüber Israel nicht verbarg. Gegenüber dem Vertreter der chinesischen Nachrichtenagentur Xinhua gab der Hamas-Mann bekannt, dass er künftig »für eine Welt ohne Israel« sorgen werde. Er versprach, dass es diese Welt in absehbarer Zeit geben werde, und verkündete, er werde seine Arbeit mit einem Staatsbesuch in China beginnen. Peking erwiderte umgehend, Mahmud Al Zahar sei gar nicht zu einem Staatsbesuch eingeladen worden, denn der Hamas-Politiker gebe Versprechen im Namen einer Regierung ab, die noch gar nicht existiere. Der künftige Ministerpräsident hielt daraufhin Mahmud Al Zahar für ungeeignet, die Außenpolitik der palästinensischen Autonomiebehörde zu vertreten. Zwist in der eigenen politischen Bewegung zeichnete sich ab.

Im Zentrum des Konflikts stand die Frage, ob Palästina künftig bereit sein könnte, Israel zu akzeptieren. Hamas, die stärkste politische Kraft, ließ keinen Zweifel daran aufkommen, dass Verhandlungen mit dem jüdischen Staat nie und nimmer in Betracht gezogen werden würden. Fatah aber, die einst ebenfalls das absolute Nein zur Existenz Israels vertreten hatte, wollte nun Flexibilität. Nabil Abu Rudeina, der die Ansicht des palästinensischen Präsidenten Mahmud Abbas (Fatah) öffentlich zu vertreten hatte, warnte: »Palästina hat international Verpflichtungen übernommen, die die Einpassung in die Völkergemeinschaft bedeuten. Dazu gehört, dass wir Israel akzeptieren. Halten wir diese Verpflichtung nicht ein, geraten wir in die Isolation. Die Welt wird uns strafen!«

Unmittelbar nach der Wahl im Januar hatte Israel begonnen, die Palästinensergebiete abzuriegeln. Diese Maßnahme wurde zunächst konsequent durchgeführt: Mahmud Abbas wurde von IDF daran gehindert, sich von Ramallah nach Gaza zu begeben.
Der harte Standpunkt Israels gegenüber Hamas wurde von den Regierungen der Europäischen Union gebilligt: Kontakte mit Hamas wurden reduziert. Allerdings mussten sich die Regierungen in London, Rom, Paris und Berlin vorwerfen lassen, ihr Demokratieverständnis sei eigentümlich. Erst seien die Palästinenser von den Europäern gedrängt worden, gemäß demokratischer Regeln zu wählen, das Ergebnis der demokratischen Wahlen werde jedoch abgelehnt.

Hamas schockiert Israel   Es geschah am 25. Juni 2006. Durch einen eigens gegrabenen Tunnel drangen Hamas-Kämpfer beim Morgengrauen in der Nähe des israelischen Dorfes Kerem Schalom (Weinberg des Friedens) ins Freie. Die Soldaten einer israelischen Einheit ahnten nichts von der Existenz des Tunnels und der Gefahr, in der sie sich befanden. Unerwartet wurden sie von Schüssen getroffen. Zwei Männer waren sofort tot, vier wurden verletzt. Ein Panzer wurde durch Handgranaten beschädigt. Die überraschten Israelis konnten nicht verhindern, dass die Palästinenser einen jungen Soldaten durch den Tunnel mit sich schleppten und entführten. Der Entführte war ein 19-jähriger Obergefreiter. Sein Militärdienst hatte vor elf Monaten begonnen. Fotos zeigten einen unbeholfen lächelnden, mageren Brillenträger. Sein Name war Gilad Shalit.
Ministerpräsident Ehud Olmert versuchte zuerst die Familie Shalit zu beruhigen, die vom Tag der Gefangennahme ihres Sohnes an von Fernsehteams belagert wurde. Dann aber ordnete Ehud Olmert eine Großoffensive gegen den Gazastreifen an. Shalit war bei der Ortschaft Kerem Shalom entführt worden – nahe der Grenze zu Ägypten. Von Kerem Shalom gibt es zwei ausgebaute

Straßen, eine nach Rafah und eine andere nach Khan Younis. Der israelische Generalstab vermutete, dass Gilad Shalit auf der Straße nach Khan Younis in Richtung Norden verschleppt wurde. Der Generalstab ordnete die Zerstörung dieser Straße an. Vor allem sollten die Brücken getroffen werden. Den Palästinensern sollte der Verkehr in den Norden des Gazastreifens erschwert werden. Hatte Ehud Olmert die Hoffnung gehabt, ein Lebenszeichen des jungen Soldaten erleichtere die Suche, so breitete sich bald Enttäuschung aus. Alle Geheimdienstkontakte zu Palästinensern versagten. Niemand verriet das Versteck des Obergefreiten. Es blieb dem israelischen Ministerpräsidenten nichts anderes übrig, als ein starkes eigenes Truppenaufgebot zur Suche nach Gilad Shalit einzusetzen. Ehud Olmert warnte die eigene Truppe: »Die Aktion kann lange dauern!«

Die Aussage des israelischen Ministerpräsidenten zeigte seine Hilflosigkeit in dieser Angelegenheit. Er konnte nicht zielsicher vorgehen, weil er nicht wusste, welche Unterorganisation der Hamas über den Entführten verfügte. Gerüchte gingen in Gaza-Stadt von Mund zu Mund: Eine Gruppierung mit der Bezeichnung »Islamische Armee« habe die Aktion unternommen. Ein Beteiligter habe gesagt, der Soldat Gilad Shalit werde erst freigelassen, wenn sich Israel auf die Freilassung palästinensischer Gefangener einlasse. Der Mann, der diese Bedingung stellte, nannte sich Abu Muthena. Nie zuvor hatte Israel etwas von ihm gehört. Der Unbekannte war Teilnehmer am Verwirrspiel um Gilad Shalit. Der ehemalige Chef des israelischen Geheimdienstes Efraim Halevy hatte zunächst die Hoffnung, auch Palästinenserpräsident Mahmud Abbas beteilige sich an der Suche nach dem Obergefreiten und Abbas werde zum für ihn richtigen Zeitpunkt verkünden, es sei ihm gelungen, dem Israeli die Freiheit zu verschaffen. Efraim Halevy war in Sorge, die israelische Regierung könne in eine schwierige Situation geraten: »Wenn es der Hamas gelingt, dem Soldaten die Freiheit zu geben, kann sich Israel nicht so benehmen, als sei nichts Wesentliches geschehen. Sollte die palästinensische Autonomiebehörde, die aus Hamas-Leuten besteht, diese Prüfung mit Erfolg abschließen, werden wir nicht länger behaupten können, Hamas verfüge nicht über die Autorität in den Territories.«

Efraim Halevy wies die Hamas-Führung ausdrücklich darauf hin, dass sie jetzt über die Chance verfüge, die Fähigkeit zur Übernahme verantwortlicher Regierungsgewalt zu beweisen. Am 26. Juni begriff Mahmud Abbas, dass er aufgefordert war, seine Autorität zu beweisen. Die palästinensischen Sicherheitskräfte forderten Mahmud Abbas auf, alles zu unternehmen, um die Suche nach Gilad Shalit erfolgreich abzuschließen. Die Suche nach dem Israeli blieb aber weiterhin erfolglos. Erstaunlicherweise war in Israel die Forderung nach einer umfassenden Offensive in Gaza nicht zu hören. Ganz im Gegenteil. Der israelische Minister für Infrastruktur, Benjamin Ben-Elieser, meinte Anfang Juli 2006: »Gott bewahre uns davor, dass wir noch einmal in diesen Sumpf Gaza zurückkehren.«

Eine Verschärfung der Situation wurde zum Zeitpunkt des Sabbats Ende Juni zunächst nicht ernst genommen. Gegenüber Journalisten aus dem Ausland präsentierten Angehörige einer nicht bekannten Organisation die Ausweiskarte eines israelischen Siedlers aus der Gegend von Ramallah. Behauptet wurde, dieser Mann, der noch keine 20 Jahre alt war, sei von der Organisation »Palästinensisches Volkswiderstandskomitee« umgebracht worden. Sofort machte sich die Überzeugung in Israel breit, auch der Soldat Gilad Shalit befinde sich nicht mehr unter den Lebenden. Der junge Siedler, dessen Ausweis der internationalen Presse vorgezeigt worden war, wurde zwei Tage später in Ramallah tot aufgefunden – er war durch einen Kopfschuss gestorben.

In der Nacht vom 1. zum 2. Juli 2006 griffen israelische Kampfflugzeuge in Gaza das Gebäude an, in dem sich Ismail Haniyas Büro befand. Am anderen Morgen besichtigte der Ministerpräsident die zerstörten Räume. Tadellos war Haniyas graublauer Anzug, und die Krawatte ergänzte die Eleganz. Als er den Haufen zerfetzter Büromöbel sah, fand er keine Worte. Was er dann vor dem Gebäude sagte, war von geringer Aussage: »Die Israelis sind verrückt geworden. Die benehmen sich wie im Dschungel!«

Die Bilanz der Zerstörungen am Morgen des 2. Juli gab den Palästinensern Grund, das Urteil ihres Präsidenten für gerechtfertigt zu halten: Zwei Brücken und Streckenabschnitte der Hauptverkehrsstraße waren unpassierbar. Das wichtigste Elektrizitätswerk lieferte keinen Strom mehr. IDF erklärte, mit den Zerstörungen sei es der Hamas-Führung erschwert worden, den gefangenen Soldaten zu verstecken. Die Zerstörungsaktion erhielt von IDF den Namen »Sommerregen«.

Die israelische Armeeführung gab in diesem Stadium der militärischen Operation zu verstehen, dass sie jetzt ein weiter gestecktes Ziel verfolge. Die operative Planung erklärte Ministerpräsident Ehud Olmert: »Es geht keineswegs allein um die Freilassung des entführten Soldaten. Die Befreiung von Gilad Shalit ist nur ein Teil des Ziels, das wir uns gesetzt haben. Wichtig ist, die Organisation Hamas künftig von Terroranschlägen abzuhalten. Hamas muss verstehen, dass der Preis hoch ist für Entführung oder Tötung israelischer Menschen. Um unsere Zukunft zu sichern, muss Hamas in die Knie gezwungen werden; Hamas soll gründlich geschwächt werden.«

Sparsam blieben die Informationen über den Zustand des entführten Soldaten. Zu hören war, er sei verwundet, aber er werde gut versorgt. Wo er gefangen gehalten wurde, darüber herrschte weiterhin Stillschweigen. Den einzigen Hinweis darauf, dass Shalit noch am Leben war, gab Mahmud Abbas, der die israelische Führung aufforderte, als Vorleistung für die Freigabe des jungen Soldaten palästinensische Gefangene freizugeben. Olmerts Antwort war kurz: »Wir verhandeln nicht mit Terroristen und wir wollen ein für alle Mal deutlich machen, dass Entführung nicht das Mittel ist, um Israel zum Einlenken zu bringen.«

Hatten Beobachter zunächst die Überzeugung geäußert, die palästinensische Organisation Hamas folge mit der Entführung des jüdischen Soldaten dem Beispiel von Hisbollah, der libanesisch-schiitischen Organisation, so änderte sich diese Einschätzung am 11. Juli 2006. Hisbollah folgte dem Beispiel von Hamas. Die libanesischen Schiiten entführten im Grenzgebiet zwischen Libanon und Israel zwei Israelis. Einen Tag später erfolgte die israelische Reaktion. Im Südlibanon wurden drei Brücken der wichtigsten Straßenverbindung nach Norden durch die israelische Luftwaffe zerstört. Wieder war die Begründung zu hören, die Verschleppung der zwei Gefangenen nach Norden solle erschwert werden. Nach kurzem Zögern teilten die USA der israelischen Regierung mit, dass sie keine politischen Bedenken habe, den Libanon militärisch zur Rechenschaft zu ziehen. Fazit: Der Kampf darf geführt werden bis zur Vernichtung von Hisbollah.

Teil II

Eskalationen

1. Der asymmetrische Krieg

Libanon – Hisbollah gibt uns Würde und Stolz

Der asymmetrische Krieg   Die Definition ist nicht ganz einfach. Ein »asymmetrischer Krieg« beginnt damit, dass eine der kriegführenden Seiten die absolute militärische Überlegenheit besitzt; sie hat die größten Reserven an Artillerie, Flugzeugen, Raketen und sie kann mehr Soldaten mobilisieren als die andere Seite. Diese wiederum verfügt über Waffen, die den Guerillakrieg erleichtern: Handfeuerwaffen, Landminen, handlichen Sprengstoff. Die Feuerkraft dieser Seite ist allerdings nur von geringer Wucht.

Die waffentechnisch und personell unterlegene Seite kämpft unter Einsatz des Überraschungseffekts. Die Leichtbewaffneten fallen über die Schwerbewaffneten her. Die Angreifer sind beweglich, die Angegriffenen verlassen sich auf ihre gepanzerten Fahrzeuge, die allerdings schwerfällig sind. Die Panzerkolosse verfügen zwar über eine geballte Kraft, doch sie weisen Schwachpunkte auf. Die Ketten können durch Sprengstoffexplosion zerfetzt werden und damit ist die Bewegungsfähigkeit des Panzers zumindest eingeschränkt. Die Heckpanzerung kann von Waffen wie einer »Panzerfaust« durchschlagen werden. Gelingt es dem Angreifer, die Panzerbesatzung zu überraschen, solange die Luke in der Panzerkuppel offen ist, können Handgranaten eingeworfen werden und die Wucht der Explosion wird Schützen und Fahrer töten. Mit einem minimalen Einsatz an Waffen ist die Zerstörung komplizierter und teurer Produkte der Waffenindustrie möglich.

Hatten die stärker Bewaffneten zuerst das Gefühl der Überlegenheit und Sicherheit, so verfliegt dieses Gefühl nach den ersten Überfällen. Die Männer, die sich durch Panzerfahrzeuge geschützt geglaubt hatten, bekommen Angst. Die Asymmetrie des Krieges verändert sich, denn die Überlegenen sahen sich einer Gefahr ausgesetzt, die sie nicht einschätzen können.

Die schwächer Bewaffneten wenden meist die Taktik an, die Überlegenen von bewohnten Gebieten aus zu beschießen. Im Verlauf des kommenden Libanonkonflikts im Sommer 2006 ist diese Taktik nachzuweisen. Einen detaillierten Bericht hierüber legte im Spätherbst 2006 »The Intelligence and Terrorism Information Center at the Center for Special Studies« vor. Das Institut arbeitet eng mit IDF zusammen.

Die Studie besagt, IDF sei dadurch in ein Dilemma geraten, dass Hisbollah ständig Raketen und Artilleriegeschosse von Straßen und Plätzen abgefeuert hat, zu deren Nachbarschaft Wohnungen gehört hatten. Die Studie besagt wörtlich: »IDF ist ausdrücklich angewiesen, ihren Beschluss nicht auf Wohngebiete zu lenken. Hieraus ergibt sich ein Nachteil für IDF. Die Antwort auf feindlichen Beschuss ist eingeengt. Ein konkretes Beispiel: Panzer werden vom Zentrum einer Siedlung aus unter Feuer genommen. Wir dringen in die Siedlung ein und aus den Häusern werden wir beschossen. Die Anweisung lautet nun, die Zivilbevölkerung, die sich in den Wohnungen aufhält, zu schonen.« Das Fazit der Studie: »Wir befinden uns in einem asymmetrischen Krieg. Wir, die stärker Bewaffneten, befinden uns in einem Nachteil. Wir haben Zurückhaltung zu üben in einem Kampf, der uns von schwächer Bewaffneten aufgezwungen wird, die Schutz suchen unter Zivilisten. Diese Art von asymmetrischem Krieg ist nicht auf den Libanon, auf den Kampf gegen Hisbollah beschränkt; wir begegnen diesem asymmetrischen Krieg auch im Gazastreifen und im Irak.«

Die Studie, die von IDF in Auftrag gegeben wurde, legt als Beweismaterial Bildaufnahmen vor, die während der Einsätze der israelischen Luftwaffe entstanden sind. Bordkameras hatten das Aufblitzen der Abschüsse von Hisbollah-Raketen aufgenommen – und die Einschläge der israelischen Geschosse. Die Bilder zeigen, so erklären die israelischen Bildauswerter, dass die Abschüsse mitten aus Wohngebieten der Palästinenser erfolgt sind. Dass Wohnhäuser während der israelischen Luftangriffe getroffen wurden, ist deutlich zu erkennen. Der Begleittext erläutert: »Ob sich Menschen darin aufhielten, ist nicht feststellbar.«

Die israelische Studie hebt besonders hervor, dass es der Hisbollah gelungen ist, »die Situation eines ›asymmetrischen Krieges‹ herbeizuführen, in dem Israel in allen Medien der westlichen und östlichen Welt als Verursacher beschuldigt wird, IDF und die israelische Luftwaffe führe einen Vernichtungsfeldzug gegen unschuldige palästinensische Zivilisten«. Durch die Präsentation weiterer Fotos gelingt es IDF zu beweisen, dass Hisbollah mit Vorliebe Raketen, die gegen israelische Siedlungen abgefeuert wurden, auf Straßen und Plätzen startbereit gemacht hatte. In der Fachsprache von IDF werden statistische Fakten präsentiert: »Hisbollah feuerte innerhalb eines Monats 4000 Raketen auf Siedlungen im nördlichen Israel ab. Dabei sind 450 Israelis getötet worden – dies sind die zivilen Verluste; IDF verlor durch Raketenbeschuss 118 Soldaten.« Die libanesische Regierung gab bekannt, mehr als 1000 Libanesen seien im gleichen Zeitraum durch israelische Geschosse getötet worden. Diese Zahl wird von der israelischen Regierung allerdings bezweifelt. Ohne die Zahl zu korrigieren, gibt IDF an, die meisten Getöteten seien Kämpfer von Hisbollah gewesen.

Rafik Hariri und Fuad Siniora – Zwei Visionen für den Libanon
Im Verlauf der ersten Hälfte des Jahres 2006 war aus Berichten der IDF deutlich zu erkennen, dass der Libanon nach einer Zeit der Ruhe wieder in das Zentrum des israelischen Interesses geriet. Die Regierung Ariel Sharon konnte sich in den vergangenen Jahren

auf Gaza und das Jordanwestufer konzentrieren, weil die Libanesen interne Konflikte auszufechten hatten. Wesentlich war dabei der Streit, ob sich der kleine Staat Libanon selbst dem syrischen Machtbereich zuordnen will oder ob er eine eigenständige Politik verfolgt. Der Konflikt wurde seit dem Jahr 2000, seit dem Rückzug der IDF aus dem Südlibanon, personifiziert geführt. Der Präsident des Landes Emile Lahoud, vertrat den Standpunkt, der Libanon müsse im eigenen Interesse am Bündnis mit Damaskus festhalten. Ministerpräsident Rafik Hariri, der wohl reichste Politiker des Landes, trat vehement für die Loslösung von Syrien ein. Er wurde dabei von der US-Regierung unterstützt. US-Präsident George W. Bush glaubte zu wissen, dass Syrien zu den Propagandisten des globalen Terrorismus gehört. Auch die israelische Regierung sah für sich Nutzen am Rückzug der syrischen Armee aus dem Libanon.

Präsident Lahoud war sehr intensiv daran interessiert, noch länger in seinem Amt zu bleiben. Unterstützung in dieser Bemühung bekam er von Damaskus – und Lahoud war schließlich erfolgreich. Im Jahr 2000 wurde seine Zeit als Staatspräsident verlängert und Hariris Einfluss auf die libanesische Politik sank.

Am 14. Februar 2005 wurde Hariri Opfer eines Attentats. Die Explosion war gewaltig. Im Autokonvoi, der das Fahrzeug von Hariri begleitete, wurden 14 Männer sofort getötet, 135 Verletzte wurden in Krankenhäuser eingeliefert. Noch am Tag des Attentats erhoben die Anhänger von Hariri, allesamt westlich orientiert, den Vorwurf, syrische Agenten hätten Hariri umgebracht. Demonstrationen fanden in Beirut statt, zu denen Zehntausende von Frauen und Männern zusammendrängten. Nachforschungen, um den Anstifter des Attentats aufzuspüren, blieben ohne Ergebnis.

Für wirtschaftlich orientierte Libanesen war nach Hariris Tod, die Kontinuität der Politik zu wahren, das Ziel ihrer Bemühungen.

Als Wortführer machte sich Saad, Hariris Sohn, bemerkbar. Dieser Sohn besaß persönlich nur geringe politische Kraft. Reden zu halten und Überzeugungen zum Ausdruck zu bringen, war nie seine Stärke. Er konnte mit leiser Stimme im Verborgenen Ratschläge geben. Saad wusste um die exzellenten Beziehungen seines Vaters zu dem Mann, dessen Name Siniora mehr nach Italien als in den Vorderen Orient passte. Wie die Familie Hariri gehörte die Sippe »Siniora« zum sunnitischen Establishment der Hafenstadt Sidon (Saida). Fuad Siniora wurde 1943 geboren und konnte sich nicht, wie Hariri, auf den Reichtum der Familie verlassen. Er musste selbst Geld verdienen. Volkswirtschaft war das Studienfach, das er sich an der amerikanischen Universität Beirut auswählte. Er galt als Mann des praktischen Geldgeschäfts – und fiel dadurch den Managern der Citibank auf. Er blieb allerdings nicht lange Bankangestellter. Er wechselte zur Libanesischen Zentralbank, wo er sich bald in gehobener Position befand. Rafik Hariri war 1982 auf der Suche nach intelligenten Libanesen, die für die Idee des Wiederaufbaus des Bankenzentrums Beirut zu gewinnen waren. Er konnte dem nicht ganz 40-jährigen Fuad Siniora das richtige Betätigungsfeld bieten. Fuad wurde rasch zum einzigen Finanzfachmann, dem Rafik Hariri traute.

Rafik verfolgte eine Vision, die klug angepackt werden musste: Der Libanon sollte wieder, wie während der 50er- und 60er-Jahre, Wirtschaftszentrum und Bankenzentrale des Nahen und Mittleren Ostens werden. Dazu benötigte das kleine Land von 10 429 Quadratkilometern Fläche vor allem Stabilität. Mit einer Bevölkerung von nur drei Millionen Menschen gab es keine Hoffnung, anderen arabischen Staaten durch Machtdemonstrationen imponieren zu können. Der Libanon konnte nur durch Geld Einfluss auf andere arabische Staaten erlangen. Geld selbst zu erwirtschaften war jedoch unmöglich, denn dem Libanon fehlten Bodenschätze, eindrucksvolle landwirtschaftlich nutzbare Flächen und Industrie von Bedeutung. Den Weg zu Ansehen und Bedeutung bot allein das Finanzwesen, bot eine weit verzweigte Banken-struktur. Der Libanon musste fremde Gelder ins Land locken, mit denen wiederum Geschäfte zu organisieren waren. Geld aber kam nur ins Land, wenn es Sicherheit bieten konnte. Um dieses Ziel zu erreichen, mussten die Milizen der religiös orientierten Sippen verschwinden – vor allem war die Macht der Hisbollah zu bre-chen. Die schiitische Kampforganisation, die dabei war, die Rich-tung zur politischen Bewegung einzuschlagen, hatte zu ver-schwinden. An dieser Aufgabe scheiterte zunächst Rafik Hariri und dann Fuad Siniora.

»Jallah, jallah, Ja Nasrallah!« – Hassan Nasrallah und seine Rolle in der Hisbollah   Der Schrei »Jallah, jallah, Ja Nasrallah!« gab dem kleinen Volk der libanesischen Schiiten die Kraft, einen Konflikt gegen den überlegenen Feind Israel durchzustehen. Der Schrei gab Mut, sich im Kampf zu opfern, den Tod nicht zu scheu-en. Gleichzeitig wurde der Schrei »Vorwärts, vorwärts, du Nasral-lah!« zum Schrecken für israelische Soldaten, die im Südlibanon stationiert waren. Arabische Könige und Präsidenten blickten voll Erstaunen und Bewunderung auf diesen bärtigen Mann in einfa-cher schwarzer Kleidung, dessen Gestalt keinen bleibenden Ein-druck hinterließ und dessen Stimme nicht die natürliche Kraft besaß, zu überzeugen. Manche glaubten, er leide unter einem Sprachfehler. Schwer zu erklären ist der Erfolg dieses Mannes Hassan Nasrallah.

In einem Armenviertel der libanesischen Hauptstadt wurde er 1960 geboren. Es liegt am östlichen Rand von Beirut und war einst die Quarantäne des Landes, in deren Baracken Familien festge-halten wurden, denen die Behörden das Recht verweigerten, den Libanon zu betreten. Das Quarantäneviertel heißt bis heute »Ka-rantina«. Als Hassan Nasrallah dort aufwuchs, hatten die Bara-cken keine Elektrizität und kein fließendes Wasser. Gewohnt wur-de in Behausungen aus Blech, Holz und Pappe. Regendicht waren sie alle nicht, und die Gassen waren im Herbst, im Winter und im Frühling von Pfützen bedeckt. Der Vater besaß einen schlichten Kiosk, in dem er Gemüse, Teigwaren und billige Konservendosen feilbot. Wer beim Vater kaufte, war arm. Der Sohn erinnert sich an den Vater: »Es gab für ihn keinen Zweifel an seinem schiitischen Glauben. Er war überzeugt von der göttlichen Kraft der Imame – und er gab diese Überzeugung an mich weiter.« Die stärkste Persönlichkeit in der kleinen Familie aber war die Mutter. Der Sohn meint: »Mit sanfter Stimme hat sie sich durchgesetzt.«

Es muss die Mutter gewesen sein, die den Willen hatte, den Jungen in eine Schule zu schicken. Eine Schule in Karantina bestand aus zusammengeflickten Wänden aus Wellblech und einem undichten Dach. Die Fenster waren ohne Glas. Der Lehrer wurde von den Eltern bezahlt, von keiner Seite konnte er mit Zuschüssen rechnen. Was er die Kinder lehrte, daran ist keine Erinnerung geblieben. Doch im Gedächtnis der Mitschüler blieb, dass sich der junge Hassan von anderen Kindern unterschied: »Er redete nie, ohne vorher nachgedacht zu haben.« Als Nasrallah berühmt geworden war, wurde seine Jugendzeit glorifiziert: »Früh hatte er einen Verstand wie ein Mann, der 35 Jahre alt war!« Er mobilisierte die Kinder aus den Schiitenfamilien von Karantina und organisierte sie in Widerstandsgruppen. Durch eine straffe Ordnung gelang es so, sich gegen die sunnitischen Jugendlichen zu wehren. Zuvor hatten die Sunniten die jungen Schiiten in Karantina niedergestoßen, getreten, terrorisiert. Hassan gab den schiitischen Nachbarkindern Selbstvertrauen.

1975 wurde Karantina in den Bürgerkrieg zwischen der christlich-maronitischen Miliz der Sippe Gemayel und den Kampforganisationen der Palästinenser einbezogen. Die Fatah besaß Stützpunkte in Karantina. Die Christenmiliz setzte ihre damalige waffentechnische Überlegenheit ein, um Fatah aus Karantina zu vertreiben. Sie hatte damit Erfolg. Der Kiosk der Familie Nasrallah wurde mehrfach getroffen. Die Familie floh aus dem Bereich der Hauptstadt Beirut nach Süden. Zuflucht bot ein Dorf bei der Stadt Tyr; von der schiitischen Verwandtschaft wurde die Familie Nasrallah aufgenommen. 15 Jahre alt war Hassan, als er sich auf der Flucht befand.

In Tyr trennte sich Hassan von der Familie; sein Lebensweg wurde zunächst unübersichtlich. Er soll sich in Najef im Irak aufgehalten haben. Hassan Nasrallah blieb offenbar nur wenige Wochen beim Heiligtum von Najef, dann begab er sich nach Qum in Persien, dem bedeutenden schiitischen Lehrinstitut, in dem auch Ayatollah Khomeini Wissen erworben und weitergegeben hat.

Am Ende seiner Studien in Irak und Persien galt Hassan Nasrallah nicht als islamischer Gelehrter von Format. Wer ihn damals kennenlernte, der war überzeugt, er habe sehr viel mehr über aktuelle Politik und über soziale Verhältnisse der Bevölkerung in arabischen Ländern gewusst als über theologische Probleme. Sicher waren alle, die ihn als Studenten gekannt hatten, dass er eine starke persönliche Ausstrahlung besaß und ein hohes Maß an Überzeugungskraft.

Der junge Geistliche, der einen schwarzen Turban trug zum Zeichen, dass er den Anspruch erhob, Mitglied der Heiligen Familie zu sein, beschäftigte sich intensiv mit Geschichte, Religion und Politik des Staates Israel. Er wusste bald Bescheid über Aufbau, Struktur und Moral der israelischen Armee.

Die Beschäftigung mit der israelischen Panzerwaffe und mit IDF überhaupt brachte Nasrallah in Verbindung mit Iranern – Geistlichen und Militärs –, die kurz vor ihrem Aufbruch in den Libanon standen. Ayatollah Ruhollah Khomeini hatte ihren Einsatz im libanesischen Bekaa-Tal befohlen. Sie sollten dort den Aufbau einer Kampforganisation unterstützen und überwachen, die den Krieg gegen Israel führen würde.

Es war die Zeit nach dem »Verschwinden« des Imam Musa As Sadr. Dieser Geistliche war der Erste gewesen, den Ayatollah

Khomeini zur Stärkung der Kampfmoral gegen Israel in den schiitischen Teil des Libanon geschickt hatte. 1978 war Imam Musa As Sadr auf seltsame Weise in Libyen »verschwunden«. Die Vermutung liegt nahe, dass er im Auftrag des sunnitischen Präsidenten Libyens Moammar Al Kathafi getötet wurde. Auch Musa As Sadr trug einen schwarzen Turban und hatte damit bezeugt, zur Familie des Propheten Mohammed zu gehören.

Hassan Nasrallah hatte zwar immer bewiesen, dass er Träger des schwarzen Turbans besonders verehrte, doch über seine Bindung an Imam Musa As Sadr hatte er früher nie gesprochen. Nasrallah gehörte offenbar nicht zu den Schiiten, die darauf warteten, dass der »entrückte Imam« wieder den Gläubigen sichtbar wird, um ihnen den Weg zum Heil zu weisen.

In den späten 80er-Jahren war die Führung eines erfahrenen schiitischen Geistlichen nötig, um Konflikte zwischen Schiiten zu vermeiden. Imam Musa As Sadr hätte nicht geduldet, dass zwei rivalisierende schiitische Kampforganisationen entstanden und Streit gegeneinander begannen. Die Organisation Amal existierte bereits jahrelang, war bürgerlich orientiert und war im Fall von Auseinandersetzungen mit Feinden eher passiv gestimmt. Die Konkurrenzorganisation Hisbollah vermied den aggressiven Angriff nicht.

Diese Haltung zeigte sich 1988. Hisbollah wollte durchsetzen, dass die Schiiten des Libanon die Autorität der hohen Geistlichkeit des Iran anerkannten. Die Autorität des Ayatollah Ruhollah Khomeini sollte nicht nur in Teheran, sondern auch in Beirut über allem stehen. Amal, geführt von einem Libanesen mit bürgerlichem Beruf und nicht von einem Geistlichen, wehrte sich dagegen. In den Straßen der Schiitenviertel Beiruts kämpften Amal und Hisbollah gegeneinander. Hassan Nasrallah machte die bittere Erfahrung, gegen seinen älteren Bruder kämpfen zu müssen. Dieser Bruder, der den Kampfnamen Dschihad Al Husseini trug, war Kommandeur von Amal. Dschihad Al Husseini wurde während eines

Gefechts zwischen den beiden schiitischen Organisationen schwer verwundet. Besonders der Vater der verfeindeten Brüder, der den Konflikt zwischen den Söhnen nicht verstand, litt darunter.

Zu jener Zeit, während der 80er-Jahre, war Hassan Nasrallah noch nicht Chef der Hisbollah; er war der zweite Mann hinter Sheikh Abbas Al Mussawi. Wer diese beiden zusammen erlebte, der spürte, wer die stärkere Persönlichkeit war. Sheikh Al Mussawi hinterließ immer einen demütigen Eindruck, leicht gebückt. Hassan Nasrallah aber stand aufrecht, stolz. Sein Nachteil war, dass Al Mussawi der brillantere Redner war.

Als im Februar 1992 Al Mussawi ins Visier der Bordkanonen israelischer Kampfflugzeuge geriet und bei dem Anschlag ums Leben kam, war Hassan Nasrallah 32 Jahre alt. Die Organisation Hisbollah bestimmte ihn zum Generalsekretär; er war damit ihr Kommandeur geworden. Kaum hatte er sein Amt angetreten, wurden in den schiitischen Regionen des Libanon Veränderungen spürbar. Er schien begriffen zu haben, mit welchem Geist einst Imam Musa As Sadr seine Funktion als politischer Führer der Schiiten erfüllt hatte. Der Imam war sich bewusst gewesen, dass die Schiiten den Kampf um den Fortbestand des Libanon nicht allein führen konnten. Der Konflikt konnte nur dann erfolgreich zu Ende gebracht werden, wenn die Libanesen eine Einheitsfront bildeten. Bereits 1993 nahm deshalb der Hisbollah-Chef Kontakt zu Führern des maronitischen Teils der Bevölkerung auf. Maroniten und Schiiten hatten sich bisher als Feinde betrachtet, als »Gläubige« und »Ungläubige« bekämpft. Nasrallah machte den Christen deutlich, dass sie einen gemeinsamen Feind hatten – Israel. Der Feind hatte vom Krieg der Religionen im Libanon profitiert, denn die Streitenden hatten sich gegenseitig geschwächt und Israel war dadurch Herr in der Region. Diesen Vorteil sollte Israel künftig verlieren.

Dass er den Kampf ernst meinte, bewies Nasrallah schon bald nach seinem Amtsantritt als Generalsekretär der Organisation. Er gab den Befehl, Raketen auf israelische Siedlungen abzufeuern, die nahe an der libanesischen Grenze lagen. Derartige Angriffe waren zu jener Zeit eine Überraschung für IDF. Die Reaktion erfolgte rasch: IDF griff mit Bodentruppen an. Hassan Nasrallah stellte die Taktik um, und auch Hisbollah schickte Stoßtrupps ins Gefecht. Ihr Ziel waren Stützpunkte der IDF in dem von ihr besetzten libanesischen Gebiet. Seine Absicht war weniger die Zerstörung der feindlichen Stützpunkte als die Geiselnahme von israelischen Soldaten. Er wollte die gefangenen Männer dann als Pfand einsetzen bei Verhandlungen über die Freilassung libanesischer und palästinensischer Gefangener. Vom Jahr 1997 an gelang der Austausch von israelischen Offizieren und Soldaten in großer Zahl. Entlassen wurden libanesische und palästinensische Kämpfer sämtlicher am Konflikt mit Israel beteiligter Gruppierungen.

Im September 1997 wurde Nasrallahs eigener Sohn Hadi bei einem Gefecht mit IDF-Soldaten getötet. Hadi war eben 18 Jahre alt geworden. Sein Leichnam wurde nach Monaten von den Israelis an Hisbollah übergeben – im Austausch gegen tote Israelis.
Nasrallah wurde im Mai 2000 in der arabischen Welt dafür gepriesen, er sei es gewesen, der mit der von ihm entwickelten Zermürbungstaktik der Geiselnahme und Erpressung die IDF veranlasst habe, sich aus dem Südlibanon zurückzuziehen. »Dieser Schiit hat die Israelis besiegt« – das war das allgemeine Lob. Rafik Hariri, der sunnitische Politiker des Libanon – war der Meinung, Nasrallah sei ein Gewinn für den Libanon. Derartige Äußerungen führten dazu, dass die Meinung im Land entstand, Nasrallah werde in absehbarer Zeit an der Spitze der Libanesen stehen.
Zu Beginn des 21. Jahrhunderts begann Nasrallah, seine politischen Ziele weiter zu stecken, über die libanesisch-palästinensischen Grenzen hinaus: Er wollte Israels Existenz bedrohen. Er vermied dabei in seinen Reden das Wort »Staat« für Israel und ersetz-

te es durch den Begriff »entity«. Hisbollah weitete den Begriff für Israel bald aus: die »zionist entity«. Der neue Name soll den jüdischen Staat in der arabischen Welt in Misskredit bringen. Die Propagandaaktionen gegen Israel wurden begleitet von genau dosierten militärischen Angriffen gegen israelische Objekte im noch immer israelisch beherrschten Südlibanon. Diese Raketenüberfälle hatten den einen Zweck, den Israelis zu demonstrieren, dass Hisbollah als schlagkräftige Organisation existiert und dass alle internationalen Appelle an die libanesische Regierung und an die libanesische Armee wirkungslos und sinnlos sind, die Hisbollah zu entwaffnen und aufzulösen.

Die eher moderat gestimmte schiitische Kampforganisation Amal setzte darauf, dass die Regierungen in Damaskus und Teheran mäßigenden Einfluss auf Hassan Nasrallah ausübten – Syrien und Iran waren nicht daran interessiert, dass sich der Konflikt im Libanon zu einem schwer zu kontrollierenden Krieg entwickelte. Hassan Nasrallah aber fand in jener Zeit ein Zielgebiet, dessen Schicksal die Libanesen auch der christlichen und sunnitischen Bevölkerungsteile interessierte: Im Süden des Libanon befanden sich die landwirtschaftlichen Betriebe Shebaa. Es waren Libanesen, die in den Ställen und auf den Äckern arbeiteten, die als Verwalter tätig waren. Doch Israel beanspruchte mit Hartnäckigkeit die Souveränität über die »Shebaa Farms«. Den israelischen Anspruch festigte eine Einheit der IDF, die auf dem Gelände stationiert war. Die Shebaa Farms wurden zum ersten Mal im August 2002 mit Raketen angegriffen und ein zweites Mal im Januar 2003. Der Raketenbeschuss durch Hisbollah blieb jedoch in beiden Fällen völlig wirkungslos, doch er weckte das Interesse der USA, die den Nahen Osten damals in eine Ruhezone verwandeln wollten. Der US-Außenminister Colin Davies kam nach Beirut, um von der libanesischen Regierung entschlossene Maßnahmen gegen Hisbollah zu verlangen. Ein Ereignis unterbrach allerdings alle Bemühungen, Nasrallah zu bewegen, die Raketenangriffe gegen IDF im Shebaa-Gebiet einzustellen. Bei einem Anschlag wurde Nasrallahs Mitarbeiter Ali Hussein Saleh getötet. Sein Fahrzeug war mit Sprengstoff präpariert, der mitten in Beirut explodierte. Der israelische Geheimdienst gab zwar bekannt, er habe diesen Anschlag nicht veranlasst, doch er ließ auch durchblicken, Ali Hussein Saleh sei der Organisator gewesen eines Anschlags auf ein Fahrzeug von IDF, der allerdings zwei Jahre zurücklag.

Hisbollah war nicht zu Zurückhaltung zu bewegen. Die Raketenwerfer der Organisation nahmen die israelische Siedlung Tyr Hufa ins Visier und die Geschosse trafen. Sie zerstörten mehrere Gebäude und töteten einen 16-jährigen Jungen.

Auf diesen Angriff reagierte die israelische Regierung milde. Die libanesische Luftraumkontrolle beklagte sich nur darüber, der Luftraum der Hauptstadt Beirut sei von tiefffliegenden Kampfmaschinen überquert worden.

Als sich die Zahl der Zwischenfälle im Konflikt zwischen Israel und Hisbollah vermehrte, war die syrische Regierung bereit, Kontakt und Hilfe für Hisbollah zu verstärken. Dagegen bezog nun auch das State Department in Washington Position. Der konkrete Vorwurf lautete, Syrien unterstütze Hisbollah in ihrem Bestreben, den Südlibanon auf keinen Fall zu räumen. Syrien sei dazu der Anstifter der Hisbollah-Angriffe auf zivile Ziele innerhalb des Staates Israel. Die libanesische Armee wurde aufgefordert, in den Südlibanon einzurücken, um dort die Verantwortung für die Sicherheit zu übernehmen.

Zum Jahresende 2004 gelang es Hassan Nasrallah, das Ansehen seiner Organisation beachtlich zu steigern. Mit Israel konnte ein Gefangenenaustausch vereinbart werden. Den Weg dazu hatten internationale Bemühungen geöffnet – an ihnen war auch die Bundesrepublik Deutschland beteiligt. Libanesen und Palästinenser wurden von Israel in ihre Heimat entlassen. Die israelische Regierung wollte damit ein Zeichen setzen für ihre Bereitwilligkeit, in Verhandlungen für ein Zusammenleben von Israelis, Palästinensern und Libanesen einzutreten. Doch an einem derartigen Zeichen der Verständigung war Hassan Nasrallah nicht interessiert. Er verwandelte die Heimkehr der Gefangenen in eine Propagandaaktion: Gelb-grüne Hisbollah-Fahnen begrüßten die Heimkehrer nicht nur auf libanesischem Gebiet, sondern auch im Gazastreifen. Tausende riefen: »Jallah, Jallah, Ja Nasrallah!« Und Nasrallah sprach zu den Massen: »Hisbollah wird in Zukunft noch mehr Israelis als Geiseln nehmen! Dazu haben wir Libanesen das Recht, solange Israel tagtäglich unsere nationalen Rechte verletzt. Hisbollah wird in Zukunft eine wichtige Rolle auszuüben haben!«

Es hatte sich für die schiitische Kampforganisation gelohnt, Geiseln zu nehmen, die bei Verhandlungen als Pfand dienen konnten. Nasrallah betonte diesen Erfolg in seiner Rede zu laut. Darüber ärgerte sich der israelische Ministerpräsident Ariel Sharon und benutzte die nächste Gelegenheit, um Hisbollah anzuklagen, sie sei eine »terroristische Organisation«, die von der gesamten zivilisierten Welt zu verachten sein. Ariel Sharon forderte die libanesische Regierung auf, diesem Treiben der Hisbollah ein Ende zu bereiten. Beirut dürfe nicht dulden, dass Libanesen Menschen fangen, um sie gegen andere Menschen einzutauschen. Israel werde sich mit allen Mitteln gegen dieses System des Menschenhandels wehren.

Anfang 2004 hatte Ariel Sharon den Verdacht, dass sich eine enge Zusammenarbeit zwischen Hisbollah und Hamas entwickelt hatte. Diese Zusammenarbeit hatte offensichtlich eine finanzielle Basis. Nasrallah verfügte über hohe Geldbeträge aus Iran. Er befand sich in der Lage, Hamas für jeden gelungenen Angriff auf Israelis 30 000 Dollar zu bezahlen.

Aus der zögerlich begonnenen Zusammenarbeit zwischen den beiden religiös organisierten Widerstandsbewegungen entwickelte sich im März 2004 eine strategische Allianz. Hamas und Hisbollah zogen bei einem Treffen zwischen den militärischen Chefs diese aktuelle Bilanz: Hisbollah verfügte über eine beachtliche Zahl von Raketen, verfügte jedoch nicht über die nötige Mannschaft; Hamas aber gelang die Mobilisierung junger, geeigneter Männer, die bereit waren, die Raketen abzufeuern. Hamas konnte fortan über »Hisbollah-Raketen« verfügen. In Israel wurde die Kooperation Hisbollah/Hamas registriert und man erkannte die Abhängigkeit der sunnitischen palästinensischen Organisation von den libanesischen Schiiten.

Die Zusammenarbeit ermöglichte bald die massive Beschießung der israelischen Militärlager um die Landwirtschaftsbetriebe Shebaa. Durchgeführt wurde diese Aktion unter dem Schlagwort: »Rache für Sheikh Ahmed Jassin«, den geistlichen Führer von Hamas, der am 22. März 2004 durch israelische Kampfflugzeuge aufgespürt, angegriffen und getötet worden ist.

Im November 2004 überraschte Ariel Sharon die israelische Öffentlichkeit durch die präzise Information, 80 Prozent sämtlicher terroristischer Aktionen, die gegen Israel gerichtet waren, wären im Libanon ausgedacht, geplant und finanziert worden. Ariel Sharon berichtete auch, dass – ebenfalls im November 2004 – vom Libanon aus ein unbemanntes Flugobjekt, eine Drohne, über die israelische Stadt Nahariya geflogen sei. Man vermutete in Israel, dass eine derartige Drohne Sprengstoff transportieren konnte, und dann wäre die Drohne als »fliegende Bombe« zu bezeichnen. Als Herkunftsland kam nur Iran in Frage. Die Verantwortlichen in Teheran dementierten entsprechende Anfragen nicht – im Gegenteil. Teheran gab bekannt, die schiitische Organisation Hisbollah könne jederzeit über iranische Raketenwaffen verfügen. Israel nahm derartige Bemerkungen iranischer Geistlicher ernst, besonders wenn sie von der Revolutionary Guard in Teheran bestätigt wurden. Vor Jahresende 2004 installierte IDF Abwehrraketen vom Typ »Patriot« im libanesisch-israelischen Grenzgebiet.

Den Drohungen der Hisbollah folgten keine Taten: Nur selten überflogen Drohnen das israelische Grenzgebiet. Bekannt wurde ein derartiger Fall im April 2005. Es gelang der Patriot-Batterie in Haifa, die Drohne zu vernichten. Danach unterblieb der Einsatz unbemannter Flugkörper.

Nasrallah – Gewinner im Krieg 2006

Am 11. Juli 2006 wird bekannt, dass Hisbollah aus jüdischem Gebiet zwei israelische Soldaten verschleppt hat. Die Entführung von Gilad Shalit war am 24. Juni von Hamas als Erfolg gefeiert worden. Hisbollah hüllte die Entführung der zwei Soldaten in Schweigen. Auch Ehud Olmert legte keinen Wert darauf, den Vorfall öffentlich zu dramatisieren. Geheim blieb auch die Zahl der Toten, die Israel nach dem Hisbollah-Überfall zu beklagen hatte.

Bemerkenswert rasch erfolgte aber die militärische Reaktion von IDF. Schon einen Tag nach der Entführung zerstörte die israelische Luftwaffe zwei Brücken über den Litanifluss im Südlibanon. Hassan Nasrallah gab am selben Tag den Befehl zum massiven Beschuss des israelischen Gebiets durch Raketen. Nasrallahs Arsenal war gut bestückt. Er verfügte über 13 000 Katjuscha-Geschosse. Sie wurden zur Zeit des Zweiten Weltkriegs in Russland entwickelt und haben normalerweise eine Reichweite von 18 bis 25 Kilometern. Es war gelungen, die Reichweite zu vergrößern, um Haifa und Tel Aviv zu erreichen. Ein anderes Geschoss, das der Hisbollah zur Verfügung stand, war »Faschr 3«. Das Ziel, das im günstigsten Fall damit zu erreichen war, war die Stadt Nazareth. Die Rakete »Faschr 5« könnte Netanyah treffen.

Kurze Zeit vor dem Beginn des Konflikts im Sommer 2006 hatte Iran die Rakete »Silsal 2« geliefert. Ihre Höchstreichweite wird mit 200 Kilometer angegeben, bei einer Transportleistung von 600 Kilogramm Sprengstoff. »Silsal 2« ist jedoch bisher im Nahostkonflikt noch nie eingesetzt worden. Von Hisbollah unerprobt ist auch der Marschflugkörper vom Typ C-802; er erreicht nahezu Schallgeschwindigkeit, jedoch nur auf eine Entfernung von 120 Kilometer bei einer Transportfähigkeit von 160 Kilogramm Sprengstoff.

Der Umfang dieses feindlichen Raketenarsenals und die damit verbundene Bedrohung war der israelischen Regierung bekannt. Die wichtigste Aufgabe bestand für IDF zunächst darin, die Raketenbatterien der Hisbollah nach Norden in den Libanon hinein abzudrängen. Damit sollten israelische Städte und Siedlungen der Reichweite zumindest der ineffektiven Raketengeschosse entzogen werden. Die Entfernung zwischen der libanesisch-israelischen Grenze und dem Litanifluss beträgt 24 Kilometer.

Am 26. Juli glaubten die Kommandeure der IDF, sie hätten einen Sieg errungen. General Gol Hirsch verkündete, der Hisbollah-Stützpunkt Bint Ibail sei erobert worden: »Die Terroristen fliehen nach Norden und schon bald werden die Raketenangriffe auf Nordisrael abnehmen.« Der General erlebte einen Tag später eine böse Überraschung. Am Rande der südlibanesischen Ortschaft Bint Ibail geriet eine Einheit der IDF in einen Hinterhalt. Acht Soldaten starben. Am selben Tag stürzten 150 Katjuscha-Raketen auf israelisches Gebiet. Sie richteten nur geringen Schaden an.

Dass sich der Angriff auf Bint Ibail als Blamage erwies, hatte in Israel die Frage ausgelöst, ob die Planer von IDF in Strategie und Taktik den richtigen Weg beschritten hätten. Die Zweifel betrafen vor allem die Wahl der Waffengattung für die erste Phase des militärischen Konflikts. Dass die Luftwaffe bisher nicht eingesetzt worden war, wurde von vielen Kritikern als seltsam empfunden. Wer vertraut war mit den Feldzügen des Zweiten Weltkriegs, der wusste allerdings, dass Entscheidungen nie durch Bombardierung durch Kampfflugzeuge erzwungen worden sind.

Ehud Olmert, der als Vertreter von Ariel Sharon der Öffentlichkeit einen Erfolg vorweisen musste, entschloss sich, auf die Luftwaffe zu setzen. Sie bekam die Aufgabe zugewiesen, den führenden Kopf der Hisbollah zu eliminieren. Ariel Sharon, das war inzwischen bekannt geworden, lag weiterhin im Koma.

Die israelische Luftwaffe stand für den ersten Angriff bereit. Er galt dem Schiitengebiet im Süden von Beirut. Da das Hauptquartier und das Wohngebäude von Sheikh Hassan Nasrallah bekannt waren, standen diese als exakte Ziele fest. Die Raketen trafen genau. Die Gebäude wurden in Trümmer verwandelt. Die Befehlszentrale der Kampforganisation wurde verlegt. Intakt geblieben war der Fernsehsender von Hisbollah *Al Manara* – der Leuchtturm. *Al Manara* strahlte Bilder der Zerstörungen aus, zusammen mit Videoaufnahmen einer Ansprache von Nasrallah. Drohungen waren zu vernehmen: »Israel will den Krieg! Wir sind bereit, diesen Krieg zu führen. Unsere Häuser werden nicht die einzigen sein, die in Trümmer geschlagen werden! Unsere Kinder werden nicht die einzigen sein, die sterben!«

Der israelische Innenminister Ronni-Bar On griff überheblich in den verbalen Konflikt ein: »Nasrallah hat sein eigenes Urteil gefällt! Er wird die offene Rechnung begleichen!« Auf die Worte des Innenministers folgten weitere Luftangriffe. Die israelische Zeitung *Haaretz* sah die Situation so: »Israel hat die Chance, die Organisation Hisbollah völlig zu zerschlagen. Es bleibt dazu allerdings nicht viel Zeit: Hält sich Hisbollah jetzt mit dem Abschuss von Raketen zurück, wird Israel international unter Druck gesetzt und schließlich als der alleinige Aggressor bezeichnet.«

Hisbollah nutzte diese politische Chance allerdings nicht. Tag für Tag schlugen Katjuscha-Raketen in Nordisrael ein. Als die Geschosse Haifa erreichten, wurden die Raketenangriffe bei den israelischen Sicherheitsbehörden nicht mehr mit ironischen Worten abgetan. Jetzt erst wurde bedacht, dass sich in Haifa Chemiefabriken befinden. Sollten sie getroffen werden, waren große Umweltschäden zu befürchten.

In Israel gab es zu diesem Zeitpunkt bereits zwei unterschiedliche Forderungen an die militärische Führung. Politiker verlangten, Israel müsse mit der Regierung des Libanon zu einer Übereinkunft gelangen und die libanesische Armee habe Hisbollah unter

Kontrolle zu bringen. Wer die Situation im Libanon allerdings kannte, der wusste, dass die libanesische Armee längst nicht mehr dazu fähig war, der schiitischen Kampforganisation irgendwelche Vorschriften zu machen.

Männer mit militärischer Erfahrung warfen der Regierung Olmert vor, sie habe sich als unfähig erwiesen, der Offensive nach Norden den nötigen Schwung zu geben. Der konkrete Vorwurf lautete, dass es nach Tagen intensiver Kämpfe nicht gelungen war, Hisbollah nach Norden abzudrängen. Noch immer lag israelisches Gebiet innerhalb der Schussweite von Hisbollah-Raketen.

In Paris und Moskau erhob sich der Ruf nach Waffenstillstand. Der frühere israelische Verteidigungsminister Moshe Arens warnte schroff vor dieser Art von Problemlösung: »Wenn Hisbollah diesen Krieg überlebt, ohne völlig erledigt zu sein, muss dies als Katastrophe für Israel bezeichnet werden!«

Hassan Nasrallah, der zuvor einen Waffenstillstand als Erfolg für Hisbollah gepriesen hatte, verlor jegliches Interesse an einer diplomatischen Übereinkunft, als er erfuhr, dass israelische Geschosse in Qana, in der Nähe von Tyr, 20 libanesische Kinder getötet hatten. Entschuldigt wurde der Angriff mit einem »technischen Versagen bei der Zielbestimmung der Raketen«. Der Generalsekretär der Vereinten Nationen, Kofi Annan, verurteilte Israel, es habe ein brutales Massaker begangen. Israel müsse sofort die Beschießung des libanesischen Gebiets einstellen. Die US-Außenministerin Condoleezza Rice wählte vorsichtige Formulierungen, um Kofi Annan zu unterstützen: »Beide kriegführenden Parteien müssen sich vor einem Waffenstillstand einigen.« Hisbollah antwortete auf des Geschehen in Qana und feuerte in der folgenden Nacht 147 Katjuscha-Raketen auf israelische Ziele ab.

Dass die militärischen Aktionen im Libanon eine neue Dimension erhalten hatten, war Anfang August 2006 den Nachrichten des Hisbollah-Senders *Al Manara* zu entnehmen: IDF hatte Fallschirmjäger weitab nördlich der Front abgesetzt, vier dieser Männer seien getötet worden. Der israelische Armeerundfunk bestätigte den Einsatz von Fallschirmtruppen nicht direkt. Man sagte, dass außerhalb des israelisch-libanesischen Grenzgebiets mindestens 20 Hisbollah-Kämpfer getötet worden seien.

Vom israelischen Verteidigungsminister Amir Peretz war in der zweiten Kriegswoche zu erfahren, dass durch internationale Vermittlung ein Waffenstillstand im Libanon vorbereitet werde. Allerdings sei die IDF daran nicht interessiert, denn er werde von Hisbollah dazu benutzt, die Munitionsvorräte aufzustocken. Amir Peretz meinte, vor Abschluss eines Waffenstillstands müsse »die Realität zwischen Grenze und Litanifluss gründlich verändert werden«. Er ließ durchblicken, IDF plane »chirurgische Bodenoperationen« mit raschen Vorstößen und ebenso raschen Rückzügen. Die Frage, ob an den Einsatz von Fallschirmjägern gedacht werde, beantwortete Amir Peretz nicht.

Inzwischen war das Interesse von Regierungen und Medien in den USA und in Europa an den Auseinandersetzungen zurückgegangen. Es war wichtiger geworden, welche Ziele der iranische Staatspräsident Mahmud Ahmedinejad verfolgte. Er hatte sich innerhalb kurzer Zeit zu einem wichtigen Faktor der Weltpolitik entwickelt.

Ahmedinejad – Glaube verbindet auch heute Libanon und Iran
Der zwölfte der direkten männlichen Nachkommen des Propheten Mohammed ist um das Jahr 874 n. Chr. vor den Augen der Menschheit entrückt worden – er existiert jedoch unter den Gläubigen. Am Tag des Jüngsten Gerichts wird dieser Mohammed Al Mahdi als Richter der Menschen wieder auf der Erde erscheinen. Vom Tag seines Erscheinens an wird Gerechtigkeit herrschen auf der Erde. »Achar-Es Saman« – so lautet der iranische Begriff für das »Ende der Zeiten«. Er ist nicht allein den Schiiten des Iran vertraut, er beherrscht auch das Bewusstsein der Schiiten des Libanon. Der Glaube an die Wiederkehr des »Mahdi« verbindet Has-

san Nasrallah und Mahmud Ahmedinejad. Dieser Glaube bildet ein unauflösbares Band.

Sein Bekenntnis zum Zwölften Imam hat Ahmedinejad unmittelbar nach seinem Amtsantritt als Präsident des Iran vor der Vollversammlung der Vereinten Nationen in New York abgelegt. Dies geschah durch seine öffentlich vorgetragene Bitte, Allah möge den Mahdi, den Vertrauten der Gläubigen, bald wieder erscheinen lassen, damit er den Menschen Gerechtigkeit und Glück bringe. Nie bisher war vor den Augen und Ohren der Vertreter der Völkergemeinschaft die Existenz des reinen, edlen, vollkommenen Menschen, des Zwölften Imam, in Worten dokumentiert worden. Die schiitische Welt fühlte ihren Glauben bestätigt – an Selbstvertrauen gewann auch Hassan Nasrallah und mit ihm die Schiiten des Libanon. Wer auf das Wiedererscheinen des Zwölften Imam wartete, der fühlte sich bestärkt.

Ende September 2006 wählte Ahmedinejad wieder die Vollversammlung der Vereinten Nationen in New York als Podium zur Verbreitung seiner Ansichten. Der Konflikt mit Israel und mit den Vereinigten Staaten von Amerika hatte im Sommer 2006 an Schärfe zugenommen. Es war fraglich, ob die amerikanische Regierung dem iranischen Staatspräsidenten die Einreise in die USA überhaupt gestatten würde. George W. Bush entschied schließlich, dass ein Einreiseverbot dem Iraner nur effektive publizistische Wirkung verschaffen würde. Ahmedinejad hätte sich als »Opfer amerikanischer Willkür« präsentieren können.

Dem Gast wurde nur die Rede vor der Generalversammlung gestattet, diplomatische Grundregeln der Zurückhaltung waren ihm dabei auferlegt. Die US-Regierung war der Überzeugung, Ahmedinejad werde aus Mangel an Gelegenheit kein Publikum finden, um seine Parolen gegen die USA und Israel »abfeuern« zu können. Die Berater des iranischen Präsidenten fanden einen Ausweg und luden Medienvertreter in den Konferenzraum eines Hotels an der East Side of Manhattan. Es waren viele gekommen, die dann hörten, dass der iranische Präsident den »Holocaust« für eine Lüge hält und dass er dem jüdischen Staat Israel jegliche Existenzberechtigung abspricht.

Zur aktuellen Lage im Libanon gab Ahmedinejad ausweichend Auskunft: »Wir mischen uns da nicht ein. Wir wissen allerdings, dass die Vereinten Nationen jedem Land das Recht auf Selbstverteidigung zusprechen. Wir glauben, dass Libanon das Recht besitzt, sich gegen die Invasion der israelischen Streitkräfte zu wehren! Allah hilft denen, die sich verteidigen!«

Ahmedinejad sprach, als ob er göttliche Wahrheiten verkünde. Ob er das Recht dazu hatte, ist fraglich. Er ist kein Geistlicher von hohem Rang und trägt keinen schwarzen Turban – sein dunkles Haar erweckt den Eindruck, er habe das Symbol der Zugehörigkeit zur Familie des Propheten auf dem Haupt. Nach der Tradition der Schiiten steht ihm gar nicht das Recht zu, den Gläubigen Vorschriften zu machen. Ayatollah Ruhollah Khomeini besaß dieses Recht. Ahmedinejad sieht sich als Khomeinis Nachfolger.

Der Präsident entstammt einer schlichten Familie, in der zuvor niemand intellektuellen Ehrgeiz besessen hatte. Der Vater, den der Sohn gerne als »Schmied« bezeichnete, war Besitzer eines Schlosserbetriebs im Süden von Teheran. Er profitierte vom Wachstum der Hauptstadt. Die letzte Zeit des Schahs hat der junge Mahmud gerade noch erlebt. Er war noch keine 20 Jahre alt, als Mohammed Reza Pahlawi ins Exil verschwand. Mahmud war dabei, eine Privatschule zu absolvieren, deren Besuch hohe Gebühren kostete. Die Entwicklung zum gläubigen Schiiten trat erst mit dem Entstehen der Islamischen Republik Iran ein. Es war die Zeit, als der junge Mann Ingenieur werden wollte. Mahmud wurde treibende Kraft in der Vereinigung Islamischer Studenten. Diese Organisation trat energisch für die religiöse Orientierung nicht nur der Studentenschaft, sondern des gesamten iranischen Staates ein. Sein politischer Weg führte Mahmud Ahmedinejad in die Führungsspitze der »Pasdaran«, der Elitetruppe der jungen Gläubigen.

Nach Ende des Krieges zwischen Iran und Irak (1989) übernahm Mahmud, der inzwischen die Ingenieursausbildung abgeschlossen hatte, Verwaltungsaufgaben in verschiedenen Provinzen. Als Mohammed Khatami 1997 Präsident des Iran wurde, verlor Ahmedinejad seinen Posten an der Grenze zur Türkei, wurde aber zum Organisator einer Gruppierung bestimmt, die sich Hisbollah – Partei Allahs – nannte. Sie existierte lange vor der Gründung der Hisbollah im Libanon.

Ayatollah Ruhollah Khomeini sah in der Hisbollah die Vertretung der Entrechteten der Welt. Hisbollah hatte die Aufgabe, sich gegen Unterdrücker zu wehren. Diese Aufgabenstellung gab der Hisbollah-Führung jede Freiheit, sich ihre Gegner nach Gutdünken auszuwählen. Zur Zeit von Khomeini war die iranische Hisbollah als Organisation berüchtigt, die ihre Gegner beseitigte. Ahmedinejad sah sie als Bestandteil der »Islamischen Umma«, der weltumspannenden islamischen Gemeinschaft, die nur den Gesetzen des Islam folgt. Zentrum dieser Gemeinschaft war Iran und das Zentrum der Feinde des Islam waren die USA und Israel.

Als Khomeini seine schützende Hand von der iranischen Hisbollah abgezogen hatte, verfiel ihr Einfluss. Ahmedinejad sollte für eine Wiederbelebung der Organisation sorgen. Als die libanesische Hisbollah entstand, genoss sie sofort die Sympathie des Iraners, der als exzellenter Organisator bekannt war. Vorteilhaft für die Verbindung beider Organisationen war eine wesentliche Entwicklung: In Iran schwand der Einfluss der hohen Geistlichkeit mehr und mehr – dass Ahmedinejad Präsident werden konnte, war ein Beispiel dafür. Die Kleriker wurden bedeutungsloser, die Pasdaran, die Revolutionären Garden, aber bestimmten deutlicher die politische Richtung. Die jungen Männer der Pasdaran waren durch Bande der Sympathie mit den Kämpfern der libanesischen Hisbollah verbunden. Beide Bewegungen glauben, dass sich das Ende der Zeiten ankündigt, dass mit der Wiederkehr des Zwölften Imam zu rechnen ist. Dieser Glaube ist bei den libanesischen Schiiten verbunden mit der Gewissheit, dass auch ihr verschwundener entrückter Imam – Musa As Sadr – zurückkehren wird. Iran hilft sehr konkret, um für die libanesischen Schiiten die Zeit zu überbrücken bis zur Wiederkehr des Imam Musa As Sadr, und stellt Libanon Geld zur Verfügung. Hussein Hadsch Hassan, der die Interessen von Hisbollah im libanesischen Parlament vertritt, streitet nicht ab, dass die iranische Hisbollah Gleichgesinnte im Libanon unterstützt.

Wer trägt die Schuld am Konflikt? Der IDF-Stabschef, Generalleutnant Dan Halutz, hatte kein Problem mit der Schuldfrage: »Hisbollah ist in der libanesischen Regierung vertreten. Die Regierung beendet diesen Zustand nicht. Solange Hisbollah in Beirut mitregiert, wird nichts im Libanon sicher sein! Es liegt in der Hand der libanesischen Regierung, Unheil vom Libanon abzuwenden!«

Die Warnung des IDF-Stabschefs wurde in Beirut ernst genommen. Die Autoschlangen vor Tankstellen wanden sich um Häuserblocks herum; die Supermärkte wurden leer gekauft. Die Familien in der libanesischen Hauptstadt richteten sich auf einen langen Krieg ein. Seit Mitte Juli 2006 war Beirut belagert: Die Straßen nach Norden und nach Damaskus standen unter Beschuss der israelischen Artillerie und ihre Nutzung wurde erschwert durch Patrouillenflüge der israelischen Luftwaffe. Die Damour-Brücke, ein wichtiges Bindeglied zwischen den Städten Tyr und Saida im Süden und der Hauptstadt, war unterbrochen, der Damourfluss wurde von Familien zu Fuß durchquert, die ihre Habe auf dem Rücken schleppten. Tausende Frauen, Männer und Kinder waren ohne Fahrzeuge unterwegs in Richtung Bekaa-Tal, das Sicherheit versprach.

Die Bewohner der südlichen Vororte von Beirut waren von den Israelis durch Flugblätter gewarnt worden und aufgefordert, die Häuser zu verlassen, da Luftangriffe unmittelbar bevorstünden.

Zur gleichen Zeit wurden die Rollfelder des internationalen Rafik-Hariri-Flughafens zerstört und der Flugverkehr eingestellt. Den Seeweg zwischen Libanon, Zypern und ferneren Zielen unterbanden israelische Flotteneinheiten. Sie sorgten dafür, dass der Verkehr der Fähren Beirut–Larnaca unterbrochen blieb.

Am Tag nach diesen israelischen Militäraktionen gab die libanesische Regierung bekannt, dass 53 Libanesen in den letzten Tagen gestorben sind. An jenem Tag veröffentlichte auch Hisbollah eine Bilanz ihrer Aktionen: »120 Raketen sind auf israelische Ziele abgefeuert worden. Getroffen wurden Haifa, Safed und Carmel. Verwendet wurde eine neue Rakete vom Typ ›Thunder 1‹. Sie wird künftig die Katjuscha-Rakete ersetzen.« Hisbollah gab kurze Zeit später auch bekannt, »jeder israelische Angriff auf das Stadtgebiet von Beirut werde durch Raketenbeschuss der Wohnviertel von Haifa beantwortet«. Haifa liegt rund 25 Kilometer südlich der libanesisch-israelischen Grenze.

Der Drohung folgten Taten: Raketen des neuen Typs »Thunder 1« erreichten in Haifa die Nähe des Krankenhauses. Ein Verwundeter ärgerte sich am Tag nach seiner Einlieferung über die Versäumnisse der eigenen Regierung: »Warum gab es keine Warnsirene vor dem Angriff. Wir hätten wenigstens eine Minute Zeit gehabt, um den Schutzraum aufzusuchen.«

Als die vierte Kriegswoche anbrach, sprach der israelische Ministerpräsident Ehud Olmert mit Begeisterung von beeindruckenden und möglicherweise nie dagewesenen Erfolgen der IDF. Wörtlich sagte der Ministerpräsident im »College für Nationale Sicherheit«: »Der Feldzug hat das Gesicht des Nahen Ostens verändert!«

Seine Worte trugen Ehud Olmert harsche Kritik ein. Der angesehene Geschichtsprofessor Zeer Sternhell titelte seine Entgegnung auf Olmerts Eigenlob »Der erfolgloseste Krieg«. Der konkrete Vorwurf des Historikers: Olmert habe Propagandatricks angewandt, um Misserfolge zu übertünchen. Dieser Krieg habe der Abschreckungsfähigkeit von IDF sehr geschadet.

Genau am Tag der Rede des Ministerpräsidenten schlugen zwischen Mittag und Abend 180 Raketen in Nordisrael ein. Dies war die höchste Zahl innerhalb von sechs Stunden. Eine dieser Raketen hatte ein Ziel in 70 Kilometer Entfernung erreicht.

Im Verlauf weniger Tage wurden auch Details der Kritik von IDF-Offizieren bekannt: Die Strategen hätten sich zu sehr auf die technisch perfekt ausgerüstete Luftwaffe verlassen. Noch nie sei ein Feldzug durch Luftwaffe allein entschieden worden. Ein Erfolg hänge ausschließlich vom Einsatz der Bodentruppen ab und dieser Einsatz sei zu spät angeordnet worden.

Bemerkenswert war, dass zu diesem Zeitpunkt zum ersten Mal angeregt wurde, diplomatische Verhandlungen mit Iran aufzunehmen, denn Hisbollah erhalte Stärke und Rückendeckung durch die Mächtigen in Teheran. Solange die Verantwortlichen in Teheran nicht bereit wären zu einem Gespräch mit Israel, werde auch die libanesische Hisbollah ihre Aktivitäten nicht einstellen.

Feststellbar war, dass andere politisch-religiöse Organisationen, die bisher dem Hisbollah-Chef Nasrallah kritisch gegenüberstanden, jetzt durchaus die Standfestigkeit der Schiiten lobten. Kontaktbereitschaft entstand auch bei den christlichen Maroniten. Berater von Nasrallah, die in die Zukunft sahen, glaubten zu erkennen, dass eine maronitisch-schiitische Allianz durchaus ins Auge gefasst werden könnte.

Ministerpräsident Olmert spürte das Nachlassen der kriegerischen Energie von IDF. Zeitungen in Israel veröffentlichten mehr und mehr Bilder, die abgekämpfte israelische Soldaten zeigen, die sich zu Fuß auf dem Heimweg befanden. Der Niedergeschlagenheit begegnete die israelische Armeeführung durch Veröffentlichung von Details über die vermissten Soldaten, die von Hisbollah verschleppt worden waren: Ehud Goldwasser, 31 Jahre alt, aus Nahariya und Eldad Reger, 26 Jahre alt, aus Kiryat Motzkin. Vom Verbleib dieser zwei Soldaten und von Gilad Shalit, dem Gefangenen der Hamas, war keine Spur entdeckt worden.

In Israel wurden Fragen gestellt nach dem Sinn der gesamten Militäraktion. Wie kann man in diesem kleinen Land mit 10 000 Quadratkilometern Fläche zwei Menschen verstecken? Die israelische Zeitung *Jediot Achronot* schrieb am 15. August 2006: »Die Kriegführung steht an einem Wendepunkt. IDF muss nun echt Erfolge vorweisen. IDF hat sich nun den besten und erfahrensten Kommandeur an die Spitze gesetzt. Es handelt sich um Moshe Kaplinski, der künftig die Kampfeinsätze gegen Hisbollah zu koordinieren hat.« Dem bisherigen Koordinator, General Udi Adam, wurde »Zögerlichkeit« vorgeworfen. Mit über 10 000 israelischen Soldaten hatte er keinen wirklichen Erfolg vorweisen können. Die Vertreibung der Hisbollah aus dem israelisch-libanesischen Grenzgebiet war nicht gelungen.

Die Suche nach der Ursache des Scheiterns nahm in Israel hysterische Züge an. Verteidigungsminister Amir Peretz meinte: »Wir kämpfen gegen eine iranische Spezialeinheit. Sie ist mit modernsten Waffen ausgerüstet. In der Vergangenheit wurde uns versprochen, dass diese Raketen nie in die Hände der Hisbollah fallen würden. Doch gerade diese Waffen werden heute gegen die israelischen Soldaten eingesetzt.«

Niemand sah allerdings diese Anti-Panzer-Raketen aufseiten der Hisbollah oder aufseiten der libanesischen Armee im Einsatz. Beobachter hatten anderes gesehen: Da waren israelische Panzerbesatzungen, die erbeutete Fahnen schwenkten, aber nicht die gelb-grünen Flaggen der Hisbollah, sondern das Zedern-Banner der libanesischen Armee. Die Präsentation der offiziellen libanesischen Fahnen enthüllte den wesentlichen Irrtum des Feldzugs im Sommer 2006: Ausgangspunkt war der Kampf gegen eine Miliz, die verdächtigt wurde, Terrorakte auszuführen. Attackiert aber wurden der internationale Flughafen von Beirut, Kraftwerke und Fischereihäfen. Keines dieser Ziele war irgendwie verknüpft mit dem militärischen Potenzial von Hisbollah, das unberührt und schlagkräftig blieb.

Hisbollah meldete am 7. August einen wichtigen Erfolg: Eine ihrer Raketen traf den landwirtschaftlichen Betrieb Kfar Giladi. Die Rakete schlug auf dem Parkplatz ein. Zwölf israelische Soldaten verloren ihr Leben. Das Argument der IDF, Hisbollah habe ein ziviles Objekt getroffen, war nicht aufrechtzuerhalten, denn Kfar Giladi diente als Auffangstellung für Reserveoffiziere. Kfar Giladi war ein militärisches Objekt.

Die israelische Artillerie beantwortete die Attacke sofort durch Beschuss der Region von Kirjat Schmona. Hunderte von Raketen trafen Dörfer und kleine Städte, in denen Hisbollah-Kämpfer vermutet wurden. Die schiitische Kampforganisation behauptete, keinen ihrer Männer durch israelischen Beschuss verloren zu haben. IDF aber gab offen zu, bisher niemals bei einem einzigen Feuerüberfall derart viele Soldaten verloren zu haben.

Jeder Stein sagt es: Wir sind Hisbollah! Die Kinder im Südlibanon singen: »Jeder Stein sagt es: Wir sind Hisbollah! Jeder Baum sagt es: Wir sind Hisbollah«, und die Alten schließen sich den Jungen an. Tatsächlich scheint die schiitische Kampforganisation überall präsent zu sein in den Hügeln und Tälern zwischen dem Litanifluss, den Städten Tyr und Saida und der libanesisch-israelischen Grenze. Die Männer leisten Hilfe: Sie versorgen Familien in Not, zahlen Unterstützungsgelder, reparieren Hütten, bessern Wasserleitungen aus und kümmern sich um die Stromversorgung. Je länger der Konflikt dauert, desto mehr pflanzt sich Hisbollah in die Herzen der schiitischen Familien ein. Die Worte »Hisbollah ist das Volk – und das Volk ist Hisbollah!« sind in der Gegend von Tyr oft zu hören.

Erstaunlich ist das Wissen der Milizionäre von den Absichten der IDF in der unmittelbaren Zukunft. An einem Nachmittag beabsichtigte die Stadtverwaltung von Tyr die Bestattung mehrerer Zivilisten, die bei einem Luftangriff ihr Leben verloren hatten. Kurz vor Beginn des Begräbnisses tauchte ein Jeep mit Hisbollah-

Funktionären auf. Sie sprechen einige Worte zu den Trauernden – der Friedhof leert sich sofort. Gut beraten war die Trauergemeinde, den Warnungen der Milizionäre zu folgen. Nur Minuten später waren die Fluggeräusche israelischer Raketen zu hören. Die Explosionen der Einschläge vernahmen die geflohenen Zivilisten aus sicherer Entfernung.

Über die Befehlsstruktur der Hisbollah ist in Tyr wenig zu erfahren. Wer innerhalb der Miliz Verantwortung trägt, der schweigt. Selten spricht ein Milizionär über die Art, wie Hisbollah geführt wird. »Wir sind als dezentralisiert zu bezeichnen und trotzdem sind wir außerordentlich gut organisiert.«

Bereitschaft zu reden besteht bei einzelnen Kämpfern nur über die Entstehung des Hasses gegenüber den Israelis: »Am Anfang war das ganz anders. Als die israelischen Soldaten 1982 zum ersten Mal bei uns im Südlibanon erschienen, da wurden sie willkommen geheißen. Sie haben uns Schiiten von den Palästinensern befreit, die sich so benahmen, als gehöre das ganze Land ihnen. Damals nahm Hisbollah den Kampf auf. Wir halfen unseren Familien, wo wir nur konnten. Damals erkannten die Menschen im Süden, dass sich Hisbollah von anderen Organisationen unterscheidet.«

Inzwischen überlegen sich internationale Gremien außerhalb des Konfliktfeldes, wie sie dem lokalen Krieg ein Ende bereiten könnten. Der Glaube, dass sich die am Krieg direkt Beteiligten auf eine friedliche Lösung einigen könnten, ist erloschen. Weder der israelischen Regierung noch den Kommandeuren von Hisbollah wurde so viel Kraft zugetraut, den Streit zu beenden. Am 24. Juli 2006 traf Condoleezza Rice zu einem kurzen Besuch in Beirut ein. Sie trug dem libanesischen Ministerpräsidenten Fuad Siniora die Idee vor, im Libanon eine internationale Friedenstruppe zu stationieren. Sie sollte aus 10 000 türkischen und ägyptischen Soldaten bestehen. Die Kommandoverantwortung, so sah der Plan vor, würde dann in der Hand von UN-Beauftragten liegen. Das internationale Truppenkontingent sollte 30 000 Soldaten betragen.

Der libanesische Ministerpräsident beklagte, dass Entscheidungen über die Zukunft des Libanon sehr langsam getroffen würden. Im Beisein der US-Außenministerin sagte Fuad Siniora: »Wir werden Tag für Tag beschossen, und jeden Tag sterben Menschen bei uns. Unser Land wird systematisch zerschlagen, um uns in die Knie zu zwingen.« Fuad Siniora stellte Fragen: »Was werden wir für eine Zukunft haben im Libanon? Auf uns warten nur Angst und Frustration. Ist eine israelische Träne mehr wert als ein libanesischer Tropfen Blut? Sind wir Kinder eines Gottes von geringerem Wert als die Kinder anderer Götter?« Der libanesische Ministerpräsident stellte diese Fragen mit Blick auf den Gott des israelischen Volkes und mit Blick auf den Gott der schiitischen Hisbollah.

Fuad Siniora musste sich allerdings den Vorwurf gefallen lassen, dass keine Notfallpläne existierten. Vertreter der Hilfsorganisationen der UN schätzten die Zahl der Flüchtlinge Ende Juli 2006 auf 500 000 Menschen. Die libanesische Regierung war nicht in der Lage, effektiv zu helfen. Die Regierung, so lauteten Vorwürfe neutraler Beobachter, sehe mit verschränkten Armen zu, wie ihr Land auf eine Katastrophe zuwandere.

Condoleezza Rice nahm sich Zeit für den Dialog mit möglichst vielen Libanesen. Doch sie hatte Präsident Bush versprochen, in Beirut nicht mit dem Chef der Hisbollah und nicht mit syrischen Regierungsmitgliedern zusammenzutreffen. Aber die Außenministerin durfte den Parlamentssprecher, den Schiiten Nabih Berri aufsuchen. Rice wusste Bescheid um die enge Beziehung zwischen Berri, dem Chef der schiitischen Organisation Amal, und Hassan Nasrallah. Rice schnitt energisch das Thema der zwei entführten israelischen Soldaten an. Berri aber wehrte ab: »Davon weiß ich nichts!« Klar wurde, dass der Amal-Chef die Verantwortung für dieses folgenreiche Ereignis allein bei Hisbollah sah.

Ehud Olmert hatte während der ersten Kriegstage des Sommers 2006 immer wieder den Grund des Konflikts ins Gespräch gebracht: »Wir werden diesen Kampf erst dann beenden, wenn die drei israelischen Soldaten, die von unseren Feinden entführt worden sind, wieder in ihre Heimat zurückgekehrt sind!« Begeisterung lösten die Reden des israelischen Ministerpräsidenten nicht aus, doch sie wurden von der israelischen Bevölkerung als beruhigend empfunden. Man hatte den Eindruck, Ehud Olmert habe die Geschicke seines Landes im Griff: »Israel wird kein Mitleid haben mit den Militanten jener Milizen, die Israels Städte mit Raketen angreifen. Wir werden die Infrastruktur des Terrorismus zerstören. Wir werden alle Einrichtungen auslöschen, von denen wir wissen, dass sie den Terroristen helfen, Bürger des Staates Israel anzugreifen. Wir werden diese Aktion fortsetzen, bis Hisbollah einlenkt und sich gemäß den Regeln der Zivilisation benimmt.« Eindrucksvoll ist die Bilanz der militärischen Aktionen, die Ehud Olmert zog: »Unsere Kampfflugzeuge und unsere Kampfhubschrauber haben mehr als 15 000 Einsätze über dem Libanon hinter sich. 20 000 Artilleriegeschosse und Raketen sind von unseren Männern abgeschossen worden.« Die drei entführten israelischen Soldaten gerieten in den Hintergrund. Als sich der libanesische Außenminister Fawzi Salloukh zur Situation der Entführten äußerte und sagte, den zwei Soldaten gehe es gut, bestätigte sich, dass er – wie man wusste – exzellente Kontakte zur Hisbollah unterhielt.

David gegen Goliath   Die Logistikspezialisten der israelischen Luftwaffe stellten Ende Juli 2006 fest, dass die Vorräte an Raketen zu Ende gingen. Dringend wurde die US-Regierung um Hilfe gebeten. Am 17. Juli hatten Aufklärungsflüge den Logistikspezialisten Israels die Erkenntnis gebracht, dass das Iranian Revolutionary Guard Corps »sophisticated weapons« an Hisbollah geliefert hatte. Dieses Waffensystem war im Südlibanon und in der Bekaa-Ebene stationiert. Sie waren über syrisches Territorium in den Libanon transportiert worden – allerdings in beschränkter Zahl. Die Geschichte von David und Goliath wiederholte sich. Israel war der schwer bewaffnete Koloss. Hisbollah verfügte über weniger effektive Raketen, aber die schiitische Kampforganisation setzte sie sehr überlegt ein.

Den Vergleich mit der biblischen Geschichte zog als Erster die israelische Zeitung *Maariv*: »Ihr habt eine Armee, nutzt sie!« Die Aufforderung war an die eigene Regierung gerichtet. *Maariv* gab den Rat: »Wenn die Armee den Erfolg nicht erreichen kann, geht in Richtung Waffenstillstand. Es ist wie einst David gegen Goliath. Nach wochenlangen massiven Luftangriffen und Bodenoffensiven gibt es keine bemerkbaren Zeichen für eine Schwächung der Hisbollah, die doch in ihrer Zahl und in ihrer Ausrüstung Israels Standard bei Weitem nicht erreicht. Etwa 10 000 israelische Soldaten kämpfen entlang der Grenze. Bis zu sechs Kilometer sind die israelischen Einheiten in das Gebiet der Miliz vorgestoßen. Sie haben dort Waffenlager zerstört. Hunderte von Hisbollah-Leuten will die Armee inzwischen getötet haben. Dabei stoßen die israelischen Einheiten immer aufs Neue auf erbitterten Widerstand der Milizionäre, die mit ihren Raketen auch moderne Merkawa-Panzer zerstören können.«

Der Zeitung war Anfang August zu entnehmen, dass israelische Militärexperten der Meinung waren, es sei der israelischen Armee unmöglich, eine »Sicherheitszone zu schaffen, die wirklich dem israelischen Territorium Sicherheit vor Angriffen der Hisbollah bieten kann. Das Ziel ist unrealistisch. Dafür müsste die Armee in ausgedehnten Gebieten des Libanon von Haus zu Haus vorrücken, was nicht möglich erscheint.«

Bekannt wurde in Israel der Standpunkt des US-Verteidigungsministeriums: »Israel ist von der Stärke der Kriegsführung der Hisbollah überrascht worden.« Nicht die israelische Armeeführung, sondern Nahostexperten des Pentagon analysierten die Hisbollah-Taktik. »Die Kämpfer dieser Miliz sind nicht an Uniformen zu erkennen. Sie beschäftigen sich nur im Augenblick des Einsatzes mit ihren Waffen. Wenn die Raketen abgefeuert sind, verschwinden die Milizionäre. Es ist nicht möglich, ihre Angriffe zu verhindern. Die schiitischen Milizionäre sind eine neue Art von Gegner. Sie sind nicht mit geballter Streitmacht zu besiegen. Sie haben die Ausgereiftheit einer nationalen Armee und die Fähigkeit der Aktion im Verborgenen, die eine Guerillatruppe auszeichnet. Die Milizionäre beherrschen die Taktik des tödlichen Verstecks. Sie sind gut vorbereitet, hoch motiviert und extrem schwer zu treffen.«

Die Überraschung des Sommers 2006 bestand für israelische und amerikanische Experten darin, dass Hisbollah den Zeitpunkt des bewaffneten Konflikts hervorragend ausgewählt hatte, denn Israel war mit Hamas beschäftigt. Der Zweifrontenkrieg kam Ehud Olmert ungelegen.

Das Zentrum des schiitischen Widerstands befand sich im Beiruter Stadtviertel Hadi Nasrallah. Ob der Hisbollah-Führer den Großangriff der israelischen Luftwaffe Ende Juli 2006 wirklich dort erlebt hat, ist ungewiss. Vom eigens dafür eingesetzten Mitarbeiter des Generalsekretärs wird eine Hausruine von beachtlicher Größe gezeigt. Er meinte: »Die Israelis behaupten, dort sei der Bunker von Sheikh Nasrallah gewesen. Es war jedoch ein Supermarkt. In dieser Gegend hält sich der Sheikh nicht auf.«

Genau einen Monat nach Beginn des militärischen Konflikts im Libanon erschien der israelische Verteidigungsminister Amir Peretz im Channel 2 TV und gab zu, dass es Fehler in der Kriegsführung gegeben hat. Der Verteidigungsminister hielt die Kritik einer Gruppe von Reserveoffizieren für berechtigt, die sich beschwert hatten, ein Teil der Ausrüstung der Truppe sei ungenügend und veraltet gewesen.

Generalmajor Udi Adam, der Kommandeur der nördlichen israelischen Front, zog die Konsequenzen. Er quittierte seinen Dienst in der Armee. Der Stabschef der Armee, Generalleutnant Dan Halutz, hatte schon während der erbitterten Kämpfe ein Zeichen dafür gesetzt, dass er kein Vertrauen mehr in Udi Adam hatte: Er hatte an die israelische Nordfront einen zweiten General geschickt, der Adam überwachen sollte. Dem bisherigen Kommandeur der Nordfront wurde vorgeworfen, er habe die militärische Situation an seiner Front völlig falsch beurteilt – Hisbollah sei unterschätzt worden.

Die Kritik an den Militärs war harmlos in der Phase des zu Ende gehenden Sommerkrieges 2006. Wenig Gnade fand aber die Leistung der Politiker. Von Tag zu Tag steigerte sich der Missmut gegenüber Ehud Olmert. Auf einem Grundstück beim Jerusalemer Amtssitz des Regierungschefs hatten Reservisten der Armee Zelte aufgeschlagen. Die Soldaten und Offiziere hatten den Platz vor Olmerts Bürofenster gewählt, um sichtbar und hörbar ihrem Protest Ausdruck zu geben. Die Protestierenden waren der Meinung, Olmert sei ein Versager, er allein sei schuld, dass es nicht gelungen sei, Hisbollah auszulöschen und die Gefahr des Raketenbeschusses durch die Schiitenmiliz zu beseitigen. Die Reservisten, die das Grundstück beim Regierungssitz besetzt hielten, wollten so lange ausharren, bis Olmert sein Büro räumte. »Olmert is a loser!« war ihr Protestschrei. Niemand in Israel wollte von einem Verlierer regiert werden. Umfragen zeigten, dass eine starke Mehrheit der Bevölkerung den sofortigen Rücktritt des Ministerpräsidenten forderte. Der Grund: Viele Israelis fürchteten, dass der Krieg des Sommers 2006 eine Fortsetzung finde, dass Hisbollah, durch den für sie positiven Ausgang des Krieges gestärkt, bald schon die nächste Raketenoffensive vorbereitet. Dass Olmert sie meistern würde, glaubte kaum jemand in Israel.

Israel zieht ab – Hisbollah triumphiert   Am 15. August 2006 begann der Rückzug der ersten israelischen Panzerverbände aus dem Südlibanon. Eigentlich war vorgesehen, dass die Räumung erst dann vollzogen würde, wenn Einheiten der Vereinten Nationen eine Pufferzone zwischen Israel und Libanon sichern konnten. Die Schnelligkeit der Räumung des Südlibanon überraschte: Kaum war der Abmarsch angekündigt, hatten die Israelis auch schon die libanesische christliche Stadt Marjayoun verlassen. Die Gesamtzahl der israelischen Offiziere und Soldaten, die vom Räumungsbefehl betroffen waren, betrug 30 000. Hassan Nasrallah, der Kommandeur der Hisbollah, hat seinen Männern den Befehl gegeben: »Wir werden so lange kämpfen, bis der letzte israelische Bewaffnete den Libanon verlassen hat. Wir denken nicht daran, unsere Waffen abzugeben. Wir bleiben kampfbereit.« Diese Äußerungen veranlassten auch das israelische Oberkommando, seinen Standpunkt deutlich zu machen: »Wir ziehen uns auf Positionen zurück, die wir besser verteidigen können und die es uns ermöglichen, erneut an Vormarsch in Richtung des libanesischen Kernlandes zu denken.« Offiziere der UN-Truppen waren mit dieser Situation äußerst unzufrieden, denn sie waren der Ansicht, »dieser Waffenstillstand wird brüchig bleiben«.

Während das Problem eines Waffenstillstands auf der Tagesordnung mancher zwischenstaatlicher Verhandlungen stand, wurde kein Wort darüber verloren, dass Hisbollah noch immer zwei israelische Soldaten als Geiseln gefangen hielt. Doch mit Eintritt der Waffenruhe wurde Generalstabschef Halutz wieder daran erinnert.

Die Zeitung *Maariv* deckte am 15. August 2006 einen Vorfall auf, der Soldaten und Zivilisten in Israel gleichermaßen empörte: Am 12. Juli, zwei Stunden nachdem die Entführung der zwei Soldaten den höchsten Stellen in Israel bekannt geworden war, gab der Generalstabschef Halutz seiner Bank den Auftrag, ein privates Aktienpaket im Wert von 26 000 Dollar zu verkaufen. Das geschah, während sich der Generalstabschef eigentlich mit den Befehlen für den zu erwartenden Krieg hätte beschäftigen sollen. Sobald die Entführung der zwei Soldaten dann öffentlich bekannt wurde, sank der Aktienkurs beachtlich. Auch in der Knesset regte sich Protest: »Als unser Land in größte Gefahr geriet, da küm-

merte sich der Generalstabschef um sein persönliches Kapital.«
Halutz aber meinte: »Was ich getan habe, war keineswegs illegal.
Empört bin ich darüber, dass irgendjemand Fakten aus meinem
Privatleben veröffentlicht hat. Was die Moral angeht, kann ich es
mit jedem in Israel aufnehmen.«

Hisbollah gibt uns Würde und Stolz   »Hisbollah gibt uns
Würde und Stolz. Hisbollah sorgt dafür, dass wir uns wieder wie
menschliche Wesen fühlen dürfen.« Es sind nicht allein Schiiten,
die diese Meinung auf Beiruts Straßen äußern – derartige Aussagen machen auch Sunniten und Christen. Dahinter steckt das
Gefühl, als Libanese gegenüber Israelis zum ersten Mal seit Jahrzehnten nicht mehr zweitklassig zu sein. Selten konnte sich bisher
ein Libanese als gleichwertig gegenüber einem Bürger des jüdischen Staates fühlen. Bei zwischenstaatlichen Auseinandersetzungen hatte sich immer Israel durchgesetzt. Diesmal aber war
IDF abgezogen, ohne die Libanesen gedemütigt zu haben.
Gewinner aber sind vor allem die Schiiten. Während der gesamten Geschichte des Libanon hatten Sunniten die prominente Rolle gespielt in der Wirtschaft des Landes und in der Politik. Jetzt
aber war Hisbollah ein dominanter Partner geworden.
Judith Palmer Harik, Professorin an der American University in
Beirut, befasst sich seit Jahren mit der Position der Schiiten in der
Rangordnung der Religionen im Libanon. Ende 2006 ist sie der
Meinung, »die schiitische Identität und das Gefühl für den eigenen Wert hat sich verstärkt. Die Schiiten haben Nutzen aus diesem Krieg gezogen.« Die befreundeten Partner in Iran und Syrien
gaben zu erkennen, dass sie glücklich waren über den Erfolg, den
Hassan Nasrallah im Interesse aller Araber errungen hatte. Der
iranische Präsident Mahmud Ahmedinejad verkündete in einer
öffentlichen Rede in Teheran: »Hisbollah hat den Sieg errungen
über Israel und über die Pläne der Vereinigten Staaten, ein neues
Arabien zu schaffen! Die Macht der USA und der Zionisten ist

gebrochen! In diesem Konflikt standen auf einer Seite korrupte Mächte mit modernem Kriegsgerät, mit Raketen und Granaten – und auf der anderen Seite eine Gruppe von jungen Menschen, die sich an Allah orientieren, die seinen Geboten folgen!« Kein Wort sprach Ahmedinejad darüber, dass Iran der Hisbollah-Organisation gleichwertige Waffensysteme zur Verfügung gestellt hatte.

In Damaskus sprach Präsident Bashar Al Assad eine Prophezeiung aus, die von Arabern ernst genommen, von Israelis aber gar nicht beachtet wurde. Er sagte, Israel befinde sich vor einer historischen Entscheidung. »Entweder es beschreitet den Weg, der zum Frieden führt. Voraussetzung dafür ist, dass Israel zu Unrecht besetzte Gebiete zurückgibt, oder es wird unter dem Druck permanenter Instabilität stehen. Sie wird andauern, bis es eine arabische Generation geben wird, die diesem Thema für immer ein Ende bereitet.« Der gewaltige Beifall, den Bashar Al Assads Worte auslösten, gab zu erkennen, dass die Zuhörer verstanden hatten, was der syrische Präsident meinte: Es wird eine Zeit kommen, in der Israel nicht mehr existiert. Der deutsche Außenminister Frank-Walter Steinmeier interpretierte die Aussage im selben Sinne. Er sagte daraufhin seine geplante Reise nach Damaskus kurzfristig ab.

Dass Steinmeier der syrischen Hauptstadt fernblieb, wurde dort mit Gleichgültigkeit zur Kenntnis genommen. Der syrische Präsident erkannte, dass er seinen durch Hisbollah verlorenen Einfluss im Libanon wieder gewinnen könnte. In Absprache mit Al Assad forderte Nasrallah für seine Anhänger eine stärkere Präsenz in der libanesischen Regierung. Bisher waren die schiitischen Organisationen Hisbollah und Amal durch fünf Minister im Kabinett vertreten – bei einer Gesamtzahl von 24 Ministern. Nasrallah forderte, dass ein Drittel aller Minister von Hisbollah und Amal gestellt werden müsste.

Auch der christlich-maronitische General Michel Aoun wollte von dieser Neuordnung profitieren. Aoun beherrschte eine kleine pro-syrische Organisation. Der General hatte während der vergangenen Jahre einen seltsamen Wandel vollzogen. Ursprünglich hatte er die maronitischen Truppenteile der Armee zum Kampf gegen die syrischen Libanon-Ambitionen mobilisieren wollen. Dazu hatte er Waffen aus dem Irak bekommen. Als Saddam Hussein schließlich Raketen und Artilleriemunition für seine eigenen Konflikte benötigte, stellte er die Lieferung an General Aoun ein. Der Anführer der Maronitentruppe floh aus dem Libanon nach Frankreich. Als er die Möglichkeit zur Rückkehr hatte, hat er auch die Fronten gewechselt. Er will jetzt Präsident des Libanon werden. Um dies zu erreichen, braucht er das Bündnis mit der Organisation Hisbollah, und das kann Aoun nur erreichen, wenn es ihm gelingt, Freundschaft mit dem syrischen Präsidenten zu schließen. Wenn der General über diese politische Basis verfügt, ist seine Hoffnung berechtigt, in den Präsidentenpalast von Beirut einzuziehen. Die Grundvoraussetzung für die Präsidentschaftskandidatur erfüllt Michel Aoun bereits: Er ist Christ.

Anfang Dezember 2006 ordnete General Aoun seinen Ehrgeiz dem des Hisbollah-Chefs unter. Der Schiit Hassan Nasrallah wollte seinen politischen Weg mit dem Sturz des sunnitischen Ministerpräsidenten Fuad Siniora beginnen. Er trat im wieder reparierten Fernsehsender *Al Manara* auf, den die israelische Luftwaffe im Sommer 2006 zerstört hatte. Dieser Sender ist Eigentum der Hisbollah. Nasrallahs Rede wurde am 30. November 2006 ausgestrahlt: »Ihr, das Volk des Libanon aus allen Regionen des Landes, Angehörige aller Glaubensrichtungen, Religionen, aller Ideologien und aller Traditionen, seid aufgefordert, der zivilisierten und friedfertigen Bewegung beizutreten, die das eine Ziel hat, alle Probleme des Libanon ohne Streit zu lösen.«
Nasrallahs Aufruf wurde befolgt. Am Sonntag, den 10. Dezember fanden sich mehr als hunderttausend Libanesen auf dem »Märtyrerplatz« im Zentrum von Beirut ein. Sie protestierten gegen Ministerpräsident Fuad Siniora, der von seinem Bürofenster aus

das Geschehen verfolgen konnte. Das Gebäude, es stammt aus der Zeit nach dem Ersten Weltkrieg, war mit Barrikaden umgeben und mit Stacheldraht. Bewaffnete Soldaten hielten Wache, die bereit waren, die Regierung durch Schüsse zu schützen. Doch im Büro des Ministerpräsidenten herrschte keine panische Angst, auch wenn der Krach der Protestschreie aus hunderttausend Kehlen Fensterscheiben erzittern ließ. Die Mitarbeiter von Siniora eilten geschäftig über die Gänge. Offenbar befürchtete niemand den Ausbruch einer Revolution, auch wenn der Blick hinunter auf den Märtyrerplatz Besorgnis hätte entstehen lassen können.

Auch wer sich unter den Massen bewegte, sah keine Gefahr für einen Aufstand. Die Stimmung war von Heiterkeit geprägt, von Spaß und nicht von revolutionärer Gewalt. Männer und Frauen schwenkten die libanesische Flagge mit der stilisierten Zeder in der Mitte. Gelb-grüne Fahnen der Hisbollah waren nicht zu sehen. Keiner der Demonstranten war bewaffnet. Über Lautsprecher waren ruhige Reden zu vernehmen. Gefordert wurde eine Regierung, die nicht von den USA abhängig ist. Doch Hass auf die USA – im Stile des iranischen Präsidenten – wurde nicht artikuliert. Der einzige Vorwurf gegen die USA lautete, die USA stünden einseitig auf der Seite von Israel.

Die Hisbollah-Führung zog am Abend des eindrucksvollen Demonstrationstags dieses Fazit: »Eine Million Menschen haben unsere Forderung unterstützt. Wir sind die stärkste politische Kraft im Libanon.« Die Verantwortlichen für diesen Tag waren selbst überrascht, dass es gelungen war, Gewaltausbrüche zu verhindern. Hisbollah hatte bewiesen, dass sie Ordnung halten kann. Ministerpräsident Fuad Siniora meinte: »Die Libanesen haben derzeit keine Lust zu putschen – schon gar nicht für jemand, der im Sinne Syriens putschen will!«

Die Feste um Weihnachten und Neujahr 2006/2007 bremsten den Eifer des Protests im Libanon, der zwar von einer islamischen Mehrheit bewohnt wird, in dem jedoch christliche Traditionen respektiert werden. Zum Jahreswechsel prägten Hunderte von Gestalten des Heiligen Nikolaus Straßen und Plätze der libanesischen Hauptstadt. Ministerpräsident Fuad Siniora konnte die bewaffneten Wachen um den Regierungssitz abziehen. Barrikaden und Stacheldraht aber blieben.

Die Feste verschafften Zeit, um über die Forderungen nachzudenken, die im Dezember 2006 lautstark gestellt wurden. Das Resultat: Nasrallah ließ die Forderung fallen, seiner Organisation müsse innerhalb der libanesischen Regierung ein Vetorecht zugestanden werden. Hisbollah hatte eingesehen, dass ihren Ansprüchen Grenzen gesetzt sind. Es wäre unklug, durch ein Vetorecht die Regierungsarbeit zu blockieren. Den revolutionären Schwung schwächte auch die Überlegung ab, ob nicht der Einfluss der Schiiten des Irak auf die libanesische Politik zurückgedrängt werden müsste. Man fürchtete, dass künftig das Tempo der Hisbollah-Bewegungen von Bagdad aus gelenkt würde.

Im Zentrum der irakischen Hauptstadt fanden Massendemonstrationen unter der Parole: »Hisbollah, wir lieben dich, wir unterstützen dich! Schlag ein auf Tel Aviv! Schlag ein auf Israel!« statt. Als irakische Respektbezeugung für Hassan Nasrallah wurde in Beirut akzeptiert, dass in Bagdad Bilder des Hisbollah-Chefs bei Demonstrationen mitgeführt wurden. Ungern wurde jedoch bemerkt, dass bei der Beiruter Massendemonstration für Hisbollah Bilder des irakischen Schiitenidols Moqtada As Sadr zu sehen waren. Wenig Neigung bestand im Libanon, propagandistisches Terrain dem starken Geistlichen der Schiiten aus Bagdad zu überlassen.

Irak – Moqtada herrscht in Sadr-City

Moqtada As Sadr – Schiitenführer in Bagdad   Die Ähnlichkeit ist verblüffend: Stechende Augen prägen das Gesicht. Der schwarze Bart umrahmt den Mund, bedeckt Backen und Hals.

Das Gebiss besteht aus fleckigen Zahnstümpfen. Beide, Moqtada As Sadr und Hassan Nasrallah, sind keine brillanten Prediger und Redner.

Moqtadas Vater, Sadiq As Sadr, hatte den höchsten Rang in der Hierarchie erreicht, den ein schiitischer Geistlicher erreichen kann. Er durfte sich Großayatollah nennen. Sadiq As Sadr wurde 1999 ermordet – auf Befehl von Saddam Hussein. Der junge Moqtada rückte zwar nach dem Tod des Vaters in der Rangordnung der Geistlichkeit nach oben, doch von der Position des Großayatollahs blieb er weit entfernt.

Sein Ehrgeiz trieb ihn voran. Am 16. April 2003 wurde ihm ein Mord angelastet: Abdel Mashid Al Khu'i war umgebracht worden. Zu jenem Zeitpunkt war die US-Zivilverwaltung höchste Autorität im besetzten Irak nach dem Sturz von Saddam Hussein. Zivilverwalter war der Amerikaner Paul Bremer, und es wäre seine Aufgabe gewesen, Moqtada As Sadr zu verhaften. Doch Bremer war im Herbst 2003 der Meinung, die Schiiten des Irak könnten für die Ordnung gewonnen werden, die sich Präsident George W. Bush für den Staat an Euphrat und Tigris ausgedacht hatte. Paul Bremer glaubte zu jener Zeit, er könne durch die Autorität des Moqtada As Sadr Zugang zu den Schiiten bekommen. Deshalb war er dagegen, ein Strafverfahren wegen Mordes gegen diesen nützlichen schiitischen Geistlichen einzuleiten. Bremer wollte Moqtada als Verbündeten an seine Seite ziehen.

Moqtada schuf sich seine Basis im Stadtteil Saddam-City von Bagdad. Er benannte dieses Viertel in Sadr-City um. Dort lebten Arme, Arbeitslose, Unterprivilegierte und Familien mit zahlreichen Kindern. Ihnen allen versprach Moqtada As Sadr, er werde sie aus Armut und Schmutz herausführen. Die Zuhörer vernahmen aus seinen Worten, dass die Ankunft des entrückten Zwölften Imam bevorstehe, der für Gerechtigkeit sorgen werde. Die Armen von Sadr-City bildeten ein Reservoir an kampfbereiten, meist jungen Männern, die darauf warteten, dass ihnen ein Feind benannt wurde. Geeint wurden sie alle durch die Überzeugung, dass den Schiiten der Zwölfte, der entrückte Imam, zur Seite stehe.

Moqtada, der Herrscher über zwei Millionen Einwohner von Sadr-City, verfügte jetzt über ein menschliches Potenzial, das darauf vorbereitet wurde, gegen die im Irak präsente US-Armee zu kämpfen. Jetzt erst begriff die US-Zivilverwaltung, dass es sinnlos war, auf die Partnerschaft dieses schiitischen Geistlichen zu warten. Die Zivilverwaltung kam auf die Idee, Moqtada As Sadr müsse beseitigt werden – durch einen Anschlag. Die Führung der Marines, die mit der Vorbereitung des Mordes beauftragt wurden, weigerten sich, Moqtada zu töten. Sie befürchteten, der Tod des Geistlichen werde die Unruhen der Schiiten in Bagdad und Basra derart steigern, dass sie nicht mehr durch die US-Besatzungsmacht einzudämmen wären.

Paul Bremer, der oberste US-Beamte an Euphrat und Tigris, stellte fest: »Wir haben es versäumt, gegen Moqtada vorzugehen, als er 200 Anhänger hatte. Jetzt aber hat er Hunderttausende. Wir haben die günstige Zeit für die Aktion verpasst.«

Moqtada bezog inzwischen offen Position gegen die USA. Für derartige Aktivitäten verfügte er über eine Tageszeitung. Ihr Leitartikel lobte nach dem 11. September 2001 den Anschlag auf das New Yorker World Trade Center als »außerordentliche Gnade Allahs«.

Paul Bremer verbot die Tageszeitung. Die Folge war ein Aufstand der schiitischen Gläubigen in den heiligen Orten des Irak. Die US-Verbände waren mit der Eindämmung der schiitischen Volkswut überfordert. Paul Bremer sah wieder eine Chance darin, Moqtada »in das System einzubeziehen«. Gemeint war damit, dem starken Mann der Schiiten »entgegenzukommen« – ihn nicht mehr als »Feind der USA« zu betrachten. Besonders Nuri Al Maliki, ein von den USA gestützter Politiker, war überzeugt, er könne sein Ziel, Präsident in Bagdad zu werden, nur mithilfe von Moqtada erreichen.

Bald schon wuchs die Angst der Sunniten, der neue irakische Staat – nach Saddam Hussein – würde von den Schiiten dominiert werden. Die Sunniten proklamierten den Krieg des Jahres 2005 gegen die Schiiten. Am 22. Februar 2006 wurde die goldene Kuppel der Askeriya-Moschee in Samarra beschädigt. In dieser Moschee werden die Gräber des Zehnten und des Elften Imam verehrt. Die Askeriya-Moschee ist ein wichtiges Heiligtum der Schiiten. Innerhalb weniger Tage war die schiitische Solidarität spürbar: »14 Jahrhunderte lang wurden wir Schiiten überall von den Sunniten beherrscht. Es wird Zeit, dass wir die Macht übernehmen!« Die Überzeugung wuchs, dass nur ein einziger Schiit die Führungsposition innerhalb der mächtigen schiitischen Bewegung übernehmen könnte: Moqtada As Sadr.

Die militärische Formation, die Moqtada geschaffen hatte – sie nennt sich die Mahdi-Armee –, garantiert die finanzielle Unabhängigkeit des Chefs: Die Tankstellen im Irak werden von der Mahdi-Armee kontrolliert, ebenso der Verkauf von Propangas, das zum Kochen gebraucht wird.

Große Beträge stammten auch aus der Kasse der US-Verwaltung. Sie finanzierte Bauprojekte, die Fortschritt nach Sadr-City bringen sollten. Teile der Gelder verschwanden, ehe sie im Wohngebiet der Schiiten Verwendung fanden. Wer sie abgezweigt hatte, blieb ungeklärt.

Nicht gesprochen wird in Bagdad von den Beträgen, die aus religiösen Stiftungen stammten. Niemand weiß, wie viel die Frommen spenden. Gewissheit herrscht, dass Millionenbeträge nach Sadr-City, in die Kasse von Moqtadas Machtzentrum gebracht werden.

Das Magazin *Newsweek* hatte die Titelseite am 4. Dezember 2006 Moqtada As Sadr gewidmet: Ein finster blickender Mann ist zu sehen, mit schwarzem Turban, verhüllt in schwarzem Umhang. Die Überschrift der Titelseite lautet: »The Most Dangerous Man in Iraq«.

Autonome Palästinensergebiete –
Der Kampf um die Macht

Der stille, kleine Krieg   Die *International Herald Tribune* prägte am 16. April 2006 die harmlos anmutende Formulierung »stiller, kleiner Krieg«. In der Tat hatte zu diesem Zeitpunkt der Konflikt zwischen Israel und den Palästinensern an Bedeutung verloren. Die islamische Kampforganisation Hamas war nach ihrem Einzug ins palästinensische Parlament dabei, ihre Siegerposition auszubauen. Die israelische Regierung, nach der Erkrankung von Ariel Sharon jetzt unter dem Vorsitz von Ehud Olmert, hatte am 3. Mai den Teilrückzug der IDF aus Gaza angekündigt. Derartige Anzeichen eines israelischen Entgegenkommens wurden von Hamas mit der Feststellung beantwortet, es werde niemals möglich sein, dass eine von Hamas geführte palästinensische Regierung Frieden mit Israel schließe. Dieses Wort »niemals« wurde hauptsächlich von den USA und den Regierungen in Europa ernst genommen. Die Hamas sprach nach wie vor dem Staat Israel die Existenzberechtigung ab. Die Regierungen der europäischen Hauptstädte stimmten daraufhin zu, dass die Europäische Gemeinschaft die Hilfszahlungen für die PNA unterbrach. Niemand überprüfte die rechtliche Basis der Haltung der Hamas-Regierung gegenüber Israel. Niemand verwies darauf, dass sich die bisherige palästinensische Regierung – und die PLO – verpflichtet hatten, das friedliche Nebeneinander von PNA und Israel zu gewährleisten. Die Authority hatte sich zu demokratischen Prinzipien bekannt. Eine Änderung der Zusammensetzung der Authority durfte nicht automatisch zu einer neuen Politik gegenüber Israel führen. Die Führung von Hamas, die dafür Respekt verlangte, dass sie demokratisch gewählt worden sei, verweigerte der internationalen demokratischen Gemeinschaft Respekt. So zog sich der »stille, kleine Krieg« dahin und wurde über Wochen mit Worten geführt.

Die Konsequenzen dieses »Krieges« aber erschwerten die Aufgabe der PNA, den palästinensischen Gebieten die Ruhe zu verschaffen, die einen wirtschaftlichen Aufschwung ermöglichen könnte. Die Grundlage für die wirtschaftlichen Probleme hat die PNA selbst zu verantworten. Die von Fatah geführte Autonomiebehörde hatte, um Fatah den Wahlsieg zu garantieren, Palästinenser in großer Zahl für die Autonomieverwaltung engagiert. Dazu erhielten alle Mitarbeiter der PNA, vor allem alle Polizisten, vor den Wahlen eine beachtliche Gehaltserhöhung. Als Folge dieser Maßnahmen fiel der PNA ein monatliches Defizit von 75 Millionen Dollar zur Last. Die Verantwortung nach dem Hamas-Wahlsieg trug die von Hamas geführte palästinensische Regierung.

Israel überwies vor den Wahlen jeden Monat die Steuereinnahmen aus den Palästinensergebieten, die von der israelischen Finanzverwaltung zugunsten der PNA erhoben wurden. Der Betrag belief sich auf 50 Millionen Dollar. Die israelische Regierung wäre bereit gewesen, diese Gelder weiterhin zu überweisen, wenn Hamas seinen Kämpfern befohlen hätte, keine Ziele mehr in Israel anzugreifen. Eine derartige Anweisung unterblieb jedoch. Die Hamas-Führung betonte mit Hartnäckigkeit, das palästinensische Volk habe das Recht, Israel anzugreifen.

Hamas stellte zwar den Ministerpräsidenten, »Staatschef« innerhalb der PNA war aber Mahmud Abbas. Sein Posten war für die Wahl im Frühjahr 2006 nicht zur Abstimmung gestellt worden. Der Konflikt zwischen Hamas und Fatah zeichnete sich ab. Der US-Präsident war bereit, der PNA Hilfe zukommen zu lassen – nicht aber dem von Hamas gestellten Ministerpräsidenten Haniya. George W. Busch untersagte der US-Administration jede Verbindung mit der Regierung Haniya. Mahmud Abbas ordnete an, jeder Kontakt mit ausländischen Regierungen sei Angelegenheit seines Büros. Palästinenserpräsident Mahmud Abbas (Fatah) entzog der Regierung Haniya (Hamas) jegliche außenpolitische Kompetenz. Im Gegenzug sorgte Haniya dafür, dass

Abbas keine Kontrolle mehr besaß über die Sicherheitsorgane der PNA.

Unmittelbar nach Abschluss der Oslo-Verträge, die das Verhältnis zu Israel in friedliche Bahnen hatten lenken sollen, war von Jassir Arafat die Preventive Security Force (PSF) geschaffen worden, die die Aufgabe hatte, Konflikte zwischen Palästinensern und Israelis zu verhindern. Zu Arafats Zeit hatte die PSF Hunderte von Palästinensern in Gewahrsam genommen, weil sie Anschläge auf Israelis ausgeführt oder geplant hatten. Die PSF hatte bis zu den Parlamentswahlen 2006 auf Anweisung des Präsidialbüros der PNA gehandelt. Nach den Wahlen übernahm der Hamas-Funktionär Said Siam die Position des Innenministers in der neuen Regierung. Siam entließ sofort alle Hamas-Kämpfer aus dem Gewahrsam der PSF mit dem Argument: »Die Söhne des palästinensischen Volkes, die im Kampf stehen gegen die israelische Besatzungsmacht, können wir nicht ins Gefängnis stecken. Das Problem sind nicht die Kämpfer – das Problem ist die israelische Besetzung des palästinensischen Landes!«

Der erste Erlass des Innenministers Said Siam betraf die Barttracht der Polizisten. Die Polizisten durften bisher überhaupt keinen Bart tragen. Jetzt aber waren Bärte erwünscht. Durch den Bart sollte jeder Polizist ein Bekenntnis zur Hamas ablegen.

Am 1. April 2006 kam ein wichtiger Hamas-Funktionär durch einen Sprengkörper ums Leben. Hamas gab die Schuld, wie dies üblich war, keineswegs dem israelischen Geheimdienst, sondern dem bisherigen Kommandeur der PSF, Mohammed Dahlan. Mohammed Dahlan war in Gaza dafür bekannt, dass er – früher von Arafat geduldet – Reichtum an Boden und Immobilien angesammelt hatte. Bei der Beerdigung des Hamas-Funktionärs in Gaza wandte sich der Zorn der Trauernden gegen Mohammed Dahlan: »Tod dem Verräter Dahlan!« war der Ruf aus tausend Kehlen.

Die Getreuen Dahlans schossen in den Trauerzug. Drei Palästinenser wurden getötet. Jetzt wurde Mohammed Dahlan beschuldigt, er organisiere in Gaza den Kampf der Fatah gegen Hamas und er handle damit im Interesse der israelischen Besatzungsmacht. Die Spannungen im Gazastreifen veranlassten am 10. April 2006 die Regierung Ehud Olmert, die Zusammenarbeit mit PSF aufzukündigen, mit der Begründung, die Polizeigewalt in den Palästinensergebieten sei ganz offensichtlich an die radikale Hamas-Bewegung übergegangen. Damit sei eine Kooperation zwischen der PNA und israelischen Behörden unmöglich geworden.

Über die verbalen Streitereien um die thematisch-politische Haltung der Hamas gegenüber Israel hatte die Regierung Olmert vergessen, dass Hamas seit Wochen den Waffenstillstand im Grenzgebiet zwischen Israel und dem Gebiet der PNA garantierte. Einen einzigen Zwischenfall hatte es bei Gaza-City gegeben: Eine israelische Rakete war explodiert und hatte ein Kind getötet. Hamas hatte sich zurückgehalten mit verbaler oder aktiver Revanche. Die von Hamas geführte palästinensische Exekutive bemängelte, dass sich diese Zurückhaltung ihrer Organisation nicht gelohnt habe. Ministerpräsident Haniya, der persönlich dafür gesorgt hatte, dass die Zwischenfälle im Grenzgebiet ein Ende gefunden hatten, stellte sich die Frage nach dem Nutzen dieses Waffenstillstands für die Palästinenser und kam zu dem Schluss, dass Arafat einst von den Israelis zeitweise besser behandelt worden ist, obgleich es ihm nie gelang, Kämpfe im Grenzgebiet zu verhindern. Haniya fragte sich auch, ob es für Israel wohl wichtiger sei, was einer sage oder was er praktisch unternehme. Haniya erinnerte daran, dass auch Ägypten und Jordanien erst am Ende ihrer Verhandlungen mit Israel die Anerkennung der Existenz des jüdischen Staates in die Gespräche eingebracht hatten. Der palästinensische Ministerpräsident sah in der staatsrechtlichen Anerkennung von Israel ein Faustpfand, das lange in Reserve gehalten werden müsse.

Der »stille, kleine Krieg« endete am 17. April 2006. Es war ein Montag im Passahfest. Um 13.40 Uhr fuhr ein Auto vor das Res-

taurant »The Mayor's Falafel« im Stadtteil Newe Schaanan in Tel
Aviv. Der Festtag hatte viele Familien veranlasst, hier Mittag zu
essen. Das Restaurant hatte einen Wachmann beauftragt, zu verhindern, dass sich ein mit Sprengstoff bestücktes Auto den Gäs-
ten näherte. Als der Wachmann den Fahrer des Kraftfahrzeugs
aufforderte, die Straße vor dem Restaurant zu verlassen, zündete
dieser die Sprengladung. Zehn Gäste und der Wachmann wurden
getötet, zwanzig Frauen und Männer wurden verletzt.
Ministerpräsident Ehud Olmert drohte einen massiven Schlag
durch die israelische Luftwaffe an. Doch er unterblieb zunächst.
Hamas und Fatah bezogen unterschiedliche Positionen zu diesem
Anschlag. Innenminister Said Siam (Hamas) sprach von einem
legitimen Verteidigungsakt des palästinensischen Volkes: »Dies ist
das Ergebnis der israelischen Besatzungspolitik.« Palästinenserpräsident Mahmud Abbas (Fatah) meinte: »Dieser Terroranschlag
schadet den Interessen unseres Volkes.«
Es zeigte sich bald, dass Hamas den Anschlag vom 17. April 2006
nicht zu verantworten hatte. Die Organisation »Dschihad Al Islamiya« bekannte sich dazu. Sie hatte sich dem Gewaltverzicht palästinensischer Kampfgruppen nicht angeschlossen, denn der Name
der Organisation machte den Waffenstillstand unmöglich. Der
»Islamische Heilige Krieg« konnte nicht durch eine Erklärung
beendet werden; er musste geführt werden bis zum »Sieg«.
Zur Organisation Dschihad Al Islamiya bekannte sich seit dem
Frühjahr auch der 20 Jahre alte Palästinenser Sami Hammad aus
Westjordanland. Aus Geldmangel konnte er seinen großen
Wunsch, ein Fernstudium in »Sozialarbeit«, nicht verwirklichen.
Vom Augenblick des Verzichts auf den Fernkurs an hatte sein
Leben keinen Sinn mehr – so berichteten nach dem Anschlag die
Eltern. Der junge Mann war dankbar, dass ihn die Gemeinschaft
Dschihad Al Islamiya aufnahm. Sein Vorhaben, sich zu opfern,
um dem israelischen Staat Schaden zuzufügen, erklärte Sami
Hammad in einer einfachen Videoaufzeichnung, die er der Fami-

lie hinterließ. Darin spricht er von der Ungerechtigkeit, die dem palästinensischen Volk widerfahren ist, und von der Verpflichtung jedes Palästinensers, gegen die Ungerechtigkeit zu kämpfen. Wer in diesem Kampf sein Leben opfere, der sei Märtyrer und werde von Allah belohnt.

Unmittelbar nach dem Anschlag versprach die iranische Regierung, sie werde an Hamas 50 Millionen Dollar überweisen. Auch Präsident Putin kündigte eine weitere Finanzhilfe an – ohne allerdings den Adressaten und den Betrag zu nennen. Ob auch Dschihad Al Islamiya Gelder aus dem Ausland erwarten durfte, wurde zunächst nicht bekannt. Wenig später aber waren sich die Spezialisten der israelischen Geheimdienste sicher, dass auch diese Organisation mit Geldern aus Iran und Syrien unterstützt wurde. Allerdings soll es sich nicht um hohe Beträge gehandelt haben. Während Hamas und Fatah jeweils eine personalintensive Organisation unterhielten, beschränkte sich die militante Dschihad-Gruppierung auf wenige Führungskräfte.

Dschihad Al Islamiya fällt Hamas in den Rücken   Als Gründer von Dschihad Al Islamiya gilt Ramadan Schallah. Von ihm ist nur bekannt, dass er in Damaskus lebt und exzellente Beziehungen zum dortigen alawitischen Regime unterhält, das wiederum mit den Herrschenden in Teheran verbündet ist. Bashar Al Assad, der syrische Präsident, hält seine schützende Hand über den unauffällig lebenden Ramadan Schallah.

Eine Besonderheit zeichnet die Organisation aus. Sie betrachtet das Jahr 1979 als das entscheidende Jahr in der modernen Geschichte des Islam. In jenem Jahr hatte Schah Mohammed Reza Pahlawi den Iran verlassen müssen und das Kaiserreich wurde durch Ayatollah Ruhollah Khomeini in eine »Islamische Republik« verwandelt. Diese hat ihren schiitischen Charakter bis ins dritte Jahrtausend beibehalten. Khomeini ist das entscheidende Vorbild für den Gründer der Organisation Dschihad Al Islamiya.

Er will aus Israel, dem Westjordanland und dem Gazastreifen eine islamische Republik formen. Voraussetzung dafür ist die Auflösung des jüdischen Staates Israel. In das jetzt israelische Gebiet sollen die einstigen palästinensischen Eigentümer zurückkehren. Die Dschihad-Organisation spricht dem jüdischen Staat jegliches Existenzrecht ab. Die Führung ist einer Meinung mit dem iranischen Präsidenten Ahmedinejad und den schiitischen geistlichen Politikern in Teheran, Isfahan und Qum. Dabei ist Dschihad Al Islamiya keine schiitische Organisation, denn Palästinenser sind durchweg Sunniten. Trotzdem folgte die Organisation der Anweisung aus Teheran, die Auseinandersetzung zwischen Islam und Israel dürfe nicht durch einen Waffenstillstand unterbrochen werden.

Seit Februar 2005 beachteten die sunnitischen Kampforganisationen Hamas und Fatah die vereinbarte Waffenruhe. Die von Iran beeinflussten Palästinenser aber bemühten sich, diese Ruhe zu stören. Registriert wurden seit Februar 2005 neun Selbstmordanschläge in Israel und im Westjordanland: Davon sind mit Bestimmtheit acht Anschläge der Dschihad-Organisation zuzuschreiben.

Über die personelle Stärke dieser Palästinensergruppe gibt es allein Vermutungen: Die Obergrenze liegt bei 2000. Die Kämpfer fühlen sich mit ihrer Organisation sehr verbunden. Diese Haltung ist darauf zurückzuführen, dass Dschihad über iranische Gelder verfügen kann und deshalb fähig ist, Unterhaltszahlungen an Familienmitglieder von Kämpfern und vor allem an Frauen und Kinder der Märtyrer zu garantieren.

Derartige finanzielle Möglichkeiten standen der Hamas-Miliz nicht zur Verfügung. Vor allem die Qassam-Brigaden hatten sich schon deshalb dem Befehl des Ministerpräsidenten Haniya zur Waffenruhe gebeugt, weil sie durch Mangel an Munition und Waffen in eine Notlage geraten waren. Diese finanzielle Problematik war auch der Grund, warum sich Hamas nach dem Dschihad-Anschlag vom 17. April 2006 nicht in ein Aufflammen der Auseinandersetzung mit Israel hineinziehen ließ. Ministerpräsident Ismail Haniya (Hamas) versuchte zunächst Geldquellen anzuzapfen.

Geldnöte und Gerangel um die Macht   Das Pressefoto des AFP-Fotografen dokumentierte das Ereignis: Ismail Haniya, der palästinensische Ministerpräsident, liegt auf einem Krankenhausbett und wartet auf Behandlung. Sichtbar sind Wunden von Streifschüssen am rechten Oberarm. Haniyas Blick ist starr zur Decke gerichtet. Wenige Minuten zuvor war auf den Hamas-Politiker geschossen worden – in unmittelbarer Nähe des Grenzpostens Raffah, der im Süden des Gazastreifens das Autonomiegebiet von Ägypten trennt. Den Grenzposten Raffah hatte Haniya passiert – nach längeren Schwierigkeiten. Die Kontrolle der Passanten an der Grenze ist Aufgabe einer Spezialtruppe, die dem Palästinenserpräsidenten Mahmud Abbas direkt untersteht. Diese Regelung hatten Vertreter der USA mit israelischen Sicherheitsdiensten ausgehandelt. Die Spezialtruppe besteht aus Bewaffneten der Kampforganisation Fatah.

Am 14. Dezember 2006 um 15 Uhr traf der palästinensische Ministerpräsident auf dem Flughafen Al Arish ein, der etwa 70 Kilometer von der Grenze des palästinensischen Autonomiegebiets entfernt liegt. Zunächst konnte Haniya den ägyptischen Flughafen nicht verlassen. Nach vier Stunden Wartezeit durfte er bis zum Grenzübergang Raffah fahren. Bilder der Agentur Reuters zeigen, was dann geschah. Ismail Haniya sitzt am Straßenrand auf einem Steinmäuerchen. Sein Gesicht hat einen finsteren Ausdruck, die Arme sind verschränkt. Rechts und links von Haniya sitzt je ein Begleiter; dass sie wütend sind, ist auf den Fotos zu erkennen. Es ist Nacht geworden und niemand kümmert sich um den Ministerpräsidenten.

Vorausgegangen war eine Auseinandersetzung an der Grenzwache von Raffah. Die Fatah-Polizisten hatten vom palästinensischen Ministerpräsidenten verlangt, dass er seine Koffer öffne. Haniya und seine Begleitung weigerten sich. Die Konsequenz war, dass die Fatah-Polizisten ihm die Einreise in den Gazastreifen untersagten. Daraufhin machte der Ministerpräsident nun Angaben über den Inhalt des größten Gepäckstücks. Darin befanden sich 35 Millionen Dollar in bar – in Scheinen unterschiedlicher Größe. Über die Herkunft der Geldscheine sagte Haniya: »Es handelt sich um Spenden aus Saudi-Arabien und aus anderen Staaten des Arabischen Golfs.«

Die Nennung des Kofferinhalts erschwerte die Situation sofort. Die Angelegenheit hatte eine Dimension angenommen, die von den Grenzpolizisten nicht zu bewältigen war. Sie suchten Kontakt zum Palästinenserpräsidenten Abbas. Von ihm war jedoch auch keine rasche Entscheidung zu erwarten. Abbas erkundigte sich nach der Meinung seiner US-Berater. Sie wollten ebenfalls nicht in Schwierigkeiten geraten, denn schließlich handelte es sich um Geld zur Finanzierung der Aktivität der »terroristischen Organisation Hamas«. Die US-Berater sicherten sich bei ihren Vorgesetzten in Washington ab. Ihre Antwort traf endlich auf dem langen Dienstweg in Raffah ein: »Das Geld darf nicht über die Grenze ins Palästinensergebiet gebracht werden. Der Ministerpräsident kann ohne den Geldkoffer in den Gazastreifen einreisen.«

Haniya passierte den Grenzposten Raffah ohne die 35 Millionen Dollar, die er in den Golfstaaten gesammelt hatte. Der Geldkoffer wurde allerdings nicht den Fatah-Polizisten übergeben, sondern den in Raffah stationierten Vertretern der ägyptischen Behörden. Sie transportierten den Geldkoffer zurück nach Al Arish. Der Betrag von 35 Millionen Dollar wurde dort auf ein Konto der Arabischen Liga einbezahlt – zur Verwendung durch das palästinensische Finanzministerium, das von Hamas geleitet wird.

Während der Stunden, die der Chef der Hamas-Bewegung wartete, sammelte sich eine erregte Menschenmasse am Grenzposten

Raffah an. Viele hatten durch das israelische Fernsehen die demütigende Behandlung des Hamas-Chefs gesehen. Es waren nicht nur Anhänger der islamischen Organisation Hamas nach Raffah gekommen, sondern auch der Fatah. Wer die ersten Schüsse abfeuerte, war nicht festzustellen. Getroffen wurde der Wagen, in den Haniya eingestiegen war. Der palästinensische Ministerpräsident wurde leicht verwundet, aber einer seiner Leibwächter wurde tödlich getroffen. Ismail Haniya konnte das Krankenhaus bald wieder verlassen.

Am folgenden Tag hatten sich zum Freitagsgebet in der Moschee von Gaza-Stadt 100 000 Menschen eingefunden. Der Prediger schürte den Hass auf Fatah: »Sie führen Krieg gegen Allah! Dazu gehört ihr Krieg gegen Hamas! Allahu Akbar!« Die Menschen in der Moschee glaubten, Al-Fatah habe in Raffah ein geplantes Attentat auf Ismail Haniya ausgeführt. Racheschwüre wurden laut.

Die Menge strömte aus der Moschee auf Straßen und Plätze von Gaza-Stadt. Die Polizei, die Mahmud Abbas untersteht, versuchte die Hamas-Demonstration mit Gewalt aufzulösen. Schüsse fielen. Die Menge stob auseinander. Verwundete blieben zurück und wurden erst nach und nach weggebracht. Es war damit zu rechnen, dass sich der Konflikt zuspitzte. Die Hamas-Führung wollte nicht als Verlierer in dieser Auseinandersetzung gelten.

Am 4. Januar 2007 trafen Schüsse das zweistöckige Haus des Fatah-Kommandeurs Oberst Mohammed Gharib in der Ortschaft Jabaliya im Gazastreifen. In beiden Stockwerken splitterten die Scheiben, Verputz spritzte von der Hauswand. Auf der Straße krümmten sich Verwundete, vor allem Kinder, die vor dem Haus gespielt hatten. Oberst Gharib versuchte telefonisch Kontakt aufzunehmen zu seiner Fatah-Einheit, aber er erhielt keine Antwort. Da die Beschießung nicht aufhörte, wählte Gharib die Telefonnummer des Fernsehstudios Gaza. Derjenige, der das Gespräch entgegennahm, erinnerte sich, diese Worte gehört zu haben: »Killer greifen

uns an. Sie haben sich auf das Haus eingeschossen. Kinder sind getroffen worden. Sie verbluten. Schickt uns sofort eine Ambulanz! Wir brauchen eine Ambulanz! Bewegt euch! Rasch!«
Der Oberst schrie noch ins Telefon, er wisse genau, wer das Haus beschieße, es handle sich um die Executive Force, die dem Innenministerium untersteht, also der Hamas-Regierung. Der Kampf um das Gebäude in der Ortschaft Jabaliya endete mit dem Tod des Obersten Mohammed Gharib und drei Leibwächtern. Zwei Kinder und zwei Frauen starben ebenfalls. Die Hamas-Führung erklärte den Vorfall knapp: »Der Oberst war verantwortlich für den Tod von zwei Männern der Executive Force. Dafür musste er sterben!«
Als die Toten zur Bestattung gebracht wurden und der Trauerzug das von Einschlägen und Brandspuren gezeichnete Haus verließ, schossen maskierte Männer in die Luft zum Zeichen, dass sie Rache nehmen würden.
Um die Gewalt unter den Palästinensern einzudämmen, traf sich am selben Tag Präsident Mahmud Abbas mit Ministerpräsident Ismail Haniya in Gaza-Stadt. Abbas hatte sich für dieses Gespräch zwei Ziele gesetzt: Die Executive Force, die Polizeitruppe, die der Organisation Hamas unterstand, sollte aufgelöst werden und die Hamas-Führung sollte davon überzeugt werden, dass allein Neuwahlen in den Palästinensergebieten für klare Machtverhältnisse sorgen würden.

Ismail Haniya, der Sieger der Wahlen vom 24. Januar 2006, war für den Gedanken an Neuwahlen in Palästina nicht zu gewinnen. Seine Organisation Hamas hatte damals 76 Parlamentssitze gewonnen – Fatah nur 43. Neuwahlen nach nur zwölf Monaten hätten Hamas und Haniya um den Sieg gebracht. Dieses Zugeständnis war von Haniya nicht zu erwarten.
Haniya gab auch der Bitte um Auflösung der Executive Force nicht statt. Zu dieser Hamas-Polizeitruppe gehörten inzwischen

6000 Männer, die meisten hatten bisher in der Polizei von Fatah Dienst getan. Hamas bot eine bessere Bezahlung.

Ismail Haniya, zu keinem Zugeständnis bereit, verlangte seinerseits von Mahmud Abbas, dass Fatah in die Palästinenserregierung von Haniya eintrete. Ministerpräsident bleibe selbstverständlich der Hamas-Funktionär. Programm dieser Zwei-Parteien-Regierung sollte die absolute Ablehnung des Existenzrechts des jüdischen Staates sein. Die Fatah-Führung hätte erklären müssen, dass ihre Organisation zu keiner Zeit in Zukunft an Verhandlungen mit Israel denke.

Mit welcher Härte die innerpalästinensische Auseinandersetzung ausgefochten wurde, zeigte sich am 5. Januar 2007. An jenem Freitag, dem wöchentlichen Feiertag der Moslems, predigte der Geistliche Adel Nasar in der Moschee von Gaza-Stadt. Er verurteilte den Bruderkrieg zwischen Palästinensern und ganz besonders die Tötung des Oberst Mohammed Gharib. Die Predigt des Geistlichen enthielt auch diese Aussage: »Wer die Fatah-Leute in Jabaliya getötet hat, den wird Allah bestrafen!« Als Adel Nasar die Moschee verließ, fiel ein Schuss, der den Geistlichen tötete. Niemand gab die Verantwortung für diesen Anschlag zu.

Ismail Haniya zeigte sich noch an jenem Vormittag in der Moschee von Gaza-Stadt. Er sprach dort zu den Gläubigen. Das Fazit seiner Ansprache: »Die Pistolen der Palästinenser dürfen nicht gegen andere Palästinenser gerichtet werden. Wir haben unsere Waffen, um gegen die israelischen Besatzungssoldaten zu schießen!«

Zum ersten Mal war an jenem Wochenende Anfang Januar 2007 im Führungsgremium der Fatah davon zu hören, dass die USA an den Palästinenserpräsidenten Mahmud Abbas 86 Millionen Dollar ausbezahlen werden, damit er die Polizei der Fatah in die Lage versetzen kann, »terroristische Zellen in den Palästinensergebieten« aufzulösen. Die Anfrage an den US-Kongress, so war zu hören, sei bereits eingeleitet. Die ursprüngliche Forderung des

Mahmud Abbas zur Aufrüstung der Fatah-Polizei habe 100 Millionen Dollar betragen. Dass Fatah für dieses Geld hauptsächlich Waffen aus den USA bekommen werde, daran zweifelte niemand im Beraterkreis von Mahmud Abbas.

Ein Beispiel für verpasste Chancen   Der israelische Ministerpräsident Ehud Olmert traf die richtige Entscheidung: Die Bereitschaft der USA, Mahmud Abbas zu stützen, konnte nur erfolgreich sein, wenn auch die israelische Regierung der palästinensischen Staatsführung entgegenkam. Den Anstoß dazu gab das Treffen von Olmert und Abbas am 23. Dezember 2006. Die beiden hatten sich zuvor nie gesehen. Zur Eröffnung des Gesprächs sagte Olmert zu, seine Regierung werde den Warenfluss zwischen den Palästinensergebieten und Israel vereinfachen. Eine größere Anzahl von Checkpoints würde an den Grenzen geöffnet werden. Der israelische Ministerpräsident gab offen zu, es sei seine Absicht, das Ansehen von Abbas in den Palästinensergebieten zu stärken und zu mehren. Die Palästinenser sollten begreifen, dass Fatah die Macht hat, die Lage der Familien der palästinensischen Gebiete zwischen Mittelmeer und Jordanfluss zu verbessern.

Am 4. Januar 2007 sollte um die Mittagszeit in Kairo eine Besprechung zwischen Ehud Olmert und dem ägyptischen Präsidenten Husni Mubarak stattfinden. Thema war die Festigung der Beziehungen zwischen Israel und der PNA. Beide Spitzenpolitiker hatten sich vorgenommen, wieder einmal einen Schlussstrich zu ziehen unter die Streitigkeiten zwischen Israelis und Palästinensern. Olmert und Mubarak wollten ein Beispiel geben für die Möglichkeit des friedlichen Dialogs zwischen Juden und Arabern.

Dieser Dialog hatte noch nicht begonnen, da erhielt der israelische Ministerpräsident die Nachricht, dass der Fernsehkanal *Al Jazeera* Live-Bilder und -Ton von einer heftigen Schießerei in der palästinensischen Stadt Ramallah im Westufergebiet des Jordan übertrage.

Mubaraks Stab hatte den Sachverhalt rasch geklärt. Ein Stoßtrupp israelischer Soldaten war bei der Verfolgung eines flüchtigen Palästinensers ins Zentrum von Ramallah eingedrungen. Der Flüchtige sollte von den Soldaten verhaftet werden – sie erwischten ihn nicht. Ein Gefecht zwischen bewaffneten Palästinensern und den israelischen Soldaten flammte auf. Vier Palästinenser starben durch israelische Geschosse.

Der ägyptische Präsident war wütend, als ihm dieser Sachverhalt berichtet wurde. Ehud Olmert entschuldigte sich. Er sei nicht informiert worden, dass IDF zum Zeitpunkt seines Treffens mit Husni Mubarak in Kairo einen Einsatz in Ramallah beabsichtigte. Olmert gab zu erkennen, dass er verärgert war. Sein Regierungssprecher meinte: »Der Tag der Militäraktion war ungeschickt gewählt. So etwas darf nicht zu dem Zeitpunkt geschehen, an dem sich die Chefs der beiden Staaten treffen.« Husni Mubarak hörte sich die Entschuldigung nicht an. Das Gespräch mit Olmert endete rasch und ohne Ergebnis.

2. Die Krise spitzt sich zu

Irak – Krieg ohne Ende?

Bushs diplomatische Offensive   Seine letzte Amtszeit war zur Hälfte vorüber. Wollte Präsident Bush am Ende eine positive Bilanz seiner Amtsführung vorlegen, dann musste er jetzt, im Januar 2007, die Grundlage für den Erfolg legen. Die Vorarbeit sollte US-Außenministerin Condoleezza Rice leisten. In erster Linie hatte sie die Aufgabe, Gespräche zwischen der PNA und der israelischen Regierung in Gang zu bringen.

Seit dem 4. Januar, seit der IDF-Attacke in Ramallah, waren zwei Wochen vergangen. Die Kampforganisation Hamas hatte keine Gelegenheit ausgelassen, um zu beteuern, dass der Krieg gegen Israel weitergehe – bis zur Vernichtung des jüdischen Staates. Ministerpräsident Ismail Haniya hatte mehrmals die Entschlossenheit der Palästinenser betont, Selbstmordattentäter in Israel einzusetzen. Die Aufgabe der US-Außenministerin war von vornherein unlösbar: Condoleezza Rice konnte bei ihrem Abflug von Washington keinen Ansatzpunkt erkennen für einen möglichen Dialog zwischen Haniya und Olmert.

Die zweite Aufgabe der US-Außenministerin erschien deshalb einfacher, weil keine ganz konkrete Lösung erwartet wurde. Condoleezza Rice hatte die arabischen Staatschefs davon zu überzeugen, dass eine Verstärkung der amerikanischen Truppen im Irak für Stabilität im arabischen Raum sorgen würde und dass sich die Vergrößerung der US-Truppenpräsenz im Sinne der Politik arabischer Staatschefs auswirken würde.

Die Erfahrungen der amerikanischen Präsidenten der Vergangenheit waren der Diplomatin durchaus bekannt. Clinton konnte trotz großer Anstrengungen und gutem Willen bis zum Ende seiner Amtszeit nicht viel erreichen. Hatte Bush noch die Zeit, die

Macht und die Kraft, eine Wende in Nahost herbeizuführen? Rice sah auch ein, dass der Nahe Osten in einer Krise steckte. Die Außenministerin tröstete sich mit dem chinesischen Sprichwort »Krise und Gelegenheit zum Fortschritt sind ein Paar«.

Condoleezza Rice hatte sich beim Abflug ein Konzept zurechtgelegt, das sie so formulierte: »Man ist als Diplomat nicht erfolgreich, wenn man nicht den Zusammenhang der Interessen aufspürt, der streitende Parteien bewegt. Dieser Zusammenhang ähnlicher Intentionen muss die Grundlage sein für Verhandlungen. Wenn sich Interessen begegnen, muss die Gelegenheit ergriffen werden, Übereinstimmung zu erzielen. Sie bildet dann eine Plattform, die ausgebaut werden kann.«

Nach ihrer Meinung bestand ein Zusammenhang »ähnlicher Intentionen« selbst im Fall der Israelis und der Palästinenser. Palästinenserpräsident Mahmud Abbas hatte für seine Politik nur noch eine schwache Grundlage, seit er die Handlungsfreiheit an Hamas und Ministerpräsident Ismail Haniya verloren hatte. Mahmud Abbas hatte nicht, wie einst Jassir Arafat, die Wahl, ob er verhandeln will oder nicht und ob er bereit ist zu Zugeständnissen – oder nicht.

Condoleezza Rice glaubte allerdings, dass trotzdem eine Chance für Verhandlungen bestand, denn auch Ehud Olmert war geschwächt: Er wurde heftig dafür kritisiert, dass es ihm nicht gelungen war, den Feldzug gegen die Hisbollah im Libanon erfolgreich zu beenden. Der Krieg vom Sommer 2006 hatte nicht mit der Heimkehr der zwei entführten israelischen Soldaten abgeschlossen werden können. Bei Jahresbeginn 2007 wusste niemand in Israel, ob die Entführten überhaupt noch am Leben waren. Condoleezza Rice glaubte bei Beginn ihrer Nahostmission, es könnte gelingen, die beiden geschwächten Kontrahenten an den Verhandlungstisch zu bringen.

Die Außenministerin machte rasch die Erfahrung, dass zunächst ein anderes Problem gelöst werden musste: Die Palästinenser waren erst dann verhandlungsfähig, wenn Fatah und Hamas ihren Streit beigelegt hatten, wenn beide Organisationen bereit waren, eine palästinensische Einheitsregierung zu bilden. Fatah wollte diesen Schritt schnell vollziehen. Hamas war dazu nur einverstanden, wenn Fatah erklärte, diese Einheitsregierung werde sich nicht auf Verhandlungen mit Israel einlassen. Condoleezza Rice vernachlässigte bei ihrer Betrachtung den religiösen Aspekt des innerpalästinensischen Konflikts. Sie sah die Spannungen mit der politischen Logik, die durch westliche Denkorientierung geprägt ist; dass islamische Tradition beachtet werden muss, blieb der US-Außenministerin fremd. Es war ihr nicht bewusst, dass der Konflikt zwischen arabischen und jüdischen Stämmen seine Wurzeln in der Zeit des Propheten Mohammed hat. Mohammed hatte im Krieg gegen die jüdischen Stämme von Khaibar gesiegt und deren Ölbäume abhacken lassen. Sheikh Ahmed Jassin – bis zu seiner Tötung durch die Israelis der führende Kopf der islamischen Kampforganisation Hamas – hatte dafür gesorgt, dass die Erinnerung an Khaibar nicht erlosch. Nach Jassins Meinung hatte der Prophet Mohammed durch das Fällen der Ölbäume deutlich gemacht, dass eine Aussöhnung zwischen Arabern und Juden nie in Frage kommen dürfe. Hamas folgt dieser Meinung bis heute. Überlegungen zur Bewältigung des Ereignisses von Khaibar hätten ein Ansatzpunkt sein können zur Annäherung zwischen Fatah und Hamas.

Am 14. Januar 2007 traf sich die US-Außenministerin mit Mahmud Abbas in dessen Amtssitz in Ramallah. Vor dem Gespräch hatte Condoleezza Rice deutlich ihre Absicht formuliert und ausgesprochen. Die Vereinigten Staaten von Amerika hatten sich absolut dazu verpflichtet, für Israelis und Palästinenser eine Lösung zu finden, bei der beide Völker in Frieden und Sicherheit nebeneinander und miteinander leben können. »Beide Völker werden in demokratischer Ordnung zusammenleben können. Dies zu ermöglichen, dazu verpflichte ich mich persönlich!«

Präsident Mahmud Abbas hörte aus der undeutlich erklärten Absicht der Außenministerin die Umrisse der »road map« heraus, die George W. Bush verfolgen wollte. Die erste Stufe der Annäherung zwischen Palästinensern und Israelis wäre die Erklärung zur Gründung eines provisorischen palästinensischen Staates – mit provisorischen Grenzen, mit einer provisorischen Hauptstadt, mit provisorischen Regeln für das Zusammenleben des Staates Israel mit dem palästinensischen Staatengebilde, »Palestinian entity« genannt. Mahmud Abbas begriff, dass die Außenministerin bereits die Zustimmung der Regierung Olmert für diese »road map« eingeholt hatte. Dass die »road map« auch den Wünschen von US-Präsident Bush entsprach, war für den Palästinenserpräsidenten selbstverständlich.

Doch Mahmud Abbas war vorsichtig geworden. Hatte Abbas noch im Herbst 2006 geglaubt, das Problem »Israel-Palästina« habe Vorrang für die letzten Monate der Amtszeit von George W. Bush, so hatte er inzwischen erkennen müssen, dass sich das Interesse des US-Präsidenten in Richtung Irak verlagert hatte. Abbas war in Sorge geraten, dass aus der »provisorischen Lösung« für den Palästinenserstaat eine »permanente Lösung« werden würde und Bush am Ende seiner Amtszeit, zufrieden mit dem Erreichten, die erste Phase der »road map« der Weltöffentlichkeit als Erfolg präsentieren würde.

Mahmud Abbas erklärte: »Wir haben der Frau Außenminister ganz deutlich gesagt, dass wir ›temporary or transitional solutions‹ nicht akzeptieren werden. Wir wollen keinen Palästinenserstaat mit ›temporary borders‹. Dieser Staat bietet uns keine realistische Chance, die wir ausbauen können.« Abbas verwies auf das Treffen mit Ehud Olmert, das im Dezember stattgefunden hatte: »Es brachte Versprechungen, aber kein Ergebnis. Die Öffnung der Grenzen für die Erweiterung des Warenaustauschs zwischen Israel und den palästinensischen Autonomiegebieten hat nicht stattgefunden.«

Ein Treffen mit Ministerpräsident Ismail Haniya hatte Condoleezza Rice nicht beabsichtigt. Die US-Außenministerin lehnte jeden Kontakt zu Hamas ab. Ahmed Jousef, ein Vertrauter von Haniya, schätzte den Besuch von Condoleezza Rice in Ramallah als völligen Fehlschlag ein: »Da war nichts zu erwarten. Sie hat von Anfang an gesagt, sie sei gekommen, um zuzuhören. Die Situation verlangt aktives Handeln. Zuhörer benötigen wir keine!«

Die US-Außenministerin hatte am Ende der zweitägigen Gespräche mit Mahmud Abbas eines begriffen: Solange Fatah und Hamas ihren Streit nicht beigelegt haben, kann es keine Verständigung zwischen Israel und den Palästinensern geben. Die Besucherin aus den USA gab Abbas den Rat, sich um Beilegung »der Meinungsunterschiede« zu bemühen. Abbas befolgte den Rat.

Am 20. und 21. Januar 2007 traf der Palästinenserpräsident in der syrischen Hauptstadt Damaskus Khaleed Mashaal. Mashaal, seit dem Tod von Ahmed Jassin der Denker der Hamas, lebt in Damaskus, weil er sich dort sicher fühlt – seit einem Giftanschlag in Amman, für den Israel verantwortlich war. Dank der Intervention von König Hussein hatte der israelische Geheimdienst nach Tagen schließlich das Gegengift zur Verfügung gestellt. Khaleed Mashaal konnte gerettet werden.

Mahmud Abbas und Khaleed Mashaal wollten über die Schaffung einer »nationalen Einheitsregierung der Palästinenser« reden. Beide waren zusammengekommen, um das Blutvergießen zwischen Hamas und Fatah zu beenden. Während der Tage, die dem Treffen in Damaskus vorangingen, waren 62 Palästinenser bei Gefechten ums Leben gekommen. Am Ende der Gespräche waren sich beide Seiten einig: Die Differenzen bleiben bestehen und sind auch nicht so rasch durch Gespräche zu überwinden.

So vielversprechend die ersten tastenden Kontaktaufnahmen zum Thema Verstärkung der US-Truppenpräsenz im Irak auch gewesen sind, sie scheiterten letztlich durch einen psychologischen Fehler. Die Außenministerin erklärte öffentlich, sie werde versuchen, die »moderaten« arabischen Staaten auf den gemeinsamen positiven Nenner in der Frage der US-Intervention im Irak zu einigen. Ausdrücklich hatte sie betont, sie werde sich an »gemäßigte« sunnitische Staaten – wie Saudi-Arabien – und an schiitische – wie das Königreich Bahrain wenden. Condoleezza Rice war wohl der Meinung, das Wort »moderate« werde von arabischen Staatschefs als lobend empfunden. Dies war ein Irrtum. »Gemäßigt« hat den Beiklang von »pro-westlich«, von »angepasst« an abendländische Zivilisationskriterien. Keiner der Staatschefs will als »moderat« gelten – als charakterlos.

Condoleezza Rice traf sich zunächst mit dem saudi-arabischen Außenminister Prinz Saud Al Faisal. Seine Stellungnahme zu den Absichten von Präsident Bush war überaus vorsichtig. Er folgte damit der allgemeinen Tendenz arabischer Monarchen und Präsidenten. Die USA sind unpopulär bei der gesamten Bevölkerung Arabiens, und kein Herrscher will es sich leisten, einen Vorschlag des US-Präsidenten ohne Vorbehalt zu akzeptieren. Prinz Saud Al Faisal weigerte sich zu beurteilen, ob der US-Präsident mit seinem Plan, den Irak zu stabilisieren, erfolgreich sein könnte. Der Saudi-Außenminister stellte die Frage: »Ist der irakische Ministerpräsident Nuri Al Maliki überhaupt daran interessiert, dass sich der Irak beruhigt? Er ist Schiit und will nicht, dass die Sunniten gleichberechtigt mit den Schiiten werden. Der Schiit Nuri Al Maliki wird von Präsident Bush gestützt. Nuri Al Maliki verhindert den Einsatz der schiitischen Selbstmordattentäter nicht – im Gegenteil. Der irakische Ministerpräsident treibt zum Kampf gegen die Sunniten an. Wir aber in Saudi-Arabien sind Sunniten!«

Garantieren mehr Soldaten den Sieg?   Am Wochenende 20./ 21. Januar 2007 starben 22 amerikanische Soldaten im Irak. Am Samstag verloren zwölf Soldaten ihr Leben beim Absturz eines

Hubschraubers nördlich von Bagdad. Unklar blieb, ob der Helikopter abgeschossen wurde. Einen Tag später wurden fünf US-Soldaten in der schiitischen Pilgerstadt Kerbela tödlich getroffen. Als Schützen wurden schiitische Milizionäre identifiziert, deren Ziel die Verhinderung sunnitischer Machtstrukturen im Irak war. Am selben Tag wurden vier Amerikaner entführt, zwei wurden später ermordet aufgefunden, die zwei anderen blieben vermisst. Weitere Soldaten waren Opfer von Sprengstoffanschlägen und einem Überfall auf eine Patrouille. Die Gesamtzahl der getöteten amerikanischen Soldaten stieg in diesen Tagen auf über 3000 an. An eben diesem Wochenende trafen 3200 weitere US-Soldaten zur Verstärkung der Truppenpräsenz im Irak ein. Insgesamt war vorgesehen, 25 000 Soldaten in den Irak zu transportieren. Offiziell wurde verlautbart, diese Soldaten würden gebraucht zum Einsatz in den Zentren der sunnitischen Aufständischen in der Region Bagdad. Die Truppenverstärkung sollte den Weg öffnen zum »endgültigen Sieg«, der vom Weißen Haus schon seit Jahren versprochen wurde.

Präsident Bush war nicht Erfinder der Verstärkung. Diese Idee war im Pentagon, im Verteidigungsministerium, ausgearbeitet worden. Dort wurde schon spekuliert, dass der militärische Konflikt an Euphrat und Tigris mit zu geringen Streitkräften begonnen worden war. Die nicht ausreichende Truppenzahl sei der Grund für die unbefriedigende Kriegslage.

Die Verstärkungsidee entstand im Pentagon genau zu dem Zeitpunkt, als eine Arbeitsgruppe unter dem früheren US-Außenminister James Baker im Dezember 2006 vorschlug, nach und nach an den Rückzug der US-Truppen aus dem Irak zu denken. Im Kreis hoher US-Offiziere war die Verärgerung über den Baker-Vorschlag zu spüren: »Man sagt uns immer, dass wir uns zurückziehen sollen. Wir aber sind auf dem Weg zum Sieg.«

Collin Powell, einstiger Außenminister und Vier-Sterne-General, widersprach den Vertretern der Idee einer Truppenverstärkung:

»Wir haben dies doch schon versucht – ohne Erfolg. Wenn wir noch mehr Soldaten in den Irak schicken, erreichen wir nur, dass die Iraker selbst keine Anstrengungen unternehmen, um ihren Staat zu stabilisieren.«

Wer sich mit dem Plan befasste, den Präsident Bush für die Zukunft des Irak präsentierte, der stellte eine seltsame Veränderung fest. Zu Beginn der Irak-Aktion bestand die Aufgabe der US-Truppen darin, eine »Ent-Saddamisierung« durchzuführen, eine demokratische Ordnung zu schaffen und dem irakischen Volk ein geordnetes Staatswesen zur Verwaltung zu übergeben. Diese Aufgabe ließ sich mit den vorhandenen Streitkräften nicht realisieren. Jetzt aber wurde das Aufgabengebiet erweitert: 1. Liquidierung der »Aufständischen« (ohne sie näher zu identifizieren, gemeint sind wohl die Sunniten). 2. Zu verhindern, dass sich Al Qaida im Irak festsetzt. 3. Wiederherstellung der Anlagen, die für die Energiewirtschaft notwendig sind. 4. Stärkung der Regierung, die von Schiiten angeführt wird. 5. Verhinderung der Ausbreitung des iranischen Einflusses im Irak. 6. Einbeziehung der irakischen Sicherheitskräfte in eine anti-iranische Front. 7. Normalisierung des wirtschaftlichen Lebens in allen irakischen Provinzen.

Diese Liste der Aufgaben zeigt das riesige Gebiet unterschiedlicher Einflussnahme auf das irakische Volk. Der Überblick macht deutlich, dass die Bevölkerung künftig als »entmündigt« angesehen werden muss, denn viele Lebensbereiche werden von der US-Militärverwaltung kontrolliert. Collin Powell hat recht: Selbstbestimmung der Iraker ist bei Durchführung dieses Plans nicht zu erwarten.

Diese Schwäche des Plans hatte Präsident Bush selbst erkannt. Deshalb legte er Wert darauf, dass dem irakischen Ministerpräsidenten Nuri Al Maliki Geld zur Verfügung stand, das der Schaffung von Jobs dienen konnte. Dem Einzelnen sollte der Eintritt ins Wirtschaftsleben durch Unterstützung ermöglicht werden. Die Maßnahmen waren auf bestimmte Industriezweige zu kon-

zentrieren. Bisherige staatliche Betriebe wurden dafür ausgewählt, in denen Arbeitslose Beschäftigung finden konnten. Während der Planungsphase wurde allerdings nur oberflächlich
besprochen, welche Wirtschaftssparten dafür in Frage kommen.
Genannt wurden Betriebe der Kunstdüngerherstellung, der
Beschriftung von Straßenschildern, der Erzeugung von Öl aus
landwirtschaftlichen Produkten. In Bagdad wurde offiziell das
Projekt als »Bush's Job Agenda« bezeichnet.
Der Vorteil der Job Agenda wurde von der US-Verwaltung so
geschildert: »In einem ersten Schritt wird dafür gesorgt, dass junge irakische Männer nützliche Arbeit finden. Verhindert wird
dadurch, dass sich diese Männer den Aufständischen anschließen,
dass sie als Kämpfer Angehörige der Milizen werden. Die örtlichen US-Kommandeure haben die Möglichkeit, Handwerks-
zentren innerhalb ihres Befehlsbereichs aufzubauen.«
Zu den Kritikern der Job Agenda zählten einige der wenigen
erfahrenen Parlamentarier in Bagdad. Sie waren meist der Meinung, »es wäre besser gewesen, die Amerikaner hätten sich mit
Gegebenheiten und Besonderheiten des Irak vertraut gemacht«.
Skepsis äußerte sich konkret: »Wer einen Arbeitsplatz erhalten
hat, der geht hin, arbeitet nichts und wartet, bis ihm das Geld
bezahlt wird, das ihm zugestanden worden ist.«

Wenn Präsident Bush Unterstützung bei Verbündeten zum Beispiel in Europa erwartet hatte, so wurde er enttäuscht. Die *Süd-
deutsche Zeitung* fasste die Meinung europäischer Politiker mit
der Bemerkung zusammen: »Das irakische Feuer kann nicht
durch Blut von Amerikanern gelöscht werden.«
Dass seine neue Strategie zu Hause und im Ausland auf Ablehnung
stieß, brachte den US-Präsidenten zum Nachdenken, doch er entschloss sich nicht zur Änderung seines Kurses. Am 24. Januar 2007
sprach George W. Bush zum amerikanischen Kongress. Der Zeitpunkt war schwierig für den Präsidenten. In der amerikanischen

Öffentlichkeit fand er keine Unterstützung. Rund zwei Drittel der Amerikaner lehnten seine Politik ab, vor allem die Truppenpräsenz der USA, so lauteten Forderungen, müsse durch Abzug beendet werden. Diesem Gedanken widmete der US-Präsident in seiner Rede kein Wort. Er wiederholte, was er schon vielfach gesagt hatte: »Der Krieg im Irak ist das Zentrum des Kampfes gegen den Terrorismus. Die USA dürfen nicht zurückweichen. Der Truppenabzug würde bedeuten, dass der Irak völlig im Chaos versinkt. Die Folge wäre ein Flächenbrand, der den gesamten Nahen und Mittleren Osten der Zerstörung und dem Untergang preisgibt.«

Er war der Meinung, dass die Regierung in Bagdad den Extremisten nicht standhalten könne. Schließlich würden sich, wenn nicht die USA Einhalt gebieten, Schiiten und Sunniten gegenseitig umbringen. Al Qaida würde auf der Seite der Sunniten kämpfen, Iran die Schiiten unterstützen. Die Vorstellung, was in der islamischen Welt geschehen könnte, war ein Albtraum. Um diese Entwicklung zu verhindern, hatte sich der Präsident entschlossen, 2500 weitere Soldaten ins Zweistromland zu entsenden. George W. Bush forderte den Kongress auf, diese Absicht nicht scheitern zu lassen. Wörtlich sagte Bush: »Wir haben diesen Kampf nicht begonnen, doch wir haben ihn zu führen. Unser Land verfolgt eine neue Strategie. Und ich bitte Sie, geben Sie dieser neuen Strategie eine Chance!«

Der geschickte Taktiker Bush betonte das Irakproblem nicht so stark, dass es zum Mittelpunkt seiner Rede wurde. Er formulierte, was er bisher vermieden hatte, ein umweltpolitisches Ziel: Innerhalb von zehn Jahren soll der Benzinverbrauch in den USA um 20 Prozent abgesenkt werden. George W. Bush hatte bewiesen, dass er die politische Realität geschickt einzuschätzen vermochte. Umweltthemen fanden Interesse bei Republikanern und Demokraten.

Dass der Präsident mit seiner Beurteilung der Wichtigkeit der US-Präsenz im Nahen Osten recht hatte, zeigte sich schon wenige Tage nach seiner Rede vor dem Kongress. Der Libanon versank nahezu im Chaos. Ein Rückzug der amerikanischen Truppen aus dem Irak würde für alle radikalen Kräfte der Region Ermutigung bedeuten und Aufschwung zur Machtergreifung durch Gewalt.

Seit 50 Tagen stand der libanesische Premierminister Fuad Siniora unter dem Druck der schiitischen Organisation Hisbollah, die den Umsturz erzwingen wollte. Fuad Siniora hatte sich nicht allein gegen Hisbollah zu wehren, sondern auch gegen christlich-maronitische Kräfte unter dem Befehl des ehemaligen libanesischen Armeegenerals Michel Aoun.

Libanon – Die Ruhe vor dem Sturm

Mit Geld beruhigen die USA den Libanon   Am 23. Januar 2007 verlor der Protest gegen die von den USA gestützte Regierung Siniora seinen gewaltlosen Charakter. Eine Zeltstadt war auf dem Platz vor dem Amtssitz des Ministerpräsidenten entstanden, direkt vor den Fenstern von Fuad Siniora. Die weißen Zelte boten über 1000 Männern Unterkunft und Schutz vor der feuchten Kälte, die libanesische Nächte ungemütlich werden lässt. Zwischen den Zelten brannten Lagerfeuer, die Teewasser zum Sieden brachten und für warme Suppen sorgten.

Von einem Augenblick zum anderen war die Ruhe um die weiße Zeltstadt zu Ende, denn auf der Küstenstraße nördlich des Zentrums von Beirut waren Kämpfe ausgebrochen. Die Lebanese Forces, die früher der christlichen Familie Gemayel gehorcht hatten, lösten ein Gefecht aus gegen die Miliz »Free Patriotic Movement« des Michel Aoun. Die Lebanese Forces wurden inzwischen von Dr. Samir Geagea kommandiert. Er hatte Jahre im Gefängnis zugebracht, weil er – um die Empörung der Christen gegen Syrien zu provozieren – selbst die Ermordung christlicher Kirchenbesucher organisiert hatte. Auch wenn die Provokation missglückt war, hatte die Aktion doch den Ruhm des Dr. Samir Geagea gefestigt. Er gilt seither als prominenter und rücksichtsloser Gegner Syriens, als der Mann, der sich nicht gescheut hatte, libanesische Christen zu opfern, um den Zündfunken für einen Konflikt zu entflammen, der die Volkswut der Maroniten gegen die Syrer mobilisiert hätte. Dieser Dr. Samir Geagea war im Januar 2007 die Leitfigur für den christlichen Widerstand gegen Syrien, gegen die Freunde der Syrer und gegen Hisbollah.

Die Schießerei breitete sich von der Küstenstraße auf das Zentrum von Beirut aus. Dort starben zwei Männer, die zu den Lebanese Forces gehörten, zur Miliz des Dr. Geagea. Der Tod der zwei Männer stachelte die Milizionäre an und sie gingen mit Wut gegen die Kämpfer des Free Patriotic Movement vor. Barrikaden stoppten den Verkehr der Geschäftsstraßen in Beirut. Autoreifen und Kraftfahrzeuge brannten. Der Ministerpräsident setzte die libanesischen Streitkräfte gegen die Demonstranten beider Seiten ein. Fuad Siniora hatte eigentlich vor, an diesem Tag zur »Geberkonferenz« nach Paris zu fliegen, zum Treffen der Vertreter jener Staaten, die Geld spenden wollten für den Wiederaufbau des Libanon. Siniora war sich bewusst, dass ein Scheitern der Geberkonferenz von Hisbollah und von Michel Aoun gewollt war. Syrien war am Wiederaufbau des Libanon nicht interessiert; ein ruinierter Libanon würde in der Abhängigkeit von Damaskus bleiben.

Siniora wandte sich über den Fernsehsender, der ihm noch zur Verfügung stand, an die Menschen des Libanon: »Wenn Sie klar nachdenken, werden Sie begreifen, dass Sie eingeschüchtert werden von denen, die verhindern wollen, dass wieder ein freier Libanon entsteht. Wer dem Land die Stabilität nimmt, der kann nicht im Interesse des Libanon handeln. Wir wollen zusammenstehen gegen Einschüchterung. Wir werden wieder zur Einheit der Menschen des Libanon zurückkehren.«

Zur Zeit der Fernsehansprache des Ministerpräsidenten zirkulierten in Beirut Aufrufe, deren Texte aus Damaskus und Teheran stammten. Sie riefen zum Sturz der Regierung Siniora auf. Der Ministerpräsident überstand die Stunden der Gefahr nur unter dem Schutz der gepanzerten Mannschaftstransporter, die von der US-Army den regierungstreuen libanesischen Streitkräften zur Verfügung standen. Ein eigens bereitgestelltes Flugzeug der libanesischen Gesellschaft MEA brachte den Ministerpräsidenten gerade noch rechtzeitig nach Paris zur Geberkonferenz.

Gastgeber der Konferenz war der französische Präsident Jacques Chirac. Sein Aufruf an die Konferenzteilnehmer lautete: »Fassen Sie sich kurz, seien Sie gütig und seien Sie bereit zu spenden.« Die Vertreter von 30 Staaten waren der Einladung des französischen Staatspräsidenten gefolgt. Saudi-Arabien wollte Vorbild für alle Teilnehmer sein und versprach die Bereitstellung von 1,1 Milliarden Dollar – nicht als Geschenk, sondern als Darlehen. Die USA folgten dem Beispiel und verpflichteten sich, 770 Millionen Dollar zu spenden – ebenfalls auf der Basis von Darlehen. Zusammen mit anderen Beträgen, die Präsident Bush zu einem früheren Zeitpunkt bereits versprochen hatte, belief sich die US-Hilfe auf insgesamt eine Milliarde Dollar. Frankreich, das ursprünglich zusammen mit der Europäischen Union seine Spende einsetzen wollte, fühlte sich allein gefordert – in Erinnerung an die frühere enge Bindung zwischen der Französischen und der Libanesischen Republik. Präsident Jacques Chirac meldete unmittelbar nach Saudi-Arabien und den USA den Betrag von 650 Millionen Dollar als Leihgabe an. Die Europäische Union erklärte sich bereit, 522 Millionen Dollar für den Libanon zur Verfügung zu stellen – als Anleihe.

Ein Land nach dem anderen kam bei der Geberkonferenz an die Reihe, um seine Hilfsbereitschaft zu verkünden. Nach den Staaten meldeten sich die Vertreter der Banken für Entwicklungshilfe. Sie erwiesen sich als besonders freigebig. Die Weltbank stellte eine Anleihe in Höhe von einer Milliarde Dollar zur Verfügung, die European Investment Bank zeigte sich mit 1,2 Milliarden Dollar und die Islamic Development Bank mit 250 Millionen Dollar hilfsbereit. Fuad Sinioras Mitarbeiter addierten am 25. Januar 2007 die abgegebenen Verpflichtungen auf 7,6 Milliarden Dollar.

Einige der Geberländer waren besorgt, ob sie zur Auszahlung der Spenden auch dann verpflichtet seien, wenn Siniora nicht mehr libanesischer Ministerpräsident sein würde. Am Tag, als sich Siniora in Paris aufhielt, um die Gelder einzusammeln, war die Situation in der libanesischen Hauptstadt äußerst kritisch. Der Ort der Auseinandersetzungen hatte sich auf das Gelände der American University verlagert. Anhänger der Hisbollah und der Lebanese Forces prallten in der Cafeteria aufeinander. Die jungen Männer trugen Waffen und schossen aufeinander. Drei der Streitenden waren sofort tot, 35 wurden verwundet. Schwarzer Rauch hing über dem Gelände der American University – Reifen und Autos brannten. Die libanesische Armee stand zwar bereit, um die Auseinandersetzungen einzudämmen, griff jedoch nicht ein. Die Lebanese Forces beschimpften die Soldaten, sie stünden auf der Seite von Hisbollah und seien bereit, die Schiiten zu unterstützen.

In Paris war die Situation in Beirut Gesprächsstoff. Die Besorgnis um die Existenz der Regierung Siniora wuchs. Wiederholt wurde Condoleezza Rice gefragt, wer – nach ihrer Überzeugung – letztlich der Empfänger der Spenden sein werde. Die Außenministerin zögerte, als die Frage lautete: »Ist an die Spendenbereitschaft eine Bedingung geknüpft?« Fuad Siniora, der neben Condoleezza Rice saß, gab schließlich die Antwort: »No condition! No condition!«

Die Gefechte in Beirut endeten erst, als Sheikh Hassan Nasrallah über seinen eigenen Fernsehsender diese Worte verbreiten ließ: »Niemand darf uns unterschätzen. Wir sind stark genug, diese unrechtmäßige Regierung Siniora zu stürzen. Hisbollah will keinen Bürgerkrieg, der nicht mehr aufzuhalten ist. Wir sind Patrioten. Wir wollen nicht, dass der Libanon zerstört wird. Doch wir werden weiterhin Druck ausüben. Wir stellen weiterhin unsere Forderungen. Wir haben heute die Stärke, diese verfassungsfeindliche Regierung zu beseitigen. Ob dies heute geschieht oder erst morgen, ist völlig gleichgültig.« Hassan Nasrallahs Worte beruhigten die Situation in Beirut.

Geschickt benützte Sheikh Nasrallah den für ihn günstigen Umstand, dass ein hoher Gedenktag der Schiiten anstand. Die Schiiten gedachten des gewaltsamen Todes des Prophetenenkels Hussein bei Kerbela. Schiitische Männer bringen sich bis heute an diesem Tag, der den Namen »Ashura« trägt, Wunden bei, die Schmerzen bereiten. Der Gläubige leidet die Pein mit, die der Prophetenenkel bis zu seinem Tod durchzustehen hatte. Der Gedanke an Ashura verdrängte den Impuls, Ministerpräsident Siniora stürzen zu wollen. Die schiitischen religiösen Feiern hatten jetzt Vorrang.

Während der Demonstrationen an jenem kritischen Tag wurde deutlich, dass die Organisation Hisbollah erneut über Waffen verfügte, um den Kampf um den Libanon fortzusetzen. Den Teilnehmern der Geberkonferenz in Paris wurde klar, dass an der Ostküste des Mittelmeers ein »Stellvertreterkrieg« stattfand. Gekämpft wurde im Namen anderer Mächte. Hisbollah vertrat Iran und Syrien, während die Regierung Sinioras den Standpunkt der USA und Saudi-Arabiens verteidigte. Die Geldgeber der Pariser Konferenz vertrauten auf die Führungsrolle der USA und auf die Finanzkraft Saudi-Arabiens. Der Stellvertreterkrieg fand zwischen religiösen Kontrahenten statt, denn es standen sich Sunniten und Schiiten gegenüber. Hisbollah wurde von Iran mit ungefähr 40 Millionen Dollar im Monat unterstützt. Dieser Betrag wurde für die Unterstützung von bedürftigen schiitischen Familien, hauptsächlich von Kriegsopfern gebraucht. Vor allem aber wurden die Kosten für Waffenkäufe gedeckt. Diese Aufrüstung wurde von Nasrallah nicht geleugnet. Er verschwieg nur, wie diese Waffen in den Libanon gelangen.

Deutsche Bundesmarine leistet Einsatz von »historischer Dimension« Die Aufgabe der deutschen Kriegsschiffe bestand darin, vor der libanesischen Küste zu kreuzen und den Waffenschmuggel für Hisbollah zu unterbinden – notfalls gegen Widerstand und notfalls auch mit Gewalt.

Zum Einsatz kamen Fregatten und Schnellboote. Dazu zählte die Fregatte »Lübeck«, die das kleinste Kriegsschiff ist, das selbstständig Operationen durchführen kann. Die Fregatte kann vier Torpedos zum Einsatz bringen, und zwei Hubschrauber sind startbereit. Ein Schiff aber überraschte alle Beobachter, als es vor der libanesischen Küste auftauchte: Der maritime Superaufklärer »Alster«.

Dass sich das Schiff im Rahmen des deutschen Marineeinsatzes vor der libanesischen Küste aufhielt, fiel allerdings erst auf, als es zu einem Zwischenfall kam. Am 24. Oktober 2006 hatten israelische Kampfflugzeuge die Alster in geringer Höhe überflogen. Warnschüsse wurden von den Kampfflugzeugen gegen die Alster abgefeuert. Die Besatzung der Alster beobachtete, dass auch Infrarot-Täuschkörper eingesetzt wurden, die den Zweck haben, Raketen abzulenken, die gegen israelische Flugzeuge abgefeuert werden.

Noch ehe ein deutscher Protest öffentlich gegen die israelische Attacke erfolgt war, erklärte das israelische Oberkommando, dass kein deutsches Schiff beschossen worden sei. In Berlin erregte der »Scheinangriff« auf die Alster Politiker unterschiedlicher Fraktionen des Bundestags. Insbesondere die Vizevorsitzende der FDP-Fraktion empörte sich: »Die Verharmlosung des Vorfalls durch Verteidigungsminister Franz Josef Jung ist nicht hinnehmbar.« Es handle sich um einen »kapitalen Vorgang«. Dass niemand auf deutscher oder israelischer Seite zu Schaden gekommen ist, muss als Glücksfall bezeichnet werden und ist deshalb eher »Grund zur Sorge als zur Entwarnung«.

Der Zwischenfall wurde nie völlig geklärt. Militärsprecher in Tel Aviv sprachen von einem »kleineren Zwischenfall«. Die Warn-

schüsse hätten einem Hubschrauber gegolten, der als »unbe-
kanntes Flugobjekt« eine mögliche Gefahr dargestellt hätte.
Die Führung der UNO-Friedenstruppe war zu jenem Zeitpunkt
ohnehin besorgt über die zunehmende Anzahl der Einsätze der
israelischen Luftwaffe über dem Libanon. Die Verletzung des libanesischen Luftraums durch die israelische Luftwaffe störte im
Herbst 2006 alle Anstrengungen, den Konflikt abzukühlen. Die
UNIFIL-Beobachter hatten im Oktober an einem einzigen Tag
neun Verletzungen des libanesischen Luftraums durch israelische
Kampfflugzeuge festgestellt. Der französische UNIFIL-Komman-
deur Alain Pelegrini bemerkte dazu, die UN-Resolution 1701 ver-
biete derartige Luftraumverletzungen. Ernsthafter beschäftigte
ihn, dass ebenfalls im Oktober 2006 ein französisches Patrouil-
lenboot von israelischen Kampfflugzeugen »auf gefährliche
Weise« bedroht worden war. Die israelischen Piloten hätten nicht
auf französische Funksprüche reagiert. Auffällig waren die Aktivitäten der israelischen Luftwaffe vor der Küste des Libanon deshalb, weil sich Israel zu jenem Zeitpunkt peinlich genau an die
Abmachungen für Bodentruppen gehalten hat. Es musste einen
Grund geben, der die israelischen Kommandeure veranlasste, sich
besonders um die Vorgänge im libanesischen Küstenbereich zu
kümmern.
In deutschen Marinekreisen setzte sich bald schon folgende Beurteilung der Lage durch: »Das Einzige, was die Israelis wirklich
ärgert, ist die Alster.« Das Superspionageschiff war nicht als
Bestandteil des deutschen Flottenverbandes zum Einsatz in der
Terrorismusbekämpfung angemeldet worden. Die Alster unterstand nicht dem internationalen Kommando. Sie zeigte deshalb
auch keine UN-Flagge. Die Verantwortung für den Einsatz der
Alster trägt die Bundesregierung, doch ihr Einsatz soll dem
Schutz aller Schiffe des internationalen Verbandes dienen.
Auf die Frage, warum die Alster unangemeldet Dienst in brisan-
tem Gebiet ausführt, gibt die deutsche Flottenführung die Aus-

kunft: »Das Schiff befindet sich in internationalem Gewässer. Eine Informationspflicht gegenüber anderen Nationen besteht nicht.«

Ob sich die Bundesrepublik Deutschland an internationalen Unternehmungen zum Schutz des Libanon überhaupt beteiligen durfte, war lange Monate ein Streitpunkt. Die libanesische Regierung wehrte sich zunächst gegen die deutsche Beteiligung. Der Grund für die Weigerung ist darin zu suchen, dass führende Persönlichkeiten der Hisbollah Ministerposten in der libanesischen Regierung besetzt halten. Die Flottenpräsenz vor der Küste aber ist eindeutig gegen Hisbollah gerichtet. Die Schiffe sollen verhindern, dass auf dem Seeweg Waffen im Libanon eintreffen. Die Verhinderung der Waffentransporte dient also israelischen Interessen. Damit gilt die Bundesrepublik Deutschland in den Augen der Hisbollah als Verbündeter des Staates Israel, und sie versuchte mit politischen Mitteln die Überwachung der libanesischen Küstenregion zu verhindern.

Ob der Einsatz überhaupt einen Sinn hatte, ist fraglich. In Berlin ist die Meinung zu hören: »Seit der Zeit von Wilhelm II. haben wir kein so teueres und so zweckloses Flottenmanöver erlebt!«

Der Einsatz der Flotte vor der libanesischen Küste ging davon aus, dass die Waffen für Hisbollah auf dem Seeweg in den Libanon transportiert würden.

Hisbollah: »Der Lastwagen gehört uns«   Als sich die erste deutsche Marineeinheit am 10. Februar 2007 zur Rückreise in die Bundesrepublik rüstete – sie brach die Suche nach Waffenschmugglern vor der libanesischen Küste erfolglos ab –, da gab die libanesische Armee bekannt, sie habe einen Lastwagen beschlagnahmt, der Waffen und Munition für die Kampforganisation Hisbollah transportierte. Der Lastwagen sei unterwegs gewesen auf der Gebirgsstraße zwischen dem Bekaa-Tal und den südlichen Stadtvierteln von Beirut.

Ein Vertrauter von Sheikh Nasrallah protestierte gegen die Beschlagnahme: »Der Lastwagen gehört uns und die Ladung auch. Sie ist für unsere Kämpfer bestimmt, die Widerstand leisten gegen die Verbündeten der israelischen Besatzungsmacht.« Der libanesische Verteidigungsminister Elias Murr entgegnete: »Waffen und Munition werden von der regulären libanesischen Armee gebraucht, die nicht genügend ausgerüstet ist. Ich wäre der Hisbollah dankbar, wenn die Organisation freiwillig die Lastwagenladung an die Armeeführung übergeben würde.« Verteidigungsminister Elias Murr gab in diesem Zusammenhang auch bekannt, dass in der vergangenen Nacht an der Grenze zu Israel heftige Gefechte stattgefunden hatten. »Die israelische Armee ist auf libanesisches Gebiet vorgedrungen. Die Eindringlinge sind von unseren Streitkräften zurückgeschlagen worden. Dafür hätten wir die Lastwagenladung dringend gebraucht.«

Offiziere der UNO-Schutztruppen im Libanon bestätigten, dass es einen »schwerwiegenden Zwischenfall« gegeben habe. Allerdings sei niemand getötet oder verletzt worden. Auch die Führung der israelischen Streitkräfte bestätigte, dass ein Stoßtrupp mit einer Planierraupe bei Nacht unterwegs war, um Sprengsätze zu suchen, die Hisbollah in Grenznähe versteckt hätte. Ausdrücklich stellte Israel fest, der Stoßtrupp habe seine Suche auf israelisches Gebiet beschränkt. Diese Darstellung wird von libanesischer Seite bestritten. Die israelische Planierraupe sei einige Hundert Meter in den Libanon eingedrungen. Unter Beschuss sei sie wieder zurückgefahren.

Das libanesische Parlamentsmitglied Saad Hariri lobte die libanesische Armee für diesen Erfolg. Er dankte der »heldenhaften libanesischen Armee«: Sie habe gezeigt, »dass sie fähig ist, die Souveränität der Landesgrenzen zu schützen«. Ministerpräsident Fuad Siniora gab der Truppe den Befehl, jede weitere israelische Aggression abzuwehren. Siniora untermauerte damit den Anspruch der Armeeführung auf Überlassung der Ladung des beschlagnahmten

Lastwagens. Waffen und Munition würden von der Armee gebraucht, um die Sicherheit der Libanesen zu schützen. Hisbollah aber verwies auf ein Dekret des Ministerpräsidenten, das der Kampforganisation das Recht zusprach, die Grenzen der Republik zu verteidigen. Dazu würden Waffen und Munition gebraucht.

Im Zusammenhang mit dem entdeckten Waffenschmuggel auf der Straße über das Libanongebirge wurde bekannt, dass im Februar 2007 im syrisch-libanesischen Grenzgebiet weitere für Hisbollah bestimmte Waffentransporte aufgespürt wurden. Sie hatten nicht beschlagnahmt werden können, da die Regierungsstreitkräfte für diese Aufgabe zu schwach waren. Hisbollah hatte ungehindert aufrüsten können.

Am 13. Februar zeigte Hisbollah, was sie zu leisten vermochte. Im kleinen Bergdorf Ain Alak im Libanongebirge detonierten Sprengkörper in zwei Minibussen. Die Menschen der Region sind Christen und viele hatten sich an jenem Tag darauf vorbereitet, zum zweiten Jahrestag der Ermordung des einstigen Ministerpräsidenten Rafiq Hariri mit den Bussen nach Beirut zu fahren. Als der erste Bus gegen neun Uhr im Zentrum von Ain Alak startete, detonierte der Sprengkörper. Drei Männer waren sofort tot. Kurze Zeit später explodierte ein weiterer Bus, der ebenfalls nach Beirut zur Hariri-Gedenkfeier fahren sollte.

In ihm saßen weniger Personen, die Zahl der Opfer war gering. Die Absicht der Attentäter war, die Christen der Region Mount Liban zu erschrecken und von der Fahrt nach Beirut abzuhalten. Für die Polizisten von Ain Alak gab es keinen Zweifel, dass Hisbollah die Anschläge auf beide Minibusse organisiert hatte. Hisbollah hatte an Ansehen verloren, seit es ihr nicht gelungen war, die libanesischen Massen zum Sturz der Regierung Siniora zu veranlassen.

Der Gedenktag der Ermordung von Rafiq Hariri verlief ruhig. Sheikh Nasrallah musste zugeben, dass die Bombenanschläge auf die Busse die Emotionen nicht hatten weiter anheizen können.

Staatspräsident Emile Lahoud äußerte seine Skepsis: »Wir werden es nicht verhindern können, dass jede Bemühung um Frieden gestört wird. Kaum gibt es erkennbare Anzeichen, dass eine Aussöhnung im Libanon möglich ist, geschieht etwas, das alle Hoffnung zerstört.«

Präsident George W. Bush ärgerte sich darüber. Diesen Ärger gab er zu erkennen, als er seine neue Irakpolitik vorstellte. Da war die Bemerkung zu hören: »Wir haben die Verpflichtung, die Hilfeleistungen unterschiedlicher Art von Syrien und Iran für Terroristen zu unterbinden. Wir werden die Terrornetze aufspüren und zerstören.« Im Senate Foreign Relations Committee wurde die Frage gestellt, ob Präsident Bush bereits den Befehl erteilt habe, »US-Militärpersonal« in syrisches Territorium zu entsenden, um die Transportwege in den Libanon zu unterbrechen. Beunruhigung hatten Meldungen im Januar 2007 ausgelöst, US-Truppen hätten im Irak »iranische Agenten« verhaftet. Dies sei in einer Überraschungsaktion geschehen. Daraus wurde geschlossen, die Aktion sei nicht den normalen US-Verbänden befohlen worden. Daraus resultierte eine neue Frage: »Gab es bereits einen weiteren noch ›geheimen Krieg‹ in Nahost?«

Der schiitische Halbmond gegen die USA   Unter »schiitischem Halbmond« versteht man die schiitischen Staaten des Nahen und des Mittleren Ostens, die – betrachtet man sie auf der Karte – die Form eines Halbmonds bilden. Zu diesen Staaten gehören von Ost nach West: Iran, Irak, Kuwait, Bahrain und Libanon. Auch Syrien kann man zu diesen Staaten zählen, denn Syrien wird von einer alawitischen Elite beherrscht und die Alawiten sehen sich selbst als Verwandte der Schiiten – deshalb die politische Nähe der Sippe Assad zu den Regierenden in Teheran. Präsident Ahmedinejad, der in Teheran das Sprachrohr der alles beherrschenden schiitischen Geistlichkeit ist, verbirgt nicht, dass der wichtigste Ansatzpunkt der iranischen Interessen im Bogen der Staaten des schiitischen Halbmonds, im Irak, zu finden ist. Der Vertreter des iranischen Präsidenten ist Hassan Kazemi-Qumi, der iranische Botschafter in Bagdad. Er liebt den Prunk, den einst auch der Schah Mohammed Reza Pahlawi geschätzt hatte: Sessel mit vergoldeten Holzschnitzereien, Tischchen mit geschwungenen vergoldeten Beinen, faltenreiche geraffte Vorhänge, ausladende Leuchter auf Ständern.

Am 28. Januar 2007 empfing der Botschafter in jenem pompösen Sessel seines Arbeitszimmers in der Iran-Botschaft ausgewählte Journalisten. Hassan Kazemi-Qumi war offensichtlich bemüht, die iranische Position im Konflikt am Persischen Golf deutlich zu machen. Dass die Position in Bagdad deutlich gemacht wurde, war sicher in Teheran angeordnet worden.

Der iranische Botschafter überraschte mit der Mitteilung, Iran sei dabei, eine Zweigstelle der Iranischen Nationalbank in Bagdad zu eröffnen. Dies geschehe, so meinte Teherans Vertreter »unter der Nase der USA«. Der Chef der Zweigstelle der Iranischen Nationalbank, Hussein Al Uzn, wurde vorgestellt. Der Zweck des Instituts, so meinte er, sei die Förderung des Handels zwischen Iran und Irak. Die irakische Regierung habe bereitwillig die Genehmigung zur Eröffnung der Zweigstelle gegeben. »Irak ist interessiert an einer engen Zusammenarbeit mit den Verantwortlichen in Teheran. Wir wiederum machen Angebote für Kooperationen mit den Sicherheitskräften in Bagdad. Wir nennen dies Hilfe im Kampf um Stabilität. Wir sehen vor, dass wir Trainingsprogramme für die Polizeistreitkräfte vorbereiten, dass wir Waffen liefern, dass wir Berater stellen. Einige dieser Berater befinden sich bereits hier im Land. Am 21. Dezember gab es diese widerrechtlichen Verhaftungen durch US-Personal. Unsere Leute sind legitime Arbeitskräfte in Bagdad. Sie helfen unserem Nachbarn Irak. Die betreffenden Iraner sind übrigens nach neun Tagen wieder freigelassen worden.«

Der iranische Botschafter betonte ausdrücklich, dass iranische Hilfe in Bagdad besonders geschätzt wird, weil sich die Unterstützung durch die USA beim Wiederaufbau von Irak als Fehlschlag erwiesen habe.

Die Stellungnahme der US-Regierung zu den Erklärungen des iranischen Botschafters bestand zunächst aus wenigen Worten: »Iraq is currently playing a negative role in many respects.«

Die Reaktion der US-Administration beschränkte sich nicht auf diese magere Feststellung und drohte Konsequenzen an. Präsident George W. Bush sagte: »Wenn Iran seine Militäroperationen im Irak zum Nachteil unserer Truppen oder unschuldiger Iraker ausweitet, werden wir entschlossen reagieren!«

Die US-Streitkräfte im Irak gaben an, über Beweise zu verfügen, dass Iran derzeit modernste Waffen an schiitische Kampforganisationen liefert. Es handle sich um Granaten, deren Splitter eine enorme Durchschlagskraft besäßen; sie könnten Stahlplatten durchdringen. Gewaltig sei auch die Explosionskraft neuer iranischer Raketen, deren Existenz in irakischen Verstecken entdeckt worden sei.

Um zu beweisen, dass die Vereinigten Staaten auf eine Ausweitung des Konflikts im Zweistromland von Euphrat und Tigris vorbereitet sind, wurde die Ankunft eines weiteren Flugzeugträgers samt Begleitschiffen im Persischen Golf erwartet. Zu beachten ist, dass sich nur ein einziges Mal zwei Flugzeugträger im Gewässer zwischen Arabien und Iran aufgehalten haben. Als Washington überzeugt war, der Konflikt um Irak sei zu Ende, war einer der beiden Flugzeugträger abgezogen worden. Jetzt aber sollte das Kriegsschiff »John C. Stennis« die militärische Stärke der USA gegenüber Iran demonstrieren. Als der Flugzeugträger zum Persischen Golf beordert wurde, sagte Vizepräsident Dick Cheney, es handle sich »um ein warnendes Signal«, das die Führung in Teheran »zur Vernunft« bringen sollte.

Die Situation Anfang Februar 2007 beschrieb Admiral William

Fallon, designierter Kommandeur künftiger Seeoperationen am Persischen Golf, so: »Es gibt keinen Zweifel, dass sich Iran zu einer Militärmacht aufbaut, die das Ziel hat, den Einfluss der USA zurückzudrängen. Dass dies geschieht, muss verhindert werden.« Zum selben Zeitpunkt erließ Präsident Bush den Befehl: »Iranische Agenten, die in Irak die Gewalt schüren, sind zu jagen. Sie müssen gefangen genommen oder getötet werden.«

Anfang Februar 2007 äußert sich US-Vizepräsident Dick Cheney in der Zeitschrift *Newsweek*: »Weit verbreitet ist die Sorge in jener Region über den Weg, den Iran während der Präsidentschaft von Mahmud Ahmedinejad beschritten hat. Viele Menschen der Region – ich will mich da gar nicht präziser ausdrücken – fühlen sich bedroht. Ich brauche die betreffenden Regierungen gar nicht aufzuzählen. Diese Regierungen fühlen sich weit sicherer, solange die USA präsent sind am Persischen Golf. Deshalb werden wir einen zweiten Flugzeugträger dorthin entsenden. Wir wollen damit den Regierungen zu wissen geben, dass wir dort sind, um dort zu bleiben.« Dick Cheney bemerkte ausdrücklich, dass die USA auf keine Option verzichtet habe. Zu den Optionen gehöre auch ein Luftangriff auf nukleare Anlagen in Iran. Priorität aber habe eine politische Lösung, die im Rahmen der Vereinten Nationen ausgehandelt werde.

Es traf sich, dass genau zu diesem Zeitpunkt der französische Staatspräsident Jacques Chirac über die Möglichkeit sinnierte, Iran mit Atomwaffen kampfunfähig zu machen. Vor Journalisten der Zeitungen *Nouvel Observateur*, *New York Times* und *International Herald Tribune* sagte der Präsident Frankreichs: »Wenn Iran eine Atombombe besitzt – welches Ziel würde er dafür wählen? Natürlich Israel! Doch ehe diese Bombe 200 Meter von der Startrampe abgehoben hat, ist Teheran auch schon dem Erdboden gleichgemacht!« Das Problem, so meinte Jacques Chirac, sei nicht die iranische Atombombe, sondern die Gefahr, dass andere Staaten des Nahen Ostens den Iran kopieren und mit Irans Hilfe

ebenfalls versuchen, atomar aufzurüsten. Der französische Staatspräsident verwies auf Saudi-Arabien, auch dieses Königreich könne zur Atommacht werden.
Die Bemerkungen des französischen Staatschefs lösten Erstaunen aus, denn Jacques Chirac war ein »Präsident auf Abruf«. Seine Amtszeit endete am 17. Mai 2007. Dazu war bekannt, dass sich Chirac vorgenommen hatte, am Ende seiner Amtszeit mithilfe der Führung in Teheran eine Lösung für den Streit im Libanon zu finden.

Palästinensergebiete und Israel – Endlich Frieden?

Hamas erklärt: »Teheran gibt uns strategische Tiefe«   Der palästinensische Ministerpräsident Haniya erklärte in der iranischen Hauptstadt, dass das Bündnis mit Teheran und die Unterstützung durch Präsident Ahmedinejad es der Kampforganisation Hamas und damit der palästinensischen Regierung ermögliche, Zentrum des arabischen Widerstands gegen die Existenz des jüdischen Staates zu sein. Haniya sagte: »Nie wird Palästina Israel an der Ostküste des Mittelmeers dulden.« Ahmedinejad durfte feststellen, dass die Islamische Republik Iran einen wirklich treuen Verbündeten im Kampf gegen den jüdischen Staat besitze.
In der Region zwischen dem Mittelmeer und dem Persischen Golf wuchs sofort die Besorgnis, die USA seien bereit, bald einen Krieg gegen Iran zu führen – dafür hätten sogar die Monarchen der royalen Staaten am Golf Verständnis gehabt. Könige und Sultane erinnerten sich noch immer an Khomeinis bedrohliche Zielsetzung: »Wir werden den Persischen Golf in ein persisches Binnengewässer verwandeln.« Die Monarchen hatten über Jahre geglaubt, der Iraker Saddam Hussein werde diese Gefahr beseitigen. Jetzt standen nur noch die USA für die Sicherheit vor persischer Expansionslust.

Um die Aufregung in den Anrainerstaaten des Golfs zu dämpfen, fühlte sich Robert Gates, Nachfolger von Donald Rumsfeld auf dem Posten des US-Verteidigungsministers, zu folgender Erklärung verpflichtet: »Der Präsident hat es klargestellt, die Außenministerin hat es klargestellt, ich habe es klargestellt: Wir planen keinen Krieg gegen Iran. Die US-Regierung ist nur darum bemüht, iranische Agenten in der Region aufzuspüren.« Er versicherte, die Anwesenheit von zwei amerikanischen Flugzeugträgern in der Golfregion diene nicht der Vorbereitung eines Militärangriffs.

Robert Gates war nicht daran interessiert, den bestehenden militärischen Konflikt durch offenen Krieg gegen Iran auszuweiten. Die US-Regierung bemühte sich, den Aktivitäten der Hamas den religiösen Boden zu entziehen. König Abdallah von Saudi-Arabien hatte Fatah und Hamas eingeladen, Delegierte nach Mekka zu entsenden. In der Heiligen Stadt des Islam sollte ein Versöhnungsgespräch stattfinden. Die Einladung des Königs war ein kluger strategischer Zug. Hamas hätte sie nicht ablehnen können, aber ein Ereignis veränderte die Situation.

Am 29. Januar 2007 detonierte ein Sprengkörper in der israelischen Küstenstadt Eilat, am nördlichen Ende des Roten Meeres. Bisher war dort nie Derartiges geschehen; in Eilat hatte Ruhe geherrscht. Es war ein Ferienparadies gewesen. Die palästinensischen Kampforganisationen hatten sich in der Auseinandersetzung mit Israel zurückgehalten. Sie waren mit dem Konflikt untereinander beschäftigt. Zwei wichtige Ereignisse gehörten zu diesem internen Streit: der Anschlag auf den Autokonvoi des palästinensischen Außenministers Mahmud As Zahar (Hamas) und der Angriff einer Einheit der Hamas-Kämpfer auf ein Ausbildungslager der Fatah.

Der Attentäter von Eilat betrat am frühen Morgen ein Straßencafé mit Bäckerei. Trotz der Hitze trug er einen dicken schwarzen Mantel – zum Erstaunen einiger Passanten. Darunter hatte er einen Sprengkörper versteckt, der ungefähr acht Kilogramm schwer war. Die Explosion tötete drei Cafébesucher.

Die Kampforganisation Dschihad Al Islamiya bekannte sich zu dem Anschlag von Eilat und erklärte: »Gespräche zwischen Hamas und Fatah über eine gemeinsame Regierung hätten zu nichts geführt.« Aus diesem Grund hatte Dschihad Al Islamiya die Initiative ergriffen, um den berechtigten Kampf gegen Israel fortzusetzen. Hinzugefügt werden muss an dieser Stelle, dass Dschihad Al Islamiya von Teheran aus finanziert und beeinflusst wird.

Die Familie des Attentäters war stolz auf seine Tat, und die Mutter berichtete: Am 26. Januar hatte sich der Sohn in Gaza-Stadt von der Familie verabschiedet mit der Bemerkung, er werde demnächst Märtyrer sein. Die israelische Polizei stellte fest, dass sich der junge Mann – er war 21 Jahre alt – erst nach Jordanien begeben hatte, und von Aqaba aus in die israelische Hafenstadt Eilat gekommen war. In Jordanien soll er sich mit Funktionären von Dschihad Al Islamiya getroffen haben – vielleicht sogar mit Iranern, die von dort aus den Konflikt anheizen. Der Verdacht, der junge Mann habe sich von iranischen Agenten anwerben lassen, wurde von Amerikanern geäußert.

Nur wenige Tage später wurde der Verdacht der amerikanischen Spezialisten untermauert. Ein Stoßtrupp der Fatah stürmte ein Gebäude der Islamischen Universität Gaza. Die Fatah-Kämpfer fanden dort Männer, die sich als iranische Staatsbürger zu erkennen gaben. Sie arbeiteten mit Dschihad Al Islamiya zusammen. Es waren offenbar Waffenspezialisten, die damit beauftragt waren, Transporte, die zur Aufrüstung der Fatah-Verbände dienten, zu verhindern. Anfang Februar 2007 bestand die Strategie der Dschihad Al Islamiya darin, die Pläne der USA und der Israelis, nämlich die waffentechnische Überlegenheit der Fatah zu erzwingen, zum Scheitern zu bringen. Die Waffentransporte aus Israel durften die Streitkräfte des palästinensischen Staatspräsidenten Mahmud Abbas (Fatah) nicht erreichen. Für die Durchsetzung dieser Strategie wurden iranische Fachleute gebraucht.

Der Planer dieser Strategie war nicht schwer zu entdecken. Er lebt in Gaza-Stadt und heißt Ahmed Jousef. Das Gebäude, in dem sich Wohnung und Büro befinden, ist einfach. Die Ausstattung ist es auch: ein schlichter Tisch, ein Stuhl dahinter und ein Stuhl davor. Dass Ahmed Jousef zu den gläubigen Moslems unter den Palästinensern zählt, ist an seinem grauen Bart zu erkennen, der die untere Hälfte seines Gesichts umrahmt. Der 55-Jährige hatte bis vor einem halben Jahr in den USA gelebt. Er kennt die US-Politik. Er weiß, was von den USA erwartet wird: »Sie fürchten, dass Ministerpräsident Haniya (Hamas) Erfolg hat bei den Palästinensern. Das hat Haniya in Gaza allerdings schon erreicht. Im Westufergebiet des Jordan nicht. Dort sind diejenigen Personen stark, die Hoffnung auf die USA setzen. Dazu zählen Geschäftsleute. Sie haben Interesse daran, dass sich Palästina und Israel aussöhnen. Wir zögern damit, denn die Anerkennung Israels ist das letzte Pfand, das wir in der Hand haben. Wenn wir dieses Pfand jetzt weggeben, dann besitzen wir nichts mehr, das wir bei Verhandlungen der Gegenseite anbieten können. In Gaza sind die Menschen in der Mehrheit dafür, dass wir mit der Anerkennung Israels warten.«

Ahmed Jousef schloss allerdings nicht aus, dass sich der Standpunkt der Mehrheit ändern könnte. Dann entstünde vielleicht die Möglichkeit, dass sich Hamas und Fatah einigen und sich zur Bildung einer gemeinsamen Palästinenserregierung entschließen – unter Aufgabe der Ablehnung des Existenzrechts für Israel.

Ahmed Jousef gab allerdings zu erkennen, dass sich dieser Wandel der politischen Einsicht erst dann vollzieht, wenn eine junge Generation der Verantwortlichen in Palästina herangewachsen ist. Zur Überraschung der Beobachter in aller Welt versuchten dann doch die Alten noch einmal den Weg zur Einigung der Palästinenser – unter dem Druck von einer Milliarde Dollar.

Die Flammen des Hasses brennen auf Der israelische Ministerpräsident wunderte sich, dass die Feindseligkeit gerade zu dem
Zeitpunkt ausbrach, als die Radikalen der Palästinenserorganisationen unter den Einfluss der Gemäßigten zu geraten schienen.
Der saudi-arabische König Abdallah hatte Zeit und Geld eingesetzt, um Hamas und Fatah zu einer gemeinsamen Politik zu veranlassen, die den Weg bereiten sollte für eine Lösung des Konflikts
mit Israel. Der Vertrag zur Fixierung der gemeinsamen Politik war
noch nicht unterschrieben, da fuhr im Bereich der islamischen
Heiligtümer in Jerusalem schweres technisches Gerät auf: Bag-
ger, Caterpillar und Lastwagen zum Abtransport der ausgegrabe-
nen Erde. Zwei Bulldozer begannen damit, Erde abzutragen, die
bisher zu einer Rampe gehörte, die den Zugang zum Tempelberg
erleichterte. Die Arbeiten auf dem Tempelberg waren nicht angekündigt worden – die islamische Welt war überrascht, dass die
israelische Regierung Bauarbeiten in der Nähe des drittwichtigs-
ten Heiligtums des Islam begonnen hatte. In Jerusalem selbst
war die Bevölkerung empört. Den Standpunkt der Menschen, die
um den Tempelberg wohnten, brachte Mahmud Abbas, der Chef
der Fatah und der Präsident der Palästinenser, so zum Ausdruck:
»Wenn die Israelis der Al-Aqsa-Moschee, in deren Nähe die Grab-
arbeiten stattfinden, nur den geringsten Schaden zufügen, dann
ist der derzeitige Waffenstillstand aller militanten Palästinenser-
gruppen mit Israel zu Ende!« Und von der Hamas war die Drohung zu hören: »Bemerken wir an der Al-Aqsa-Moschee den
geringsten Schaden, wird ein Vulkan des Zorns über Israel her-
einbrechen.«
König Abdallah von Saudi-Arabien, der an jenem 6. Februar der
Meinung war, Positives für den Frieden zu leisten, war mit seinen
Äußerungen vorsichtig. Der König fühlte sich zwar als Hüter aller
islamischen Heiligtümer – also auch der Al-Aqsa-Moschee –,
doch zu diesem Zeitpunkt wollte er es vermeiden, Aufsehen durch
einen Konflikt zu erregen, der von seinem eigentlichen Ziel ablen-

ken würde. Die Einigkeit der Palästinenser zu schaffen, hatte Vorrang.

Am 7. Februar 2007 rief der Mufti von Jerusalem, Sheikh Mohammed Hussein, die Bewohner der Stadt auf, sich sofort zur Al-Aqsa-Moschee zu begeben, »um den heiligen Ort vor den israelischen Arbeitern zu beschützen. Da ist eine Aggression gegen die Religion im Gange. Die Söhne des palästinensischen Volkes sind aufgerufen, sich in Massen zu erheben, um die Al-Aqsa-Moschee zu bewahren.«

Unmittelbar nach diesem Aufruf zum »Massenaufstand der Palästinenser« besetzten israelische Polizeiverbände den Tempelberg. Das Areal wurde abgesperrt. Zugang bekamen palästinensische Männer nur, wenn sie mindestens 45 Jahre alt und Besitzer von Kennkarten waren. Für Frauen wurden keine Beschränkungen erlassen.

Jetzt erst waren Begründungen für die Arbeiten auf dem Tempelberg zu erfahren: Die israelische Antiquities Authority gab bekannt, »Ausgrabungen werden abgesichert, die zur Entdeckung noch unerkannter Altertümer führen sollen. Schäden sollen verhindert werden, die an Überresten früherer Zeit entstehen könnten.« Diese Begründung wurde von keinem islamischen Bewohner von Jerusalem ernst genommen.

Tausende, meist junge Männer folgten dem Aufruf, die Al-Aqsa-Moschee zu schützen. Sie besetzten das Gelände und behinderten die israelischen Arbeiter. Am 9. Februar, am Freitag – dem heiligen Wochentag des Islam – predigte der Mufti von Jerusalem auf dem Tempelberg: »Wir sind alle Zeugen der offenen Aggression gegen die Al-Aqsa-Moschee und gegen die Gläubigen.« Noch während der Predigt des Mufti griffen Steinewerfer die israelischen Polizisten an, die sich mit Gummigeschossen wehrten. Etwa 300 junge Palästinenser suchten Schutz in der Moschee. Die Mutigen blieben unter den Torbögen und warfen Steine in Richtung der Polizisten. Diese vernebelten sich und Rauchwolken raubten den Steinewerfern die Sicht. Die Polizisten aber konnten präzise schießen. Gummigeschosse trafen viele Demonstranten. 20 wurden ernsthaft verletzt. Nach israelischen Angaben mussten 15 Polizisten medizinisch behandelt werden, die sich Wunden beim Sturm auf das Innere der Al-Aqsa-Moschee zugezogen hatten.

Stunden nach dem Kampf um die Moschee ermahnte das State Department in Washington die israelischen Verantwortlichen, vorsichtig zu sein, »carrying out the repairwork around sensitive sites. We certainly hope that those sensitivities are taken into account and that these kinds of things move forward in a way that would not inflame tensions or cause problems.«

Wenige Stunden später stoppte der Bürgermeister von Jerusalem, Uri Lupolianski, die Bauarbeiten an der Al-Aqsa-Moschee. Der Bürgermeister versicherte, er werde künftig mit den islamischen Geistlichen der Stadt jede Grabung ausführlich besprechen. Uri Lupolianski zeigte Verständnis für die Sorgen und Befürchtungen der islamischen Bevölkerung der Stadt. Dieses Verständnis wirkte sich bereits am darauffolgenden Freitag aus. Demonstrationen islamischer Gläubiger gegen Israel unterblieben auf dem Tempelberg. Der Protest war zu Ende.

Erkaufte Verständigung zwischen Hamas und Fatah   Am 8. Februar 2007 verkündete König Abdallah von Saudi-Arabien in seinem Palast in Mekka, eine Einigung zwischen den beiden palästinensischen Organisationen sei erreicht. Hamas und Fatah erhielten gemeinsam eine Milliarde Dollar. Der Monarch hatte schon vor Beginn der Verhandlungen der Öffentlichkeit mitgeteilt, kein Unterhändler werde die Heilige Stadt verlassen, ehe ein Ergebnis erzielt worden sei. Mit anderen Worten, die Milliarde Dollar werde erst dann ausbezahlt, wenn sich Hamas und Fatah versprechen, ihren Zwist für alle Zeiten zu beenden.

Mit scharfen Worten hatte König Abdallah die beiden palästinensischen Chefs der Kampforganisationen zurechtgewiesen:

»Schande über euch! Dass ihr Krieg gegeneinander führt, ist eine Schande! Ihr habt nur die eine Pflicht, Palästina gegen die Juden zu verteidigen! Der Islam schreibt diese Pflicht vor!« Diese Ermahnung wirkte. König Abdallah forderte nur, dass Hamas und Fatah ihren Streit beenden, nicht aber die Aussöhnung mit Israel. In der »Vereinbarung von Mekka« vom 9. Februar 2007 wird die künftige Beziehung der Palästinenser zum jüdischen Nachbarstaat nicht erwähnt.

Hamas und Fatah hatten sich auf die Bildung einer Regierung der nationalen Einheit verständigt. Diese sollte Ministerpräsident Ismail Haniya innerhalb von fünf Wochen vorstellen. Der Regierungschef verpflichtete sich, für die Interessen des gesamten palästinensischen Volkes zu sorgen und »nationale Ziele« ins Auge zu fassen. Die Hamas würde in der neuen Regierung den Ministerpräsidenten stellen und acht weitere Ministerien erhalten. Sechs Ressorts wurden der Fatah zugesprochen. Andere politische Gruppen der Palästinenser sollten Verantwortung tragen für vier Ministerien. Für das wichtige Amt des Außenministers würde Fatah einen Kandidaten stellen, der als »unabhängig« gilt. Hamas würde zuständig sein für die Bereiche »Inneres« und »Sicherheit«.

Streitpunkt blieben die internationalen Abkommen, die von der PLO im Verlauf der letzten Jahre unterzeichnet wurden. Diese Abkommen betreffen auch die Beziehung des Autonomiegebiets zum Staat Israel. Ihre Gültigkeit wird von der Mekka-Vereinbarung nicht geregelt, aber Präsident Abbas versicherte: »Die von der PLO unterzeichneten Verpflichtungen werden von der neuen Regierung respektiert.«

Am Freitag, den 9. Februar 2007 freuten sich die meisten Palästinenser über die Nachricht aus Mekka. Sie nahmen zur Kenntnis, dass die Zeit der Bruderkämpfe zu Ende war, die seit Dezember 2006 mehr als 100 Menschenleben gefordert hatten. Doch dann begannen die Stunden der Ernüchterung – zumindest auf der

Seite von Fatah. Die Hamas stand unter dem Eindruck, sie habe gesiegt. Sie stellte den Ministerpräsidenten in der palästinensischen Regierung und ihr standen die meisten Ministerposten zu und ihr wurde die öffentliche Anerkennung der bisherigen Abmachungen zwischen PLO und Israel erspart. Unmittelbar nach dem Ende der Gespräche von Mekka sagte Ghazi Hamad, der Sprecher von Hamas: »Wir haben die bisherigen Abmachungen nicht akzeptiert – wir haben zugestanden, dass wir sie respektieren. Ich bitte sehr, diesen Unterschied zu beachten!«

Mit jeder Äußerung der Hamas-Funktionäre steigerte sich die Enttäuschung über das Ergebnis des Treffens von Mekka. Nizzar Rayyan, in Gaza ein Politiker, dessen Meinung gehört wird, sagte deutlich: »Wir werden Israel nie anerkennen. Für uns existiert Israel überhaupt nicht – weder in Realität noch in unserer Fantasie. Die Position von Hamas ist jedem bekannt. Es gibt keine Anerkennung des zionistischen Gebildes. Die künftige palästinensische Regierung steht nie unter dem Druck, die Besatzungsmacht anerkennen zu müssen.«

Auch die Freude von Mahmud Abbas, dem Präsidenten des palästinensischen Gebiets, verflog unter dem Eindruck der Hamas-Ausflüchte: »Es ging mir in erster Linie darum, das Blutvergießen zwischen Hamas und Fatah zu beenden. Die künftige palästinensische Regierung hat nur diesen einen Zweck: Keiner schießt mehr auf den anderen.«

Sufian Abu Zaida, ein Vertrauter von Mahmud Abbas, fand ein weiteres Argument für den Waffenstillstand zwischen Hamas und Fatah wichtig. »Wenn Ruhe im Gebiet der Palästinenser herrscht, werden die Zuschüsse aus Europa und aus den USA wieder fließen. Dies bedeutet, dass wieder Gehälter an Beamte und an Polizisten der Autonomieregierung bezahlt werden können. Dafür müssen in jedem Monat 120 Millionen Dollar zur Verfügung stehen – bei einem Gesamtetat von 180 Millionen Dollar. In diesem Fall kann die Zahlung von einer Milliarde Dollar aus der Staatskasse von Saudi-Arabien für die Verbesserung der Infrastruktur des Palästinensergebiets reserviert bleiben.«

Verhalten ist auch die Zustimmung zum Resultat der Gespräche in Mekka, die aus Israel zu hören ist. Benjamin Netanyahu, der einstige israelische Ministerpräsident, spottete: »Olmert ist ein stotternder Schwächling und völlig konfus. Dieser Ministerpräsident hat den Staat Israel in Gefahr gebracht. Er hat die Mauern der Isolation, die Hamas bisher umgeben haben, völlig unterminiert. Diese Mauern hatten wir mühevoll aufgebaut. Nun sind diese Mauern nichts mehr wert. Hamas ist aufgewertet worden. Olmert hat zugelassen, dass Hamas und Fatah eine Übereinkunft für eine gemeinsame Regierung geschlossen haben. Diese Regierung wird international anerkannt werden – diesen Schritt werden wir gar nicht verhindern können.«

Ministerpräsident Ehud Olmert antwortete mit derselben polemischen Schärfe: »Benjamin Netanyahu allein trägt die Schuld für den Aufstieg von Hamas. In den 1980er-Jahren war Hamas mehr eine Wohlfahrtsorganisation als eine Miliz, die Krieg gegen Israel führte. Netanyahu ist derjenige, der Hamas hochgepäppelt hat. Er hat Hamas mehrmals wiederbelebt. Netanyahu war es, der Sheikh Ahmed Jassin, der bei uns in sicherem Gewahrsam war, freigelassen hat. Netanyahu hat verhindert, dass der Anschlag gegen den Hamas-Vordenker Khaleed Mashaal in Jordanien erfolgreich zu Ende geführt wurde. Mashaal kam mit dem Leben davon, weil König Hussein sich für diesen Gegner Israels eingesetzt hat. Diese Dummheit geschah, als Netanyahu Ministerpräsident war.«

Die Sorge der israelischen Regierung, Hamas und Fatah hätten ihren Zwist überwunden und hätten einen dauerhaften Pakt geschlossen, hielt nur ein Vierteljahr.

Am 8. Februar 2006 war – begünstigt durch die Zahlung von einer Milliarde Dollar aus der königlichen Kasse Saudi-Arabiens – die Vereinbarung für die »Regierung der Einheit« zwischen Hamas und Fatah in Mekka unterzeichnet worden. Die Verantwortlichen

beider Organisationen hatten zwar die Milliarde unter sich auf-
geteilt, nicht aber Kompetenzen abgestimmt. Sowohl Hamas als
auch Fatah behielten ihre Sicherheitskräfte und Polizeiformatio-
nen. Mahmud Abbas, der Präsident des Palästinenserstaates, kommandiert die Presidential Guard, die als Elitetruppe gilt. Hamas
aber repräsentiert seit der Wahl vom Januar 2006 die Mehrheit
der Palästinenser im Parlament und fordert für sich die Kontrolle über die Sicherheitskräfte. Fatah gehorcht Präsident Mahmud
Abbas und sieht sich als Garant der öffentlichen Ordnung im
Gazastreifen und im Westufergebiet des Jordan. Weder die Presidential Guard noch die Hamas-Polizei wollten ihre Checkpoints
auf den Straßen von Gaza räumen. Anfang Mai 2007 entbrannten
Kämpfe, die von Tag zu Tag an Heftigkeit zunahmen. Opfer gab
es auf beiden Seiten. Schließlich geriet das Wohngebäude von
Ministerpräsident Ismail Haniya unter Beschuss.
Am 14. Mai erklärte der palästinensische Innenminister Hani Al
Qawasmeh seinen Rücktritt. Der Hamas-Funktionär gab als
Grund dafür an, die Situation auf den Straßen von Gaza mache es
seinen Männern unmöglich, den Gefechten unter der Bevölkerung Einhalt zu bieten. 17 Männer waren seit Beginn der Stra-
ßenkämpfe ums Leben gekommen. Mehrere Waffenstillstands-
versuche waren gescheitert – Abgesandte des ägyptischen Präsidenten Husni Mubarak hatten Vermittlungsgespräche zwischen
Hamas und Fatah geführt. Vereinbarungen hatten sich als nicht
haltbar erwiesen. Husni Mubarak gab Ende Mai 2007 im Einvernehmen mit dem König von Saudi-Arabien die Bemühungen auf,
den Bruderkrieg in Palästina zu beenden.
Nun war klar, was Hamas in Wahrheit bezweckt hatte. Die islamische Organisation schoss nach einer Pause von einem Vierteljahr wieder Raketen auf israelisches Territorium ab. Die Wirkung
der Explosionen war gering, doch die Einschläge wurden von der
Regierung Olmert als Signal verstanden, dass Hamas bereit war,
den Waffenstillstand zu brechen. Dieses Signal wurde auch im

Libanon registriert. Dort war die Wiederaufrüstung weit fortgeschritten. Hamas und Hisbollah waren bereit, eine gemeinsame Front gegen Israel zu bilden. Rücksicht auf die Regierung der Palästinenser oder des Libanon nehmen beide nicht.

USA und Saudi-Arabien – Verschiedene Intentionen für das gleiche Ziel   Sowohl die USA als auch Saudi-Arabien setzen sich dafür ein, dass es zu einem dauerhaften Frieden zwischen Palästinensern und Israelis kommt und in absehbarer Zeit ein palästinensischer Staat neben Israel existieren wird. Doch ihre Ansichten, wie die Zweistaatenlösung zu realisieren ist, sind unterschiedlich.

Die USA sehen Hamas als Hindernis auf dem Weg der Aussöhnung zwischen Palästinensern und Israelis: »Hamas ist ein Element des Terrors!« Dies ist die unumstößliche Meinung der US-Regierung unter Präsident Bush, die sich die Aufgabe gegeben hat, den weltweiten Terrorismus zu bekämpfen. Deshalb soll mit Unterstützung der europäischen Staaten Hamas neutralisiert werden.

Die regierende – sunnitische – Familie von Saudi-Arabien aber sieht in der sunnitischen Kampforganisation einen sunnitischen Verbündeten, der davor bewahrt werden muss, in schiitische Fänge zu geraten. Ein Beispiel beweist das. Am 7. Dezember 2006 besuchte der palästinensische Ministerpräsident Ismail Haniya Teheran. Es war seine erste Auslandsreise, seit er sein Amt übernommen hatte. Haniya traf Präsident Mahmud Ahmedinejad. Dieser versprach dem Palästinenserstaat künftig 120 Millionen Dollar. Am 29. Dezember schickte König Abdallah ein Flugzeug der Königlich Saudi-Arabischen Luftlinie nach Teheran, um den palästinensischen Ministerpräsidenten abzuholen. In Riyadh wartete der König auf ihn. Lange Gespräche zwischen dem sunnitischen Monarchen und dem sunnitischen Ministerpräsidenten fanden statt. Themen waren Iran und Geld.

Währenddessen konferierte Condoleezza Rice mit ihrer israelischen Kollegin Tzipi Livni. Das Ziel der Gespräche war, die Verhandlungen zwischen dem palästinensischen Staatspräsidenten Abbas und dem israelischen Ministerpräsidenten Olmert zu beleben – unter Ausschaltung der Hamas. Wenn diese Verhandlungen wieder stattfänden und wenn sie erste Erfolge der Verständigung zwischen der Autonomieregierung und der israelischen Regierung aufweisen könnten, würde Staatspräsident Abbas Neuwahlen in den Palästinensergebieten ausschreiben – in der Hoffnung, dass diesmal Fatah gewinnen würde. Wäre Fatah erst stärkste politische Kraft in Ramallah und Gaza, wären die Voraussetzungen geschaffen für Friedensverhandlungen zwischen der neuen palästinensischen und der israelischen Regierung – unter dem Protektorat der USA. Die Außenministerinnen Rice und Livni pflegten dabei die Illusion, man könne Hamas unter diesen Voraussetzungen verbieten.

Diese Entwicklung aber wollte die königliche Familie von Saudi-Arabien verhindern. König Abdallah forderte deshalb die Vertreter von Hamas und Fatah zu den Gesprächen nach Mekka auf, um dort ihre Feindschaft zu beenden und um die Grundlagen für die palästinensische Einheitsregierung zu legen – allerdings nicht mit dem Ziel, Frieden zu schließen mit Israel. König Abdallah hatte mit der »Aussöhnung« zwischen Hamas und Fatah erreicht, dass Hamas seine Absicht aufgab, sich unter den Schirm des iranischen Regimes zu stellen.

Sobald dieses Ziel erreicht war, zog sich der König von Saudi-Arabien aus den Verhandlungen um Palästina zurück. Am Frieden zwischen der palästinensischen Unionsregierung und Israel war der Monarch nicht interessiert. Condoleezza Rice spürte rasch, dass Saudi-Arabien die USA »ausmanövriert« hatte; für den Frieden in Nahost war derzeit nichts zu erreichen. Als die US-Außenministerin Mahmud Abbas Mitte Februar 2006 in Ramallah traf, beschrieb dieser die Situation ganz offen so: »Beim besten Willen war nicht mehr zu erreichen. Hamas ist nicht bereit, Zugeständnisse in Richtung auf das Existenzrecht Israels zu machen.« Rice antwortete, sie habe Geduld und warte, bis sich die palästinensische Regierung gebildet habe. Sie befürchtete allerdings, in eine »diplomatische Wassertreterei« – viele Treffen ohne Resultate – hineingezogen zu werden.

Am 21. Februar zeigte sich Ehud Olmert weit weniger skeptisch: »Ich bin bereit, mich so oft es nötig ist mit dem Palästinenserpräsidenten Mahmud Abbas zu treffen.« Olmert war der Meinung, Hamas werde eines Tages doch nachgeben.

Spöttisch war die Reaktion der Hamas-Führung auf Olmerts Feststellung. »Wir haben wahrhaftig nichts dagegen, dass sich Abbas und Olmert treffen – solange die beiden nicht von uns verlangen, wir sollen die Existenz des jüdischen Staates anerkennen.« Condoleezza Rice behielt recht mit ihrer Befürchtung.

Es war diesmal der König von Jordanien, der die US-Regierung bat, nicht in ihren Bemühungen um eine friedliche Lösung des Konflikts nachzulassen. Die US-Außenministerin reagierte rasch. Condoleezza Rice verschickte Einladungen an die Geheimdienstchefs von Ägypten und Jordanien und an Sicherheitsbeauftragte der Vereinigten Arabischen Emirate zu einer Konferenz in der jordanischen Hauptstadt. Die Außenministerin drückte die Hoffnung aus, dass die Gäste Vorschläge unterbreiten, wie Hamas zur Nachgiebigkeit gegenüber Israel zu veranlassen sei. An der Konferenz, die am 20. Februar 2006 in Amman stattfand, nahmen auch Prinz Bandar Ibn Sultan aus Saudi-Arabien und Omar Suleiman, der Chef der ägyptischen Geheimpolizei, teil. Ein greifbares Resultat wurde nicht erzielt, obwohl der Ägypter Omar Suleiman über exzellente Kontakte zu Hamas verfügte. Die Teilnehmer an der Sitzung waren sich nur darin einig, dass George W. Bush durch politischen Druck Israel zur Nachgiebigkeit veranlassen müsse, doch diesen Vorschlag lehnte Condoleezza Rice ab. Sie hielt es für klug, den Kontakt zu Mahmud Abbas nicht abreißen zu lassen, und wollte den Friedensprozess »low profile« weiter verfolgen.

Zu dieser Zeit befand sich Ehud Olmert zu Beratungen in der

Türkei. Von diesem Besuch versprach er sich Aufschlüsse über die Haltung der US-Regierung. Olmert war sich bewusst, dass Ankara mehr über die Intentionen des State Department wusste. Doch Olmert erfuhr nur wenig Befriedigendes. Die US-Administration war offenbar nur bereit, eine positive Haltung gegenüber einem Palästinenserstaat einzunehmen, im Fall der alleinigen Regierungsbildung durch Fatah. Olmert zog daraus das Fazit: »Die USA zeigen nur geringe Beweglichkeit!«

Am 24. Februar 2006 drangen rund 100 israelische Panzer mit Jeeps in die Stadt Nablus im Westjordanland ein. Die Besatzungen der Fahrzeuge hatten den Auftrag, verborgene Produktionsstätten von Waffen und Munition zu suchen. Dazu wurden alle in die Stadt führenden Straßen abgesperrt. Die Bevölkerung von Nablus durfte die Häuser nicht verlassen.

Sehr rasch stellte sich heraus, dass sich die Israelis auch für die Rekrutierungszentren der Hamas interessierten. Hier wurden junge Männer angeworben, die für den Kampf der Hamas im Gazastreifen benötigt wurden.

Ghazi Hamad, der von Hamas autorisiert war, erkannte allerdings einen anderen Grund für die Militäraktion: »Ich frage mich, warum der Überfall auf Nablus gerade jetzt stattfand. Ich nehme an, die Militärs in Israel wollen eine Beruhigung der Situation verhindern. Sie werden eines erreichen: Die palästinensische Einheitsregierung wird nicht gebildet werden.« Die wichtigste Aussage des Hamas-Funktionärs war aber: »Die USA haben das Interesse an uns verloren. Bush blickt auf Iran!«

Iran – Bedrohung des Westens

Die Vereinigten Arabischen Emirate (VAE) haben Angst vor Iran
Die Nachricht aus Abu Dhabi war schon länger erwartet worden. Die Emire der Vereinigten Arabischen Emirate (VAE) diskutier-

ten, ob sie in der Lage sind, bei einem Konflikt zwischen USA und Iran nicht in die Auseinandersetzung hineingezogen zu werden und welche Mittel ihnen zur Verfügung stehen, sich zu wehren.

Dem State Department sind Informationen zugetragen worden, dass insbesondere das Emirat Abu Dhabi Anfragen an potenzielle Waffenhändler gerichtet hat, die moderne Waffensysteme zum Kauf angeboten haben. Ganz offensichtlich ist es das Ziel, die Armee der Vereinigten Arabischen Emirate aufzurüsten.

Normalerweise sind die Militärs aller Golfstaaten sehr zurückhaltend bei Gesprächen zum Thema »Stand der militärischen Rüstung«. Neuerdings aber werden amerikanische Militärspezialisten, die im Dienst der US-Botschaften stehen, um ihre Meinung des Rüstungsstandes der Golfstaaten gebeten. Direkte Fragen nach der Nützlichkeit der Anschaffung von Patriot-Raketenabwehrsystemen werden gestellt. Die Fragen spiegeln die Sorge vor iranischen »ballistic missiles«.

Die Golfstaaten hatten sich, seit Großbritannien das Interesse am Gebiet »ostwärts von Sues« verloren hat, immer darauf verlassen, dass sich die USA um die Zukunft der Emirate kümmern. Die Präsenz der US-Streitkräfte am Golf war beruhigend für Sheikhs und Emire. Dazu gehörte auch die Gewissheit, dass die 5. US-Flotte in Bahrain stationiert war, dass sich die zentrale Kommandostelle für die US-Schiffseinheiten in Qatar befand und dass Schiffsreparaturen in Häfen der VAE ausgeführt wurden. Im Emirat Dubai befindet sich in der Nähe der Freihandelszone Jebel Ali der bedeutendste Tiefwasserhafen der Region. Dort können sogar die Inspektionen der Flugzeugträger unternommen werden.

Seine Dankbarkeit gegenüber den USA brachte in der zweiten Februarhälfte 2007 Sheikh Khalifa bin Zayed Al Nahayan zum Ausdruck – der Sheikh ist Emir von Abu Dhabi und Präsident der VAE. Er sprach aus Anlass der Messe für Militärische Ausrüstung, die jährlich zweimal in den VAE stattfindet. Diese Messe ist der bedeutendste Waffenmarkt für die gesamte Region des Persisch-Arabischen Golfs. Die Emirate als Veranstalter waren 2007 stolz darauf, dass 900 Waffenhändler und Waffenproduzenten die Messe besuchten. Sie war für die reichen Golfstaaten die Gelegenheit, die Effektivität ihrer Streitkräfte waffentechnisch zu steigern. Warum er selbst die Messe besuchte, begründete der Präsident der VAE so: »Wir sind überzeugt, dass wir nur durch militärische Schlagkraft den Frieden bewahren können. Nur ein starkes Volk, das in der Lage ist, Angriffe zurückzuschlagen, kann sich wirklich sicher nennen. Deshalb interessieren wir uns für militärische Ausrüstung von hohem Standard.«

Die wichtigsten Kunden des ersten Waffenmarktes 2007 waren Saudi-Arabien, Kuwait und das Sultanat Oman. Saudi-Arabien hat 21 Milliarden Dollar für Waffenkäufe ausgegeben, Kuwait vier Milliarden und Oman 2,7 Milliarden Dollar.

Alle Optionen offen   »Wir haben keine Option vom Tisch genommen.« Keine Äußerung von Präsident George W. Bush hat während der ersten Monate des Jahres 2007 mehr verwundert als diese. Damit brachte er zum Ausdruck, er wolle zwar mit Teheran verhandeln, doch der Gedanke an Krieg mit Iran sei immer noch lebendig.

Präsident Ahmedinejad sorgte durch seine Äußerungen dafür, dass die USA die Möglichkeit eines Krieges nicht aus der Planung genommen haben. Ahmedinejad milderte auch im Frühjahr 2007 seinen aggressiven Ton nicht. Washington musste diese Sätze zur Kenntnis nehmen: »Der Zug der iranischen Nation fährt ohne Bremsen in Richtung Zukunft und ohne Rückwärtsgang. Wir haben schon vor einiger Zeit Bremsen und Rückwärtsgang über Bord geworfen. Die westlichen Nationen sind überhaupt nicht daran interessiert, dass unsere Zentrifugen zur Urananreicherung wirklich funktionieren. Was die westlichen Nationen bewegt, ist das Bewusstsein, dass sie nicht mehr allein im Besitz des Geheimnisses um Atomwaffen sind. Ihre Macht ist durch uns zerbrechlich geworden.«

Dass Ahmedinejad derart selbstbewusst sprach, reflektiert den Stolz darauf, dass Teheran zum ersten Mal in der persischen Geschichte die Kraft besitzt, den westlichen Mächten Respekt abzuverlangen. Das iranische Selbstbewusstsein wird aber auch dadurch begünstigt, dass Politiker und Militärs der USA damit beschäftigt sind, dem Irak Stabilität zu verschaffen und sich die irakischen Ölvorräte zu sichern.

Die Zeitschrift *New Yorker* veröffentlichte am 25. Februar 2007 einen Artikel, der über Bedrohungen gegen Iran informiert, die allerdings nicht ernst genommen wurden. Berichtet wurde, US-Agenten seien im Land der Ayatollahs unterwegs, um mögliche Ziele der iranischen Nuklearindustrie zu identifizieren, damit diese auf Anhieb zerstört werden könnten. Die US-Agenten seien auch darauf angesetzt, mit Kreisen der Opposition Kontakt aufzunehmen. Diese Kreise sollten einen Umsturz in der Islamischen Republik vorbereiten. Präsident Ahmedinejad beauftragte den iranischen stellvertretenden Außenminister Menoucher Mohammadi, öffentlich zu erklären, die Islamische Republik sei auf einen Krieg vorbereitet. Dieselbe Quelle gab auch bekannt, iranische Raketenbatterien hätten erfolgreich Übungen durchgeführt.

Das Iranian Aerospace Research Center gab zur gleichen Zeit Fotos zur Publikation frei, die eine Rakete erkennen lassen, die zum »Weltraumflug« gestartet ist. Die Rakete »was launched successfully into space«. Welche Höhe die Rakete erreicht hatte, wurde allerdings nicht angegeben.

Ängste der USA, Iran werde bald in der Lage sein, wirklich Weltraumflüge zu unternehmen, wurden durch die offizielle Erklärung gedämpft, die Rakete werde benötigt, um Satelliten zum Himmel zu schicken, die von Iran für die Verbesserung der Telekommunikation dringend gebraucht würden.

Washington zeigte kein Interesse an den iranischen ballistischen

Raketen. Condoleezza Rice sagte: »Ich möchte ausdrücklich betonen, dass wir nur die Einstellung der Urananreicherung erreichen wollen. Ist dieses Ziel erreicht, sind wir bereit zu jeder Art von Verhandlungen mit Iran, an jedem Ort und zu jedem Zeitpunkt.« Am 21. Februar 2007 lief die Frist ab, die der Weltsicherheitsrat der iranischen Regierung gesetzt hatte. Innerhalb dieser Frist sollte sich Iran bereit erklären, seine Urananreicherung einzustellen. Iran sollte nicht in die Lage versetzt werden, Nuklearmaterial zu produzieren, das für die Herstellung von Atombomben verwendet werden könnte. Am 23. Dezember 2006 hatte der Weltsicherheitsrat damit gedroht, ernsthafte Sanktionen gegen Iran zu verhängen.

Unmittelbar nach Ablauf der Frist begannen in London die Arbeiten an der revidierten Textfassung eines UN-Beschlusses, von dem größere Wirkung erwartet wurde: Ahmedinejad sollte gezwungen werden, endlich den Forderungen der USA, der Briten und der Franzosen nachzugeben. Über die erste Konferenz zur Revision der Texte in London, an der auch Delegierte der Bundesrepublik Deutschland teilnahmen, urteilte der Political Director of the British Foreign Office: »Wir haben uns verpflichtet, eine Verhandlungslösung zu erreichen. Eines haben wir erreicht: In Teheran finden bereits Gespräche darüber statt, ob Iran klug handelt, seinen harten Kurs fortzusetzen.«

Bekannt geworden sind Äußerungen der obersten geistlichen Autorität des Iran, Ayatollah Ali Chamenei. Er trägt im Gegensatz zu Ahmedinejad den schwarzen Turban, der ihn als direkten Nachkommen des Propheten Mohammed ausweist. Was Chamenei sagt, darf von niemandem angezweifelt werden. Seine Worte sind zu respektieren. Die Äußerung des Ayatollah hat Gewicht. Er forderte den Präsidenten auf, sich im Atomstreit »weise zu verhalten« und »jede Polemik zu unterlassen«. Expräsident Khatami schrieb einen Artikel in der Zeitung *Dschumhuri Islamiya* (Islamische Republik), in dem er dem derzeitigen Präsidenten mangelnde »politische Professionalität« vorwarf. Deutlich war Khatamis Aussage, dass die Islamische Republik Iran nicht an einer Ausweitung des Konflikts mit USA und dem Westen interessiert sei. Ahmedinejad konterte diese Zurechtweisung: »Wenn Iran gegenüber den USA Schwäche und Zurückhaltung zeigt, werden die Forderungen der USA immer weitreichender. Das iranische Volk muss Widerstand leisten. Dann weichen die Feinde zurück.«

Das Aufbäumen von Präsident Ahmedinejad dauerte nur wenige Tage, dann verstummten seine verbalen Angriffe auf den Westen, auf die USA und auf Israel. Dagegen waren Stimmen zu hören, die Kritik übten an denjenigen, die im Dezember 2006 in Teheran eine »Holocaust-Konferenz« veranstaltet hatten. Diese Konferenz hatte den Zweck, zu behaupten, dass die Vernichtung der Juden während des Zweiten Weltkriegs ein »Mythos« sei, der nichts mit der Realität zu tun habe. Am Schluss der Holocaust-Konferenz wurde festgestellt, dass der Holocaust eine Legende sei, die von »Zionisten erfunden worden ist, um die Gründung des Staates Israel zu rechtfertigen«.

Die Kritiker der Holocaust-Konferenz vom Dezember 2006 zeigten den Mut, festzustellen, dass die Vernichtung der Juden eine »historische Realität« darstelle, die nicht geleugnet werden könne. Die Kritiker scharten sich um Akbar Alemi, den Abgeordneten aus Täbriz. Er fragte die Regierung des Ahmedinejad in einer öffentlichen Sitzung: »Warum beschäftigen wir uns mit dem Thema Holocaust? Diese Ereignisse liegen 60 Jahre zurück.« In Israel wurden die neuen Töne aus Teheran mit Zurückhaltung und Vorsicht vermerkt.

Israel – Der stärkste Staat zeigt Schwäche

»Ariel, wach auf! – Olmert liegt im Koma«   Im Februar 2007 hörte man in Tel Aviv häufig den Satz: »Ariel, wach auf! – Olmert liegt im Koma.« Viele waren der Ansicht, dass Israel derzeit von einem Politiker regiert wird, der auf die Ereignisse politischer und militärischer Art ringsum in der Region nicht reagiert. Der Spruch bringt zum Ausdruck, dass sich die Menschen zwischen Jordan und Mittelmeer zur Zeit von Ariel Sharon besser aufgehoben gefühlt hatten – doch Ariel Sharon liegt seit einem Jahr im Koma.

Gerade um diese Zeit, als die Bürger Israels sich nur verkniffen über den Spruch amüsieren konnten, wies der Kolumnist einiger bedeutender Zeitungen – zum Beispiel der *International Herald Tribune* –, Thomas L. Friedman, auf ein Foto hin, das er für ungewöhnlich, aber doch für Israel derzeit für symptomatisch hielt: Verteidigungsminister Amin Peretz blickt durch ein Fernglas in Richtung Golanhöhen. Das Besondere dieses Fotos ist, dass beide Gläser des Binokulars durch Klappen verdeckt sind. Thomas L. Friedman interpretierte dieses Pressefoto so: »Israels Führung hat selbst dafür gesorgt, dass sie blind ist. Sie hat sich bizarr benommen, wenn nicht sogar kriminell« (*International Herald Tribune* vom 1. März 2007). Kernaussage des Kolumnisten ist der Satz: »There is a growing feeling that something ist deeply rotten in the Israeli political system.«

Folgende Beispiele führt Thomas L. Friedman an: Vorwurf der Vergewaltigung gegen den israelischen Staatspräsidenten Moshe Katsav, Vorwurf der Korruption gegen Ministerpräsident Ehud Olmert, Entlassung von Olmerts Bürochef aus dem Dienst, Rücktritt des Chefs der Steuerbehörde und Anklage gegen den früheren Justizminister wegen unmoralischen Benehmens gegenüber einer Mitarbeiterin. Friedman beschließt seine Liste mit den Worten: »There is more, but I don't have space.« Er befürchtet politische Auswirkungen: »When the cabinet ist so weak, no peace deal is likely with the Palestinians because no leader has the strength to push it through.«

Friedman zitiert einen einflussreichen Analysten, der meint: »Nie in meinem Leben habe ich eine derartige Verachtung für die

Regierung durch beinahe jeden gesehen, wie sie derzeit zu bemerken ist – gleichgültig, ob Jude oder Araber, ob politisch links oder rechts oder zum zusammenbrechenden Zentrum gehörend. Da besteht ein riesiger Kontrast zwischen der wirtschaftlichen Situation Israels, die nie besser war als heute, und der Regierung, die nie schlechter war als heute.«

Zur schlechten Stimmung gegenüber der israelischen Regierung trägt vor allem die Furcht der Bevölkerung bei, ihr Land sei der Gefahr eines iranischen Angriffs allein ausgeliefert. Der israelische Minister for Strategy Affairs, Avigdor Lieberman, trug Mitte Februar 2007 zu dieser Besorgnis bei. Ohne direkten Anlass sagte der Minister: »Wir stehen Iran ganz allein gegenüber. Wir können nicht mit gekreuzten Armen geduldig abwarten, bis wir mit nicht-konventionellen Waffen angegriffen werden.« Avigdor Lieberman war offenbar der Meinung, Iran sei nur deshalb bei der raschen Entwicklung einer Atomwaffe behindert, weil seine Spezialisten auf technische Schwierigkeiten gestoßen sind, die mit konventionellen Mitteln und Methoden bereinigt werden können. Die Schwierigkeiten hätten auf keinen Fall ihre Ursache darin, dass die iranischen Forscher und Spezialisten durch die Auswirkungen der international verhängten Sanktionen in ihrer Arbeit behindert werden. Die International Atomic Energy Agency hat – nach Meinung des Avigdor Lieberman – keine Maßnahme entwickelt, die Irans Entwicklung einer Atomwaffe wirklich aufhalten kann. Minister Lieberman zieht das Fazit: »Wir müssen darauf gefasst sein, dass Iran die Fähigkeit besitzt, Atomwaffen zu entwickeln. Wirtschaftssanktionen hindern Iran daran nicht.«

Mitte Februar 2007 verkündete Russland überraschend seine Bereitschaft, Irans Urananreicherung zu stoppen. Russlands Federal Agency Rusatom gab bekannt, die Lieferung von atomarem Material für den iranischen Reaktor Bushir werde nicht wie vorgesehen stattfinden. Die Veröffentlichung des Beschlusses geschah unmittelbar nach Gesprächen, die Russlands Chef der

Federal Agency Rusatom mit Ali Hoseinitash, dem stellvertretenden Vorsitzenden des iranischen Supreme National Security Council, in Moskau geführt hatten. Während dieser Gespräche hatte Russland die Forderung erhoben, Iran möge sich endlich bereit erklären, den Forderungen der Vereinten Nationen nachzugeben. Die Regierung in Teheran könne nicht länger den Zutritt zu den Atomanlagen von Natanz bei Isfahan verweigern. Das Ausbleiben der Lieferung von atomarem Material aus Russland hatte für Iran die Konsequenz, dass der Reaktor Bushir im September 2007 nicht wie vorgesehen in Betrieb genommen werden konnte.

In Israel wird mit Befriedigung zur Kenntnis genommen, dass Russland die Lieferung des atomaren Materials für den Reaktor Bushir eingestellt hat. Diese Befriedigung relativiert sich allerdings, weil die russische Atomagentur die Liefersperre nicht aus politischen Gründen verhängt hat, sondern weil Teheran während der zurückliegenden zwei Monate fällige Geldbeträge in Höhe von 25 Millionen Dollar nicht überwiesen habe. Die Schuld an der Verzögerung der Inbetriebnahme des Reaktors liege deshalb, nach russischer Meinung, bei den in Teheran Verantwortlichen. Eine iranische Stellungnahme zu dieser Erklärung aus Moskau liegt nicht vor. Anzunehmen ist, dass Teheran die ausstehenden Beträge ohne weitere Verzögerung nach Moskau überwiesen hat.

Die spürbare Entspannung zwischen Teheran und Moskau nützte der frühere iranische Staatspräsident Mohammed Khatami – er war von 1997 bis 2005 iranischer Staatschef gewesen – zu einer energischen Abmahnung an die Adresse seines Nachfolgers Ahmedinejad: »Die Islamische Republik Iran muss sich bemühen, Konflikte mit Weltmächten nicht zu provozieren. Iran hätte in diesem Fall einen hohen Preis zu zahlen!« Aus Khatamis Mahnung sprach die Sorge, dass der UN-Sicherheitsrat, über die im Dezember 2006 verhängten Sanktionen hinaus, auf Drängen der

USA gegen Iran verschärfte Maßnahmen beschließen könnte. Khatamis Besorgnis erfüllte sich nicht. Nach langen Beratungen hatten sich die Mitglieder des Sicherheitsrats auf den Beschluss geeinigt: »Dem Iran ist es verboten, Waffen zu verkaufen. Wachsamkeit und Zurückhaltung sollen bei der Lieferung von schwerem Kriegsgerät an Iran beachtet werden. Die Guthaben der Kommandeure der Revolutionären Garden in westlichen Ländern werden eingefroren. Die Weltbank wird aufgefordert, keine Kredite an Iran zu vergeben. Ausgenommen sind Darlehen für humanitäre Güter wie Medikamente und Lebensmittel.«

Israel – Der einzige stabile Staat des Nahen Ostens zeigt Schwäche   Ende April 2007 erwartete Israel mit Spannung die Veröffentlichung des Winograd-Komitees, das beauftragt worden war, die israelische Politik und die israelische Kriegführung während des Konflikts mit der libanesisch-schiitischen Kampforganisation Hisbollah im Sommer 2006 zu beurteilen. Das Winograd-Komitee war von der israelischen Regierung, unter dem Druck der Öffentlichkeit, die Aufklärung forderte über die Umstände der Entstehung des Konfliktes mit Hisbollah, eingesetzt worden. Zum Vorsitzenden des Untersuchungsausschusses war der pensionierte Richter Eliyahu Winograd ernannt worden.

Noch ehe konkrete Ergebnisse an die Öffentlichkeit gelangten, wurde Ministerpräsident Ehud Olmert aufgefordert, seinen Rücktritt zu erklären. Gerüchten zufolge war das enttäuschende Ergebnis des Feldzugs darauf zurückzuführen, dass Olmert, Verteidigungsminister Amir Peretz und der Stabschef der Armee, Dan Halutz, versagt hätten. Dan Halutz war bereits im Januar zurückgetreten – und hatte damit seine Führungsfehler eingestanden. Seit diesem voreiligen Rücktritt galt die Position des Regierungschefs als entscheidend geschwächt.

Als Kopf der Opposition erwies sich Tzipi Livni, die israelische Außenministerin, 1958 in Tel Aviv geboren. Ihre politische Laufbahn hatte Ariel Sharon gefördert. Er sorgte dafür, dass Tzipi Livni einen Sitz in der Knesset erhielt. Ariel Sharon hatte gehofft, dass sein »Ziehkind« einen seiner beiden Söhne heiraten würde, doch sie zog die rasche politische Karriere der Familiengründung vor. Sie wurde zunächst Ministerin für Regionale Kooperation, doch ihr Ehrgeiz war damit nicht befriedigt. Sie wollte dem Beispiel von Golda Meir folgen: Livni wollte ganz an die Spitze der israelischen Regierung. Sie wurde zunächst Landwirtschaftsministerin, dann wurde sie zuständig für »Immigration und Integration« und übernahm schließlich das Justizressort.

Ereignisse, die sie nicht hatte beeinflussen können, blockierten ihren weiteren Weg nach oben: Im Januar 2006 schied Ariel Sharon durch Krankheit aus der Politik aus. Ehud Olmert schien die richtige Persönlichkeit zu sein, Israel in die Zukunft zu führen. Gesucht wurde eine »Vaterfigur«.

Livni galt nicht als voll vertrauenswürdig. Ihr wurde das Außenministerium übertragen. Damit geriet sie nicht in das Visier der Kritiker der israelischen politischen und militärischen Führung. Von ihr waren keine markigen Worte von der »Zerschlagung der Hisbollah« zu hören und sie versprach keine raschen Erfolge. Ehud Olmert aber konnte seine Versprechen schließlich nicht einhalten.

Der Winograd-Untersuchungsbericht weist dem Ministerpräsidenten nach, die Kriegsziele ohne Beratung mit den militärischen Spezialisten fixiert zu haben. Die Generalstäbler waren nicht gefragt worden, welche Ziele wirklich angestrebt werden können. Wörtlich ist im Bericht zu lesen: »Entscheidungen wurden getroffen ohne Prüfung der Gegebenheiten des Libanon in militärischer, politischer und diplomatischer Hinsicht.« Leichtfertig sei dem Grundsatz vertraut worden, dass Luftüberlegenheit allein zum Sieg führen würde. Doch Angriffe aus der Luft, dies ist die Erkenntnis des Winograd-Komitees, seien nie wirklich kriegsentscheidend gewesen.

Die israelischen Zeitungen nahmen die Kritik der Kommission sofort auf. In den ersten Tagen im Mai 2007 vertrat *Maariv* die Meinung: »Es ist bitter für Olmerts Mitarbeiter, doch sie kennen die Wahrheit. Der Premierminister kann nicht auf seinem Posten bleiben. Der Premierminister muss nach Hause gehen!« Außenministerin Tzipi Livni griff die Parole auf und forderte den Rücktritt von Ehud Olmert. Doch am 6. Mai, einem Sonntag, begriff die Außenministerin, dass kaum jemand daran dachte, sie zur Premierministerin des Staates Israel zu befördern. Tzipi Livni hielt es deshalb für klug, sich mit Olmert zu verständigen.

Dazu beigetragen haben weniger Argumente, die Fehler in der Kriegführung des Sommers 2006 betrafen, sondern ein aktuelles Problem der Auseinandersetzung zwischen den israelischen politischen Parteien. Bisher hatte sich Ehud Olmert als Zugpferd für die Kadima-Partei erwiesen. Wenn Olmert die Parteispitze verließ, war damit zu rechnen, dass Kadima eine Niederlage erlitt – daran aber wollte Tzipi Livni nicht schuld sein. Sie erklärte deshalb am 6. Mai ihre Bereitschaft zur weiteren Zusammenarbeit mit Olmert – unter Führung des Ministerpräsidenten.

Diese Nachgiebigkeit schadete ihr jedoch. Der Kommentator der Zeitung *Jediot Achronot* verglich Frau Livni mit einem »verschreckten Häschen, das fürchtet, von einem Auto überfahren zu werden«. Das Fazit der Zeitung: Frau Livni sei weit entfernt davon, für das Amt des Ministerpräsidenten geeignet zu sein. Jetzt erinnerte sich mancher Politiker und Kommentator, dass Tzipi Livni auch Vizepremier war und dass sie dieses Amt als stellvertretender Regierungschef behalten wollte. Die Frage stellte sich, wie dieses Festhalten an der Position zu vereinbaren ist mit dem gescheiterten Versuch, Olmert aus dem Amt zu treiben. Die Folge war, dass Livni selbst mit Rücktrittsforderungen konfrontiert war.

Doch dann kam die Wende. Livni blieb im Amt, und auch der Ministerpräsident wurde im Verlauf des Mai nicht zum Rücktritt veranlasst. Der Grund: Niemand anderer wurde für fähig gehalten, der israelischen Innen- und Außenpolitik zukunftsweisende Impulse zu geben. Die verfahrene Situation beschrieb der Kolumnist Nahum Barnea Anfang Mai 2007 mit den Worten:»Sie werden beide im Amt bleiben. Beide können politisch überleben. Nicht weil der Krieg im Libanon letztlich doch ein Erfolg war, sondern weil die personellen Alternativen keineswegs eine bessere Zukunft versprechen können.«

Der frühere stellvertretende National Security Advisor der israelischen Regierung, Chuck Freilich, fasste 2007 seine Erfahrung in die Worte:»Der Libanon hat bisher der Karriere jedes israelischen Politikers geschadet. Der Libanon hat sie oft genug völlig zerstört. Es genügte, dass sich der betreffende Politiker mit der Situation im Libanon befasste. Die Schuld daran ist nicht allein im besonderen Charakter des Libanon zu suchen, sondern in der kurzsichtigen Politik, die auf raschen Erfolg ausgerichtet ist. Während der zurückliegenden Dekaden hat sich kein israelischer Politiker mit strategischen Überlegungen befasst, die Libanons Zukunft betrafen. Niemand hat bedacht, dass keine zentrale starke libanesische Staatsführung existiert – und keine überregionale Armeeführung. Der Libanon ist ein ›Patchwork‹, ein ›Fleckenteppich‹ unterschiedlicher Bevölkerungsgruppen. Keine Gruppe betrachtet sich als ›libanesisch‹. Das Resultat ist, dass der Staat Libanon nie wirklich ein Gegner des Staates Israel war – und nie ein Gegner sein wird. Der Gegner ist jeweils eine Kampforganisation, die ihre Wurzel nicht im Libanon hat. Die Palästinensische Befreiungsorganisation (PLO) benutzte das libanesische Territorium zum Kampf gegen den jüdischen Staat. Selbst die schiitische Kampforganisation Hisbollah folgt nicht libanesischen Interessen. Ihre Führung ist von Iran abhängig. Die Regierung in Teheran gibt der Hisbollah-Führung die Befehle.«

Vereinigte Arabische Emirate –
Kann man Frieden kaufen?

Über den Golf hinweg – Der misslungene Brückenschlag
Am 3. März 2007 trafen sich der iranische Präsident Mahmud
Ahmedinejad und der saudi-arabische König Abdallah Ibn Adul
Aziz in Riyadh. Eingeladen hatte König Abdallah offenbar aus
Sorge vor dem rapiden Anwachsen der Spannungen zwischen
Iran und Saudi-Arabien.
Den saudi-arabischen König hatte es die Überwindung böser
Erinnerungen gekostet, diese Einladung auszusprechen. Unver-
gessen sind die Beschimpfungen, die Ayatollah Ruhollah Kho-
meini in seinem öffentlichen Testament »Letzte Botschaft« aus
dem Jahr 1991 gegen das Haus As Saud ausgestoßen hatte. Zur
Zeit des iranischen Präsidenten Mohammed Khatami entspann-
ten sich die Beziehungen beider Staaten. Iran und Saudi-Arabien
schlossen im April 2001 einen »Sicherheitspakt«. Die beiden Staaten versprachen, keine feindlichen Handlungen gegeneinander zu
unternehmen. Der Pakt sah gegenseitige Hilfe in schwierigen
Situationen vor.
Der Sicherheitspakt war nicht Gegenstand der Gespräche zwischen dem König und dem Präsidenten in Riyadh. Bei seiner
Ankunft in der saudi-arabischen Hauptstadt sagte Ahmedinejad
bescheiden: »Ich bin gekommen, um Spannungen in der Region
zu mildern.« Ganz offensichtlich wurde das Thema »Freundschaft von Sunniten und Schiiten« auf die Tagesordnung gesetzt.
Der rote Teppich war auf der Rollbahn des Flughafens in Riyadh
ausgebreitet und die Begrüßung war herzlich. Die Staatschefs
lächelten und drückten sich lange die Hände. Zwei unterschiedliche Persönlichkeiten: gewichtig die Erscheinung des Monarchen
aus dem Hause As Saud, eine Generation jünger Präsident Mahmud Ahmedinejad, der Politiker aus einfacher Familie. Das
Gespräch im königlichen Palast ist schon nach der protokolla-

risch vorgeschriebenen Pflichtstunde zu Ende. Die Verlautbarung der Zusammenfassung des Gesprächs machte deutlich, dass weder das Thema »USA« noch »Urananreicherung durch Iran« angesprochen wurde. Der König zog kein Fazit der Unterhaltung. Ahmedinejad sagte nur: »Saudi-Arabien und Iran sind zwei großartige und mächtige islamische Länder.«

Wichtiger als das Treffen von König und Präsident war die Begegnung von Ahmedinejad mit dem Prinzen Bandar Ibn Sultan. Dieser Angehörige des Hauses As Saud war jahrelang saudi-arabischer Botschafter in Washington gewesen und galt als Vertrauter von Präsident George W. Bush. Prinz Bandars Treffen mit Ahmedinejad war deshalb von großer Bedeutung, weil die USA und Iran seit 27 Jahren keine diplomatischen Beziehungen mehr unterhalten. Bemerkenswert ist, dass Condoleezza Rice im März 2007 Gespräche zwischen den Regierungen in Teheran und Washington durchaus für möglich gehalten hat. Sie schloss offizielle Kontakte nicht aus.

Der direkte Brückenschlag war zwar nicht gelungen, doch war sich König Abdallah bewusst geworden, dass er in der Lage ist, durch seine Persönlichkeit aktiv in die Politik einzugreifen. Während der vergangenen Jahre hatte die königliche Familie As Saud eine eher passive Rolle gespielt und nur durch üppige Geldzahlungen an Staaten, Präsidenten und Monarchen Einfluss erzielt. Selten hatte der König seinem Standpunkt ohne Einsatz von Dollarbeträgen Gewicht verliehen. Zuletzt war die »Aussöhnung« zwischen Hamas und Fatah durch Überweisung von Geld möglich geworden. Auf dem Gebiet der Palästinenserpolitik waren Dollar effektiv. Im Libanon aber waren die Einflüsse bedeutender Staaten zu neutralisieren: Syrien und Iran ließen sich ihren Einfluss nicht durch Geld abkaufen. König Abdallah nahm sich vor, durch kluge Entschlüsse die Politik in der Golfregion zu beeinflussen. Teherans Ansehen sollte geschmälert werden. König Abdallah wollte verhindern, dass die Ayatollahs in Teheran und Qum die Regierenden einer Großmacht werden. Die Zustimmung von George W. Bush war dem Monarchen dabei sicher.

Abdallah blieb die Erkenntnis nicht erspart, dass es ihm nicht gelungen ist, mäßigenden Einfluss auf Präsident Ahmedinejad auszuüben. Am Tag nach der Abreise des persischen Staatschefs wurde in Teheran bekannt, dass die iranische Staatsbank »Atomgeld« drucken lässt – und dass die Iraner darauf stolz zu sein haben. Die »Atomgeld« genannte Banknote wird den Wert von 50 000 Rial haben. Das entspricht 4,20 Euro. Eine Seite beherrscht das Bild des Ayatollah Ruhollah Khomeini, auf der anderen Seite ist das international bekannte Symbol für die Atomenergie zu sehen, zusammen mit einem Ausspruch des Propheten Mohammed: »Wenn es überhaupt möglich ist, einen hohen Stand des Wissens zu erreichen, dann gelingt es den Persern.«

Sorge um Schiffsverkehr in der Straße von Hormuz   Ein Blick auf die Landkarte macht deutlich, warum die Straße von Hormuz Grund gibt zur Sorge von Ölkonzernen. Wie eine schmale Spitze ragt die omanische Exklave Musandam auf die Einbuchtung ins iranische Staatsgebiet zu. Der Abstand zwischen Oman und dem iranischen Festland beträgt 30 Kilometer. Davon stehen zwei Fahrrinnen für den Schiffsverkehr zur Verfügung. Sie sind jeweils 1,5 Kilometer breit. Um die Kollisionsgefahr für Öltanker zu vermindern, liegt zwischen den beiden Fahrrinnen eine Pufferzone von vier Kilometern.

Durch die Straße von Hormuz wird alles Öl transportiert, das Saudi-Arabien, Iran, Irak, Kuwait, Bahrein, Qatar und Abu Dhabi fördern. Nach vorsichtiger Schätzung passieren 20 Prozent des gesamten Öls, das zur Verfügung steht, die Meerenge zwischen Iran und Oman.

Wer sich auf einen Konflikt mit Iran einlässt, der muss damit rechnen, dass Iran die Mittel besitzt, den Tankerverkehr zwischen den Ölproduzenten und den Verbrauchern der Industrienationen

zu unterbrechen. Die dafür geeigneten Raketen vom Typ »Silk-
worm« sind bei Bandar Abbas stationiert. Im Frühjahr 2007
musste mit einem derartigen Konflikt gerechnet werden.

Am 30. März 2007 hielt es die britische Tageszeitung *Daily Telegraph* für möglich, dass die britischen Streitkräfte gezwungen sein
würden, einen Militärschlag gegen Iran zu führen. Das konserva-
tive Blatt vertrat den Standpunkt, Großbritannien dürfe keine
weitere Demütigung durch das Ayatollah-Regime in Teheran hinnehmen. Der *Daily Telegraph* brachte zum Ausdruck, was viele
Engländer fühlten: Die einstige Seemacht erwies sich gegenüber
einer Herausforderung als hilflos. Derartiges hätte sich zur Zeit
von Admiral Horatio Nelson nicht ereignet.

Am 23. März waren 15 Angehörige der britischen Marine im küs-
tennahen Gewässer des Shatt Al Arab durch Matrosen der iranischen Seestreitkräfte verhaftet und verschleppt worden. Die Verhafteten hatten zur Fregatte »Cornwall« gehört, die auf zwei
Schlauchbooten zu Patrouillenfahrten eingesetzt waren. Nach
iranischer Ansicht hatte sich der Zwischenfall auf iranischem
Gewässer ereignet – die Fregatte habe sich widerrechtlich auf iranischem Gebiet befunden und das britische Schiff habe damit
einen »aggressiven Akt« begangen. Gegen diesen Vorwurf wehrte
sich die britische Regierung sofort mit der Feststellung, die Fregatte habe nur irakische Gewässer befahren.

Die Stimmung in Teheran heizte sich sofort auf. Vor der britischen Botschaft demonstrierten »Studenten«. Sie forderten, den
Gefangenen – es handelte sich um 14 Männer und eine Frau –
müsse der Prozess wegen Spionage gemacht werden. Auf Inter-
netseiten, deren Verfasser in Iran zu suchen sind, wird die sofortige Erschießung der Briten gefordert. Die Reaktion von Tony
Blair fiel schwächlich aus: »Die Verhaftung der britischen Seeleu-
te ist ungerechtfertigt und falsch!« Die Unzufriedenheit der britischen Bevölkerung zwang den Premierminister am 28. März zu
einer härteren Stellungnahme, doch noch vermied es die Regie-

rung in London, von Geiseln zu sprechen. Sie redete weiter von Gefangenen. Tony Blair vergaß nicht, dass Iran ein wichtiger Handelspartner Großbritanniens ist. Teheran sollte nicht mit Worten provoziert werden. Ende März hatte Präsident Ahmedinejad die Kühnheit, seinerseits London zu provozieren. Er forderte von Tony Blair eine Entschuldigung und die Erklärung, dass sich ein derartiger Vorfall nie mehr wiederhole. Diese Forderung weckte die Erinnerung an Zeiten, als Großbritannien »die Wogen beherrschte«, als niemand es wagte, »beleidigende Forderungen zu stellen, als Admiral Horatio Nelson das Maß des britischen Stolzes bestimmte«. Die Empörung steigerte sich am 30. März: Der Marinesoldat Nathan Thomas Summers sprach auf einem von Iran verbreiteten Video seine Entschuldigung dafür aus, dass er mit seinen Kameraden in iranisches Hoheitsgewässer eingedrungen sei. Die britische Regierung beschuldigte die iranischen Revolutionsgarden, sie hätten ihre Gefangenen unter Druck gesetzt. Zwei Tage später war aus Teheran zu erfahren, die 15 Verhafteten hätten ein kollektives »Geständnis« abgelegt. Präsident Ahmedinejad kommentierte dieses Geständnis mit den Worten: »Die britische Regierung hat nicht genug Mut, um das Eindringen ihres Militärs in iranisches Hoheitsgebiet einzugestehen.«

Im Verlauf einer Pressekonferenz am 4. April im Regierungssitz des Präsidenten Ahmedinejad erfolgte die Überraschung. Der Präsident verkündete die Freilassung der 15 Briten. Den Zeitpunkt begründete Ahmedinejad mit zwei religiösen Festen: dem Geburtstag des Propheten Mohammed am 31. März und der Auferstehung Jesu Christi am 8. April. Dem Schiiten Ahmedinejad mag das Eingeständnis schwergefallen sein, dass Jesus Christus auferstanden sei.

Am selben 4. April 2007 verbreitete im Nachbarstaat Irak eine revolutionäre Gruppe ein Video mit Bildern von Hannelore Marianne Krause (61 Jahre) und ihrem erwachsenen Sohn Sinan. Die Frau sprach deutsch. Sie richtete ihre Worte an ihre zwei anderen Kinder, die in Deutschland leben: »Ihr wisst, dass die Forderung erhoben worden ist, dass die deutschen Truppen Afghanistan verlassen, oder euer Bruder und ich werden getötet.« Die Frist lief nach zehn Tagen ab. Sie wurde von einer Gruppe, die sich »Pfeil der Gerechtigkeit« nennt, gestellt. Die Mutter und ihr Sohn sind seit dem 6. Februar in Geiselhaft. Warum sie sich im Irak aufgehalten haben, hat der Krisenstab des Auswärtigen Amts nicht mitgeteilt.

Die Hoffnung der Familie der Entführten, dass die Frist des Ultimatums von der deutschen Bundesregierung eingehalten wird, ist gering, denn gerade am Tag der Veröffentlichung des Termins verstärkt das deutsche Verteidigungsministerium den deutschen Einsatz in Afghanistan: Aufklärungsflugzeuge vom Typ »Tornado« landen im Kriegsgebiet am Hindukusch.

Signalisiert Israel Kurswechsel und Bereitschaft zur Verständigung? Am 11. März 2007 erreicht die Nachricht, dass Ehud Olmert bereit sei, einen saudi-arabischen Friedensplan sorgfältig zu prüfen, die arabischen Hauptstädte. Die Agenturmeldung nannte als Herkunft der Nachricht »occupied Jerusalem« – das »besetzte Jerusalem«. Der Kernsatz lautete: »We have said more than once that the Saudi initiative is a matter which we would be ready to treat seriously and we have not altered our position.« Diese Zusage, den Plan nicht von vornherein ablehnen zu wollen, wurde ergänzt durch den Ausdruck der Hoffnung, dass die Teilnehmer der geplanten arabischen Gipfelkonferenz in Riyadh die positiven Elemente der saudi-arabischen Vorstellung vom Weg zum Frieden ernst nehmen werden. Der israelische Ministerpräsident erhoffte sich die Verbesserung der Ausgangssituation und der Erfolgsaussichten einer künftigen Friedenskonferenz.

Die Nachricht aus »occupied Jerusalem« bedeutete deshalb eine Überraschung, weil jede israelische Regierung bisher saudi-arabische Friedensinitiativen deshalb ablehnte, weil ihre zentrale Forderung der Rückzug der israelischen Besatzungsstreitkräfte aus allen besetzten Gebieten – einschließlich des Ostteils von Jerusalem – war. Gravierender noch ist die beharrlich vorgetragene Forderung, sämtliche Palästinenser müssten die Erlaubnis erhalten, wieder in die Gebiete zurückkehren zu dürfen, aus denen sie im Verlauf des ersten Nahostkrieges (1947/48) geflohen waren. Würde der Staat Israel dieser Forderung nachkommen, könnten rund 500 000 Palästinenser in den seit 1948 bestehenden »Staat der Juden« zurückkehren. Das israelische Kernland wäre von der Rückwanderung betroffen. Das von Saudi-Arabien geforderte »right of return« würde auch für Palästinenser gelten, die in Ägypten, im Libanon oder in Jordanien eine Heimat gefunden haben.

König Abdallah von Saudi-Arabien hatte im Frühjahr 2007 geglaubt, dass Ministerpräsident Ehud Olmert inzwischen daran dachte, dass das »right of return« nicht den »Untergang des jüdischen Staates« bedeuten müsse.

Abdallah wurde ermutigt, die Einladung zur arabischen Gipfelkonferenz auszusprechen – auch von solchen arabischen Staatschefs, die Gespräche mit Israel bisher strikt abgelehnt hatten. Der Generalsekretär der Arabischen Liga, der Ägypter Amin Mohammed Moussa, hatte dem König mitgeteilt, jedes weitere Zuwarten bringe eine Verschlechterung der Situation im Nahen Osten. Jetzt schon sei die Situation unerträglich: »Unsere Region ist so instabil wie nie zuvor. Für keinen der regionalen Konflikte, von der Kontroverse um das iranische Atomprogramm bis zur Krise im Libanon, zeichnet sich eine Lösung ab.« Der Generalsekretär der Arabischen Liga sah für die Mitgliedstaaten der Liga eine düstere Zukunft voraus.

Mit einer derartigen Rede von König Abdallah hatte niemand gerechnet: Der Monarch schonte die amerikanische Regierung nicht. Er griff die Politik des US-Präsidenten mit scharfen Worten an: »Die Präsenz der US-Truppen im Irak ist illegitim. In unserem geliebten Bruderstaat fließt Blut. Das Blutvergießen ist ausgelöst durch die fremden Besatzungstruppen. Ihre Anwesenheit hat den Kampf zwischen den Glaubensgemeinschaften ausgelöst. Die Folge kann Bürgerkrieg sein.« Die Schuld an dieser Entwicklung gibt der König von Saudi-Arabien allein den USA – und vor allem dem amerikanischen Präsidenten George W. Bush, der von der Absicht getrieben werde, die islamisch-arabische Welt zu destabilisieren. Für den »Geist der Unterdrückung« in der Behandlung der Palästinenser sei die US-Politik verantwortlich. Washington sorge dafür, dass der Verwaltung der Palästinenser die finanzielle Unterstützung aus Europa entzogen worden sei. Ein Friedensprozess könne erst in Gang kommen, wenn dieser »Geist der Unterdrückung« nicht mehr wirksam sei. Das finanzielle Embargo muss ein Ende haben durch gerechte Behandlung der Palästinenser.«

»Rätselraten über König Abdallah« – die *Neue Züricher Zeitung* prägte am 31. März 2007 diese Überschrift. »Rätselraten« deshalb, weil vor allem in den USA, aber auch in der gesamten westlichen Welt Verblüffung herrschte über den Kurswechsel des saudi-arabischen Monarchen. Nach dem Einmarsch der US-Streitkräfte 2003 in den Irak stand die herrschende Familie Saudi-Arabiens auf der Seite der USA. Die Familie As Saud hatte Luftwaffenbasen auf saudi-arabischem Territorium für Luftangriffe und für Luftlandeoperationen gegen irakische Ziele durch US-Streitkräfte zur Verfügung gestellt. Die Invasion der US-Truppen war damals erwünscht, hatte doch in der saudi-arabischen Hauptstadt die Überzeugung geherrscht, Präsident George W. Bush beabsichtige, durch Militäraktionen Stabilität in die arabische Welt um den Persischen Golf zu bringen.

Auf der arabischen Gipfelkonferenz machte der saudi-arabische Monarch den klugen Vorschlag, den Weg zur Verständigung zwischen Israel und den Palästinensern durch »working groups« bereiten zu lassen. Konkret trug der König vor, Saudi-Arabien,

Jordanien und Ägypten sollten zusammen die erste Arbeitsgruppe bilden. Der syrische Präsident – von der Sorge getrieben, er selbst könne von allen Entscheidungen ferngehalten werden – gab zu verstehen, dass auch er Teilnehmer in dieser Arbeitsgruppe sein wolle. König Abdallah zeigte kein Interesse an der syrischen Mitwirkung im Rahmen der Arbeitsgruppen.

Der israelische Ministerpräsident, von der saudi-arabischen Initiative überrascht, wollte den Monarchen durch seinen Vorschlag übertrumpfen: Er bat die »moderaten arabischen Regierungen«, zu direkten Gesprächen nach Jerusalem zu kommen. Ehud Olmert weckte mit dieser Einladung die Erinnerung an den November 1977, als der ägyptische Präsident Anwar As Sadat den Schritt wagte, nach Jerusalem zu fliegen, um dort in der Knesset ein Friedensangebot an die israelischen Parlamentsabgeordneten zu richten. Das Tor für ein Friedensabkommen wurde damals geöffnet.

Dass Olmerts Einladung bei den arabischen Regierungen keine Resonanz gefunden hat, dafür sorgte der israelische Ministerpräsident selbst. Am Tag, an dem er die Einladung aussprach, gab Olmert auch diese Erklärung ab: »Israel wird keinem einzigen palästinensischen Flüchtling die Erlaubnis erteilen, in das Gebiet zurückzukehren, das jetzt Israel ist. Israel trägt keine Verantwortung für die damalige Flucht der Palästinenser.«

Ehud Olmert, der für Israel den Anspruch stellt, dass nur dann mit den Arabern verhandelt werden kann, wenn von der arabischen Seite keine Vorbedingungen geäußert werden, stellte die Bedingung auf: »Kein Rückkehrrecht für Palästinenser in die einstige Heimat.« Der israelische Ministerpräsident konnte danach nicht erwarten, dass auch nur einer der arabischen Regierungschefs die Einladung nach Jerusalem annehmen würde.

Das Resultat der arabischen Gipfelkonferenz von Riyadh Ende März 2007 war für den saudi-arabischen Monarchen enttäuschend: Kein einziges der brennenden Probleme konnte gelöst werden. Zu Beginn der Konferenz waren zwei libanesische Delegationen nach Riyadh gereist: Sowohl die von den USA gestützte Regierung Siniora als auch Vertreter der islamisch orientierten Hisbollah waren gekommen, um den Anspruch zu erheben, jeweils den Standpunkt des Libanon zu vertreten. Sie waren getrennt wieder abgereist. In der libanesischen Hauptstadt trennten noch immer Stacheldrahtzäune und Barrikaden das Regierungsgebäude des Fuad Siniora von der Zeltstadt der Nasrallah-Anhänger. Beide Seiten hatten sich an die Situation gewöhnt und unterließen es, aufeinander zu schießen.

Ungelöst war auch das Problem der Machtverteilung zwischen den Organisationen Hamas und Fatah in Palästina. Die *New York Times* berichtete Anfang April 2007 aus Jerusalem, Hamas organisiere die Aufrüstung in einem bisher nicht gekannten Ausmaß, baue Bunker und Tunnel, um darin Tausende von Boden-Luft-Raketen zu verstecken. Waffen in großer Menge stünden den 10000 Kämpfern der »Executive Force« zur Verfügung, die sich zur Organisation Hamas bekannten. Die Executive Force besteht aus fünf Brigaden, die sich darauf vorbereiteten, die Palästinenserpolizei der Fatah zu entmachten.

Bundeskanzlerin Angela Merkel, die sich Ende März 2007 für einen Blitzbesuch in der Krisenregion aufhielt, wagte einen Lösungsversuch für den Konflikt im Palästinensergebiet. Sie deutete an, Ehud Olmert werde flexibler sein in der Haltung gegenüber Fatah und Hamas, wenn die Freilassung des israelischen Soldaten erfolge, der seit neun Monaten als Geisel festgehalten werde. In Jerusalem benützte Angela Merkel die Gelegenheit, den iranischen Präsidenten Ahmedinejad aufzufordern, das iranische Nuklearprogramm zu überdenken.

Der Tag, an dem die Hoffnung
auf Frieden schwand

George W. Bush hatte noch mit Prinz Bandar, dem US-Botschafter aus der saudi-arabischen Königsfamilie, den Plan ausgearbeitet, dass die Vereinigten Staaten, Saudi-Arabien und Israel gemeinsam den Einfluss der islamischen Kampforganisation Hamas zurückdrängen, um damit der iranischen Expansionslust in Richtung Palästina – und in Richtung des Libanon – eine Grenze zu setzen. König Abdallah aber hatte sich um diesen Plan nicht gekümmert. Der Monarch brachte den Fatah-Chef Mahmud Abbas dazu, gemeinsam mit dem Hamas-Befehlshaber Ismail Haniya eine palästinensische Unionsregierung zu begründen. Abdallah bezahlte an die beiden Vorsitzenden von Hamas und Fatah insgesamt eine Milliarde Dollar. In Mekka ist der entsprechende Vertrag geschlossen worden. Er hat nur ein Vierteljahr lang gehalten – bis zum 13. Mai 2007.

Für diesen Tag hatte der jordanische König Abdallah einen Besuch im Westjordanland geplant. Er wollte sich mit dem palästinensischen Ministerpräsidenten Mahmud Abbas (PLO) treffen. In letzter Minute wurde der Flug von Amman nach Ramallah abgesagt. Der Grund für die Absage des königlichen Besuchs im palästinensischen Gebiet wurde noch am 13. Mai klar: Der Kommandeur der Al-Aqsa-Brigade, Abu Jerad, war am frühen Morgen in Ramallah erschossen worden. Die Al-Aqsa-Brigade ist ein militärischer Zweig von Fatah. Der Leichenzug, Stunden später, geriet ebenfalls unter Beschuss. Fünf Leibwächter starben und in Ramallah hielten die Gefechte lange an. Der Frieden zwischen Hamas und Fatah, für den Saudi-Arabien eine Milliarde Dollar bezahlt hatte, zerriss. König Abdallah von Saudi-Arabien ist nach dieser Erfahrung nicht mehr bereit, in den Frieden im Nahen Osten zu investieren.

»Nakba« erhielt am 13. Mai 2007 eine neue Bedeutung: Es ist der Tag, an dem die Hoffnung auf Frieden schwand. Es ist der Tag, an dem die Gefechte zwischen Fatah und Hamas neu entflammten, und es ist der Tag, der bereits seit 1948 alljährlich als Trauertag begangen wird. Nakba – die Katastrophe – ist dem Gedenken an die Gründung Israels und damit der Vertreibung der Palästinenser aus ihrer Heimat zwischen Jordan und Mittelmeer gewidmet. Mit dieser Nachrichtenlage endet das Geschehen im Mai 2007 im Konfliktgebiet. DPA meldet: »Neue Gefechte im Libanon haben die Hoffnung auf ein Ende der Konfrontation zwischen der Armee und militanten islamischen Kräften zunichte gemacht. Israelische Soldaten haben im Westjordanland mehr als 30 führende Politiker der radikal-islamischen Hamas-Bewegung festgenommen. Die Festnahmen folgten auf den mehr als einwöchigen Beschuss des israelischen Grenzgebiets mit 200 Kassam-Raketen aus dem Gazastreifen.«

Mitarbeiter des Reuter Research Institutes in Tel Aviv sind der Meinung: »Die Politik der Organisation Hamas hat nur das eine Ziel, dem Frieden mit Israel keine Zukunft zu lassen!«

Der Erreichung dieses Ziels ist Hamas in der zweiten Woche des Monats Juni 2007 näher gekommen: Hamas hat die völlige Kontrolle über den Gazastreifen erobert. Fatah ist auf das Palästinensergebiet westlich des Jordan abgedrängt. Dort regiert »Palästinenserpräsident« Mahmud Abbas, der mit dem israelischen Ministerpräsidenten Ehud Olmert zusammenarbeiten will. Der Hamas-Chef Ismail Haniya will seinen Kampf gegen Israel fortsetzen. Mahmud Abbas hat sich eine schlichte Lösung des Problems ausgedacht: Er verbot die Hamas-Miliz. Doch da ist niemand, der das Verbot durchsetzen kann.

Abkürzungen

ADF	Arab Deterrent Force
ALN	bezeichnet die algerische »Armée de Liberation Nationale«
DOP	Declaration of Principles
ICJ	International Court of Justice
IDF	Israel Defence Force
PA	Palestinian Authority, Israel spricht oft nur von PA statt von »Palestinian National Authority«, man lässt das »National« bewusst weg
PLA	Palestinian Liberation Armee oder Palästinensische Befreiungsarmee
PLO	Palestinian Liberation Organisation oder Palästinensische Befreiungsorganisation
PNA	Palestinian National Authority, Israel spricht oft nur von PA, man lässt das »National« bewusst weg
PPF	Palestinian Police Force
PSF	Preventive Security Force
SLA	South Lebanese Army
SMC	Supreme Muslim Council
UNIFIL	UN-INTERIM FORCE in LEBANON
VAE	Vereinigte Arabische Emirate oder United Arab Emirates (UAE)

Quellen

Ausgewertet wurden insbesondere die Tagebücher des Autors von 1967 bis 2007: Notizen aus 40 Jahren Erfahrung im Nahen Osten

Ajami, Fuad: The Vanished Imam. London 1986
Bräker, Hans: Es wird kein Friede sein. Zürich/München 1992
Chavara, Walid: Le Hezbolla. Un movement islamo-nationaliste. Paris 2004
Friedmann, George: Americas Secret War. Inside the worldwide struggle between the United Staates and its enemies. London 2004
Friedmann, Thomas L.: Longitudes and Attitudes. The World in the Age of Terrorism. New York 2002
The Middle East and North Africa. London und New York, alle Jahrgänge seit 1977

Glossar

Alawiten Von den Schiiten abgespaltene islamische Religionsgemeinschaft.

Amal Zusammenschluss kampfbereiter schiitischer Männer, der seit Frühjahr 1975 existiert. Amal ist das arabische Wort für »Hoffnung«. Gehört zur Hamas.

Arabische Legion Eine Elitetruppe des hashemitischen Emirats Jordanien.

Armée de Liberation Nationale (ALN) Die ALN kämpfte für die Unabhängigkeit Algeriens von Frankreich.

Declaration of Principles (DOP) Die Grundlage für den Aufbau einer Palästinensischen Autonomieverwaltung. Der DOP-Vertrag trug auch die Bezeichnung »Oslo-Abkommen«.

Defence Force Gründung unter Nasser. Stand unter Aufsicht des ägyptischen Geheimdienstes. Die Defence Force durfte nur aktiv werden nach ausdrücklicher Genehmigung durch den ägyptischen Verbindungsoffizier.

Drusen Im 11. Jahrhundert von den Schiiten abgespaltene islamische Religionsgemeinschaft.

Dschihad Heiliger islamischer Krieg. Sheikh Izz Ad Din Al Qassam prägte den Begriff. Kriegsziel ist die Vertreibung derjenigen, die sich mit Gewalt islamisches Land angeeignet haben. Jeder, der Waffen tragen kann, ist verpflichtet, sich am Heiligen Krieg zu beteiligen. Wer für den Kampf ungeeignet ist, der hat durch Geldspenden zum Kauf von Waffen und Munition beizutragen.

Dschihad Al Islamiya »Islamischer Heiliger Krieg«, eine mit Hamas verbündete palästinensische Kampforganisation.

Fatah Jassir Arafat gründete eine eigene, unabhängige Widerstandsbewegung, in der ersten Zeit parallel zur PLO. Später war Fatah Kern der PLO.

Fatwa   Religiöser Befehl, Art Rechtsgutachten auf Grundlage des Islam.

Hamas   »Herakat Al Muqawama Al Islamiya« oder »Islamische Widerstandsbewegung«, sunnitische, islamische Kampforganisation. 1988 gegründet, wurde sie schnell zum Symbol des islamischen Widerstands und löste bald schon Fatah an Popularität ab.

Hashemiten   Moslems, Hashemiten weisen darauf hin, dass sie in direkter Linie mit der Familie Hashem verwandt sind, zu der einst der Prophet Mohammed gehört hatte. Wichtig ist der Unterschied zu den Schiiten, die von ihren Regierenden direkte Abstammung, in gerader Blutslinie über Fatima und Ali, vom Propheten Mohammed verlangen.

Hisb' Al Tahrir   Die »Partei der Befreiung«, trat für einen künftigen palästinensischen Staat ein, der den Koran zur gültigen Verfassung erklären müsste. Die »Partei der Befreiung« umfasste immer nur einige Hundert Mitglieder.

Hisbollah   Die »Partei Allahs«, libanesisch-schiitische Kampforganisation, die 1978 mit dem Ziel gegründet wurde, den libanesischen Boden von jeglicher israelischer Besatzung zu befreien.

Independent Nasserite Movement, auch »Murabitun«   Sunnitische Organisation, die dem strategischen Kurs der »Lebanese Forces« folgte. Ismail Qulayot war lange Zeit der führende Kopf, der im Einverständnis mit Sheikh Pierre Gemayel handelte. Dies bedeutete vor allem, einen konzilianten politischen Kurs gegenüber Israel – trotz des Namens.

Lebanese Forces oder »Force Libanaise«   Miliz christlicher Maroniten, aufgebaut mit der Hilfe Israels.

Maroniten   Christliche Religionsgemeinschaft, entstanden im 7. Jahrhundert als Abspaltung der Syrisch-Orthodoxen Kirche von Antiochien, erkennen den Papst als Oberhaupt an.

Moslembruderschaft   1928 als Reaktion auf die zunehmende Abschwächung islamischer Überzeugung im Kreis der Intellektuellen gegründet. Hassan Al Banna, der Initiator der Bruderschaft, sah die »Mehrung des zionistischen Einflusses« voraus. Diese Entwicklung war für ihn beunruhigend, weil das Zentrum von Palästina Jerusalem war, der dritte unter den heiligen Plätzen des Islam nach Mekka und Medina.

Mujama Sheikh Ahmed Jassin organisierte eine Hilfsorganisation, die er Mujama nannte – islamische »Sammlung«. Die Idee ist bei der Moslembruderschaft entlehnt, die unter ähnlichen Deckbegriffen Hilfsorganisationen gründeten. Mujama stellte die Solidarität der Moslems in den Vordergrund ihrer Aktivität. Dem gegenüber standen die sozialen Einrichtungen der PLO, die zur Stärkung palästinensisch-nationalistischen Gedankenguts ins Leben gerufen worden waren.

Nakba Der 15. Mai ist für die Palästinenser »Nakba«, der Tag der Katastrophe. An ihm wird der Gründung Israels 1948 gedacht und damit des Beginns ihrer Vertreibung aus der Heimat.

National Leadership of the Uprising (UNLU) Dieser Dachorganisation gehörten an: Fatah, die Volksfront zur Befreiung Palästinas und die Demokratische Volksfront zur Befreiung Palästinas. Die führenden Köpfe distanzierten sich von der islamischen Bewegung, die »United National Leadership« folgte nationalistischen Ideen. Palästinensisch-nationalistische Organisationen gaben mit Beginn der Intifada, des Palästinenseraufstands, ihre Individualität auf und fügten sich ein in die United National Leadership of the Uprising (UNLU).

Palestine Cultural Club Gründer u. a. Jassir Arafat. Vorläufer-Organisation der Fatah und PLO.

Palestinian Liberation Organisation (PLO) Palästinensische Befreiungsorganisation, von Nationalisten gegründet 1964 mit dem Ziel, Palästina zu befreien. Mittel ist der bewaffnete Kampf. Von 1969 bis zu seinem Tod 2004 war Jassir Arafat Vorsitzender der PLO. Seit 2004 besetzt Mahmud Abbas diese Position.
Zur PLO gehören Fatah, die Demokratische Volksfront zur Befreiung Palästinas, die Volksfront zur Befreiung Palästinas u. a. kleine Gruppierungen.

Palestinian National Authority (PNA) Palästinensische Autonomiebehörde, entstand als Folge des Oslo-Abkommens zwischen Israel und PLO. Die PNA ist zuständig für Sicherheitsfragen und öffentliche Verwaltung in den Palästinensischen Autonomiegebieten, vor allem aber im Gazastreifen.

Palestinian Police Force (PPF) Als die Ergebnisse der Geheimverhandlungen bekannt wurden, zeigte es sich, dass Jassir Arafat viel für die Palästinenser erreicht hatte. In vielen Bereichen herrschte künftig die Autonomie einer palästinensischen Verwaltung. Sie besaß das Recht, Steuern zu erheben, und die Palästinenserverwaltung durfte ein Schulsystem und Wohlfahrtseinrichtungen aufbauen. Wichtig war vor allen Dingen die Organisation einer Palestinian Police Force (PPF); sie sollte zuständig sein für die Wahrung der Sicherheit innerhalb der Palästinensergebiete.

Preventive Security Force (PSF) Die Preventive Security Force war zuständig für die Überwachung aller aktiven Hamaszellen.

Schiiten Zu einem frühen Zeitpunkt der Konsolidierung der Ansprüche der »Heiligen Familie« entstand der Begriff »Shiat Ali« als Bezeichnung der Gesamtheit der Gläubigen, die unzufrieden damit sind, dass sich in Damaskus die Omayyaden als regierende Sippe etabliert hatten. »Shiat Ali«, zu übersetzen mit »Partei des Ali«. Im Verlauf von Generationen hat sich aus »Shiat Ali« der eine Name »Shia« abgeschliffen – so werden in arabischer Sprache die »Schiiten« bezeichnet.

South Lebanese Army (SLA) Südlibanesische Armee, gegründet von Bashir Gemayel. Christliche Libanesen, die für israelische Interessen im Libanon kämpfen. Voll finanziert von Israel.

Sunniten Bilden die größte Glaubensrichtung des Islam. Die Unterschiede zu den Schiiten waren anfänglich nicht theologischer Natur, sondern politischer. Die Führung der Gemeinschaft übernahm bei den Sunniten der Kalif, bei den Schiiten der Imam.

Supreme Muslim Council (SMC) Mit der Gründung des SMC gaben die Briten ihr Mitspracherecht in islamischen Belangen auf und gaben dem Großmufti von Jerusalem 1921 einen Verwaltungsapparat in die Hand, der die Kontrolle über alle islamischen Einrichtungen im Mandatsgebiet garantierte.

Tanzim Kampforganisation, Spross von Fatah.

Namenregister

Abbas, Mahmud 155, 177f., 180, 189–192, 197–201, 248f., 251, 254–259, 262–265, 288f., 292f., 295, 297f., 322f.
Abdallah Ibn Adul Aziz, König von Saudi-Arabien 286, 289, 291f., 296f., 312ff., 318ff., 322f.
Abdallah, König von Jordanien 322
Adam, Udi 230, 236f.
Ahmed, Assam 197
Ahmedinejad, Mahmud 174f., 223–226, 239f., 253, 281, 284f., 296, 301–304, 307, 312–315, 321
Ajjad, Massud 171
Alemi, Akbar 304
Amer, Abdel Hakim 76
Annan, Kofi 222
Aoun, Michel 240f., 271f.
Arafat, Jassir 35f., 40, 42, 44, 56f., 62, 71, 73–82, 84–97, 99–103, 105, 110, 112f., 117–120, 122, 125–135, 137–142, 144–148, 151–169, 171–177, 179f., 182, 184f., 187ff., 191, 193, 249f., 262
Arafat, Musa 185, 191

Arens, Moshe 222
Ashrawi, Hanan 128f., 132, 135
Assad, Bashar 160, 240, 252
Assad, Hafez 36, 148f., 159f.

Baker, James 129, 267
Balfour, Arthur James 59
Banna, Hassan 69f.
Barak, Ehud 56, 159, 161–165, 167ff.
Barghuti, Merwan 56, 170
Begin, Menachem 36, 100
Beilin, Jossi 134, 179
Belkasem, Krim 82
Ben–Elieser, Benjamin 200
Berri, Nabih 41, 45f., 233
Blair, Tony 315f.
Bremer, Paul 244f.
Burns, General 77
Bush, George 46, 127f.
Bush, George W. 170, 174, 183, 190, 207, 224, 233, 244, 248, 261, 264, 266–270, 273, 281, 283f., 296, 298f., 301, 313f., 319, 322

Carter, Jimmy 16, 100
Chamenei, Ayatollah Ali 303
Cheney, Dick 174, 283f.

Gerhard Konzelmann
Die Emirate

Das Paradies im Nahen Osten

Die Vereinigten Arabischen Emirate liegen dort, wo in sumerischer Zeit vor über 5000 Jahren das Paradies gewesen sein soll. Gerhard Konzelmann bereist seit über 30 Jahren regelmäßig die Emirate. Spannend schildert er ihre Entwicklung zu arabischen Machtzentren mit unermesslichem Reichtum. Und er warnt vor Gefahren, mit denen die Emirate aus den Nachbarstaaten Iran und Saudi-Arabien konfrontiert werden, in denen schiitischer Glaubenseifer und Dschihad-Fundamentalismus herrschen.

»Alles, was man über Geschichte und Politik der Emirate wissen muss, steht bei Konzelmann.« *Merian Dubai*

320 Seiten mit Karte, ISBN 978-3-7766-2443-4
Herbig

Gerhard Konzelmann
Öl und Gas

Im Netz der Konzerne

Der Ölpreis hat sich binnen weniger Jahre verdoppelt. Unsere Stadtwerke sind von russischem Gas aus Zentralasien abhängig. China und Indien sind die neuen global player auf dem Energiemarkt. Islamische Fundamentalisten im Iran machen Weltpolitik. Wer sind die eigentlichen Herrscher der Welt?

Gerhard Konzelmann analysiert in seinem Grundlagenwerk das Ölgeschäft in Geschichte und Gegenwart und macht die globale Machtverschiebung durch den immensen Einfluss der Energiekonzerne auf Wirtschaft und Politik deutlich.

352 Seiten mit Karte, ISBN 978-3-7766-2487-8
Herbig

Lesetipp

BUCHVERLAGE
LANGENMÜLLER HERBIG NYMPHENBURGER
WWW.HERBIG.NET